浙江省"十三五"省级产学合作协同育人项目

浙江大学校级本科ＭＯＯＣ建设项目

财务报表分析

陈　俊　龚启辉　主编

ZHEJIANG UNIVERSITY PRESS

浙江大学出版社

图书在版编目（CIP）数据

财务报表分析 / 陈俊，龚启辉主编. — 杭州 ： 浙江
大学出版社，2022.5
ISBN 978-7-308-22434-5

Ⅰ．①财… Ⅱ．①陈… ②龚… Ⅲ．①会计报表—会
计分析 Ⅳ．①F231.5

中国版本图书馆CIP数据核字(2022)第044007号

财务报表分析

陈俊　龚启辉　主编

责任编辑	曾　熙	
责任校对	高士吟	
封面设计	周　灵	
出版发行	浙江大学出版社	
	（杭州市天目山路148号　　邮政编码　310007）	
	（网址：http://www.zjupress.com)	
排　　版	杭州林智广告有限公司	
印　　刷	杭州宏雅印刷有限公司	
开　　本	787mm×1092mm　1/16	
印　　张	20	
字　　数	400千	
版 印 次	2022年5月第1版　2022年5月第1次印刷	
书　　号	ISBN 978-7-308-22434-5	
定　　价	63.00元	

"管理学科一流专业建设系列教材"
编委会

（按姓氏笔画排序）

主　任：吴晓波　魏　江

委　员：朱　原　李文腾　杨　翼　周伟华
　　　　谢小云　窦军生　潘　健

随着全球经济和资本市场的充分发展，财务报表的重要性变得不言而喻。作为现代社会公认的商业语言，财务报表的编制是建立在一系列商业规则和会计准则的基础之上的，因此，对财务报表的理解同时也包含了对上述规则的精准把握和对商业实质的深刻洞察，这也使得对财务报表的分析成为一项既令人激动又极具挑战性的工作。

财务报表的复杂性与其利益相关者的多元性和显著的商业机会主义高度相关。一方面，财务报表与诸多利益相关者的商业决策密切相关，包括投资者、债权人、公司管理者、公司员工、监管部门、市场信息中介与金融中介等。这些利益相关者可能既参与了财务报表的生产或信息传递的过程，同时对财务报表的分析又可以为其投资决策、并购决策、契约设计、风险评估等重要商业决策提供支撑。另一方面，财务会计系统固有的局限性与触手可及的财富诱惑也会频繁诱发商业机会主义行为，为利益相关者扭曲财务信息，误导商业决策，进而实现利益侵占提供可能。因此，可以这么认为，利益相关者的决策需求分析和财务信息质量分析共同构成了当代财务报表分析的核心内容。

与绝大多数财务报表分析类教材的显著区别是，本书从数据分析师的真实视角出发，尝试构建一种能够系统适应各种商业决策实际需要的财务报表分析体系，即从资产运营、风险评价、盈利能力及成长预期等4个维度洞悉财务报表，进而重现企业经营和价值的形成过程。与此同时，本书特别注重扎根当代中国商业实践，结合当前最新的真实公司案例，通过充分展示工具运用方法和全面的财务报表分析过程，为读者提供综合且易于学习的财务报表分析知识。

根据上述分析，本书按以下八章组织教学内容。

第一章是财务报表分析概论，主要介绍财务报表分析的基础理论和学习目标，由此引出为了实现目标我们需要了解的分析框架和需要掌握的分析技能，包括分析方法和分析工具。

第二章是财务报告与应计会计，即解释财务报表的产生和目的。进行报表分析首先要研究财务报表，为了让财务报表的信息发挥对决策有用的价值，我们需要理解财务报表的信息特征和产生基础，同时也需要了解财务报表被污染的可能性与实施策略，从而明白会计分析对财务分析的重要性。

第三章是企业商业活动与财务报表。企业的商务活动可以归类为计划、融资、投资资和经营四大活动，它们均会在财务报告中以恰当的方式体现，但我们需要明白它们是如何体现的，从而识别财务报告与企业商业活动的经济关联和对应关系。同时我们也要明白企业的四项基本活动是相互联系的，因此，在进行财务报表分析时不应把它们割裂开来。

第四章是资产结构与运营效率分析。企业的商务活动始于资产配置，企业管理者为了实现价值最大化，会将资产进行合理配置并运营，即资产配置需要满足企业的持续发展需要。本章介绍了企业资产配置的影响因素、分布类型及其与战略的关系，并围绕资产的周转率等指标分析企业资产的运营效率，借以说明企业管理者使用资金的效率和能力。

第五章是流动性与偿债能力分析。企业经营风险的重要来源之一是债务融资，为此我们需要了解企业的各类债务融资工具，评估企业的外部融资缺口，并从流动性、长期偿债能力和债务融资成本来分析债务的风险。

第六章是盈利能力分析。投资回报率可能是财务分析中最重要的指标，本章介绍了衡量投资回报率的 3 个指标和计算方法，以及投资回报率的驱动因素，并以格力电器为例详细展示了它们的计算过程。

第七章是成长性分析。增长，尤其是高速增长，是企业价值不断增加的关键因素，但一味追求增长也是导致众多企业衰败的重要原因之一。本章从产出和投入两个方面对企业的成长性进行了度量，也对企业可持续的成长性进行了理论分析和模型量化。

第八章是权益分析与估值。财务报表分析的重要目的在于帮助估价，本章将以格力电器为例，详细说明财务预测与估值方法。

本书的编写具有以下 4 个显著特点：（1）分析视角新颖。本书从数据分析师的视角出发，在借鉴吸收国内外财务报表分析研究成果的基础上，将财务报表视为一个整体，从资产运营、风险评价、盈利能力及成长预期 4 个维度进行分析，既将资产负债表、利润表和现金流量表有机结合起来，也将企业的商业活动与数据分析相互关联，有助于读者通过财务报表分析理解企业的商业运作与价值创造过程。（2）理论分析与案例分析并重。本书不仅介绍了财务报表分析的基本理论与方法，还偏重案例分析和实践，包括全文贯通的格力电器案例解析，以及通过章前案例等方式展示的大量最新的真实案例分析，极大地增强了本书的可读性和实践指引性。（3）立足当代中国商业实践。本书解决了当前国内高校使用国外翻译教材时普遍缺乏国内准则和本土案例分析的困扰。全书的理论分析基于我国目前的企业会计准则，案例分析基于当代商业实践，以我国本土企业为绝对主导。（4）有机融入思政育人元素。本书的编写以社会主义核心价值观为指引，以资本市场法治、商业伦理和会计职业道德为基石，通过大量真实案例设计，深度融入思政育人元素，引导学生恪守数据诚信，践行求是精神，培养其经世济民、诚实守信、德法兼修的职业素养和价值观念。

本书由陈俊和龚启辉共同主编，包括设计框架结构、拟定细纲和编写各章相关内容等。第三章至第八章的编写还得到了冯卓群、张雪茜和黄瑞轩三位同学的大力帮助，在此特别感谢他们的付出。本书编者以在浙江大学为本科生和 MBA 学生讲授的"财务报表分析"等课程的讲稿为基础，同时参考并吸收了学术界大量的研究成果。特别是，本书的写作思路深受 K. R. 苏布拉马尼亚姆（K. R. Subramanyam）所著《财务报表分析》（中国人民大学出版社 2017 年第 11 版）的影响和启发，并在各章中有所引用。

由于学识水平有限，书中错误在所难免，恳请读者不吝指教。

编者

2022 年 2 月

目录

CONTENTS

第一章
财务报表分析概论

章前案例

格力电器：投资者财富增长的密码

格力电器股份有限公司（以下简称格力电器）一直以"掌握核心科技"的面貌来面对消费者。通过掌握核心科技和树立产品高质量的品质，格力电器成为我国空调市场上最有号召力的品牌之一，受到了消费者的普遍欢迎和赞誉。自从 1996 年年底在深圳证券交易所挂牌上市以来，格力电器股票也以"财富自由密码"的形象深入资本市场的投资者心中。它的市场价值从上市初的 27 亿元增长到 2019 年年底的 3559 亿元，增长了约 131 倍，年复合增长率 23.6%。也就是说，不考虑分红，格力电器每年提供给股东的投资回报率高达 23%；如果考虑现金分红，则回报率高达 25%。同期上证指数和深证指数的涨幅均不到 3 倍。就连号称"股神"的巴菲特，其年均投资回报率也"只有" 20% 左右。格力电器利用上市筹集的资金，给投资公司的股东带来了巨大的回报，被称为名副其实的财富创造机器。

与市值持续高增长相伴，格力电器的销售收入从 1996 年的 28 亿元到 2019 年的 2005 亿元，增长了近 71 倍；净利润从 1.86 亿元到 247 亿元，增长了约 132 倍。我们可以惊奇地发现，格力电器的利润增长幅度与市值增长幅度高度接近，这之间有什么因果关系吗？换句话说，我们可以通过财务报表分析来分享公司市值增长所带来的财富吗？

格力电器当下经营战略的重点是继续在空调市场中保持稳固的市场领导者地位，为此它以消费者为导向，承诺 10 年免费保修，不惜代价地提升生产效率以提升产品的品质，每年投入几十亿元的研发资金来推陈出新。这种市场领导者的地位使得格力电器在竞争激烈的空调市场中保持了强势的定价能力，让格力电器的盈利能力长期保持稳步上升的趋势。然而，作为国内空调市场老大的格力电器，规模已经发展到如此之"大"，其未来还会增长吗？这种增长是否具有持续性呢？财务报表分析是否可以为这些问题寻找答案的线索呢？

学习目标

1. 了解财务报表分析的基础理论
2. 阐明财务报表分析的两大目标
3. 描述财务报表分析的起点与分析框架
4. 确定财务报表分析的几种基础方法
5. 3 种基本的财务报表分析技术的应用
6. 了解财务报表分析的局限性

引　言

🔍 财务报表分析概论

　　财务报表依存于信息不对称和委托代理理论，对资本市场的资源配置发挥着积极的促进作用。本章首先介绍财务报表分析的两个基础理论，即信息不对称理论和委托代理理论，并介绍这些理论与财务报表分析的关系。在此基础上，我们提出财务报表分析的两个主要目的是风险识别和价值发现。

　　为了实现这两个目标，本章从数据分析师的视角，介绍财务报表分析的完整框架，包括企业环境与战略分析、会计分析、财务分析和前景分析 4 个部分。我们首先需要了解和分析公司的经济及行业环境，并确定和评价公司的竞争优势和劣势；其次，我们还需要分析公司的财务数据在多大程度上反映了其经济的真实情况；在此基础上，我们才分析公司的财务状况和盈利能力，并最终据此预测未来财务绩效以用于商务决策。

　　为了恰当地分析财务报表，我们还需要掌握一些基本的分析方法和分析技术。分析方法包括评价基础、横向分析和纵向分析；分析技术包括比较财务报表分析、共同比财务报表分析和比率分析。当然，财务报表分析也存在一定的局限性，故在将其应用于商务决策时需要谨慎。

第一节　财务报表分析的基础理论

一、信息不对称理论

　　早期经济学理论认为，企业的投资决策所依据的信息是完全充分的，由此抉择策略与经济行为后果之间存在一一对应关系，但理想的对应关系在现实中往往受到挑战。经济学家赫伯特·西蒙和肯尼斯·阿罗在 1963 年指出，在市场交易中任何决策都是不确定的，而不完全信息是造成经济行为不确定性的原因之一。乔治·阿克尔洛夫（1970）、迈克尔·斯宾塞（1973）、约瑟夫·斯蒂格利茨（1976）发展了信息经济学，提出了信息不对称理论，认为：在市场经济活动中，各类参与人员对有关信息的了解存在差异；掌握信息比较充分的人员，往往处于比较有利的地位，而掌握信息较少的人员，则处于比较不利的地位。

信息不对称的产生与市场参与人员之间获取、识别和处理信息的能力存在差异有关。社会分工、信息获取成本及市场竞争等社会因素也会导致信息不对称的产生。

信息不对称的普遍存在会引发两类信息不对称问题：（1）**道德风险**，即参与合同的一方所面临的对方可能改变行为而损害到本方利益的风险，也被称为事后机会主义。比如，员工被雇用后并没有努力工作，企业获得贷款后将贷款资金转移支付到其他非贷款合同规定的贷款项目中。（2）**逆向选择**，即参与合同的一方如果能够利用多于另一方的信息使自己受益而使另一方受损，倾向于与对方签订合同进行交易，也被称为事前机会主义。逆向选择如果普遍存在，很容易引发"柠檬市场"或"劣币驱逐良币"现象。比如，金融机构的贷款利率如果过高，容易吸引偿债能力较弱的贷款人，从而导致金融机构的贷款违约率上升。

二、委托代理理论

阿道夫·A.伯利和加德纳·C.米恩斯在1932年出版了专著《现代公司与私有产权》，率先提出公司的所有权与经营权出现分离的问题，引发了社会各界对所有权与经营权分离所带来的代理问题的关注和思考。**所有权**，也被称为现金流量权，是指公司的股东按照持股比例享有分配公司利润的权利，或者公司清算后按持股比例享有分配公司资产的权利。**经营权**是指公司以独立法人的身份对公司的资产进行占有、使用、获利和处分的权利。所有权与经营权的分离，是指公司的股东将公司资产的经营权委托给管理者来行使，股东只享有获得利润分配的权利。

代理理论认为，委托人与代理人之间的目标不一致，必将产生利益冲突。这一结论依赖于以下几个主要假设：代理人与委托人均追求自身效用的最大化，代理人与委托人均为风险规避者，代理人与委托人追求的目标不一致，代理人与委托人间存在信息不对称。

迈克尔·C.詹森和威廉·H.梅克林在1976年的《企业理论：管理行为、代理成本与所有权结构》中提出，公司的代理关系有3个方面的表现：（1）资源提供者（股东和债权人）与资源使用者之间以资源筹集和使用为核心的代理关系，此种代理关系通常会导致投资者与公司管理者之间的代理问题。（2）资源提供者之间以行为目标和行使权力为核心的代理关系，此种代理关系通常会导致大股东与小股东之间的剥夺问题，以及股东与债权人之间的利益冲突。（3）公司高层经理与中层经理、中层经理与基层经理、经理与员工之间以财产经营管理责任为核心的代理关系，此种代理关系与公司的内部控制紧密相关。

三、资本市场中的信息不对称与委托代理问题

在资本市场中，信息不对称和委托代理问题主要体现在以下4个方面。

（一）管理者与股东之间的代理问题

公司管理者和投资者之间的代理问题是伴随公司制企业的产生而出现的。在公司制企业中，股东将公司资产的经营管理权委托给他们选定的管理者，由此导致公司的财产所有权裂变为所有权和经营权两种权利，其中，所有权由股东拥有，经营权由公司管理者拥有。所有权与经营权的分离导致股东与管理者的权利和职能出现了分工：股东成为企业外部人，主要职能是监督企业管理者；管理者作为企业内部人，主要负责企业的决策和经营活动，以履行其对股东的受托责任。信息不对称导致管理者很难被监督与控制，于是便存在一种风险，即管理者有可能出于私利而机会主义地行事，从而表现出代理问题。

代理问题有以下两方面的表现：（1）由于比外部投资者掌握了更多有关公司当前状况和未来发展前景的信息，公司管理者可能通过其信息优势来损害投资者的利益，例如通过扭曲财务报表信息来误导投资者的买卖决策，或误导投资者对公司管理者的聘任及薪酬的决策。（2）由于投资者很难观察到管理者的工作努力程度和效率（或者说监督成本太高），公司管理者是否尽职工作以实现股东的利益便成为问题，比如，公司管理者有可能偷懒，或将公司经营状况的恶化归结为他们不可控的因素。目前有大量文献研究了公司管理者与投资者之间的信息不对称及其代理问题，认为典型的代理问题主要表现为：帝国构建、在职消费、过高的高管薪酬、资产转移、商业贿赂等。

（二）大股东与小股东之间的剥夺问题

随着公司规模的发展壮大，公司需要对外融资，这样公司的资金来源更加多元化。公司的资金既可以来自少数几个创始股东，也可以来自新的股东。随着新的股东进入公司，股东之间的关系不再是铁板一块，尤其是在股东之间对公司经营决策的影响存在较大差异的时候。这时，对公司经营决策有控制权的大股东相比其他小股东便拥有更多的信息，同时拥有足够的权力掌控公司事务，主导或至少影响公司的决策过程，但小股东却缺少足够的权力和意愿进行干预，使得小股东对公司管理者的监督依赖于大股东，这样大股东有可能会基于自身的利益而使得公司的经营决策偏向自己，而损害其他小股东

的利益。我们把此类问题称为**剥夺问题**。

有些金融研究专家对全球范围内的公司所有权的分布进行了调查，发现除了美国、英国和荷兰等少数国家，存在单一大股东是其他大多数国家的公司股权结构的主导形态，尤其是东亚国家 [1]。在我国，上市公司的股权高度集中，普遍存在一个大股东，不存在实际控制人的较少。比如，截至 2019 年年底，3917 家公司中仅有 309 家公司声称不存在控股股东和实际控制人，占比不到 8%。

在股权集中的公司中，大股东侵占小股东的利益的表现形式主要有关联交易（如隧道效应和转移定价）和同业竞争。**隧道效应**是指大股东将上市公司的资产转移至大股东拥有现金流量权比例更高的其他公司；**转移定价**是指上市公司与大股东或大股东控制的其他企业之间的产品或服务交易的定价更不利于上市公司；**同业竞争**是指上市公司的大股东所从事的业务与该上市公司的业务构成直接或间接的竞争关系。

（三）股东与债权人之间的利益冲突

一般情况下，债权人对公司的经营权干预甚少，主要通过股东的监督来维护其债权本金和利息的安全，除非公司出现债务违约或破产，债权人才会对公司的经营权和资产进行接管。因此，债权人对公司的监督同样依赖于大股东。股东与债权人之间有可能出现以下 4 种表现形式的代理问题：（1）大比例的股利分红，比如现金股利或股票回购，这会大量减少公司的现金储备，增加公司债务违约的风险。（2）增加债务水平，这可能降低偿还目前债务的概率。（3）资产替代，即对于陷入财务困境的公司而言，在发行债务时，有投资高风险项目的倾向和冲动，造成债权人财富向股东财富转移。这是因为，投资高风险项目一旦获得成功，除偿还债务外股东也将受益；但失败的话，遭受损失的资金主要是债权人的，股东已经没有什么可以损失的权益了。（4）投资不足，即当投资项目的利润大部分都归于债权人而股东收获很少时，即使投资项目的净现金流（net present value，NPV）为正，股东也不会允许公司进行投资。

（四）公司内部上下层级的代理问题

公司股东把经营管理企业的权利委托给公司的董事会，由董事会代表所有股东的利益来经营与监管企业的所有经济活动，包括战略规划、融资、投资和经营活动等。但实践中，公司董事会作为一个团体也并不直接经营企业，而是挑选有能力的管理者，把经营管理企业的权利授权给公司的最高管理者（包括总经理、副总经理和财务总监等）；进

① Rafael La Porta, Florencio Lopez-de-Silanes, Andrei Shleifer. Corporate Ownership Around the World [J]. *Journal of Finance*, 1999, 54: 471–517. Stijn Claessens, Simeon Djankov, Larry H.P. Lang. Separation of Ownership from Control of East Asian Firms [J]. *Journal of Financial Economics*, 2000, 58, 81–112.

一步，最高管理者也不会把所有的决策权都保留在自己手中，而是不断向下授权，分派给中层、基层管理人员和普通员工。这样，公司内部上下层级之间便存在多层次的代理关系，也使得信息不对称及其代理问题在企业内部普遍存在。公司内部的信息不对称及其代理问题主要依赖公司的内部控制来应对。内部控制如果比较有效，则公司内部的代理关系所引发的代理问题则相对较弱；内部控制如果出现了重大漏洞，则可能诱使员工做出一些不正当行为，比如欺诈、资产转移、业绩虚报和贿赂等。比如，我国无人机巨头大疆创新科技有限公司，在2019年1月发布的内部反腐败公告显示：2018年由于供应链贪腐造成平均采购价格超过合理水平20%以上，保守估计造成超过10亿元的损失。

四、信息披露与资本市场的规范

信息经济学认为不完备的信息会导致资源的不合理配置，因此信息不对称及其代理问题将给市场投资者的投资行为带来非系统性的不确定性和风险，进而影响资本市场的价格发现和资源配置功能。具体来说，公司的管理者拥有投资机会的预期回报和风险方面的信息，但投资者却很难掌握这些真实信息，那么，他们会根据经验来判断所有的投资机会有一半是"好"的，另一半是"坏"的。于是，投资者就会只愿意根据期望利润的水平来安排投资。但这样的判断方式有可能惩罚好的投资机会，从而导致拥有好的投资机会的管理者无法以一个公平的价格获得融资，进而促使他们选择离开资本市场，使得留在资本市场的"坏"投资机会的比例升高，最终导致资本市场崩盘。不仅如此，公司管理者从投资者那里拿到资金以后，其投资行为与融资时的约定也可能出现不一致的现象。

为了避免或削弱信息不对称及其代理问题对资本市场运行效率的消极影响，充分的信息披露至关重要。信息披露可以帮助投资者获得企业在其商业前景、所处市场和行业的信息，能够了解公司业绩及其变化的情况，从而不仅能够帮助投资者更好地判断是否投资，还能够帮助投资者通过公司经营管理情况的信息来监督公司管理者的行动。

信息披露制度是在资本市场中减少信息不对称问题的最重要机制之一。信息披露制度的良好运行首先依赖于企业内部的治理结构，尤其是董事会的有效运转。董事会代表所有股东的利益来选择具有能力和干劲的管理人员来帮助解决逆向选择问题，同时通过建立适当的内部治理程序（比如薪酬激励体系和内部控制系统）和批准公司的财务报告来缓解道德风险[①]。但还是有很多问题董事会解决不了，此时，则需要依赖资本市场或外部机制：（1）维护公正和秩序的司法体系与证券监管机构；（2）提供各类专业服务并进

---

① 信息披露也可以缓解大股东与小股东之间的信息不对称问题，因为我国法律法规对上市公司的信息披露要求公平披露与同步披露，即公司应当同时向所有投资者披露信息，同时大股东等还具有信息保密责任。

行信息评价的中介机构;(3)社会舆论体系,比如媒体与学者。其中,有效的法律体系是保护投资者利益的关键。

财务报告在上市公司持续性信息披露中扮演了关键的作用,因为财务报告汇总了公司过去一个年度(季度)的所有主要融资、投资和经营活动,以及这些活动的阶段性结果,这样外部投资者可以通过财务报告了解公司经营者的行为是否符合预期。为保证公司披露的财务报告信息满足"决策有用"目的之下的相关性与可靠性的要求,有3个制度是关键环节:(1)以权责发生制作为财务报告的基础;(2)管理者负责编制财务报告,对报告的真实准确承担责任;(3)制定会计准则限制管理者的可操控空间。

除强制公司披露财务报告之外,公司在一些重大经济活动中还承担了一些其他的法定信息披露义务,比如融资时需要披露招股说明书,重大对外投资、并购重组、签署重大经营合同、董监高(指上市公司董事、监事、高级管理人员)指上司董事变动或违规处罚、重要股东的股份变动或承诺等也需要披露相应的说明。此外,公司可以自愿披露与投资者做出投资决策有关的信息,比如盈余预测、月度生产经营数据等,但这些信息不得与依法披露的信息相冲突,更不得误导投资者。

第二节　财务报表分析的目的

财务报表分析对于商科教育的直接作用体现在两个方面:一是树立数据诚信的价值观;二是帮助我们掌握投资理财相关的必要专业技能,尤其是透过财务报表来理解企业价值创造的能力,以及这种能力的持续性。本书将在第六章"盈利能力分析"和第七章"成长性分析"中对价值创造能力及其持续性进行探讨。

一、风险识别与数据诚信

企业的信息披露要讲数据诚信,在投资理财方面,投资者也要对数据诚信有瑕疵的公司保持警惕,甚至敬而远之。瑞幸咖啡的例子即可说明数据造假对资本市场的重大破坏力,同时也说明通过分析识别潜在风险的必要性。

瑞幸咖啡在2017年10月成立,2019年5月17日登陆纳斯达克证券交易所,融资6.95亿美元。从成立到上市,瑞幸咖啡仅仅花费了一年半多的时间,成为世界范围内从公司成立到首次公开发行上市最快的公司。上市后,公司股价也逐步上升,表明市场投资者看好公司的发展前景和目前所采取的发展战略。但非常不幸的是,2020年1月31日,著名的做空机构浑水调研公司发布了89页做空报告,使得瑞幸咖啡股价当天下跌10.7%,盘中最高下跌26%。但随后公司和众多明星分析师(比如中金公司)接连否认造假，股价也就慢慢回升，甚至超过了做空报告发布前的股价。过了 2 个月，震惊全球资本市场的是，瑞幸咖啡承认虚增了 21.19 亿元的收入，虚增金额超过之前报告的销售收入的一大半。在此消息刺激下，公司股价立即暴跌 83%，随后停牌和退市（见图 1-1）。

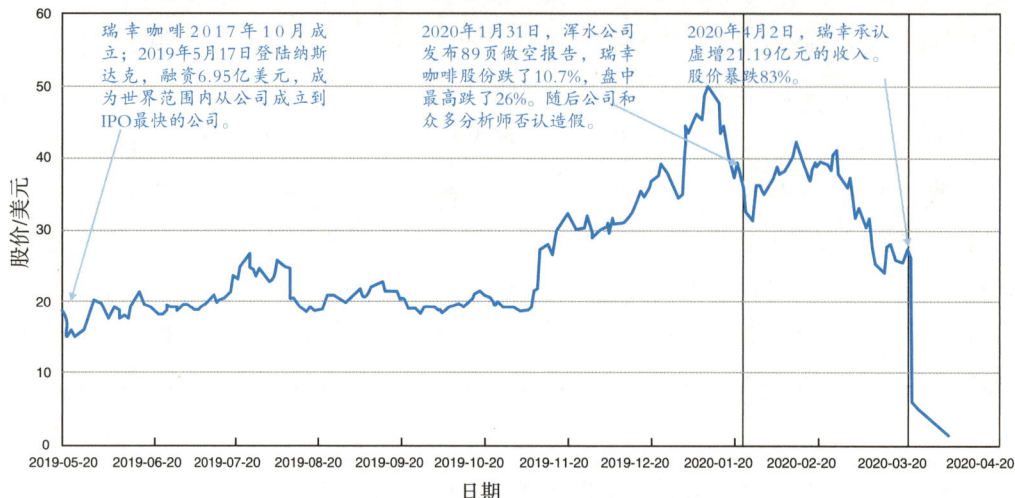

图 1-1 瑞幸咖啡财务造假与股价图

瑞幸咖啡的财务造假引发了美国投资者对中国概念公司的不信任。我国证券监管部门同样对财务造假保持高度警惕和"零容忍"态度。证监会会同财政部、市场监督管理总局等部门，根据国务院金融委关于对资本市场财务造假行为"零容忍"的精神要求，在 2020 年 4 月底依法对瑞幸咖啡境内运营主体、关联方及相关第三方公司涉嫌违法违规行为进行了立案调查。瑞幸咖啡的例子说明，市场投资者是基于对公司财务报表的信任而进行投资的；对应的是，不可信的，甚至故意造假的财务报表一旦被揭发，所引发的后果也是巨大的。

马克·吐温在《我的自传》中有句名言："数字经常欺骗我，特别是我自己整理它们时。针对这一情况，本杰明·迪斯雷利的说法十分准确：'世界上有三种谎言：谎言、该死的谎言、统计数字。'"统计作为一种工具，肯定不会自己撒谎，但利用统计发布数据的人有可能撒谎，即使公布的数据全部是真的，也可能扭曲了事实的真相，因为人可以选择性地发布部分数据，比如只利用部分样本的部分数据来以偏概全，或者只披露有利的统计指标。财务报表就是一种公司层面的统计，反映的是公司的管理者想告诉你的真相，这个真相是不是企业全部的经济活动的真相，我们是需要通过分析和调查来进行明确的。因此，基于风险识别的角度，投资者或企业的管理者通过分析财务报表，要提出针对性的问题，识别企业经营的异常征兆，进而刨根问底，找到问题的答案。

二、数据透视与价值发现

能够创造价值的公司才能长期生存。那么，财务分析中的价值是指什么，又用什么指标来衡量呢？一般认为，利润或公司的市值增长是企业创造价值的最直观表现。更进一步讲，只有能够带来充分现金流的利润才是价值度量的核心，市值增长是对企业现金流增加的反映。

财务报表分析的目的除了识别企业潜在的风险之外，还在于发现企业的价值。财务报表是企业所有能够量化的经济活动的整体反映，集中了大量的信息。通过分析这些数据和信息，企业的管理者对公司的业务运行状况有整体性的了解与掌握，外部投资者尤其是中小投资者能够缩小与企业内部人士或专业投资者之间的信息差距。当集合多家公司、整个行业公司、跨行业甚至整个市场的数据时，上述效用更为明显。具体地，企业管理者通过分析财务数据及其他资料，可以评估新投资项目是否能够创造增量的价值；股东通过分析财务报表，可以为如下几个问题提供一些参考：企业的内在价值大概是多少？内在价值的来源、增长的空间和持续性如何？目前的市场价格合理吗？市场价格还有多大的增长空间？债权人也可以通过分析财务报表为债权的安全提供基础性的评估，因为债权，尤其是长期债权的安全首先来自企业价值的持续创造，而不是当下的资产抵押。

财务报表之所以能够帮助投资者发现企业的价值，是因为企业创造价值的过程就是公司财务报表的产生过程。企业的价值创造来自一系列的经济活动，而这些活动的发生是公司根据所处的商业环境制定公司战略并付诸实施所驱动的。企业所有能够量化的经济活动通过会计系统的确认、计量、记录和报告就会形成我们所见到的财务报表。因此，我们可以说，财务报表是企业战略的执行结果。

第三节　财务报表分析的起点与框架

一、财务报表分析的起点

财务报表集合了有关企业经济活动的大量数据和信息，故对财务报表进行分析的起点始于数据分析师的视角。借助于专业的分析师的分析工作，投资者或企业的管理者可以选择和管理投资项目。

在企业内部，管理者需要将筹措到的资金用于投资，但商业投资往往起源于一种想法，比如开发新产品、探索新市场、采用一种新生产技术或进入一个全新的商业领域等。为了对这些想法或方案进行评价，管理者需要分析这些潜在的投资可能为企业创造的价值。管理者可能会有很好的直觉，对自己的想法或计划充满了信心。但他们也有可能会过度自信，过于相信自己的想法。为此，管理者需要将自己的直觉交给分析工作去检验。而且，管理者与股东、债权人之间的受托关系也决定了他们必须要为委托人的利益而工作。所以，他们要对商业投资进行分析，问自己："这是一个能够创造价值的投资吗？"类似地，外部投资者投资公司时也需要对企业的基本面和内在价值进行分析，或者借助于专业的分析师的分析工作来加以判断。外部分析师站在企业的外部，试图观察到企业内部的情况，进而对企业的债务风险及价值、股票价值及风险进行分析和评价，从而形成一份可信的、具有说服力的研究报告，帮助客户能够充满信心地去投资股票或债券。

外部分析师的信息来源通常是公开披露的财务报表和其他补充信息，无法获得很多的内部信息，而企业内部分析师具有更多的信息和数据。尽管如此，内部分析师和外部分析师对分析的看法不应出现本质的差别。外部分析师要说服自己或客户按照市场价格去购买某只股票，就必须进行相关的分析：在这个价格之外，还可能存在价值增加吗？内部管理者要说明自己按某种成本去实施某个想法，也必须要进行相关的分析：付出了这样的成本之后，企业能得到的价值有多少呢？

对一个项目进行分析，不仅能够帮助我们做出是否投资的决策，还能在投资的计划和执行方面提供很多良好的建议。战略性的想法有时可能还是比较模糊的，将这些想法通过正式的分析流程加以梳理，可以促使决策者对这个想法进行全面的思考，并规划出细节。分析能坚固我们的想法，将它们转变为具体的金额预期；分析过程还能促使我们去挖掘完成某个目标的其他途径，根据最终的分析结果去改进战略，从而得到最佳的执行计划。斯蒂芬·H.佩因曼在其出版的《财务报表分析与证券估值》（第5版）中指出，一个优秀的战略，必然是伟大的想法和高质量的分析相结合的产物。

二、财务报表分析的框架

财务报表分析主要服务于外部投资者或企业管理者的投资决策，因而涉及企业内在价值或投资项目价值的评估。要评估企业内在价值或投资项目的价值需要几个相互关联的部分来支撑。首先是经营环境和战略分析，因为行业的前景和结构往往决定了一个公司的盈利能力，企业战略则与企业应对行业环境的策略及其市场竞争优势有关。其次是财务数据分析，包括对产生财务数据的背后系统进行分析，以及利用一定的方法和工具对财务数据进行分析，前者也被称为会计分析，后者则被称为财务分析。最后是公司的前景分析和估值。投资决策的目标在于未来能够获取恰当的回报，故需要对公司的经营前景进行分析，并预测未来的现金流。

（一）经营环境和战略分析

公司未来前景分析是商务分析的主要目的之一，同时也是一项极为主观和复杂的任务。为了有效地完成这项任务，必须采用跨学科观点，包括关注经营环境和战略分析。经营环境分析旨在确定和评价公司所处的经济及行业环境，包括对处在一定经济和制度环境中的公司产品、劳动力及资本市场情况的分析。战略分析旨在确定和评价公司的竞争优势和劣势，以及可能面对的机会与威胁。

经营环境和战略分析由两个部分组成——行业分析和战略分析。行业分析通常为第一步，因为所处行业的前景和结构在很大程度上决定了一个公司的盈利能力。行业分析通常用 PEST 分析方法和波特五力模型来完成。PEST 分析方法是从政治（political）、经济（economic）、社会（social）和技术（technological）4 个方面来分析行业所面临的外部宏观环境，目的在于确认行业发展前景的政策、社会偏好、市场空间及其所依赖的技术发展水平和颠覆机会。波特五力分析模型从供应商、购买者、潜在竞争者、替代品、行业内竞争者等 5 个维度分析行业的竞争环境。这 5 种因素共同决定着行业内部的竞争强度和企业获得利润的最终潜力。

比如，为什么白色家电（典型的代表企业如格力电器）相比黑色家电（典型的代表企业如长虹电器股份有限公司和 TCL 集团股份有限公司）的盈利能力要高出很多？其中一个重要的原因在于白色家电的核心构件（压缩机）的技术更迭速度要远远慢于黑色家电（面板），因而稳定的质量和品牌在白色家电中更加重要，而黑色家电则需要不断花费大量资金去更新和追赶新的技术，从而不能形成稳定的盈利。

战略分析是指对公司在建立其竞争优势方面所做的商务决策及所获成功的评价，包括估计公司对环境变化的预期战略反应，以及这些反应对公司未来成长与成功的影响。战略分析要求详细考察有关公司产品组合和成本构成的竞争战略。竞争战略的分析通常会借助 SWOT 分析方法，即将与公司密切相关的各种主要内部优势、劣势、外部的机会与威胁等，通过调查列举出来，并依照矩阵形式排列，然后用系统分析的思想，把各种因素相互匹配起来加以分析，从中得出一系列相应的结论和决策。

竞争战略的典型类型主要包括以下 3 种。

第一，成本领先战略。这是指企业以低单位成本为用户提供相同质量或性能的产品。比如全球领先的铝产品制造商——中国宏桥集团有限公司（以下简称中国宏桥）在 2013—2016 年中国铝业连续巨额亏损的情况下，仍然保持稳定的盈利，且销售净利润率高达 10% 以上。之所以能如此，以电力自产为主要手段的成本领先策略是中国宏桥获利的不二法宝。

第二，差异化战略。这是指企业力求在客户广泛重视的一些方面，在行业内独树一帜，赋予其独特的地位以满足客户的要求。比如，京东集团（以下简称京东）通过自建物流的方式构建了自己有别于阿里巴巴集团（以下简称阿里巴巴）等其他纯电商平台的强大竞争优势。京东物流已经成为京东电商拓展业务的利器。

第三，专一化战略。 这也称集中化战略或目标集中战略，指公司主攻某一特殊的客户群、某一产品线或某一产品线的细分区段、某一地区市场等。比如，格力电器长期以来的产品围绕空调，收入占比 90% 以上。专一化战略又可以进一步细化为成本领先的专一化战略和差异化的专一化战略。成本领先的专一化战略是指在目标细分市场中寻求成本优势的成本集中，比如蓝星安迪苏股份有限公司在化工产业中的动物营养添加剂细分市场中构筑了成本最低的竞争地位。差异化的专一化战略是指在细分市场中寻求差异化的差异集中，比如广联达科技股份有限公司在建造工程领域的信息化、上海宝信软件股份有限公司在钢铁行业的信息化中谋取了领先的地位。

经营环境和战略分析要求具备广泛和多学科性的知识，比如经济、战略管理、经营管理、市场营销、公司治理及公司所处行业相关的知识。这将会给很多人带来挑战，但要做出适当的经营决策或投资决策，这一分析却是十分必要的。

（二）会计分析

会计分析是评价一个公司的会计资料在多大程度上反映了经济真实的过程。为此需要研究公司的交易和事项，估计其会计政策对财务报表的影响，调整报表以使其能够更好地反映潜在的经济意义，并更好地为分析服务。财务报表是财务分析的主要信息来源，这意味着财务分析的质量取决于财务报表的可靠性，而财务报表的可靠性又有赖于会计分析的质量。

会计是一个包含了多种判断的过程，这些判断由一些基本规则所指引。但是，商业交易和事项的复杂性使得我们很难对所有公司、在所有时期都采用一致的会计规则。比如，应收款坏账准备的计提，不同公司的客户质量存在差异，那么其坏账准备的计提比例就会存在差异；经济繁荣时期，客户质量会上升，经济萧条时期，客户质量就会下降，这样坏账准备的计提比例同样会出现变化。

进一步，会计准则有时会无法满足特定个体的需求，尤其是当下商业模式不断推陈出新的背景下，公司的收入实现存在独有的特征。比如，游戏公司的道具，既可以视为产品，也可以视为服务，还可以视为知识产权，这样其收入确认就存在差异；如果道具的使用规则涉及多个组合，就更加复杂。妨害财务报表可靠性的另一项潜在因素是会计估计错误，即公司管理者对结果不确定的交易或事项所做出的判断存在较为明显的错误，但这种错误是无意识的过错或疏漏。

会计的上述局限影响财务报表的效用，并可能造成至少两方面的分析问题。首先，会计中缺乏一致性引出可比性问题。当不同公司对同类交易和事项采用不同的会计处理方式时，就会引出可比性问题。公司改变会计处理方法，也会引出可比性问题。

其次，由于会计处理的随意性及缺乏足够的明确性，有可能会造成财务报表信息失真。**会计失真**是会计信息对经济实质的背离。它至少有3种表现形式：（1）管理者的估计中存在无意识过错或疏漏。这种估计错误是会计失真的主要原因。（2）管理者可能会利用个人判断操纵或粉饰财务报表，也被称为盈余管理。（3）会计准则可能无法反映经济真实，即所谓的准则失真。以上3种失真导致财务报表分析中的会计风险，即由于会计失真引致的财务报表分析中的不确定性。会计分析是评价一个公司的会计资料在多大程度上反映了经济真实的过程。

会计分析包括评价公司的利润质量。评价利润质量需要对多种因素进行分析，比如公司经营状况、会计政策、管理者的历史表现与声誉，以及盈余管理的机会与动因。会计分析还需要评价公司利润的可持续性，即持续盈利能力。我们将在第六章详细讨论利润质量和利润的可持续性。

（三）财务分析

财务分析是指利用财务报表来分析公司的财务状况和盈利能力，并据以预测未来财务绩效。在本书中，财务分析由四大部分组成，即资产结构与运营效率分析、风险分析、盈利能力分析及成长性分析。

资产结构与运营效率分析主要用来评价公司的资产来源、配置去向和运营效率，其分析可以为了解企业的运行模式、执行效率及公司未来财务状况提供一定的启示。我们将在第四章介绍公司的资产结构与运营效率分析。

风险分析主要评估公司偿付债务的能力，一般分为短期偿债能力和长期偿债能力两个方面。它主要考察公司的资产在面临短期债务或长期债务到期时能否支付现金进行偿还，反映了企业财务状况的好与坏。由于风险与债权人的关系最为密切，因此，风险分析通常要在信用分析的基础上展开。此外，风险分析对权益分析也具有重要意义，因为权益分析涉及对公司业绩可靠性和可持续的评价，也涉及公司资本成本的估计。我们将在第五章介绍风险分析和信用分析。

盈利能力分析用以评估公司的投资回报率，关注的焦点是公司利润的来源和水平，需要具体确定并计量各种利润驱动因素的影响。它还需要关注盈利能力变化的原因及利润的可持续性。利润的质量问题也将在后面章节进行分析。此外，我们还将在第六章介绍盈利能力。

成长性是企业价值评估的关键，直接决定了市场投资者能够获得多高的回报率。对此，成长性分析一方面需要了解成长性的衡量指标，另一方面要关注影响公司成长性的核心因素，并对公司成长性的持续性进行分析。我们将在第七章介绍成长性分析。

（四）前景分析与估值

前景分析主要预测未来报酬，包括利润、现金流量等。这项分析以会计分析、财务分析，以及经营环境和战略分析为基础，其分析结果可用于估算公司价值。虽然有各种量化工具可以帮助提高预测的准确性，前景分析却依然是一个相当主观的过程。正因为如此，前景分析有时被当作一门艺术而非科学。

估值是财务分析的主要目标。估值涉及将有关未来报酬的预测转换为预估公司价值的过程。为了确定公司的估值，分析者需要选择一些估值模型，并对公司的资本成本做出估计。我们将在第八章介绍权益分析和估值。

第四节　财务报表分析的方法基础

一、评价标准

对公司的财务报表进行分析时首先需要确定评价标准，即评价公司财务业绩表现水平或财务状况稳健程度的依据。一般而言，评价标准有以下 4 个。

（一）经验标准

这是指依据大量且长期的实践经验而形成的标准。比如根据过往经验，公司的信用评级要达到 A 级及以上，则其债务利息保障倍数至少要大于 3。需要注意的是，经验标准并非一般意义上的平均水平，而且主要适用于制造业企业的一般情况，而不是适用于所有领域或一切情况。此外，只有那些既有上限又有下限的财务指标，才可能建立起适当的经验标准，而那些越大越好或越小越好的财务指标（比如盈利能力）则不可以建立经验标准。经验标准的优势非常突出，因为其经过长时间的大量实践，标准相对稳定和客观。但随着行业发展或经济结构的变化，经验标准也可能需要调整。

（二）历史标准

这是指公司过去某一段时期（如上年或上年同期）该财务指标的实际值。历史标准对于评价公司自身经营状况和财务状况是否得到改善具有非常直观的价值。历史标准可以选择公司正常经营条件下的业绩水平，也可以选择公司历史最高水平，或者也可以选择连续多年的平均水平。应用历史标准的好处是比较可靠，具有较强的可比性。但局限也比较明显：企业外部环境发生变化时，与历史标准进行比较只能说明公司自身的发展变化，但很难评价公司的财务竞争能力是否发生变化。

（三）行业标准

这是指用公司所处行业的平均水平/中位数，或行业内某些比较优秀公司的平均水平来进行评价。行业标准不仅可以说明公司在行业中所处的地位和水平，也可以用于判断公司的发展趋势。比如，在一个经济周期的下滑时期，公司的利润率从15%下降到10%，而同期该公司所在行业的平均利润率由15%下降到8%，那么就可以认为该公司盈利表现较好，具有更强的能力抵抗经济下滑的冲击。不过随着公司业务的多元化发展，完全相似的可比较的行业公司可能较难找到。此外，行业内不同公司的会计方法也可能存在差异，比如应收款坏账准备的计提比率存在不同。

（四）预算标准

这是指实行预算管理的公司所制定的预算指标，比如标准生产成本、标准的管理与销售费用率等。预算标准往往符合公司的战略及目标管理的要求，但预算的制定也存在较强的主观性，未必可靠，同时外部分析通常无法获得公司的内部预算标准。

基于上述的评价标准，我们可以采用横向分析和纵向分析的方法来分析公司的财务报表。

二、横向分析

横向分析是指一个公司与其他公司在同一个时点（时期）上比较财务业绩和财务状况方面的差异，以探讨目标公司的财务竞争能力和市场竞争优劣。在企业兼并与收购中所做的目标公司估价、管理者的业绩评估与报酬计划等领域都需要进行横向分析[1]。横向分析的特点是在横向联系的基础上可以撇开各种非公司或公司管理者可以掌控的因素，以甄别公司管理者创造价值的行动是否符合预期，公司的发展趋势是否令人满意。横向分析需要注意以下3个方面。

第一，选择可比较对象的标准。可比较的对象至少在下列几个方面中的某一个方面是相似的：首先是供给方面的相似性，即具有相似的原材料、生产过程或分销网络等。证监会等划分的行业分类主要就是基于供给的相似性。其次是需求方面的相似性。这方面主要强调最终产品的相似性，以及消费者所认为的产品的可替代性。比如手机拍照

---

[1] 相对业绩评价是常见的横向分析工具，即依赖相对参照组的业绩对公司管理者进行奖惩，参照组一般由直接竞争对手构成。比如很多公司的高管激励方案中提出满足行权的条件之一就是：公司的收入排名或资产回报率不低于行业前25%。

能力的提升，其最终逐渐替代了传统的相机。再次是资本市场特征的相似性，这是指从投资者观点看，具有类似的诸如风险、市盈率或资本市值等股票的公司。比如 Wind 在 2020 年 10 月推出了一个"茅指数"。这个指数涵盖了 30 家"类茅台"公司，即在消费、医药及科技制造等领域拥有较强成长性及技术实力的部分龙头公司。最后是法定所有权的相似性，这是指公司之间的供给或需求方面或许十分多样化，但他们为同样的股东所拥有，即这些公司之间需要进行比较以决定资源的分配。比如一个集团公司同时拥有两家不同业务的上市公司，那么这两家上市公司在法定所有权上就是相似的。

第二，汇总方法。在将一家公司的财务指标与那些可比公司的财务指标进行比较时，分析者通常可以采取下列两种方法"汇总"那些可比公司的财务比率：一是使用单一的、概括的集中趋势指标，如中位数、简单平均值、价值加权平均值等；二是同时使用集中趋势和离散趋势指标，如平均值和标准差。需要注意的是，如果样本中有极端观察值，应该将各极端值描述清楚，或予以剔除。

第三，资料的可得性问题。这主要表现在 3 个方面：首先是数据不充分，即横向分析中可能得不到我们所关注的公司的数据，比如该公司隶属于一个从事多元化经营的集团，而该集团只提供有限的关于该公司的财务数据；该公司是私人持有的，因而不公开披露财务信息等。其次是报告期不一致，即财务年度报告在公司之间存在差异，尤其是在国与国之间或地区与地区之间。我国法律法规规定所有的中国公司的会计年度截止日期是 12 月 31 日，但世界上很多国家的公司的会计年度截止日期是由公司自由选择的，比如苹果公司的会计年度截止日期是 9 月 30 日。据统计，美国只有 62% 左右的上市公司的会计年度截止月份是 12 月，而英国更低，只有 41%；日本 55% 左右的上市公司的会计年度截止月份是 3 月。最后是会计方法不同。当分析所面临的样本公司所采取的会计方法不统一时，可以考虑采取下列方法：将样本公司限制在那些采用统一会计方法的公司范围之内；利用公司提供的信息，将报告数字调整为按统一会计方法取得的数据；利用近似技术，将报告数字调整为按统一会计方法取得的数据。

三、纵向分析

纵向分析是指同一公司不同时期的比较分析，比如公司当期利润和上年同期的利润进行比较。纵向分析的时间期间可以较短，比如 2 ~ 3 年，也可以长达 5 ~ 10 年。纵向分析可以直观地发现公司财务业绩和财务状况的变化及变化来源，也有助于发现公司的发展趋势和发展规律（尤其是长周期的纵向分析），从而归纳和挖掘出积极的应对策略。纵向分析在管理者业绩评价中也非常常见，比如大多数公司的高管激励方案中，均会提出基于历史标准的收入增长率或利润增长率等。以下问题在纵向分析中需要加以关注。

第一，**结构变化问题**。这是指由于技术进步、并购重组或业务拓展等引起的企业经济结构的改变，如技术进步会改变企业产品的本量利关系，并购重组会改变可比较的主体，业务拓展会改变可比较的业务基础。

第二，**会计方法或会计分类变更问题**。这是指公司对同一事项的会计处理方法或披露分类在财务纵向分析中可能发生了变化。比如，2020 年开始实施的新收入准则将部分运输费用分类为生产成本、工程类业务的收入确认时点发生了较大变化，2007 年则单独将研发费用从原来的管理费用中分离出来。此时，若会计方法的变化对进行分析的财务指标具有较大影响，则需要尝试调整会计方法以统一进行比较；若会计方法的变化没有重大影响，则不需要进行调整。

第三，**极端观察值的处理**。当遇到极端观察值时，分析者可以不做任何处理，即认为极端值代表一种现象，且这种现象可能会在预测期内再次发生，也可以将极端值进行剔除，即认为极端值出现的原因在随后的期间预期不会再次发生。

第五节　财务报表分析工具

有许多为特定目的而设计的分析工具皆可用于财务报表分析。在本节中，我们将主要介绍比较财务报表分析、共同比财务报表分析和比率分析等 3 种分析工具。

一、比较财务报表分析

比较财务报表分析是指通过考察连续各期资产负债表、损益表或现金流量表以获得公司发展趋势信息的分析方法。趋势信息包括变化的方向和速度。比较分析还可以比较相关项目的发展趋势，比如，某公司的销售收入逐年上升 10%，销货运输成本同比上升 20%，或者如果应收款以 15% 的比例增加，而销售收入仅提高 5%，则均需要做进一步分析调查。在这两种情况下我们都需要查明这些不同的变化趋势的背后原因，以及对我们分析的启示。最常用的比较分析技术有两种：逐年变化分析和指数趋势分析。

（一）逐年变化分析

逐年变化分析是对相对较短的时间段（比如 2 ~ 3 年）内各账户的变化逐年进行分析。对较短期间的逐年分析简单易行，且便于理解。其优势是既可用绝对数来表现有关变化，也可用相对数来表示。同时使用绝对数和相对数进行分析可能更为恰当，原因在于，在计算变化百分比时，不同基数代表了不同的实际意义。比如，以 1 万元为基数计算的 50%，显然没有以 1 亿元为基数的同样百分比重要。

逐年变化的计算简单明了，但还有一些规则需要特别注意。当基数数据为负值而下期数据为正值时，是无法计算有意义的变化百分比的。同样，在没有基期数据的情况下，也是无法计算变化百分比的。与此类似，如果基期数据很小，虽然可以计算变化百分比，但在解释时必须保持必要的谨慎。原因在于，这种情况下算出的变化百分比会很大，但之所以很大，仅仅是因为计算时用的基数很小。同样地，如果一个项目有基期数据但却没有下期数据，其下降率将为100%。

比较财务报表分析通常可同时提供分析期间的累计数和平均值（或中位数）。将各年度数据与以多个期间为基础计算的平均值（或中位数）进行比较，可以凸显出各种异常波动。

表1-1是用格力电器利润表编制的逐年比较分析表。这一分析揭示了几项需要特别注意的事实。首先，格力电器的销售收入在2019年与2018年基本持平，但销售成本增加了3.81%，高于收入的增长幅度。这说明格力电器在经营过程中生产成本是上升的，导致公司销售毛利率降低。其次，在收入保持稳定的情况下，公司的销售费用和管理费用分别下降了3.12%和13.06%，说明公司具有非常强大的费用控制能力，从而使得公司营业利润的下降幅度要小于毛利的下降幅度。不过稍显遗憾的是，公司的研发投入也出现了下降，这可能会影响到公司竞争优势的持续性。此外，公司的资产减值损失和信用减值损失均出现了大幅上升，这与公司面临更加激烈的竞争有关。最后，公司的营业利润下降了4.49%，所得税费用下降了7.54%，导致净利润下降了5.88%。总体来看，在一个竞争逐渐激烈的环境中，格力电器的收入表现比较令人失望，亮点在于销售和管理费用控制能力较好。

表1-1　格力电器的比较利润表

项目	2018年	2019年	变化额	变化百分比
营业收入 / 亿元	1981.23	1981.53	0.30	0.02%
营业成本 / 亿元	1382.34	1434.99	52.65	3.81%
税金及附加 / 亿元	17.42	15.43	−1.99	−11.42%
毛利 / 亿元	581.47	531.11	−50.36	−8.66%
销售费用 / 亿元	189.00	183.10	−5.90	−3.12%
管理费用 / 亿元	43.66	37.96	−5.70	−13.06%
研发费用 / 亿元	69.88	58.91	−10.97	−15.70%
财务费用 / 亿元	−9.48	−24.27	−14.79	−
投资净收益 / 亿元	1.07	−2.27	−3.34	−312.15%
公允价值变动净收益 / 亿元	0.46	2.28	1.82	395.65%
资产减值损失 / 亿元	2.62	8.43	5.81	221.76%
信用减值损失 / 亿元	−	2.79	2.79	−

项目	2018 年	2019 年	变化额	变化百分比
资产处置收益 / 亿元	0.01	0.05	0.04	400.00%
营业利润 / 亿元	309.97	296.05	−13.92	−4.49%
减：所得税 / 亿元	48.94	45.25	−3.69	−7.54%
净利润 / 亿元	263.79	248.27	−15.52	−5.88%

（二）指数趋势分析

用逐年变化分析比较两三个以上期间的财务报表时，会显得相当烦琐。对于长期趋势，指数趋势分析是一种十分有用的工具。使用指数趋势分析时，需要首先选定一个时期作为基期，并对所有项目事先选定一个指数，通常为 100 或 1。由于基数是所有比较的参照基础，所以最好选择一个经营环境较为正常的年份。与计算逐年百分比变化时一样，一些特殊情况，比如由负数变为正数，也是无法用指数来表示的。

指数的计算方法如下：假设某公司在第 1 年度（基期）的收入是 100 万元，第 2 年度的收入是 150 万元，第 3 年度的收入是 200 万元。若以 100 作为第 1 年度的指数，则第 2 年度的指数 =（当年收入 / 基期收入）×100=150 / 100×100=150；第 3 年度的指数 =（当年收入 / 基期收入）×100=200 / 100×100=200。指数化后很容易看出后续年度与基期的变化百分比，但第 3 年度与第 2 年度的变化百分比则需要重新计算，此时用财务数据原值或指数计算的结果是一样的。

在指数趋势分析中，我们不需要分析财务报表中的所有项目，只需要关注重点项目即可。我们在使用指数趋势分析时必须保持谨慎的态度，因为某些变化可能只是由经济或行业因素造成的，并非企业本身因素所致。进一步，我们还需要关注会计方法的一致性问题，即对由于采用不一致的会计处理方法造成的变化进行适当的调整。此外，比较分析的时间越长，物价水平变化带来的影响也就越大。通过趋势分析，我们可以深刻了解公司的管理哲学、政策及动机。分析期间环境变化越是复杂，我们了解管理者如何应对困难并把握机遇就越有价值。

表 1–2 采用指数趋势分析方法分析了东阿阿胶股份有限公司（以下简称东阿阿胶），（股票代码：000423）在 2010—2017 年连续大幅提价的潜在经济后果的问题。东阿阿胶主营业务为从事阿胶及阿胶系列产品的研发、生产和销售业务。阿胶用驴皮熬制，故驴价决定着阿胶的价格。基于"驴稀缺"和"价值回归"的逻辑，自 2005 年起，公司开始步入提价轨道。时至 2017 年，阿胶系列产品陆续提价 17 次，单次涨幅在 5%~60% 不等，每千克出厂价由不足 200 元上升至超过 3000 元，提价幅度足足有 15 倍。那么，近

几年东阿阿胶的提价真的是由于成本驱动吗？① 连续大幅提价有什么样的经济后果呢？

根据媒体报告和公司公告，我们以 2010 年为基期，收集了东阿阿胶 2011—2017 年的提价及其相关财务数据。从表 1-2 可以看到，东阿阿胶的产品价格在 2017 年达到了 2010 年的 7.40 倍，年均复合提价幅度高达 33.10%，非常惊人；与此同时，阿胶的单位成本也大幅上升，2017 年的单位成本是 2010 年的 6.05 倍，年均复合上升幅度也达到了 29.30%。销售价格与单位成本的比值虽然有波动，但整体上也没有呈现出单边上涨的趋势，也就是说，东阿阿胶宣称的产品提价主要由驴皮上涨驱动确实有数据支持。在连续提价的刺激下，公司的销售收入连年增长，年复合增长率为 19.55%；营业利润也连年上升，年复合增长率达到了 19.40%，与收入增长速度相吻合。

表 1-2　东阿阿胶连续提价分析

项目	2010 年	2011 年	2012 年	2013 年	2014 年	2015 年	2016 年	2017 年
阿胶系列收入	1.00	1.08	1.57	1.85	1.99	2.51	2.98	3.49
阿胶系列成本	1.00	0.83	1.41	1.94	1.79	2.13	2.39	2.85
原材料成本占比 / %	57.06	118.60	119.10	106.40	149.60	114.50	115.80	93.60
人工成本占比 / %	17.85	23.47	34.04	20.38	24.55	19.65	20.35	19.71
营业利润	1.00	1.48	1.77	2.03	2.28	2.76	3.10	3.46
销售费用	1.00	1.27	1.61	1.69	1.56	2.65	3.36	3.75
销售价格	1.00	1.39	2.22	2.44	3.05	5.55	6.38	7.40
销售数量	1.00	0.78	0.71	0.76	0.65	0.45	0.47	0.47
单位成本	1.00	1.07	1.99	2.56	2.74	4.71	5.12	6.05
价格成本比	1.00	1.30	1.11	0.95	1.11	1.18	1.25	1.22

注：销售价格以 2010 年为基期，然后用每年的提价幅度相乘得到每年的销售价格。销售数量＝阿胶系列收入 / 销售价格；单位成本＝阿胶系列销售成本 / 销售数量；价格成本比＝销售价格 / 单位成本；原材料成本占比＝购买商品、接受劳务支付的现金 / 销售成本 /（1+ 增值税税率）×100%；人工成本占比＝支付给职工及为职工支付的现金 / 销售成本 ×100%。

然而，有一个令人担忧的事实是：公司的收入增长大幅低于产品价格的提升幅度，从而说明公司的销售数量大幅萎缩了。根据初步估算，公司在 2017 年的销售数量仅有 2010 年的 47%，说明两个问题：一是公司的客户群体大幅缩小，原有的客户不再是公司的客户了，高昂的购买价格门槛也阻碍了对新客户的吸引力；二是公司现存的客户也减少了对公司产品的购买数量。

客户群体的大幅萎缩对东阿阿胶有什么样的潜在影响呢？回到 2015 年，东阿阿胶总裁秦玉峰在致股东信中明确提出东阿阿胶的发展战略是"借千年品牌的禀赋和活力，

---

① 据东阿阿胶公布的数据，2000 年前后，每张驴皮价格在 20 多元，2016 年价格已升至超过 2500 元，16 年的时间内驴皮价格涨幅超过 100 倍。

筑健康中国的基石"。但服务客户群体的大幅萎缩，如何实现其"筑健康中国的基石"的豪言壮语呢？作为医药类的消费品公司，其企业价值的实现必然体现在满足更多的客户群体上。更重要的是，东阿阿胶高达3000元的购买价格门槛将阻碍新消费群体或年轻群体成为公司的客户，因为阿胶作为药品，并不像奢侈品一样适合用来炫耀；随着原有客户的流失，新客户又吸引不来，公司未来的市场空间将被压缩。事实上，东阿阿胶的销售收入从2018年起就开始萎缩，甚至崩塌；2019年减少了60%；2020年和2021年半年度均不及2017年高峰时期的一半。可见东阿阿胶遭受到了连续大幅提价的反噬，至今没有缓过气来。

进一步，在原材料价格大幅上涨的背景下，公司难道不可以提价应对吗？我们来看一个指标：原材料采购金额与销售成本之比。可以看到，这个指标在2010年仅有57.06%，但2011—2016年，连年超过100%，这是为何呢？根据公司年报披露，阿胶产品的销售成本中，原材料成本占比90%左右，包括人工在内的制造费用大约10%。可见公司采购原材料的支出连续多年大幅超过90%，远远超出正常的产品生产对原材料的需求。事实上，我们可以发现公司对员工的支出占销售成本的比例就保持着相对稳定。不仅如此，公司作为阿胶市场的绝对龙头老大，年报也一直宣称要增强公司对原料资源的掌控力，但这么多年（长达7年），公司除了大肆地外购，貌似并没有采取其他有效的措施来应对原材料市场的大幅波动。也许，在"全产业链价值回归"的战略下，公司乐意看见驴皮价格的上涨，是否推波助澜也未尝可知。

二、共同比财务报表分析

在财务报表分析中，有时需要了解特定账户所构成的某一项目在总体中的比重。具体地说，在分析资产负债表时，通常将总资产视为100%，然后将各资产项目表示为在总资产中所占的比重；在分析利润表时，通常将收入视为100%，其余各利润表项目则分别按其占销售收入的一定百分比来表示。因为集合中所有各个项目的总和为100%，故以此方式得出的报表称为**共同比财务报表**。这一程序也称为垂直分析，因为依次编制的报表是按由上到下的顺序来评价各个项目的。

通过共同比财务报表分析可以了解财务报表的内部结构。在分析资产负债表时，共同比财务报表分析主要强调：资金的来源渠道和资产的构成。对资产负债表的共同比分析还可以扩展到对构成子集的各个项目的考察。比如，在评价流动资产的流动性时，通常需要了解存货在流动资产中所占的比重，而并非只是简单地了解存货占总资产的比重。对利润表进行结构分析具有相当重要的意义。利润表的结构分析非常简单，因为其中每一个项目都与销售收入这一个关键项目有关。销售收入在不同程度上对几乎所有费用项目发生影响，因此需要知道每项费用究竟占销售收入的比重有多大。所得税是唯一的例外，它只是与税前利润而非销售收入有关。

共同比报表分析既可做时间序列的比较，由此揭示资产、负债、费用和其他各类集合中各子项目所占比重的变化，也可用于公司之间或公司与行业平均的比较，以突出报表项目构成及分布上的差异，查明产生差异的原因。

表1-3是格力电器和美的集团两家公司的共同比利润表。格力电器和美的集团的公司总部均位于珠三角，主要业务均包括消费电器（尤其是空调）的生产与销售，经营规模上也比较接近，因此具有可比性。从中有几点需要加以关注：首先是格力电器的毛利率在下降，从2017年的31.84%下降到了2019年的26.80%，足足下降了5百分点；与此对应的是，美的集团的毛利率则呈现出上升的趋势，从2017年的24.44%上升到了2019年的28.24%。那么，是什么原因导致了两家公司毛利率截然不同的变化趋势呢？是销售价格，还是生产成本管控的缘故，具体原因需要进一步去了解。其次，格力电器的销售费用率不断下降，而美的集团的则逐年上升。两者相反的变化趋势，有可能是格力电器固守利润压力下保守的市场营销策略（对应的则是美的集团积极的市场扩张策略），也可能是格力电器的品牌号召力和市场竞争优势地位较为明显，从而减少了广告宣传或渠道维护的费用，还可能是格力电器销售费用与生产成本之间的分类发生了变化[1]。进一步，格力电器和美的集团的管理费用率均在下降，说明两家公司的费用控制能力较强，管理能力存在规模经济效应；格力电器的管理费用率更低些，可能的原因在于美的集团对高管和员工实施了股权激励和员工持股计划，从而增加了激励费用，抑或是格力电器的管理者具有更高效的管理能力。此外，两家公司的研发投入比率接近，达到了收入的3%左右，说明它们均较为重视技术创新。最后，格力电器2019年的净利润率达到了12%以上，而美的集团最高也仅有9%左右，相差3百分点，说明格力电器的赚钱能力在制造业中较强，比美的集团具有更强大的市场竞争优势；但这种优势在缩小，因为格力电器的净利润率在逐年下降，而美的集团的在逐年上升。这可能与美的集团积极的市场扩张策略和逐渐增强的生产成本控制能力相关。

表1-3 格力电器和美的集团的共同比利润表

项目	格力电器			美的集团		
	2017年	2018年	2019年	2017年	2018年	2019年
营业收入 /%	100.00	100.00	100.00	100.00	100.00	100.00
营业成本 /%	67.14	69.77	72.42	74.97	72.46	71.14

---

[1] 根据新收入准则，原来计入销售费用的部分运输费用和销售返利要归类为销售成本。格力电器的这两项分类相比美的集团要复杂一些，且没有充分披露说明。

项目	格力电器			美的集团		
	2017 年	2018 年	2019 年	2017 年	2018 年	2019 年
税金及附加 /%	1.02	0.88	0.78	0.59	0.62	0.62
毛利 /%	31.84	29.35	26.80	24.44	26.91	28.24
销售费用 /%	11.24	9.54	9.24	11.11	11.97	12.44
管理费用 /%	4.09	2.20	1.92	6.14	3.69	3.43
研发费用 /%	–	3.53	2.97	–	3.23	3.46
财务费用 /%	0.29	−0.48	−1.22	0.34	−0.70	−0.80
投资净收益 /%	0.27	0.05	−0.11	0.76	0.35	0.06
公允价值变动净收益 /%	0.01	0.02	0.12	−0.01	−0.31	0.49
资产减值损失 /%	0.18	0.13	0.43	0.11	0.17	0.31
信用减值损失 /%	0.00	0.00	0.14	0.00	0.00	0.03
资产处置收益 /%	0.00	0.00	0.00	0.55	0.01	0.05
利润总额 /%	17.95	15.79	14.81	9.08	9.93	10.76
减：所得税 /%	15.44	15.65	15.42	14.84	16.00	15.54
净利润 /%	15.18	13.31	12.53	7.73	8.34	9.09

三、比率分析

比率分析是根据同一时期财务报表中两个或多个项目之间的关系，计算其比率，用以评价企业的财务状况和经营成果。比率表达了两个变量之间的数学关系。200 与 100 的比率可以表示为 2∶1，或者简写为 2。虽然比率计算是一种很简单的数学运算，但解释却相对复杂，因为每项比率都代表一种甚至几种重要的经济关系。比如，一个产品的销售价格和销售成本之间，就存在一种直接的重要关系，因而销售成本与销售收入的比率就具有重要的经济意义。与此相反，运输费用与有价证券的销售金额之间就没有明显关系，因此它们之间的比率就没有经济意义。

比率给我们提供了深入了解事物内在状况的工具，是财务分析的起点。要对比率做出恰当的解释，需要进行进一步的调查分析。为此我们需要对影响比率的各种因素进行分析，以了解可能的因素状况、历史变化及其未来变化趋势。比如，通常情况下，销售净利率（净利润与营业收入之比）反映了公司的市场竞争优势，但这种竞争优势的建立是基于成本的控制，还是基于产品差异化或品牌声誉，则需要我们进一步探讨，因为这些背后的因素所依赖的条件和持续性等均存在差异。

比率分析还可以揭示出各种重要关系，这是通过单纯考察构成比率的各项要素难以获取的。比如，通过营业收入和净利润的构成我们可以知道公司的获利能力，但我们不知道的是，公司为产生这些营业收入投入了多少资源，而资源投入与产出的对比才是投资者更为关注的关系。比率的效用究竟如何，取决于我们的运用是否有技巧，解释是否恰当，这是比率分析最具挑战性的方面。

（一）影响比率的因素

除公司内部经营活动影响比率之外，我们还需要注意经济事件、行业因素、管理政策及会计方法对比率的影响。比如新冠肺炎疫情冲击之下，企业的销售推广活动随即发生大范围的停滞，由此导致企业的销售费用率有可能大比例的下降。

会计计量上的任何局限都会影响比率的效用，由此在计算比率之前，我们需要运用会计分析来确定计算比率所用数据是否适当。比如，租赁有融资租赁和经营租赁，融资租赁相关的资产和负债均要进入资产负债表，而经营租赁则不需要，那么利用资产负债表计算财务杠杆时，就会使得采用经营租赁方法的公司的财务杠杆要低于采用融资租赁方法的公司，从而误导投资者对公司杠杆率的评估。

此外，比率分析的效用有赖于相关数据的可靠性。如果公司内部控制或者其他监控机制在产生数据方面的可信度很低，据此算出的比率的可信度也将会很低，相应的解释和分析也可能会发生很大的偏差。

（二）比率的解释

比率需要仔细加以解释，因为那些对分子产生影响的因素也会对分母产生影响。比如，公司可以通过缩减促销费用（如广告费）来改善销售费用占销售收入的比率，但从长远来看，减少此类费用可能导致销售衰退，市场占有率降低。这样，短期盈利能力表面上的改善却损害了公司的长远利益。为此，我们需要正确解释此类变化。

很多比率有着和其他比率相同的重要变量，反映着类似的经济关系，因此在分析一种情况时并不需要算出所有可能的比率，比如，了解企业的财务杠杆，资产负债率、产权比例、权益乘数等并没有本质上的差异，因为分子都是债务总额，分母不同而已。

比率像财务分析中的其他大多数分析技术一样，并非孤立的，相反，它们经常要与以下几个指标进行多方面的比较以获得相应的解释，包括前期比率、预订标准、竞争对手的比率等。与前期比率的对比，可以帮助我们认识到公司的趋势变化；与预定标准的对比，可以帮助我们了解公司业务状况的水准与期望的差距和可改进的空间；与竞争对手的比率进行对比，则可以帮助我们了解公司的行业地位和竞争状态，以及存在的差距，或优势所在。

（三）比率分析举例

我们可以使用财务报表数据及其他业务数据计算大量的比率。有些比率在财务分析中经常用到，有些则只是在特定情况下或特定行业使用。本书中第四章至第八章会专门介绍几个重要领域所使用的比率，比如资产运营效率、信用风险、盈利能力、成长性和估值等。这里我们以格力电器的净资产回报率这一个比率来进行分析举例。净资产回报率是净利润与净资产之间的比率，反映的是投入净资产所带来的利润回报。净资产回报率越高，说明公司资产的盈利能力越强，股东所获得的回报也越高。

从表1–4可以看到，格力电器的净资产回报率在2014—2019年期间，均高于22%，说明格力电器的资产盈利能力非常强，这与我们在章前引例中的描述一致。净资产的来源主要包括股东的初始投资和利润的留存，那么，我们也可以分析利润留存的必要性，即留存利润所形成的净资产是不是也带来了可观的新增利润。为此，我们计算了新增净资产回报率，发现格力电器的新增净资产回报率也表现出色，尽管有波动，但平均的回报率达到了40%以上，说明格力电器的内在增长动力强劲，留存利润的使用也非常高效。因此，格力电器的股票在此期间给股东带来的回报非常丰厚。

表1–4　格力电器的净资产回报率

项目	2014 年	2015 年	2016 年	2017 年	2018 年	2019 年
营业收入 / 亿元	1377.50	977.45	1083.03	1482.86	1981.23	1981.53
净资产 / 亿元	441.53	475.21	538.64	655.95	913.27	1101.54
净利润 / 亿元	141.55	125.32	154.21	224.02	262.03	246.97
净资产回报率 / %	32.06	26.37	28.63	34.15	28.69	22.42
新增净资产回报率 / %	41.89	−16.96	85.78	110.06	32.40	−5.85
销售净利率 / %	10.35	12.91	14.33	15.18	13.31	12.53
销售毛利率 / %	36.10	32.46	32.70	32.86	30.23	27.58
销售期间费用率 / %	23.79	19.06	15.81	15.62	14.79	12.90

注：净资产回报率 = 净利润 / 净资产 ×100%；新增净资产回报率 =（当期净利润−上期净利润）/（期初净资产−上年期初净资产）×100%；销售净利率 = 净利润 / 营业收入 ×100%；销售毛利率 =（营业收入−营业成本）/ 营业收入 ×100%；销售期间费用率 =（管理费用 + 销售费用 + 研发费用）/ 营业收入 ×100%。

进一步，我们还可以结合销售净利率、销售毛利率等比率来分析格力电器的净资产回报率的来源及变化趋势的背后原因（净资产回报率的背后驱动因素及分解见第六章的盈利能力分析）。比如，格力电器的销售净利率在此期间表现出色，可以部分解释净资产回报率的强势；销售净利率的变化趋势也与销售毛利率和销售期间费用率的变化趋势有关。

第六节　财务报表分析的局限与挑战

财务报表分析在很多情景中具有重要的应用，在市场投资者或企业管理者优化投资的决策中产生了积极的作用。但财务报表分析也具有较为明显的局限性，尤其在当下信息传播非常快捷和方便的时代背景下。财务报表分析的局限主要来自财务数据的不足，甚至缺陷。

首先，财务报表的及时性存在不足，但投资者的投资决策往往需要依赖更加及时的信息，从而使得投资者或企业管理者去寻求其他的信息来源。公司对外披露的财务报表最短也是按季度编报的，其报出时间一般为季度结束后 1～4 个月。相比之下，宏观经济的数据披露更及时，频率也更高。比如我国经济增长率、固定资产投资、货币活动等数据一般都是一个月披露一次，而且通常在月度结束后半个月内就会披露完成。此外，行业或公司也会及时披露产销量等数据，或其他新闻，这些都比财务报告更及时，频率更高。

其次，财务报表反映的是企业过去经济活动的成果，而不是面向未来的经济活动，故提供的前瞻性信息比较有限。相比之下，证券分析师等提供的报告则提供了大量的前瞻性信息，并提供了未来预测。事实上，投资者的投资决策面向的是未来，而不是过去。不过，如果我们相信，过往业绩所代表的企业发展能力具有持续性的话，财务报表同样可以为未来预测提供高借鉴的价值。毕竟，企业的能力和竞争优势并不是突然出现或突然消失的。

再次，未来并不是过往的简单重复，我们分析企业的过往主要在于提炼企业的发展能力和竞争优势，并预测这些能力和优势的持续性。这就要求我们基于更多的数据进行分析才能得到比较可靠和稳健的企业发展能力和竞争优势的答案。也就是说，观察更多期的财务数据有助于未来预测的稳健。此外，过往比较稳定的财务数据，或比较一致的变化趋势的数据在预测未来时更具有参考价值。这些要求导致财务报表分析在新创企业、波动比较剧烈的企业中的分析价值大为下降，甚至可能会提供完全错误的指引。比如周期性企业在周期顶峰时的财务数据表现极其优秀，但基于这样的指引加大投资则很大可能导致失败。

最后，财务报表基于各种原因（比如会计系统不规范，管理者判断失误，甚至故意误导等，第二章将对此进行详细分析）有可能导致其对企业的经济活动的反映并不真实。此外，财务报表是对可量化的经济活动的反映，但不能量化的经济活动或资源有可能是影响企业未来投资价值的更加重要的因素。因此，对不恰当的财务报表进行分析，有可能会误导投资者或企业管理者的投资决策。

✎ 课后习题

1. 财务报表分析为何可以缓解资本市场中的信息不对称与委托代理问题？
2. 描述财务报表分析的四大框架和相关关系。

3. 决策总是面向未来，需要前瞻性的信息，但财务报表主要提供历史信息，由此有些人认为财务报表分析没有太大价值，你认同这一观点吗？

4. 宁德时代新能源科技股份有限公司（以下简称宁德时代，股票代码：300750）自从2018 年上市以来，股价节节攀升，市值更是突破万亿，请用财务报表分析框架来对此进行初步分析和解释（也可以选择其他行业的公司）。

5. 选择同行业的两家公司（比如格力电器与美的集团、三一重工与中联重科、贵州茅台与五粮液等），综合采用财务报表分析方法和工具分析它们某些重要报表项目（比如收入或成本构成）的发展趋势，以及趋势所表明的现象或问题。

① ② ③ ④ ⑤ ⑥ ⑦ ⑧

第二章

财务报告与应计会计

▶ 章前案例

亏损的京东为何股价持续上涨？

作为我国当下电商巨头之一，京东集团从 2014 年在美国纳斯达克证券交易所（股票代码：JD）上市以来，股价虽有波动，但市值从上市初期的 339 亿美元上升到 2020 年底的 1370 亿美元，上涨了 3 倍左右，给投资者带来的年均投资回报也超过了 22%，表现相当抢眼。然而，我们如果观察京东的利润表，却发现另一番风景，在 2018 年之前，京东的营业利润一直处于亏损的状态，直到 2019 年才转为微利，2020 年的利润也只有 16 亿美元。那么，利润上的小，何以支撑市值的大呢？也许，另外两个财务数据会提供一些启示。一是营业收入，京东的营业收入规模比较庞大，且增长速度非常快，从 2014 年的 188 亿美元增长到 2020 年的 1143 亿美元，增长了 5 倍，年均增速高达 35%；二是经营活动产生的现金流量净额，即营业收入带来的净现金流，从 2014 年的 2 亿美元增加到了 2020 年的 65 亿美元。从营业收入和现金流的角度，京东的市值就不会显得那么突兀了。为此，有些人提出了"现金为王"的口号，认为要用现金流而不是利润来评估企业的价值创造。

然而，现金流并不是万能的，利润也不是一无是处。我们需要知道的是，为什么京东的收入和现金流可以快速地增长？只有认识到背后的原因才能真正对京东的企业价值进行评估。一般认为，京东的网络平台和物流网络是支撑京东收入增长的关键，进而带来现金流的增长，但这些关键基础设施并不是从天而降的，它们在收入没有实现之前就需要大量投资和建设，在收入实现之后反而不需要那么多的投资了。如果我们仅关注经营现金流，也许就会忽略企业的全部投入及相应成本。此时，利润的水平和变化趋势也许更能反映一项投资的潜在价值和回报。因此，现金和利润都不是"王者"，它们背后所反映的信息才是我们真正需要探索的。

1. 说明各主要财务报表的构成和目的，以及相互间的关系
2. 了解影响财务报表的外部环境
3. 描述财务会计的目标，确定会计信息的质量特征及构成会计准则的原则
4. 解释权责发生制会计的重要性、优势与局限
5. 明确会计分析的目的与分析过程
6. 描述盈余管理的概念、动机、策略与主要方法

引　言

Q 财务报告应计会计

在分析财务报表之前，我们需要认识财务报表：财务报表是如何产生的？构成要素是什么？其主要的目的又何在？公司为了向股东、政府等报告其过去一段时间的所有经济活动及其影响，需要编制财务报表，包括资产负债表、利润表、现金流量表等。这些报表的构成要素各有不同，反映的目的也存在差异。本章对此进行了介绍，也需要我们了然于胸。财务报表的产生还会受会计准则、管理者及各种监管机制的约束，同时，还有其他一些信息来源会替代财务报表的作用，比如国家或行业的统计信息、分析师报告等。本章在财务报告的环境中对此进行了介绍和分析。

为了让财务报表的信息发挥决策有用的价值，其信息需要满足两大质量特征：相关性和可靠性。相关性是指信息可以影响决策，可靠性则是指信息如实反映了经济活动。为达成质量特征，财务会计需要采用权责发生制等重要原则。权责发生制，也被称为应计制，是以权利和责任的发生来决定收入和费用归属期的一项原则。本章在财务会计的性质和目的中对此进行了介绍。

权责发生制提升了财务会计的作用，但也给管理者调整或操纵财务报表留下了空间，此为盈余管理。我们将进一步介绍盈余管理的概念、策略、动机和一些主要的方法。评价和识别公司的利润质量和盈余管理是会计分析的重要内容。

第一节　分析的数据基础——财务报表

在一个会计期间结束时，公司需要编制财务报表，以便及时报告该时点为止的经营活动，并对这一时期的经营活动进行总结。财务报表可以让股东、债权人、政府等财务报表的信息使用者可以比较方便地分析和评价公司的业务经营情况和财务实力，以及管理者受托责任的履行情况，并参与未来的经济决策，这是财务报表的使命，也是分析的

目的所在。财务报告包括会计报表及其附注、审计报告。会计报表是综合反映企业一定时期财务状况、经营成果及现金流量情况的表式文件，主要有资产负债表、利润表、现金流量表和股东权益变动表。

按照我国法规规定，企业编制的会计报表必须按规定的时间及时报送有关部门或机构，如税务机关、财政部门、贷款银行、证券监管部门等，公开发行股票的公司还需要将其向社会公开。企业向外报送的年度会计报表，应当由企业负责人和主管会计工作的负责人、会计机构负责人签字并加盖单位财务专用章后才能报出。

一、资产负债表

资产负债表是静态反映企业在报告期期末的资产、负债、所有者权益情况及其相互关系的会计报表。它根据**基本会计等式**——资产 = 负债 + 所有者权益，将某一会计期间结束日的全部资产、负债和所有者权益账户余额，依照既定的分类标准和程序编制成报表，集中反映企业过去的经济活动对资产、负债和所有者权益产生的累计影响。**资产**是企业用于创造未来收入的各种经济资源，包括各种财产、债权和其他权利，一般放在资产负债表的左边，代表企业拥有的经济资源。**负债**是企业承担的义务，包括债务筹资形成和生产经营过程中形成的债务，代表了债权人对企业资产的主张权。**所有者权益**是企业所有者对企业剩余利润的索取权，包括所有者投入的资金，也包括公司成立以来向所有者分配之后剩余利润的累计数（留存利润）。负债和所有者权益代表一般放在基本会计等式的右边，代表了企业资金的来源。

基本会计等式告诉我们：企业持有资产的分布状况（资金的运用）和资金来源必须相等；企业拥有的经济资源与相关利益人对企业的索取权必须相等；资产的来源只有借入和所有者投入两种；资产组合反映了企业的投资决策，负债和所有者权益组合反映了企业的融资决策。因此，投资者、债权人及其他相关人员通过该报表可以了解企业资产、负债和所有者权益的结构是否合理，企业的财务实力和偿债能力如何等。

资产和负债各自分为流动和非流动两部分。流动资产是可以在一年内或超过一年的一个营业周期内变现或耗用的资产。非流动资产包括土地、建筑物、设备、专利和长期股权投资等，其特点是持有和使用若干年。流动负债是公司预计在一年内清偿的债务。非流动负债是偿还期超过一年的负债。流动资产和流动负债之间的差额称为**营运资本**。

此外，资产负债表作为表式文件，上面的所有项目都是以货币金额表示的。那么，这些金额是以什么样的方法计算出来的呢？大体上看，财务会计有两种计价方法：（1）历史成本计价，反映资产的取得成本；（2）公允价值计价，反映资产的现行价值。一般情况下，与业务经营相关的资产采用成本计价，与金融投资相关的资产采用公允价值计价。

需要注意的是，基本会计等式反映的只是一个时点上的状况，经营活动在一个时期内进行，因而不在这个等式中反映。但是，等式两边皆受经营活动的影响，比如，当公司盈利时，资产和所有者权益都会增加。

二、利润表

利润表汇总反映企业在报告期内经营循环过程中所发生的收入、费用和利润等经营业绩的详细信息，据此判断企业的盈利能力和解释公司利润是如何赚得的。利润表的基本结构由两部分组成，即收入和费用。

收入是企业通过销售商品、提供劳务或从事其他经营活动所获得的经济利益的总流入。收入的确认需要满足一定的条件，即只有经济利益很可能流入从而导致企业资产增加或负债减少，且经济利益的流入金额能够可靠计量时才能予以确认。

费用是企业在生产经营过程中为取得收入所发生的耗费，表现为现金的流出或资产的消耗。根据其与生产经营活动是否直接相关，可划分为：（1）**直接费用**，也被称为**营业成本**，是企业直接为销售产品而发生的产品成本，包括采购的原材料、生产员工的工资、直接生产设备（建筑、无形资产）的折旧和摊销。收入与直接费用之差就是公司的**毛利**，体现了公司补偿产品成本的能力，也体现了支持公司后续营销研发和管理活动的空间。（2）**间接费用**，也称为**期间费用**，是指企业日常活动发生的不能计入特定核算对象的成本，而应计入发生当期损益的费用，一般包括销售费用、管理费用、研发费用和财务费用。**销售费用**是指企业在销售产品和劳务等过程中发生的各项费用，包括由企业负担的包装费、运输费、装卸费、展览费、广告费等，以及为销售本企业产品和劳务而专设的销售机构的费用，包括职工工资、福利费、差旅费、办公费、占用非流动资产的折旧摊销租赁费等。**管理费用**是指企业行政管理部门为组织和管理生产经营活动而发生的费用，包括行政管理部门的办公经费、工会经费、保险费、聘请中介机构费、诉讼费、业务招待差旅费、绿化费、行政人员工资及福利费、管理部门占用非流动资产的折旧摊销租赁费等。**研发费用**是指研究与开发某项目所支付的费用，包括研发人员的工资等支出、研发活动直接消耗的材料等费用、用于研发活动的非流动资产和无形资产等的折旧摊销费用，以及其他与研发活动相关的费用。**财务费用**是指企业为筹集生产经营所需资金等而发生的费用，包括利息净支出（利息支出减利息收入后的差额）、汇兑净损失（汇兑损失减汇兑利润的差额）、金融机构手续费及筹集生产经营资金发生的其他费用等。

利润是企业在报告期内的经营成果，等于收入减去费用，此外还包括投资损益、利得与损失等。利润在很多场合也被称为**盈余**，故我们在后续章节中对此可能会互换使用[①]。**投资收益**是指企业对外投资所得的利润或亏损，如企业对外投资取得股利收入、购买理财产品或债券取得的利息收入，以及与其他单位联营所分得的利润等。

利得或损失是指与公司正常经营业务无直接关系，以及虽与正常经营业务相关，但性质特殊或偶发性的各项交易和事项产生的损益，如处置非流动资产、捐赠、非正常的补贴、债务重组、不可抗力因素导致的损失等。利得或损失有时也被称为非经常性损益。

根据证监会 2008 年 10 月《公开发行证券的公司信息披露解释性公告第 1 号——非经常性损益》的规定：**非经常性损益**是指与公司正常经营业务无直接关系，以及虽与正常经营业务相关，但由于其性质特殊和偶发性，影响报表使用人对公司经营业绩和盈利能力做出正常判断的各项交易和事项产生的损益。

相对应地，企业经常业务的利润被称为扣除非经常性损益后的净利润，简称**扣非利润**。一般而言，扣非利润代表的是公司从持续的经营活动中取得的扣除所得税之后的利润，反映了公司的持续盈利能力。由于非经常性损益涉及的项目很多且复杂（证监会规定了 21 项），上市公司的财务报告都会披露扣非利润和非经常性损益及其详细构成。

现代财务会计一般采用多步式利润表，即将相关的收入费用、利得损失相互联系地加以列示，分步计算利润的形成过程。这是因为来自不同途径的利润的可持续性不尽相同。

三、现金流量表

为了更好地反映企业享有的权利和承担的义务，资产负债表和利润表按照权责发生制原则来确认、计量、记录和报告企业的经济活动。按照这一原则，收入应在公司售出产品或提供服务时确认，而不管是否收到现金；同样地，费用需与已确认收入相配比，无论现金何时付出。在商业信用成为经济交易主流，以及投资往往需要发生在业务经营之前的背景下，权责发生制原则通常会使得公司赚取的利润与收到的净现金并不相等，除非是从一个公司的整个寿命期进行观察。然而，一个正常经营的企业，在创造利润的同时，还应创造现金流，因此，有必要对公司的现金流入、现金流出及净现金流进行报告。

现金流量表是反映企业在报告期内现金及现金等价物流入和流出情况的报表，据此可以帮助投资者分析企业净利润和现金净流量的关系、企业未来产生现金净流量的能力，以及企业的偿债能力和支付股利的能力。

企业的现金流量可分为 3 类：经营活动产生的现金流量、投资活动产生的现金流量和融资活动产生的现金流量。经营活动是指企业从事生产经营的日常活动，如生产产品、销售产品、购买原料、缴纳税金和支付工资等。投资活动是指企业对非流动资产的

---

① 在很多教科书或学术研究中，与盈余搭配形成了一些专有名词，比如盈余管理等。我们遵从这些学术规范，在后续章节中将使用盈余管理替代利润管理。此外，若还有其他替换，也将不再加以说明。

购建和处置等活动，如购买固定资产、专利、子公司及理财产品等。融资活动是指企业从外部筹集资金或偿还资金的活动，如发行股票债券、银行借款、支付利息和股利等。

四、所有者权益变动表

由于企业与资本市场的关联越来越紧密，企业的资产价值或负债价值非常容易受到资本市场价格波动的影响，但这些影响在稳定性、风险性和可预测性上与企业的经营业务存在很大的不同，导致企业的利润表很难客观地反映资本市场价格波动的影响[①]。在财务报表决策有用的理论指导下，为了综合反映企业的经营业务、资本市场价格波动及其他特殊事项对企业股东的影响，财务会计准则委员会提出了"综合利润"的概念，并增加所有者权益变动表对企业的综合利润加以报告。

综合利润是指在会计期间除所有者投资和分红以外的全部所有者权益变动。**所有者权益变动表**是指反映构成所有者权益的各组成部分当期的增减变动情况的报表。通过所有者权益变动表，既可以为所有者提供所有者权益总量增减变动的信息，也能为其提供所有者权益增减变动的结构性信息，特别是能够让所有者理解所有者权益增减变动的根源，从而便于所有者对企业的资本保值增值情况做出判断。

所有者权益变动表至少应当单独列示反映下列信息的项目：（1）净利润；（2）直接计入所有者权益的利得和损失项目及其总额；（3）会计政策变更和差错更正的累积影响金额；（4）所有者投入资本和向所有者分配利润等；（5）按照规定提取的盈余公积；（6）实收资本、资本公积、盈余公积、未分配利润的期初和期末余额及其调节情况。

五、合并报表与母公司报表

随着企业集团的出现，公司对外披露的财务报表出现了合并财务报表和母公司财务报表的分类。**合并报表**是指以母公司及其全部控股子公司组成会计主体，反映母公司和其全部控股子公司形成的企业集团整体财务状况、经营成果和现金流量的财务报表。其中，母公司是指控制一个或一个以上公司的公司，子公司是指母公司控制的下属公司。**母公司报表**是指将母公司作为一个会计主体进行会计核算，反映母公司本身财务状况、经营成果和现金流量的财务报表。

人们通常认为，较之于母公司报表，合并报表可以为母公司的股东提供更为有用的信息。这是因为合并报表是以母公司对子公司的控制为基础的，这意味着母公司可以决定子公司的经营决策和财务决策，进而影响母公司在子公司身上所享有的投资回报金额。

[①]　如果利润表全面反映经营业务和资本市场价格波动对企业的影响，可能导致利润表的净利润波动很大，从而误导投资者对企业现金流和内在价值的理解。

比如，母公司可以通过转移定价的方式决定子公司的利润规模，可以通过董事会或股东大会投票决定进行利润分红的时间和金额等。类似地，合并报表也可以为母公司的债权人提供更有用的信息。比如，集团公司内某些业绩较差企业的债务违约可能会影响市场对整个集团的信用风险和融资能力的判断，母公司的大股东可能会掏空核心企业等。

然而，合并报表的作用也存在较大的争议。对于母公司的股东来说，合并报表中存在的少数股东权益有可能引发至少三方面的潜在问题：一是少数股东可能与母公司（子公司的大股东）存在利益或控制权的纠纷，尤其是并购进来的子公司；二是少数股东权益金额较大时，可能存在名股实债问题，使得低估了公司的债务风险；三是少数股东身份不明，其可能与母公司的大股东合作，进行某些特定的利益合作。乐视网（股票代码：300104）的例子就典型地说明了这种风险。表2-1报告了乐视网2010—2016年合并利润表中的利润数据。以2016年为例，从中可以发现：利润总额为负，说明整个乐视集团（以下简称乐视）的经营成果非常不乐观，出现了巨额亏损；归属于母公司股东的利润却依然巨额盈利，高达5.82亿元，不过，归属于少数股东的利润却巨额亏损，亏损高达7.77亿元。很显然，"归属于母公司股东的利润"来自"归属于少数股东的利润"的补贴，即由少数股东来承担亏损，由母公司股东享受盈利。这样做的缘由何在呢？原因在于母公司对外披露的经营成果是以"归属于上市公司股东的净利润"为基础，包括每股利润、净资产利润率、每股净资产等投资者最为关注的投资者决策判断指标的计算均为如此。这样，上市公司的股价在盈利和盈利增长的刺激下会出现上涨，进而引发上市公司通过增发、配股或发行可转债等方式进行融资，上市公司的大股东也可以在高价卖出股份进行套现。据统计，截至2017年年底，乐视网股权融资160.42亿元；债务融资245.21亿元；债券及其他融资58.52亿元；商业信用融资27.82亿元；偿还债务194.33亿元；现金分红2.3亿元，即净融资295.34亿元。乐视网的大股东贾跃亭通过卖出股份或股权质押的方式，累计获资超过311亿元。

表2-1　乐视网的合并利润表

项目	2010年	2011年	2012年	2013年	2014年	2015年	2016年
利润总额/亿元	0.75	1.64	2.28	2.46	0.73	0.74	−3.29
归属于母公司股东的利润/亿元	0.71	1.31	1.94	2.54	3.65	6.02	5.82
归属于少数股东的利润/亿元	0	−0.00	−0.04	−0.23	−2.35	−3.56	−7.77

注：母公司报表仅指上市公司单个企业的报表；合并报表是上市公司和子公司合并一起的报表，对子公司的收入和费用全部合并，但对非全资控股子公司只享受持股比例部分的利润，故合并报表的净利润需要区分为归属于母公司股东（上市公司所有股东）的利润和归属于少数股东（子公司小股东）的利润。

合并报表对于债权人的有用性更是没有统一的认识。这是因为母公司和子公司的债权人对企业债务的求偿权是针对法律主体而非经济主体的，而合并报表只是一个会计意义上存在的"想象共同体",合并报表里的总偿债资源并不意味着集团内任一主体(包括母公司)可以自由支配,不能反映每个法律主体的偿债能力[①]。

由于存在上述争议,世界上主要国家对母公司财务报表存在两种制度安排:一种是以合并报表取代母公司报表,母公司只对外提供合并报表,而不提供其自身的财务报表,即所谓"单一披露制",如美国和加拿大等;另一种则是要求母公司同时提供合并报表和母公司报表,即所谓"双重披露制",如英国、法国、德国和日本等。我国目前实行的是"双重披露制"。因此,在双重披露制下,当合并报表和母公司报表存在较大的差异时,我们应该需要关注差异的原因所在,尤其是关注重要子公司的业务经营情况。

整体而言,合并报表存在一些潜在的风险,但合并报表的重大作用是不言而喻的,它能提供有关母公司直接或间接控制的经济资源,以及整个企业集团的经营成果等方面的综合信息,同时也全面地反映了母公司的股东在企业集团中所享有的权益。

六、附加信息

前面4张报表是基本会计报表,提供了全面而扼要的会计信息,但并非财务报告系统的唯一输出。它还会提供一些有关情况的附加信息。完整的财务报表分析需要连带考虑此类附加信息。

(一)管理者讨论与分析

证监会要求上市公司提交管理者讨论与分析。管理者讨论与分析要求管理者清晰地解释公司的主要业务、业务模式及他们的市场竞争地位,也需要突出揭示各种有利或不利趋势,确定影响公司流动性、资金来源及经营成果的重要事项和不确定性。他们还需要披露涉及重大事项和不确定性的前瞻性信息,以及股权或债券募集资金的使用说明等。

(二)公司治理

上市公司需要在财务报告中披露可能会影响公司稳定和业务开展的有关股东和管理者等方面的信息,包括:主要的股东情况,尤其是主要股东的业务和承诺履行情况等;董事、监事和高级管理人员的基本情况及其薪酬考核政策;股东大会、董事会和监事会的履职情况;内部控制自我评价等。

[①] 如果集团公司的主要资产集中在子公司层面,那么,母公司债权人的保障能力要明显弱于子公司债权人,呈现债权的次级性,尽管在合并报表中,母公司的资产规模最大。要实现整个集团公司的债权人保障能力均等化,需要母公司、子公司存在完全的债务交叉担保,或者债务是对集团公司授信的。

（三）报表附注

为了增进报表内信息的可理解性和突出其中的重要数据，需要对会计报表本身无法或难以充分表述的内容和项目，以及会计报表的编制基础、编制依据、编制原则和方法等，进行补充说明和详细解释，这就需要会计报表附注。实践中，会计报表附注至少应当包括下列内容：不符合会计假设的说明；重要会计政策和会计估计及其变更情况、变更原因及其对财务状况和经营成果的影响；或有事项和资产负债表日后事项的说明；关联方关系及其交易的说明；重要资产转让及其出售说明；企业合并、分立的说明；重大投资、融资活动；会计报表中重要项目的明细资料；有助于理解和分析会计报表的其他事项。

（四）审计报告

在信息不对称的情况下，为了提高企业提供的会计报表的可信度，需要聘请独立的会计师事务所审计，说明企业会计报表是否符合国家颁布的会计准则和相关会计制度的规定，在所有重大方面是否公允反映了企业的财务状况、经营成果和现金流量。审计意见分为标准审计意见（即无保留审计意见）和非标准审计意见，后者还包括带强调事项段的无保留意见、保留意见、否定意见和无法表示意见。除注意审计意见之外，还需要关注注册会计师披露的重点审计领域，以及潜在的风险点、会计师事务所本身的历史声誉等。

第二节　财务报告的环境

财务报告是财务报告环境的主要产物。要对财务报告中包含的财务会计信息做出恰当评价，就必须很好地理解影响财务报告性质及内容的各种因素，包括会计准则、管理者的动机、监管机制及监管方、行业惯例及其他信息来源。一般而言，大部分财务会计信息是由会计准则决定的，其他决定因素包括报告编制者（管理者）和监管机构，它们对报告信息的质量和完整性提供保障。

一、会计准则

财务报表是依据会计准则编制的。会计准则是规范会计账目核算、会计报告的一套文件，它的目的在于把会计处理建立在公允、合理的基础之上，并使不同时期、不同主体之间的会计结果的比较成为可能，具体而言，会计准则决定了会计计量和确认政策，如资产计量、负债的发生、收入和利得的确认、费用和损失的发生等；会计准则还规定了什么样的信息须以附注方式提供。因此，了解这些会计规则是有效进行财务报表分析的重要基础。

我国现行的会计准则（China Accounting Standard, CAS）是由财政部会计准则委员会制定并于 2006 年 2 月 15 日发布，包括基本会计准则和具体会计准则。基本会计准则是关于会计业务处理的基本要求，包括会计核算的基本前提（会计假设）、会计信息质量特征、会计要素和会计报告等。具体会计准则是对确认、计量和报告某一会计主体的具体业务所做的具体规定。到目前为止，我国会计准则委员会共发布了 42 项具体会计准则（见表 2-2）。为了让企业深入贯彻企业会计准则，解决执行中出现的问题，会计准则委员会也发布了一系列《企业会计准则解释》。到 2021 年 2 月为止，共发布了 14 个会计准则解释。

表 2-2　我国会计准则委员会发布的 42 项具体会计准则

序号	具体会计准则名称	序号	具体会计准则名称
1	存货	22	金融工具确认与计量
2	长期股权投资	23	金融资产转移
3	投资性房地产	24	套期保值
4	固定资产	25	原保险合同
5	生物资产	26	再保险合同
6	无形资产	27	石油天然气开采
7	非货币性资产交换	28	会计政策、会计估计变更和差错更正
8	资产减值	29	资产负债表日后事项
9	职工薪酬	30	财务报表列报
10	企业年金基金	31	现金流量表
11	股份支付	32	中期财务报告
12	债务重组	33	合并财务报表
13	或有事项	34	每股利润
14	收入	35	分部报告
15	建造合同	36	关联方披露
16	政府补助	37	金融工具列报
17	借款费用	38	首次执行企业会计准则
18	所得税	39	公允价值计量
19	外币换算	40	合营安排
20	企业合并	41	在其他主体中权益的披露
21	租赁	42	持有待售的非流动资产、处置组和终止经营

我国的会计准则与国际财务报告准则（International Financial Reporting Standard, IFRS）从 2006 年开始就实现了实质性的趋同。国际财务报告准则是由国际会计准则理事会制定的。国际会计准则理事会总部设在伦敦，作为一个民间机构，代表着来自不同

国家（地区）的会计师及其他利益集团的利益。目前 IFRS 在全球的影响逐渐扩大，越来越多的国家（地区）和国际（地区间）机构认同 IFRS。

值得我们注意的是，尽管会计准则在本质上是一种纯技术规范，是对会计确认、计量和报告的规范，以使会计系统能够如实反映企业的经济活动，但这只是一种美好的愿望。主要的原因在于，会计准则具有经济后果，即财务报告会影响管理者和其他人的决策，而不是仅仅反映这些决策的结果。具体来说，选用不同的会计政策会导致不同的净利润，而净利润往往是各种合同（比如管理者薪酬）最重要的依据，也是市场价格最重要的估值基础之一。因此，会计结果的不同可能会影响管理者选择会计政策的决策，甚至改变公司的经营活动，从而影响公司价值。此外，不同利益主体对企业的报告行为也有不同的需求，导致他们都可能会向会计准则委员会施加压力，使准则制定走向政治化。比如说，管理者对公司的报告结果往往偏向激进，而债权人则倾向于稳健。

二、管理者

管理者对财务报告的公允与准确承担主要责任。会计系统和财务记录是构成财务报表的基础，管理者对其完整性具有最终控制权。因此，《中华人民共和国会计法》（以下简称《会计法》）规定：单位负责人对本单位的会计工作和会计资料的真实性、完整性负责。类似地，美国 2002 年颁布的《萨班斯－奥克斯利法案》要求首席执行官保证财务报告的准确性和真实性。

此外，财务会计还包括大量管理判断，因为会计准则允许管理者在各种替代性会计方法中进行选择，而且获得会计数据时也会涉及某些估计。在理想的状态下，管理者利用个人经验和内部信息做出的良好判断可以进行私人信息沟通，从而使得会计数据的经济内容得到改进。但在实践中，大多管理者会滥用这类判断进行盈余管理、粉饰财务报表。盈余管理可能改变财务报表的经济内涵，降低投资者对报告过程的信任。因此识别盈余管理，对报告的数据进行适当调整，是财务报表分析中十分重要的工作。

最后，管理者还可以通过对准则制定过程发挥影响力间接影响财务报告。管理者是会计准则制定中一股强大的力量，也可以为准则制定中的使用者需求提供一种制衡，比如说，报表使用者关注的是一项新准则或披露所带来的利润，管理者关注的则是其成本。一般情况下，如果新会计准则会减少报告利润、加大利润的波动、增加有关产品或客户等商业信息的披露，管理者通常会加以反对[①]。

---

① 增加信息披露可以降低投资者与公司之间的信息不对称的程度，但也可能使企业泄露商业秘密而使企业处于不利竞争地位，比如通过披露企业的产品毛利率、客户、重大投资计划或重大战略调整等一系列信息，竞争对手很可能通过此类信息获得客户名单、产品定价、新产品研发进度等信息。我国上市公司被要求披露前五大客户或前五大供应商的名单，但大部分上市公司都不会披露具体的客户或供应商的名字，而只是以序号的形式披露销售金额或供应金额。

三、监管和执行制度

财务报告在企业信息披露中扮演了关键的角色。为维护财务报告披露的秩序，政府和社会信息中介机构在财务报告等信息披露的监督与执行中共同扮演了重要角色。政府和法律强制对企业的财务报告披露提出了最低要求，并由信息中介机构对披露信息的可靠性和完整性进行鉴证和担保。监管和执行制度对保证财务报告的可信性和存在价值方面具有至关重要的意义。就上市公司而言，监管和执行制度主要涉及证监会、审计师和投资银行、公司治理、司法部门等。

（一）证监会

证监会是一个独立的、准司法性的政府机构，主要负责《公司法》和《证券法》的执行。证监会也会制定一些有关会计问题的规定，主要涉及会计信息披露，如年度报告、中期报告的标准格式，非经常性损益的内容与披露、会计报表附注的特别规定等。此外，证监会还可以对所有公司提交的报告进行检查，也会对涉嫌会计违规行为进行调查和处分。类似地，**证券交易所**对公司的财务会计信息披露的规范也发挥了一定的作用。目前上海和深圳证券交易所经常通过**问询函**要求上市公司对披露的有关财务会计信息进行解释和完善。

（二）审计师和投资银行

以审计师事务所和投资银行为代表的信息中介机构有时候也被称为公司治理的守门人，他们以自己的声誉资本为担保向投资者提供监督和鉴证服务。其中，审计师是解决上市公司和投资者之间存在的信息不对称问题的重大制度安排，其作用的发挥是通过对上市公司的财务报表进行审计，并发表审计意见，以此表明审计师对公司财务报告的认可或质疑。投资银行则通常与企业发行债券或股票等融资活动相关，通过收集大量信息对企业的债券或股票发行提供认证和保荐。

（三）公司治理

公司内部的治理机制是财务报告的另一种重要的监督机制。财务报表需要经董事会批准。上市公司在其董事会下设立一个审计委员会对财务报告的编报过程实施监督。审计委员会的成员一般以外部人员为主。审计委员会通常会被赋予广泛的权力和责任，涉及公司报告过程的许多方面，包括会计方法的监督、内部控制程序、内部审计。一般认为，一个独立而强大的审计委员会是公司治理表现良好的重要特征，对提高财务报告质量具有实质性作用。大多数公司还会实行内部审计，用以防止财务欺诈和误报等。比如，大疆创新科技有限公司 2018 年在梳理内部流程时，发现在供应商引入的决策链条中，研发、采购、品控人员存在大量腐败行为，并存在销售、行政、售后等人员利用手中权力谋取个人利益的现象，这些内部腐败造成的损失超过 10 亿元，目前已经有 45 人被查处。

（四）司法部门

维系投资者正当利益的最终力量是法律和有效的司法体系。投资者可以对有违规行为的公司及审计师进行诉讼。比如最高人民法院在 2020 年 7 月发布了《关于证券纠纷代表人诉讼若干问题的规定》，建立了具有中国特色的证券集体诉讼制度。此外，现阶段我国法院扩大了信息中介机构应该承担的责任，要求其对外出具不实报告给利害关系人造成损失的，应当承担侵权赔偿责任，甚至连带赔偿责任，但其能够证明自己没有过错的除外 (举证责任倒置)。比如，证监会 2016 年对投行启动了"先行赔付"机制，即先由券商赔付给投资者，然后券商再向发行人等相关责任人追讨；2018 年 10 月立信会计师事务所被上海中院判决在大智慧（股票代码：601519）财务造假中要承担连带赔偿责任。

四、替代性信息来源

财务报表一直被视为外部投资者投资决策所依赖的信息的主要来源。不过，随着技术的进步、网络的发展和财务报告越来越复杂，其他替代性信息来源正发起替代财务报告主导地位的挑战。分析师的预测和推荐报告是最直接的替代性信息来源，另一个重要的信息来源是经济、行业和特定公司的新闻。随着互联网的不断发展，投资者还可以通过传统媒体、新兴媒体（自媒体或公众号）或股票交流平台（如雪球、东方财富股吧、Seeking Alpha 等）获得大量信息（不论这些信息是真还是假）。这些信息之所以会替代或部分替代财务报告，主要在于这些信息比财务报告更加及时，更加具有价值相关性。不过需要注意的是，这些信息通常难以追究其发布者的法定责任，也就是说，信息即使错误，误导了投资者的投资决策发布者，也几乎不用承担责任[①]；相比之下，财务报告的重大错误则需要承担相应的责任。

（一）经济、行业和公司信息

投资者可以用宏观经济信息和行业信息来更新对公司的预期。影响股市的宏观经济信息包括有关经济增长、就业、固定资产投资、对外贸易、利率、汇率等的各种统计

---

① 如果信息发布者故意为之，且借此牟利，那就需要承担责任。比如，发布做空报告的个人或机构，如果做空报告与个人或机构没有利益关联，即使做空报告错误，也几乎不需要承担责任；但如果存在利益关联，则可能需要为此承担责任。2020 年 10 月，证监会部署开展专项整治行动，严厉打击"股市黑嘴""非法荐股"等违法活动。"股市黑嘴"是指制造、传播虚假信息或误导性信息，影响股票价格，甚至操纵市场等牟取非法利益的机构和个人；"非法荐股"是指无资格机构和个人向投资者或客户提供证券投资分析、预测或建议等直接或间接有偿咨询服务的活动。

数据。经济信息的影响因行业和公司而异，取决于行业和公司的利润与风险对该信息的敏感程度，比如，基建行业对固定资产投资的数据、消费行业对就业数据、外贸行业对汇率数据等比较相关和敏感。行业数据或新闻包括商品价格的变动、行业销售数据、竞争状况的改变、政府规划（产业政策）等，比如电池生产企业对电动车的补贴政策就非常敏感，从而直接影响投资者对企业的预测。有关公司的特定信息也会影响投资者的决策，比如并购、资产剥离、管理者变更、更换审计师等。

（二）自愿信息披露

自愿信息披露是指除强制性披露的信息之外，上市公司基于公司形象、投资者关系、回避诉讼风险等动机主动披露的信息，如管理者对公司长期战略及竞争优势的评价、环境保护和社区责任（企业社会责任报告）、公司实际运作数据（每月或季度产销数据）、前瞻性预测信息、公司治理效果等，管理人员自主性是自愿信息披露的最大特点。自愿披露的动机是多方面的。减轻法律责任可能是其中最重要的动机。主动披露重要信息(尤其是负面信息)的管理者被投资者起诉的可能性相对较低[1]。另一个动机是预期调整，即当管理者认为市场的预期与他们自己的预期存在较大差异时，他们就会主动披露信息。比如市场对公司的业绩预期非常乐观但公司又很难完成时，公司就可能披露负面的信息敲打市场以降低市场的预期；相反，若市场对公司的未来发展预期较悲观时，公司可能就会主动释放利好信息以提升市场的预期。

（三）信息中介

信息中介是指依法通过专业知识和技术服务，向委托人提供公正性、信息技术服务性等中介服务的机构。资本市场的信息中介主要收集、处理、解释并传播有关财务情况的信息，具体而言，通过收集财务报表、自愿披露，以及经济、行业和公司新闻等信息，信息中介基于专业知识和技能进行处理和解释，然后生成各种预测、建议和研究报告等，传播给投资者以供其投资决策做参考。信息中介一般包括审计师、证券分析师、投资顾问、信用评级机构等。证券分析师是最常见的信息中介，包括买方分析师和卖方分析师。买方分析师通常受雇于投资公司，为其提供内部服务。卖方分析师以收费或免费的方式向公众提供分析和建议，或向其客户提供私人服务。信息中介并不直接参与投资和信贷决策，其目标是为此类决策提供信息服务。信息中介创造价值的方式是对有关

---

[1] 阿里巴巴于 2014 年 9 月在美国纽约证券交易所上市后不久，就遭遇了两次集体诉讼。投资者控诉阿里巴巴及其高管违反了美国 1934 年颁布的证券交易法案，对重要事实做不实陈述，或省略重要事实，使得在当时情况下对公众产生了误导。最后，阿里巴巴分别以 7500 万美元和 2.5 亿美元与原告达成和解。美国证券法规定，当一家上市公司的股价大幅下跌后，投资者可以向公司提起集体诉讼，要求公司赔偿因股价下跌而遭受的损失。起诉原因不能是由于公司正常的经营风险而造成其损失，而是公司刻意隐瞒了重要信息，或是做出了误导的、虚假的陈述，从而实质影响了他们对股价的判断。

公司的各种原始信息进行处理和综合，并以某种有利于商务决策的形式进行输出。一般认为，信息中介执行以下一种或多种职能。

（1）收集信息。收集和研究各种不易得到的有关公司情况的信息。

（2）解释信息。对收集和处理的信息用具有经济意义的方式进行解释。

（3）前景分析。基于对信息的收集、处理和解释，信息中介通常需要对公司的发展前景提出预测，包括收入、利润或现金流量预测。

（4）意见建议。分析师对公司的股票或债券给出明确的投资建议，比如买入、推荐、持有或卖出等意见。

投资中介通过及时的信息供应提供重要服务，这些信息通常具有预期性，对改进投资决策有很大帮助。信息中介的发展降低了财务报表对资本市场的重要性。信息中介尽管对财务报表有很强的依赖，但同时又将财务报表视为一项重要的竞争性信息来源。

第三节　财务会计系统

财务报表是财务会计系统的产品。**财务会计**是为了满足决策和管理需要而对一个公司或部门的经济信息进行确认、计量、记录和报告的系统，进而发挥保证经济业务合规、资产安全的控制作用，也可参与企业战略规划、投资及经营决策等。

财务会计之所以能够高效地反映公司的经济活动，是因为其模仿能量守恒定律，提出了**会计基本平衡式**，即

● 资产＝负债＋所有者权益

经济活动也有平衡的内在需要，因为企业的经济活动的目的在于创造价值，形成更多的资产，但企业的任何资产都有特定的来源，收入和费用也会影响企业的资产，资产同时也对应着公司的所有利益相关者对资产的索取权。

会计平衡的要求产生了复式记账方法，最通用的是借贷记账法。借贷记账法由意大利数学家卢卡·帕乔利在 1494 年出版的专著《算术、几何、比与比例概要》中提出。

为了让财务报表的信息发挥决策有用的价值，财务会计系统产生的会计信息需要满足一些质量要求。在本节中，我们将讨论财务会计信息的质量要求，以及需要采用的重要原则。

一、会计信息的质量要求

我国财政部会计准则委员会在 2006 年 2 月发布的《企业会计准则——基本准则》中提出了 8 项会计信息质量要求：可靠性、相关性、可理解性、可比性、实质重于形式、

重要性、谨慎性、及时性等。一般认为，相关性和可靠性是最重要的两项要求。

（一）相关性

相关性是指信息影响决策的能力，要求会计信息与财务会计报告使用者的经济决策需要相关，有助于财务会计报告者对企业的过去、现在或者未来的情况做出评价或者预测，是第一位的质量要求。该质量要求由"决策有用"理论所提出。

相关性要求引出了会计信息的重要性和及时性要求。

1. 重要性

重要性是指企业提供的会计信息应当反映与企业财务状况、经营成果和现金流量等有关的所有重要交易或者事项。

重要性的判断与经济业务是否影响投资决策相关。重要性一般定义为："根据周围的环境，会计信息的遗漏或错报很可能会改变或影响依赖这一信息的人的判断。"因此，在会计核算过程中，应该对交易或事项区别其重要性程度，采用不同的核算方式，当经济业务的发生对企业的财务状况和损益影响甚微时可以用简单的方法和程序进行核算；反之，当经济业务的发生对企业的财务状况和损益影响很大时，就应当严格按照规定的会计方法和程序进行核算和披露。

重要性原则在很多会计实务中都有应用，比如报告分部（如重要子公司）的披露、关联交易的披露、会计报表附注的披露，以及资产负债表日后事项的确认与披露等。

然而，不论财报编制者还是信息使用者，都没有一个据以判断是否重要的确定性的标准，从而使得某些事项是否需要披露或披露到哪种程度会成为一个较为复杂的问题，尤其某些事项涉及商业机密时。比如，投资者会很关注公司的客户信息，但公司可能觉得披露客户信息会导致商业机密泄露。

2. 及时性

及时性是指企业对于已经发生的交易或者事项，应当及时进行会计确认、计量和报告，不得提前或者延后。一般来说，信息的价值都有其时间性，且在某种程度上信息越及时其价值越高。过时的信息只能作为历史资料，对决策毫无用处。因此，企业应该对经济业务及时处理，并及时编制财务报表和报送出去。中期（季度）财务报告就是为及时性要求所推动。

实践中，及时性和可靠性之间有时需要做出权衡，因为为得到时效性极强的会计信息，可能要放弃一些精确性和可靠性。前者将大大增强会计信息的有用性；后者则又会降低会计信息的有用性，只要前者有用性的增加幅度大于后者有用性的减少幅度，这种及时性就是必要的，即关键是如何最佳满足会计信息使用者的经济决策需要。

（二）可靠性

可靠性是处于第二位的会计信息质量要求，即企业应当以实际发生的交易或者事项为依据进行会计确认、计量和报告，如实反映符合确认和计量要求的各项经济活动，保证会计信息真实可靠和内容完整。可靠的信息必须具有可验证性、真实性和中立性。可验证性意味着信息是可以核实的，真实性意味着信息能够反映事实，中立性意味着公正无偏。

可靠性要求引出了会计信息的实质重于形式和谨慎性要求。

1. 实质重于形式

实质重于形式是指企业应当按照交易或者事项的经济实质进行会计确认、计量和报告，不应仅以交易或者事项的法律形式为依据。

企业发生的交易或事项在多数情况下，其经济实质和法律形式是一致的。但在有些情况下，会出现不一致。例如，以融资租赁方式租入的资产虽然从法律形式来讲企业并不拥有其所有权，但是由于租赁合同中规定的租赁期相当长，接近于该资产的使用寿命；租赁期结束时承租企业有优先购买该资产的选择权；在租赁期内承租企业有权支配资产并从中受益等，因此，从其经济实质来看，企业能够控制融资租入资产所创造的未来经济利益在会计确认、计量和报告上就应当将以融资租赁方式租入的资产视为企业的资产。又如，企业按照销售合同销售商品但又签订了售后回购协议。虽然从法律形式上实现了收入，但如果企业没有将商品所有权上的主要风险和报酬转移给购货方，没有满足收入确认的各项条件，即使签订了商品销售合同或者已将商品交付给购货方，也不应当确认销售收入。

2. 谨慎性

谨慎性是指企业对交易或者事项进行会计确认、计量和报告应当保持应有的谨慎，不应高估资产或者利润，低估负债或者费用。也就是说，当某些经济业务有几种不同会计处理方法和程序可供选择时，在不影响合理选择的前提下，应当尽可能选用对所有者权益产生影响最小的方法和程序进行会计处理，合理核算可能发生的损失和费用，即所谓"宁可预计可能的损失，不可预计可能的利润"。

由于谨慎性原则的概念可能与某些其他会计信息质量要求产生冲突，如可靠性和可比性，准则制定机构对谨慎性原则进行了一些解释，比如美国财务会计准则委员会在财务会计概念公告中，将谨慎性表述为："谨慎性是对于不确定性的一个审慎反应，以确保商业中固有的风险和不确定性被充分考虑。因此，在未来收到或支付的两个估计金额之间有同等的可能性时，谨慎性要求使用比较不乐观的估计数。"然而，谨慎性原则并不是要求蓄意地、一贯性地低估净资产和利润。

体现谨慎性原则的会计方法有很多，主要包括计提应收账款的坏账准备、存货跌价损失准备、固定资产的加速折旧法、长期资产的减值准备、研发支出的费用化处理方法、法律诉讼中确认预计负债、长期资产增值要发生交易确认后才予以记录等。

谨慎性的质量要求至少在以下两方面降低了会计信息的相关性和可靠性：首先，它低估了净资产和净利润；其次，它导致在财务报表中对好消息选择性地延迟确认，对坏消息却是立即确认。

因此，会计信息经常需要在相关性和可靠性之间进行权衡。比如，报告预测信息可以增强相关性，但会降低可靠性。同样地，分析师预测具有很高的相关性，但与以历史数据为基础的实际数相比，其可靠性低了许多。

（三）可比性和可理解性

会计信息的相关性和可靠性要求具有可比性和可理解性。

可比性是属于次一级的会计信息质量要求。可比性意味着各个企业发生相同或类似的交易或者事项，应当采用规定的会计政策、确保会计信息口径一致、相互可比；同一企业不同时期发生的相同或相似的交易或者事项，应当采用一致的会计政策，不得随意变更。确需变更的，应当在附注中说明。因此，为了方便不同企业之间的横向比较，或者企业前后各期的纵向比较，会计准则要求企业采用可比和一致的会计处理方法。

然而，不同行业、不同组织形式、不同规模、不同技术和不同管理条件的企业，以及面临不同宏观或行业环境时，要采用千篇一律的会计处理方法确实也有难度。为此，在分析财务报表时，我们需要注意不同企业之间或者企业不同时期之间的会计处理方法的差异，以避免方法不同导致的分析结论出现错误。

为了让更多的人理解和使用会计信息，会计信息要求**可理解性**，即指企业提供的会计信息应当清晰明了，便于财务报告使用者理解和使用。

二、权责发生制

为了实现上述的会计信息的质量要求，会计准则要求财务会计系统必须遵循一些重要的原则，包括权责发生制和计量属性。

（一）权责发生制会计

现代企业会计用权责发生制取代了原始的现金收付制。**权责发生制**，也被称为**应计制**，是以权利和责任的发生来决定收入和费用归属期的一项原则，它按收入和支出的权利与义务的实际发生时间来记账，并不考虑是否已收到或支付款项。比如，公司在本期将产品发给客户，且客户予以确认，但货款要在几个月后才能收到（没有其他附加条件），那么，根据权责发生制，这笔销售已经完成，应该确认相应的收入；公司在本期支付明年的办公楼租金，但这笔租金对应的是明年的办公楼使用权，那么根据权责发生制，这笔已经支付的租金需要在明年确认为费用，而不是今年，今年应该确认为一项使用办公楼的权利；公司在本期全款购买了一个使用寿命长达 5 年的大型机器，那么这笔机器购买的支出也不是本期的费用，而是未来 5 年使用机器生产产品的费用，本期应该确认为一项资产（固定资产），这些资产可以在未来 5 年给公司带来经济利益的流入。

相对应的，**现金收付制**以款项是否在本期内实际收到或支出，作为确定本期收入和费用的标准，即凡是在本期内实际收到的现金，不论该项现金流入是否应归属本期，都作为本期的收入来处理；凡是在本期内实际付出的费用，也不论该项费用是否应归属于本期，均作为本期的费用处理。比如，本期收到客户去年的销售欠款，这笔收到的欠款作为本期的收入，而不是去年的收入；本期支付明年的办公租金费用，这笔租金费用也作为本期的费用，而不是作为明年的费用；本期全款购买了一栋可以使用长达 20 年的办公楼，这笔办公楼的支出还是本期的办公费用，而不是未来 20 年使用办公楼的费用，甚至，由于在未来使用办公楼的期间没有现金支出，这栋楼的资产价值在报表上一直没有变化，即使办公楼老化了不值那么多的价值。

1. 应计项目

权责发生制下，收入与费用的确认和现金流出现了分离。协调两者之间的分离，是通过应计项目来实现的。**应计项目**是指企业在生产经营或投融资活动中已经确认和记录，但尚未收到货币或以货币支付的各项目，比如销售完成但没有收到现金的业务体现为"应收账款"，已经计提员工工资但尚未支付的业务体现为"应付职工薪酬"。

一般而言，经营活动的应计项目可以通过以下公式计算得出其整体的规模。

● *应计项目＝扣非利润＋财务费用 ×（1 —所得税税率）—经营活动产生的现金流量净额*

应计项目被认为是权责发生制最重要的特征，但也具有争议，认为其为不合理的规则、错误的估计，甚至盈余管理或财务造假提供了更大的空间。

那么，为什么会存在应计项目呢？采用权责发生制具有什么样的优势呢？

2. 权责发生制的优势

我们首先要明确的是，应计项目是在做出了合理的假设和估计之后才加以记录的，不会对会计信息的可靠性造成很大的损害。

权责发生制和现金收付制的目的都是在合理的确定性水平之上，让使用者尽快知晓公司商务活动对未来现金流量的影响。但相比现金收付制，权责发生制在计量财务业绩和财务状况、预测未来现金流方面更具有优势，主要原因在于：**权责发生制会计可以减少**

收入与成本在时间和配比上的差异问题。

时间问题是指现金流量并不与产生现金流量的经济活动在同一时间发生。比如，第一季度发生的销售，相关的现金却是在第二季度才收到。配比问题是指一项经济活动所带来的现金流入和现金流出在时间上互相不匹配，即收入和成本不匹配。比如，从一个建设工程上面收到的劳务费，与付给参与该项目的建设人员的工资在时间上并无关联。

现金流量的时间问题和配比问题主要由以下两个原因引起：首先，我们的信用经济使得交易发生时通常并不伴有立刻的现金转移。信用交易降低了现金流以即时的方式密切跟随经济活动的能力。其次，成本费用的发生通常在其收入实现之前，尤其是厂房设备上的投资成本更是如此。比如，三峡电站的发电收入在后，大坝和发电机组的建设在前。因此，以现金流出来计量成本常常难以反映真实的财务状况和业绩。

此外，现金收付制还有一个非常不利的因素在于其会增加公司税负，因为发生在前的巨额长期投资不计入后期的生产成本中，这样会引起公司利润的不恰当膨胀。从这个意义上来看，现金收付制相当于把前期投资作为沉没成本，但沉没成本仅在短期决策中才有价值，而长期决策则需要考虑投资项目的全周期成本。

从公司的整个生命周期来说，现金流量和应计利润是相等的，此时，时间和配比都不成问题。然而，正如"从长远看，我们都会死"所说，计量短期的财务状况和业绩具有非常重要的意义，尤其是以定期方式计量一个公司生命周期内的业绩和状况。

整体而言，权责发生制会计在帮助会计信息使用者的投资决策方面更具有价值相关性。比如，以美国1993—2003年的7338家上市公司的数据为样本，发现权责发生制会计之下的利润对股价的解释能力达到了48%，而现金收付制会计之下的经营活动产生的现金流量净额对股价的解释能力仅有37%。对中国企业的数据分析也得到了类似的结论，对2000—2020年所有中国上市公司数据进行分析后发现，经营现金流量对股价的解释能力只有3.62%，净利润对股价的解释能力则达到了27.86%。

（二）历史成本与公允价值

传统会计用历史成本计量和记录资产与负债的价值。历史成本是在过去已经发生的实际交易中形成的价格，因此，历史成本会计也被称为交易基础会计。历史成本会计的优势在于通过面对面的讨价还价所确认的资产价值通常是公允而客观的。然而，当资产或负债的价值在后来发生变动时，继续按历史成本记录资产价值将会损害财务报表的有用性。

正是因为认识到了历史成本的这种局限性，准则制定机构开始日益转向另外一种替代性的资产计价概念，即所谓的公允价值。公允价值是指熟悉市场情况的买卖双方在公平交易的条件下和自愿的情况下所确定的价格，或无关联的双方在公平交易的条件下确定的一项资产可以被买卖或者一项负债可以被清偿的成交价格。简单来说，资产若存在活跃市场，以市场价格为基础确定公允价值；资产若不存在活跃市场，但同类或类似资产存在活跃市场，以同类或类似资产市场价格为基础确定公允价值；资产不存在同类或类似资产可比交易市场，采用估值技术确定公允价值。采用估值技术确定公允价值时，要求采用该估值技术确定的公允价值估计数的变动区间很小，或者在公允价值估计数变动区间内，各种用于确定公允价值估计数的概率能够合理确定。

准则制定者已经认识到了公允价值概念的理论优势，而且已经基本上决定转向一种可以实质性地将所有资产和负债皆按公允价值记录的模型。比如 2014 年 7 月国际会计准则理事会发布的新版《金融工具》（IFRS9）、我国财政部自 2017 年开始发布的新金融工具相关会计准则（包括 CAS22、CAS23、CAS24、CAS37）即反映了这一发展趋势。概括而言，与企业经营业务直接的相关的资产大多采用历史成本进行计量和报告，与企业经营业务不直接相关的金融类资产则基本采用公允价值进行计量和报告。

第四节　会计分析与盈余管理

会计分析是有效地进行财务分析的重要前提条件。这是因为财务分析的质量及其推论的得出，皆有赖于会计信息的质量。通过权责发生制会计可以更深入地了解公司的财务业绩和财务状况，这是现金收付制会计无法企及的，但它的缺点是可能扭曲财务报告的经济内涵。会计分析是分析师评价公司会计数据对经济现实反映程度的过程，也是用以确定并估计公司财务报表中会计信息失真程度的过程。它同时也对财务报表进行必要的调整，通过调整减少失真，使报表可以更好地用于财务分析。

一、会计失真

会计失真是指财务报表中所报告的信息背离了商务活动的真实。此类失真主要源自以下 3 个方面的因素。

🔍 研究分析：会计以客观事实为基础？

（一）会计准则

会计准则是会计失真的重要原因，因为会计准则的制定是一个各方利益集团博弈的产物，不同使用者群体会进行游说以保护其利益；同时某些特定的会计原则也会降低报表的相关性，或者导致会计处理方法的不一致性，比如，历史成本原则可能会低估某些资产的现时价值，购买的商誉会加以确认，但内部产生的商誉却不做任何记录；此外，谨慎性原则的应用也会使得报表出现某些失真。

会计准则失真的典型的例子发生在小米科技有限责任公司（以下简称小米）身上。2018 年 8 月小米在香港联合证券交易所递交上市申请时，最抓眼球的莫过于一个爆炸性的新闻：2017 年小米亏损 439 亿元！然而，实际上，小米在 2017 年的毛利是 151.54 亿元，经营利润达到了 122.15 亿元，比上年增长了 222.72%。会计报表与实际业绩相差有如此天壤之别，问题就出在会计准则对一个金融工具（可转换可赎回优先股）的确认与计量上。会计准则将其确认为小米向股东承担的高达 500 多亿元的债务费用，但实际上小米根本不需要掏一分钱来偿还这笔债务，而且更加离奇的是，小米发展得越好，其承担的债务和亏损反而越多。

（二）估计错误

权责发生制会计要求对未来现金流量的结果进行预测和估计，尽管这些估计提高了会计数据及时反映商业交易的能力，但也可能产生错误，扭曲会计数据，比如赊销交易带来的不确定性。权责发生制会计会在赊销交易发生时确认为收入，同时也会基于历史经验估计坏账的可能性，但坏账的估计可能是完全错误的，导致报表失真。

（三）盈余管理

盈余管理可能是权责发生制会计所造成的最大麻烦。权责发生制会计使用各种估计和判断，使得管理者可以利用内部信息和经验来增强会计数据的有用性。然而，有些管理者可能为了个人利益借此操纵会计数据（尤其是利润），对会计信息质量造成极大损害。盈余管理的发生有多方面的原因，比如为了增加报酬、逃避债务、实现预测目标、影响股价等。盈余管理是一种现实，可能不像财经媒体所宣扬的那样普遍，但它无疑会损害会计信息的可靠性。

二、盈余管理

盈余管理是指管理者运用会计方法或者真实交易来改变财务报告以误导利益相关者对公司业绩的理解或者影响以报告利润为基础的合同。盈余管理可能只是粉饰性的，管理者在不影响现金流的情况下对应计项目进行人为操纵；它也可能是真实的，管理者为了达到操纵盈余的目的而直接对现金流采取行动。

粉饰性盈余管理是滥用权责发生制会计的潜在结果，故也被称为应计盈余管理。会计准则和监管机制可在一定程度上减少这种滥用，但鉴于经济活动的复杂性，要消除这种滥用是不可能的。由于监管机制和投资者对管理者的应计盈余管理行为的识别能力越来越高，同时也为了达到盈余管理的目的，管理者开始更多地转向对公司的现金流采取行动，比如管理者对公司可操控性的一些费用（研发费用、营销费用等）进行反向行动、向经销商大量提前压货或延后发货、大量生产以降低平均固定生产成本等。此类对现金流有影响的盈余管理行为也被称为真实盈余管理，或者实际盈余管理。

因此，盈余管理作为激励因素，不仅仅会影响公司的报表，也会影响管理者的真实经营决策，比如经营决策、投资决策和融资决策等。而且，这些决策还常常会减少股东财富，这是因为，一方面真实盈余管理的成本高于应计盈余管理；另一方面，真实盈余管理还会削弱公司长期的现金流流入。

（一）盈余管理的分析理论

既然盈余管理会扭曲财务报表，确定此类行为就成为财务报表分析的一项重要任务。管理者的盈余管理，可以借用 GONE 理论来进行分析。该理论认为，公司的盈余管理行为，甚至会计舞弊行为由贪婪（greed）、机会（opportunity）、动机（need）和暴露（exposure）4 个因子组成，它们相互作用，密不可分，共同决定了企业舞弊风险的程度。

贪婪是指舞弊者通常有不良的道德意识或价值判断。不良的价值判断不仅会驱动舞弊者采取舞弊行为，还会在舞弊行为发生时，寻找理由给自己的行为正当化。因此，评估公司管理者的声誉和诚实度是非常重要的。为此需要阅读公司多年的财务报告，了解公司管理者的经历、重大行动和发言等，从中获得有用的信息。

机会是指公司的业务结构或组织结构给会计舞弊提供的机会。业务结构方面包括业务庞杂、关联交易多、业务交易结构设计复杂、销售过度依赖中间商、资本运作频繁、业务经营状况与同行存在显著差异等都会带来潜在的较大风险；组织结构方面则包括公司治理结构不平衡、管理者的权力和股权比例不匹配、管理者或合作的信息中介变动频繁等也可能会带来较大的潜在风险。

动机是不良会计行为产生的关键，不良的动机容易在外界刺激下产生不正当的会计行为。动机的分析请参见前面盈余管理的动机部分。

暴露是指舞弊行为被发现和披露的可能性，也包括对舞弊者的惩罚性质及程度。如果公司的内外部有较完善的监督机制（比如股权结构平衡、合作的信息中介机构声誉高），或者公司所处的环境对舞弊者的惩罚非常严厉，都可以降低公司的会计舞弊行为的发生。

（二）盈余管理策略

盈余管理有 3 种典型的策略。

1. 增加利润

增加利润是盈余管理的策略之一，指通过增加一段时期的利润，使公司业绩看起来更加喜人。在成长时期，公司当期应计项目大于应计项目转回，使当期利润增加，因此公司可以利用激进的盈余管理在较长时期内报告更高的利润，然后在某一时期转回全部应计项目，作为一次性费用。这些一次性费用通常是作为"线下项目"进行报告，因而被认为是一次性的，价值低相关的。比如，乐视网在 2017 年之前，通过延缓计提影视剧等版权的摊销费用大量增加利润，然后在 2017 年一次性计提 109 亿元的资产减值损失。

2. 巨额冲销

巨额冲销是指通过操纵应计项目，把以前年度应确认而没有确认的损失或把以后期间有可能发生的损失集中在一个会计期间确认，使利润在不同的会计期间转移，以达到调节利润的目的。公司通常选择经营业绩很差的会计期间或发生不寻常事件（如管理者变更、合并或重组）时进行。巨额冲销策略经常和其他年度利润的增加连用。由于巨额冲销的异常性和非重复性，使用者一般不太重视其财务影响，这就为冲销过去的全部过失，为未来利润的增加提供了机会。比如，2018 年我国上市公司频频发生大额计提商誉减值损失的事件，使得亏损金额超过 10 亿元的上市公司数量超过百家；为此，Wind 数据库还围绕这些公司推出了业绩暴雷指数，但令人意外的是，暴雷指数在上市公司纷纷公告计提商誉减值期间，竟然在不到 1 个月的时间上涨了 60% 多，远远超过大盘指数。

3. 利润平滑

利润平滑是指管理者为隐瞒公司的实际业绩表现，而利用应计项目等会计调整方式来平滑利润，即有意压低利润快速增长年度的报表利润，将其转移到亏损或利润增长缓慢年度，使公司财务报表反映出持续稳定的盈利（增长）趋势。利润平滑是盈余管理的一种常见方式，比如会计学者本杰明·格拉汉姆等在 2005 年对 401 名首席财务官进行了问卷调查，发现 96.9% 的受访者表示会采用平滑盈余，78% 的受访者甚至表示为了平滑盈余宁愿放弃企业实际的经济价值。

利润平滑的方式与企业考核中常见的棘轮效应有关。**棘轮效应**是指委托人通过代理人过去的业绩来观察代理人的能力和努力水平，即过去的业绩会成为后期业绩评价标准的重要参考，这就可能产生一个问题，代理人本期越努力，下期的业绩标准可能会越高。因此，降低好时期绩效的策略能延长加管理者在企业内的平均任期。

需要说明的是，虽然这里我们关注的是对利润的管理，但实际上，盈余管理和资产负债的管理是一致的，也就是说，当资产被高估时，累计利润会被高估（相反也成立）；当准备金和负债被低估时，累计利润会被高估（相反也成立）。

（三）盈余管理的动机

盈余管理有很多种原因，包括增加与报告利润相关的管理者薪酬、提高股票价格、申请政府补贴等。以下仅概述几种主要的动机。

研究分析：万科的
管理者薪酬方案

1. 合同激励

很多合同会使用会计数据，比如管理者薪酬合同中的奖金条款、高管股权激励中的行权条款等一般都会约定公司需要达到的收入或利润规模等。当公司实现的利润增加较多，或者达到了激励条件时，管理者才能获取更多的现金薪酬或拿到股份。此外，管理者短视现象也反映了合同激励对管理者行为的扭曲，这是因为，当观察到企业绩效不尽如人意时，投资者往往会解雇管理者，从而令管理者努力提高水平；但当意识到自己面临解雇威胁时，管理者就有激励以正当或不正当的方式，以长期的损失来增加企业的短期利润，而这长期的损失会超过短期所得。合同激励的另一个例子是债务合同，这种合同经常以使用财务指标为基础。比如我国住房和城乡建设部及人民银行在 2020 年 8 月公布了房地产企业资金监测和融资管理规则，提出了"三条红线"，即房地产企业剔除预收款后的资产负债率不得大于 70%，净负债率不得大于 100%，现金短期债务比小于 1。对于企业来说，违反债务合同往往要付出很大代价（比如债务提前到期），因此他们有动机通过盈余管理来避免出现这种情况。

2. 影响股票价格

影响股票价格是盈余管理最主要的动机。比如，为了进行并购、发行证券、行使期权、准备出售股票等，管理者会通过增加利润，试图在短期内推高股价。管理者也可能会通过利润平滑、避免亏损或业绩下降来降低市场的风险意识，进而降低融资成本。与此相关的另一个动机是改变市场预期。其通常形式是：管理者通过悲观的自愿披露来降低市场预期，然后再通过向上的盈余管理打破市场预期[①]。

3. 满足监管要求

我国证券监管机构对上市公司的退市、融资等制定了一系列规则，而这些规则往往与公司的财务数据或财务指标相关，比如连续两年亏损进行特殊处理、连续三年亏损则要进行退市处理、满足净资产利润率达到 6% 及以上才能配股融资等。因此，为了避免退市、满足增发或配股等监管要求，公司也有动机进行盈余管理。

4. 其他动机

盈余管理还有其他好几种原因。有时候向下调整利润是为了降低税负和政治成本，逃避来自政府机构的监管。另外，公司还会向下调整利润以获得政府机构的关爱，包括争取政府补贴，获得针对外国公司的竞争保护，或对抗工会的要求。管理者变更也是盈

---

① 此种动机主要与量化交易的重要性不断增加有关，投资者对不能满足其预期的股票进行极为残酷的惩罚，使得管理者所面临的压力越来越大，从而促使他们使用各种可能的手段来打破预期。比如 2015 年 7 月，苹果公司公布的第三季度报告显示，苹果公司出售了 4750 万台 iPhone，同比增长 35%，但低于分析师 4880 万台的预期，结果股价大跌 8%，相当于 620 亿美元；同一个月，谷歌公布的第二季度报告显示，每股利润为 6.99 美元，比去年同期增长了 11%，高于市场预期的 6.73 美元，股价当天大涨 16%，相当于 455 亿美元。

余管理的一个重要动因，它通常会导致巨额冲销，因为这样的行动标志着新任管理者将采取强硬措施来改善公司状况，同时也消除阻碍未来利润增长的障碍。

（四）盈余管理机制

盈余管理的机制主要有两大类：利润转移和分类盈余管理。

1. 利润转移

利润转移是把利润从一个时期转移到另一个时期，一般通过加速或延迟收入或费用的确认来实现。但这种方式常会导致其影响在未来某一个或多个时期转回。实现利润转移的具体方法有以下几种。

（1）渠道负荷

通过劝说经销商或批发商在年末额外购买产品来加速确认利润。这种现象在主要依赖经销商展开销售活动的行业或企业中较为常见，比如汽车制造业、空调业等。

（2）费用的资本化

通过费用的资本化来递延费用的确认，比如常见的利息费用或研发投入的资本化等。全世界破产规模前列的世界通信公司进行财务造假的主要方式之一就是将线路成本（与其他电信公司网络互联所产生的费用）进行资本化，涉及金额接近40亿美元。

（3）费用延迟

通过特定会计方法把费用转移到以后各期，比如，乐视网对影视版权采用直线摊销法，而腾讯或优酷等公司采用加速摊销法。将费用延迟的会计方法会使得公司的资产过度膨胀，但资产的价值并不一定真的值这么多。

（4）大量生产

公司的生产成本包括固定成本和变动成本，在生产产能范围内，增加产量会使得分摊固定成本的分母变大，从而降低单位固定成本和单位总成本，进而导致已销售商品相对应的结转成本较低，增加公司的毛利和利润。实际上，大量生产是将生产成本转移到存货，而存货能否顺利销售出去则直接决定公司的大量生产是否是资源的浪费。当公司的存货，尤其是产成品存货增加较多时，投资者就要关注存货和销售毛利的真实性问题了。

（5）费用删减

公司管理者可以通过删减一些必要但可操控的费用来实现盈余的增加，比如营销费用和研发投入。但需要注意的是，营销费用与公司的品牌和渠道竞争力相关，研发投入则与公司产品的推陈出新和长期竞争力紧密相关，故这些费用的删减虽然可以增加短期的利润，但却可能会损害长期利润。

（6）洗大澡

把一些断断续续发生的费用作为一次性费用处理，比如资产减值及重组费用。这样可以加快费用确认，并使随后的利润看起来更好。

2. 分类盈余管理

分类盈余管理也被称为重分类，通过选择性分类把费用和收入列入利润表的特定部分，或者将投资活动或筹资活动现金流重分类到经营活动现金流。重分类的具体表现主要有以下几种。

（1）把经营费用转移至线下

把一些正常的经营费用和特殊或偶然发生项目放在一起报告，比如，当公司打算结束某一部分业务时，有些公司可能会把一些公司正常的经营费用转移至已经终止经营的业务部门（资产处置损益），由此增加其他部门的利润。这样做的原因在于投资者往往不关注已经终止经营业务部门的利润情况。

（2）经营现金流重分类

考虑到投资者会通过经营活动产生的现金流来评估公司的盈利质量，那么，有些公司也可能会对经营活动产生的现金流进行重分类，即将投资活动产生的现金流转移至经营活动产生的现金流，或者将融资活动产生的现金流转移至经营活动产生的现金流。比如，A公司赊销给B公司的货款在临近年底还没有收回，那么，A公司可以将一笔同等金额的资金借给C公司，然后由C公司将这笔钱转给B公司，最后由B公司以支付货款的名义将资金流回A公司，这样，A公司的经营活动产生的现金流增加了，但融资活动产生的现金流减少了。类似地，A公司还可以购买长期资产或理财产品的名义将资金转移给C公司，由C公司转移至B公司，最后由B公司再流回A公司，这样，A公司的经营活动产生的现金流增加了，但投资活动产生的现金流减少了；或者，A公司还可以把应收货款进行贴现或转让，这样同样可以实现经营活动产生的现金流增加。

（3）关联交易与转移定价

母公司可以通过转移定价把子公司的少数股东的利润转移至上市公司或把上市公司的利润转移至子公司。表2-3报告了华夏幸福的利润在归属于母公司股东和归属于少数股东之间的分配情况。从中可以看到，华夏幸福的少数股东权益从2012年开始一路上升，其占比在2017年高达47.78%，但其所享有的利润占比仅有0.27%；这样的利润分配格局下，母公司股东的权益回报率高达23.01%，而少数股东的权益回报率仅仅为0.07%，相差巨大。与之可比的是，2017年万科公司的母公司股东的权益回报率和少数股东权益回报率分别为14.94%和16.88%，两者相差较小。因此，华夏幸福有可能通过转移定价的形式将大部分利润转移至母公司，而将费用留给子公司[①]。

表 2-3　华夏幸福的利润重分类

项目	2012 年	2013 年	2014 年	2015 年	2016 年	2017 年
股东权益总和 / 亿元	49.59	99.55	173.96	256.30	380.32	710.33
母公司股东权益 / 亿元	43.16	66.50	97.94	135.27	253.61	370.95
少数股东权益 / 亿元	6.42	33.05	76.03	121.03	126.71	339.38
少数股东权益占比 / %	12.95	33.20	43.71	47.22	33.32	47.78
合并净利润 / 亿元	18.67	26.86	38.03	50.20	63.78	85.58
归属于母公司股东净利润 / 亿元	18.67	27.15	35.39	48.34	67.02	85.35
归属于少数股东净利润 / 亿元	0	−0.29	2.64	1.86	−3.23	0.23
少数股东利润占比 / %	0	−1.06	6.94	3.71	−5.06	0.27
合并股东回报率 / %	37.65	26.98	21.86	19.59	16.77	12.05
母公司股东回报率 / %	43.26	40.83	36.13	35.74	26.43	23.01
少数股东回报率 / %	0	−0.86	3.47	1.54	−2.55	0.07

三、会计分析过程

会计分析过程包括评价利润质量和调整财务报表两部分。

（一）评价利润质量

利润质量是投资分析和会计研究中的焦点之一，但也是一个言人人殊的问题。基于决策有用的考虑，我国基本会计准则将相关性和可靠性作为会计信息最基本的质量特征，利润作为会计报表的基本要素，当然应满足这些质量的特征，但并没有针对利润提出更加针对性的特征。

一些会计学者也对此进行了探讨，比如有些会计学者认为，高质量的利润需要满足以下 3 个条件：（1）反映经营状况，（2）是未来经营状况的良好预测指标，（3）真实地反映公司的内在价值。因此，当利润是高质量时，它会更加持续且稳定，与未来现金流的实现更为相关，与公司股价或市场价值更为相关[②]。

还有些学者从可验证的角度，认为利润质量可以从以下几个方面进行度量和分析：应计利润的质量、持续性、可预测性、利润平滑、价值相关性等[③]。我们在第六章对公司利润质量进行分析时将参考这些指标。

---

① 华夏幸福的少数股东权益还涉及明股实债问题，这里不再阐述，参见第三章。

② Patricia M. Dechow, Weili Ge, Catherine Schrand. Understanding Earnings Quality: A Review of the Proxies, Their Determinants and Their Consequences [J]. *Journal of Accounting and Economics*, 2010, 50: 344-401.

③ J. Francis, R. LaFond, PM. Olsson, K. Schipper. Cost of Equity and Earnings Attributes [J]. *The Accounting Review*, 2004, 79(4): 967-1010.

（二）调整财务报表

会计分析中最后的，也是最应该包括在内的工作，是对财务报表进行适当的调整，尤其是调整资产负债表和利润表。正如前面所指出，之所以要进行这种调整，一方面是因为报告数据可能存在失真，另一方面则是出于特殊的分析目的。财务报表的调整通常涉及如下项目。

（1）应收款坏账损失的计提方法。

（2）存货跌价准备的计提方法。

（3）固定资产或无形资产的折旧或摊销方法。

（4）投资性房地产的成本计量模式与公允价值计量模式。

（5）利息支出资本化或费用化率。

（6）研发投入的资本化或费用化率。

（7）一次性大额费用，如资产减值损失、重组费用、其他营业外收入或支出。

（8）金融工具分类调整带来的利润或损失等。

课后习题

1. 为什么现代财务会计要采用权责发生制作为基础？又为什么还要增加现金流量表？

2. 选择两类公司（一类公司的产品生产周期较长，一类公司的产品生产周期较短），观察时间和配比问题对资产负债表、利润表和现金流量表的影响。

3. 试说明有哪些因素会刺激管理层操纵财务报表，又有哪些力量会限制财务报表的操纵？

4. 本杰明·格雷厄姆曾说："股市短期是投票器，长期是称重机。"你是如何理解这句话的？

5. 有些公司的业绩明明不错，但业绩公告后股价却下跌了；有些公司的业绩看起来比较勉强，但业绩公告后股价却上涨了，你是如何理解该现象的？（比如苹果公司2015年7月公布的第三季度报告显示其iPhone手机销量增长了35%，但股价却大跌8%；同月谷歌公布的第二季度报告显示其营业收入仅增长了11%，但股价大涨16%。）

6. 选择某个证监会处罚的财务造假案例，分析其财务造假的动机、方法和后果。

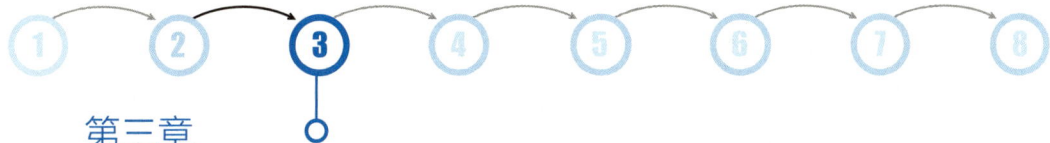

① ② **③** ④ ⑤ ⑥ ⑦ ⑧

第三章
企业商业活动与财务报表

巴菲特与财务会计

沃伦·巴菲特（以下简称巴菲特）是全球著名的投资家，主要买卖公司的股票或债券。在 2020 年 3 月接受雅虎财经采访时被提问："对年轻的投资者，您有什么建议？"巴菲特这样回答："必须要懂会计。对投资者来说，会计就像一门语言，你必须知道你在读什么。"

在 2011 年的采访中，巴菲特也强调了会计对投资的重要性，认为分析企业的财务报表是进行价值评估的基本功。他说："我阅读我所关注的公司年报，同时我也阅读它的竞争对手的年报，这些是我最主要的阅读材料。你必须了解财务会计，并且要懂得会计的细微微妙之处。会计是商业的语言，尽管是一种并不完美的语言。除非你愿意投入时间精力学习掌握财务会计，学会如何阅读和分析财务报表，否则，你就无法真正独立地选择投票。"

不过我们需要注意的是，巴菲特学会计，不是为了考试考个好分数，而是为了用会计。

一是用在做生意上。无论做什么生意，巴菲特都会认认真真记账，用他学到的会计知识，仔细分析多赚了钱是多在哪里，少赚了钱是少在哪里。很多人自己创业做生意，很有创意，很有毅力，却并不赚钱，一个重要原因是看不懂财务报表。

二是用在股票投资上。在只有 19 岁时，他就开始用所学习到的财务会计知识来分析上市公司的财务报表，判断公司未来发展前景，并在此基础上做出投资决策。

1. 描述企业商务活动及其与财务报表的关系
2. 了解企业各种融资工具及它们在财务报表中的体现
3. 理解企业投资活动所形成的各类资产及分析应用
4. 了解企业对外投资所形成资产的会计处理方法及其在财务报表中的体现
5. 解释企业的五大经营活动及其分析应用
6. 理解利润计量的概念及其对经营活动分析的意义

引　言

🔍 企业商业活动与财务报表

　　作为一种资源配置工具的载体，公司为了获得期望的投资回报，往往会从事一系列商务活动，以提供可供销售的商品或服务。财务报告和相关披露会告诉我们有关公司四大活动的情况，包括商业计划、融资活动、投资活动和经营活动。**商业计划**是指用以描述企业发展的目标，以及为实现发展目标而确定的商业模式、竞争战略和行动方案。企业通过**融资活动**来筹集实现商业计划所需要的资金，融资的规模、结构及潜力往往决定企业的发展目标能否实现。**投资活动**则是企业为了创造收入和利润，将所筹集到的资金分配于资产项目，从而实现产品的销售或服务的供给，比如购买生产用的设备和原材料等。在融资和投资的基础上，企业还需要通过**经营活动**来具体执行其商业计划，运用资产实现预期的收入和利润目标。它至少包括 5 个部分：研究与开发、采购、生产、营销、管理。企业的四大基本活动是相互联系的，因此，在进行财务报表分析时不应把它们割裂开来。本章将分别介绍企业的商业计划、融资活动、投资活动和经营活动的具体内容，并详细说明它们在财务报告中如何得以恰当的体现，并分析其实际意义，即明确财务报表中的各项目所对应的经济含义。

第一节　商业计划与财务报告

　　公司存在的意义在于实现确定的目的或目标。比如格力电器志在生活电器领域"弘扬工业精神，掌握核心科技，追求完美质量，提供一流服务，让世界爱上中国造"，美的集团则致力于为客户创造美好生活。作为在战略导向下通过确定的商业模式实现阶段性战略目标的计划和行动方案，商业计划可以帮助管理者确定发展方向和努力重点，并指出可能的机会和障碍。企业制订商业计划需要从深入分析行业发展趋势、研究竞争对手的竞争能力和竞争策略、明晰自身的基本情况入手，选择发展方向，确定商业模式

（包括产品和服务、竞争策略及盈利模式），制订经营目标和行动计划（包含组织资源、配置资源、风险防范等），编制出以商业计划为基础的财务预算。因此，深入研究商业计划可以在很大程度上帮助我们了解公司现状和未来前景。

为了更好地了解和分析公司，从而做出决策，我们会寻求涉及公司目标与战略、市场需求、竞争分析、管理绩效等种种商业计划信息。这类信息通常会以各种形式在财务报告中展露出来，比如致股东信、公司业务概要、经营情况讨论与分析、招股说明书等。投资者也可以通过一些非正式渠道获得此类信息，比如证券分析师研究报告、公司官网、新闻媒体等。

需要强调的是，商业计划并非一成不变的，而是充满了不确定性，会随外界环境和公司目标的变化而变化。但这并不代表分析毫无意义，尽管公司未来可能会面临各种各样的风险，但财务报表分析可以帮助我们评估风险，更好地理解公司筹资、投资及经营问题，从而做出更好、更合理的决策。

第二节　融资活动与财务报表

企业的融资活动可以帮助企业筹集到资金用来购买生产用的设备、厂房和原材料，以及支付员工工资等。一般而言，资金的来源有两大类：内部融资和外部融资。**内部融资**是指企业利用内部自有资金来支持投资活动和经营活动所需要的资金的行为，自有资金通常包括未分配利润和折旧摊销。出于简单考虑，经营活动产生的现金流量净额通常被视为企业的内部融资。**外部融资**是指企业通过一定方式向企业之外的其他经济主体筹集资金，主要包括负债融资和权益融资两种类型。**负债**是指企业过去的交易或者事项形成的、预期会导致经济利益流出企业的现时义务。负债的性质既可以是融资性的，也可以是经营性的。**融资负债**需要支付利息，包括短期借款、长期借款、应付债券等。**经营负债**通常没有明确约定的利息，围绕企业的经营活动而产生，比如应付账款、预收账款和应付职工薪酬等。**权益融资**是企业向股东出售企业的所有权以交换资金，比如首次公开发行上市、接受风险投资公司或私募股权投资公司进行投资等。

本节将介绍一些常见的融资形式，并说明它们在企业财务报表上是如何体现的。

一、权益融资

权益融资是企业向股东寻求资金。投资者在考虑了预期利润和风险之后决定以权益的形式投资企业，那就会成为企业的股东，获得一定比例的企业所有权和相应的剩余索取权，这意味着其投资的本金企业不需要偿还，而是只能在企业创造了利润之后他们才能获得现金分红形式的回报，或者将其在企业所有权中享有的份额转让给其他投资者才能收回投资[①]。因此，股东将面临投资回报不确定性的风险，但同时也获得了对企业经营活动发挥影响力的权力，比如通过股东大会投票，或者成为董事会成员直接参与企业的战略制定和经营与财务决策。权益融资的主要表现形式有：创始股东的现金或资产投资、接受风险投资公司或私募股权投资公司进行投资、首次公开发行上市、增发或配股等。权益融资的形式有很多类型，但其在资产负债表上体现出权益的索取权却非常一致，即集中体现在实收资本（股本）和资本公积两个项目。根据会计基本公式，股东权益的增加，企业所拥有的资产也会增加，主要表现为现金增加，但也有可能是某些长期资产或存货的增加（股东以资产的形式进行出资，一般发生在创始股东身上）。

以下根据一些常见的权益融资类型进行介绍。

（一）首次公开发行上市

首次公开发行上市（initial public offering, IPO）是指企业通过证券交易所首次公开向投资者增发股票，以期募集用于企业发展资金的过程。通常，上市公司的股份是根据向证券监管机构出具的招股书或登记声明中约定的条款，通过经纪商或做市商进行销售。一般来说，一旦首次公开上市完成后，这家公司就可以申请到证券交易所或报价系统挂牌交易。

公司上市后，其全部资本将划分为等额股份，股票的面值与股份总数的乘积为**股本**，股本应等于公司的注册资本。需要注意的是，公司发行股票取得的收入与股本总额往往不一致，公司发行股票取得的收入大于股本总额的，称为溢价发行；小于股本总额的，称为折价发行；等于股本总额的，称为面值发行[②]。我国不允许公司折价发行股票。在采用溢价发行的情况下，公司应将相当于股票面值的部分记入"股本"项目，其余部分在扣除发行手续费、佣金等发行费用后记入"资本公积"项目。

资本公积是指企业收到的投资者超出其在企业注册资本（或股本）中所占份额的投资，以及直接计入所有者权益的利得和损失等。根据我国公司法的规定，资本公积的用途主要是转增资本，即增加实收资本（或股本），但所留的该项公积金不得少于转增前公司注册资本的25%。虽然资本公积转增资本并不能导致所有权权益总额的增加，但它可以改变企业的注册资本，体现企业的规模实力和持续发展的潜力；此外，对上市公司而言，它会增加投资者持有的股份数量（股价会相应比例的下调）和公司股票的流通数量，从而提高股票的交易量和资本的流动性。

---

① 将企业清算或者缩减注册资本也可以收回（部分）投资本金，如果偿还了所有债务之后还有剩余的话。
② 上市公司在我国上海和深圳证券交易所发行的股票面值均为每股1元，例外是紫金矿业（股票代码：601899）的股票面值为每股0.1元，洛阳钼业（股票代码：603993）的股票面值为每股0.2元。这两个公司均首先在香港证券交易所上市，然后增发股份到上海证券交易所上市。香港证券交易所对上市公司的股票面值没有明确规定，即可以是1元，也可以大于1元，也可以小于1元。

（二）增资扩股融资

增资扩股融资，是指企业根据发展的需要向原有股东或新的股东发行新的股份以募集资金。上市公司和非上市公司在增资方面存在较大的差异。

非上市公司主要向原有股东募集资金，或者引入新的战略投资者，比如行业内具有领导地位的企业、业务方面具有协同效用的合作者等，当然也可能引入新的财务投资者，比如天使投资者、风险投资公司或私募股权投资公司等。**天使投资**是权益资本投资的一种形式，指具有一定净财富的个人或者机构，对具有巨大发展潜力的初创企业进行早期的直接投资，属于一种自发而又分散的民间投资方式。比如美国斯坦福大学计算机教授大卫·切瑞顿在 1998 年谷歌刚创立没多久时成为谷歌首位个人天使投资人，当初的 10 万美元在 2004 年谷歌上市后变成了 3 亿美元。**风险投资**（venture capital, VC）主要是指向初创企业提供资金支持并取得该公司股份的一种融资方式。风险投资公司一般由一群具有科技及财务相关知识与经验的人组合而成，其资金大多用于投资新创事业，并不以经营被投资公司为目的，仅是提供资金及专业上的知识与经验，以协助被投资公司获取更大的利润为目的。典型的案例有日本软银公司在 2000 年向成立才一年多的阿里巴巴投资约 2000 万美元，最终收获了高达 3000 倍的利润。**私募股权投资**（private equity, PE）是指通过私募基金对优秀的高成长性的非上市公司进行权益性投资。在交易实施过程中，PE 会附带考虑将来的退出机制，即通过公司首次公开发行股票、兼并与收购（merger & acquistion, M&A）或管理者收购（management buy-outs, MBO）等方式退出获利。典型的案例有高瓴资本在 2010 年投资京东集团 3 亿美元，而京东在 2014 年在美国纳斯达克证券交易所上市。

上市公司的增资扩股主要包括，向原股东配售股票（配股），向社会公众发行股票（公开增发），或向有限数目的资深机构或个人投资者发行股票（定向增发）。《中华人民共和国公司法》和《中华人民共和国证券法》对上市公司发行新股须具备的条件做了规定，如公司在最近 3 年内连续盈利、财务文件无虚假记载，募集资金必须按招股说明书所列资金用途使用等。此外，中国证券监督管理委员会发布的《上市公司新股发行管理办法》还从发行要求、资金用途、公司治理、公司章程等方面做了具体规定。对于配股和公开增发，证监会在有关文件中做了特别的要求，比如对公司最近 3 个会计年度的加权平均净资产利润率的平均值不能低于 6%。

二、债务融资

债务融资是指公司从各类资金提供者手中以借款方式筹集资金。这些资金提供者借出资金成为公司的债权人，并获得公司还本付息的承诺。通常情况下，公司可以通过发行有价证券的方式直接从投资者手中借入资金（**公众债务**），也可以从金融机构（比如银行）以借款方式举借债务（**私人债务**），也可以从供应商、客户及员工等手中获得经营活动所需的资金或资源（**经营性负债**）。

债务区别于权益的主要特征是它有固定期限，即企业需要根据约定的时间偿还债务本金及其利息。因此，根据到期时间是否在一年内，债务融资可以分为短期负债和长期负债。

债务区别于权益的另一个重要特征是，债权人借给企业的资金的预期回报往往是固定的（表现形式是收取利息），而股东的预期回报则具有不确定性。因此，根据债务融资是否约定了利息，我们也可以将债务融资分为**附息融资**和**商业信用融资**。商业信用融资往往与公司的经营活动相关，故也被称为**经营性负债**。对应的，附息融资则被称为**金融性负债**。

根据会计准则的规定，公司需要在财务报表的附注中披露有关其短期和长期债务的一些明细情况。也就是说，除对资产负债表上确认的金额做出解释之外，还需在附注中提供其他有用的信息，包括关于债务的预期未来到期时间，合同条款的细节，诸如担保及约定，尚未使用的信贷额度，以及与公司某项债务相关的其他重要信息等。

（一）短期负债

短期负债是指一年内或一个经营期内应偿还的债务，也被称为流动负债。短期负债主要包括短期借款、票据贴现、短期融资券、应付票据、应付账款、预收账款、应付职工薪酬、应交税费等。一般而言，短期负债更加灵活，成本也比长期负债的成本低。不过，有利也有弊，由于偿还期限较短，短期负债的风险也相对更高。

短期借款是指企业用来维持正常的生产经营所需的资金或为抵偿某项债务而向银行或其他金融机构等外单位借入的、还款期限在一年以内的各种借款，表现形式主要有：经营周转借款、临时借款、结算借款、票据贴现借款、卖方信贷、预购定金借款和专项储备借款等。以华夏幸福基业股份有限公司（以下简称华夏幸福）为例，根据其2019年年度报告，短期借款的期末余额为265.75亿元，较年初增长535.48%，主要系本期质押借款、抵押借款、保证借款增加所致（见表3-1）。

表3-1　华夏幸福短期借款分类

项目	期末余额	期初余额
质押借款/亿元	169.73	2.50
抵押借款/亿元	32.19	21.95
保证借款/亿元	63.83	15.73
信用借款/亿元	0	1.65
合计/亿元	265.75	41.82

应付票据是指企业购买材料、商品和接受劳务供应等而开出、承兑的商业汇票，包括商业承兑汇票和银行承兑汇票。银行承兑汇票是由承兑银行保证在指定日期无条件支付确定的金额给收款人或持票人的票据。商业承兑汇票是指由付款人承兑的票据。根据是否带息，应付票据可分为带息票据和不带息票据。**带息票据**的面值就是票据的贴现值，在资产负债表中，除以面值列示应付票据外，还须将应付未付利息部分作为其他流动负债列示。**不带息票据**是指票据到期时按面值支付，票据上无利息的规定。目前我国常用的是不带息票据。理论上，应付票据均应折现，按现值计价。但若是企业在经营活动中出具的短期应付票据，由于清偿期限很短（一般不超过 6 个月），其现值和票面价值很接近，根据重要性原则，可忽略不计，按面值入账。华夏幸福 2019 年度应付票据的期末余额约为 76.51 亿元，均为商业承兑汇票。这对于供应商来说，商业承兑汇票的保障性要远远低于银行承兑汇票。

应付账款是指企业因购买材料、物资和接受劳务供应等而付给供货单位的账款。由于应付账款属于短期负债，所以账龄在一年以上的应付账款的信息需要在报表附注中披露。2019 年，华夏幸福账龄超过 1 年的重要应付账款期末余额为 17.42 亿元，均是由于工程款未决算造成的。

预收账款 / 合同负债是指买卖双方协议商定，由购货方预先支付一部分货款给供应方而发生的一项负债[①]，一般包括预收的货款、预收购货定金。作为流动负债，预收账款或合同负债不用货币抵偿，而是要求企业在短期内以某种商品、提供劳务来抵偿。

应付职工薪酬是指企业为获得职工提供的服务而给予各种形式的报酬及其他相关支出，包括短期薪酬、离职后福利、辞退福利和其他长期职工福利。其中，**短期薪酬**是指企业在职工提供相关服务的年度报告期间结束后 12 个月内需要全部予以支付的职工薪酬。**离职后福利**是指企业为获得职工提供的服务而在职工退休或与企业解除劳动关系后，提供的各种形式的报酬和福利。**辞退福利**是指企业在职工劳动合同到期之前解除与职工的劳动关系，或者为鼓励职工自愿接受裁减而给予职工的补偿。**其他长期职工福利**是指除短期薪酬、离职后福利、辞退福利之外所有的职工薪酬，比如长期利润分享计划等。根据华夏幸福 2019 年度报告，应付职工薪酬期末余额为 24.65 亿元，均为短期薪酬。

应交税费是指企业根据在一定时期内取得的营业收入、实现的利润等，按照现行税法规定，采用一定的计税方法计提的应交纳的各种税费，包括增值税、消费税、所得税、资源税、土地增值税、城市维护建设税、房产税、土地使用税、车船使用税、教育

[①] 合同负债是 2020 年新收入会计准则引入的一个新的项目，是指企业已收或应收客户对价而应向客户转让商品的义务，如企业在转让承诺的商品之前已收取的款项。一般情况下，预收款项和合同负债没有实质上的差异，两者的差异主要体现在以下两点：一是合同负债不一定收到资金，而预收款项则必须收到资金；二是合同负债对应履约义务，而预收款项不一定对应履约义务，比如只是收到订金。

费附加等。作为房地产企业，华夏幸福的应交税费中土地增值税的占比较高，2019年度约占应交税费的10.5%。而格力电器作为制造业企业，其在年报附注中披露的应交税费仅包括增值税、企业所得税和其他。

其他应付款是指企业在商品交易业务以外发生的应付和暂收款项。企业应设置"其他应付款"账户用来核算企业应付、暂收其他单位或个人的款项，包括应付股利、应付利息、押金、保证金等。根据华夏幸福2019年年度报告，应付利息期末余额为25.52亿元，包括分期付息到期还本的长期借款利息、企业债券利息及短期借款应付利息。

此外，需要注意的是，自资产负债表日一年内到期的长期负债需归类为流动负债，称为**一年内到期的非流动负债**。华夏幸福2019年度的一年内到期非流动负债较上年增加68.09%，主要系本年长期借款、长期应付款及应付债券增加所致。

除了以上短期负债外，若涉及短期应付债券、预提土地增值税、待转销项税等其他流动负债，也需要在财务报表中进行披露。其他流动负债通常与企业自身经营业务相关，如华夏幸福作为房地产企业，预提土地增值税是其他流动负债的一个具体项目。而对于格力电器，其他流动负债中的销售返利也与它的业务相关联。

（二）长期负债

长期负债是指偿还期在一年以上的债务，如债券、长期借款、长期票据、租赁等。公司举借长期负债是为长期项目筹措资金，或者满足持续性的资金需求。在资产负债表中，长期负债被列示为非流动负债。对于长期负债而言，由于偿还期限通常在一年以上，货币时间价值对未来应付金额的现值影响较大，其面值与其未来应付金额现值之间通常有较大的差额。因此，长期负债在发生之时通常以面值或实际发生额入账，其后分别逐期调整账面金额，按现值或摊余成本报告。

美国和国际会计准则都鼓励公司按公允价值报告长期债务。当一家公司采用公允价值计量模式时，资产负债表按现时公允价值确认债务，债券公允价值在一定时期内的全部变化需作为未实现债券利润或损失包含在利润表中。比如，当一家公司发行了票面利率为6%的5年期债券，发行时的市场利率也是6%。若一年后市场利率下降到5%，在采用公允价值的情况下，公司资产负债表上显示的债务余额将上升，利润表上则是要体现公允价值变动损失，这意味着公司承担的债务增加了，但实际上，公司承担的债务余额并没有实际上的变化。

长期借款是指企业从银行或其他金融机构借入的期限在一年以上的借款。需要注意的是，由于一年内到期的长期借款属于流动负债，财务报表中的长期借款需将该部分扣除。例如，华夏幸福2019年度的长期借款期末余额为487.90亿元，具体包括质押借款、抵押借款和信用借款，并扣除了一年内到期的长期借款。抵押借款主要以公司持有的存货、无形资产、固定资产、投资性房地产提供抵押，保证借款主要由公司、九通投资及京御地产提供保证担保，质押借款主要以京御地产、九通投资等部分股权做质押。

应付债券是指企业为筹集资金而对外发行的期限在一年以上，约定在一定期限内还本付息的一种长期负债。其特点是期限长、数额大、到期无条件支付本息。应付债券可根据不同的分类依据进行划分。根据是否记名可以分为记名债券和无记名债券，根据有无担保可以分为担保债券和信用债券，按票面利率是否固定分为固定利率和浮动利率债券。公司债券的发行价格要根据票面利率和发行时的市场利率进行比较来确定。若票面利率与市场利率一致，则面值发行；若票面利率高于市场利率，则溢价发行；若票面利率低于市场利率，则折价发行。在资产负债上，应付债券应该按照现值而不是票面价值来报告，估算现值的折现率是发行债券时的市场利率。

比如，A 公司在 2015 年 1 月 1 日发行公司债券，每张票面价值为 1000 元，5 年期，每年付息两次，分别是 6 月 30 日和 12 月 31 日，票面年利率是 14%，共发行 10000 张。假设市场利率是 12%。此时，公司债券的现值计算如下

- 债券面值的现值 $=1000\times10000\times(P/F, i=6\%, n=10)=10000000\times0.55839=5583948$（元）
- 债券利息的现值 $=1000\times10000\times7\%\times(P/A, i=6\%, n=10)=700000\times7.36=515206$（元）
- 债券的发行现值 $=5583948+5152061=10736009$（元）
- 债券的发行价格 $=10736009\div10000\approx1073.6$（元）

注：$(P/F, i, n)$ 为复利现值系数，$(P/A, i, n)$ 为年金现值系数。

因此，A 公司的债券的发行价格是 1073.6 元。

长期应付款是指企业除了长期借款和应付债券以外的长期负债，包括应付的分期付款（比如购买单价较高的长期资产）、应付融资租入固定资产的租赁费等。华夏幸福 2019 年度的长期应付款包括长期应付款和专项应付款，其中，长期应付款为融资租赁款。

租赁负债是新租赁准则下的产物，即承租人在租入资产确认使用权资产的同时确认租赁负债，它等于按照租赁期开始日尚未支付的租赁付款额的现值。新租赁准则下，承租人不再将租赁区分为经营租赁或融资租赁，而是采用统一的会计处理模型，对短期租赁和低价值资产租赁以外的其他所有租赁均确认使用权资产和租赁负债，并分别计提折旧和利息费用。例如，根据中国东方航空股份有限公司（以下简称东方航空）2019 年年报披露，公司自 2019 年 1 月 1 日开始按照新修订的租赁准则进行会计处理。对于首次执行日之前的融资租赁，公司按照融资租入资产和应付融资租赁款的原账面价值，分别计量使用权资产和租赁负债；对于首次执行日之前的经营租赁，公司根据剩余租赁付款额按首次执行日的增量借款利率折现的现值计量租赁负债，并根据不同的租赁资产类

别，基于单个合同分别计量使用权资产。

预计负债是因或有事项可能产生的负债。根据或有事项准则的规定，与或有事项相关的义务同时符合以下 3 个条件的，企业应将其确认为负债：一是该义务是企业承担的现时义务；二是该义务的履行很可能导致经济利益流出企业；三是该义务的金额能够可靠地计量。根据东方航空 2019 年年报，其 2019 年预计负债来自飞机及发动机退租检修准备，期末余额为 66.59 亿元，较上年减少 1.13 亿元。

利息资本化在长期资产建设过程中也是需要考虑的比较特殊的问题。会计准则规定，为长期资产的建设所发生的借款的利息支出可以确认为一项资产，即利息支出将被确认为资产的一项成本。需要相当长时间才能达到可销售状态的存货及投资性房地产等所发生的借款利息支出也是利息资本化的范围。具体地，对于可直接归属于符合资本化条件的资产的购建或者生产的借款费用，在资产支出已经发生、借款费用已经发生、为使资产达到预定可使用或可销售状态所必要的购建或生产活动已经开始时，开始资本化；购建或者生产的符合资本化条件的资产达到预定可使用状态或者可销售状态时，停止资本化。其余借款费用在发生当期确认为费用。如果符合资本化条件的资产在购建或生产过程中发生非正常中断、并且中断时间连续超过 3 个月的，暂停借款费用的资本化，直至资产的购建或生产活动重新开始。

华夏幸福 2019 年年报披露，其期末公司融资总额为 1792.14 亿元，其中银行贷款余额为 455.69 亿元，债券及债务融资工具期末余额为 780.01 亿元，信托、资管等其他融资余额为 556.44 亿元，融资加权平均成本为 7.86%，共需要支付利息 140.56 亿元，其中利息资本化金额达到了 111.56 亿元，占比 79.4%。华夏幸福的利息资本化金额和占比如此之高，主要在于其大部分融资是用于开发销售用房地产。

（三）经营性负债与金融性负债

经营性负债是企业因经营活动而发生的负债，一般占用了上游供应商、下游客户或本公司员工的资金，相当于是无财务费用融资，如应付票据、应付账款、预收账款和应付职工薪酬等。由于经营性负债利息几乎为零，企业在融资时会考虑利用自身优势，扩大经营性负债的比例。根据应用方式不同，大致可分为 3 类：（1）以占用上游供应商资金为主的企业，往往具有规模较大，采购数量较多的特点，可以通过压低上游采购价格、延期支付采购货款等方式，降低自身的运营成本，典型企业如京东、国美电器等大规模零售企业；（2）以占用下游经销商或客户资金为主的企业，通常具有产品受市场欢迎、品牌评价高等特点，可以采取向经销商或客户收取订货保证金、提前收取产品或服务费用等方式，加快资金回笼，如通信、教育等行业；（3）同时占用上下游资金的企业，如房地产企业。

金融性负债是筹资活动所涉及的负债，比如短期借款、一年内到期的长期负债、长期借款、应付债券等。企业借入金融性负债时，通常伴随发生利息支出等财务费用，因而成本较经营性负债高。

以格力电器为例，2019 年末，格力电器的金融性负债余额是 159.91 亿元，由 159.44 亿元的短期借款和 0.47 亿元的长期借款构成；短期借款主要包括信用借款 149 亿元、保证借款 7.68 亿元和质押借款 6000 万元。对应的，经营性负债的余额高达 1512.66 亿元，主要包括应付票据及应付款项 669.42 亿元、预收款项 82.26 亿元、应付职工薪酬 34.31 亿元、应交税费 37.04 亿元，以及其他流动负债 651.81 亿元等。

你们可能会觉得很奇怪，为什么会有一个金额如此巨大的其他流动负债。这个项目具体包括什么内容呢？2019 年该项目占总资产的 23.03%；过去 10 年，这个项目占总资产的比重最高曾达到 35.58%。翻看报表附注，我们可以看到其中最大一项是销售返利，余额是 617.51 亿元；金额第二大的是维修费用 20.33 亿元。格力电器的销售主要通过经销商来实现，故需要通过销售返利来激励经销商开拓市场的热情。但销售返利大量未支付对格力电器也有一些负面作用，这是因为返利是公司给经销商的商业折扣，本可以冲抵当期营业收入，但格力电器却把它放到销售费用，而且这笔费用并没有支付，那么在缴纳企业所得税时不能被抵扣，从而导致企业多交税。日积月累使公司资产端多了 125.41 亿元的递延所得税资产，意味着格力电器提早多交了 125.41 亿元的税费。

此外，格力电器的资产端应收预付款项只有 391.35 亿元。即使排除销售返利的影响，格力电器的经营性负债也要远大于经营性流动资产，表明格力电器无息地占用了上下游资金，体现了格力电器在产业链上的强势地位。

三、夹层融资

夹层融资是资本市场的一次创新设计，兼具股权和债权的特点，其风险和利润介于股权融资和优先债务之间。夹层融资可以根据融资者具体情况和要求做出设计和调整，灵活安排股权和债权比例，帮助企业改善资产结构。常见的夹层融资包括可转换债券、优先股、永续债等。需要注意的是，公司需要根据所发行金融工具的合同条款及其所反映的经济实质而非仅以法律形式，结合金融资产、金融负债和权益工具的定义，在初始确认时将该金融工具或其组成部分分类为金融负债或权益工具。

（一）可转换债券

可转换债券是债券持有人可按照发行时约定的价格将债券转换成公司的普通股票的

债券。如果债券持有人不想转换，则可以继续持有债券，直到偿还期满时收取本金和利息，或者在流通市场出售变现。如果持有人看好发债公司股票增值潜力，在宽限期之后可以行使转换权，按照预定转换价格将债券转换成为股票，发债公司不得拒绝。由于给予了投资者一项转股的选择权，且这项选择权具有价值，这样可转换债券的利率一般远低于公司发行的普通债券的利率，从而使得公司发行可转换债券可以降低筹资成本。可转换债券持有人还享有在一定条件下将债券回售给发行人的权利（回售条款），发行人在一定条件下也拥有强制赎回债券的权利（赎回条款）。**赎回条款**是指发行人有权赎回债券，比如预期市场利率将长期下降并低于债券利率，或者可转换债券的市场价格涨得太高时，发行人以赎回价格将债券从投资者手中收回后能够以更低的成本重新发行债券。初始赎回价格通常设定为债券面值加上年利息。类似地，公司债券也可能设定**回售条款**，即当市场利率大幅上升或债券价格大幅下跌时投资者要求公司按约定的价格回购债券。

2018年11月22日，碧桂园发布公告，称已进行新债券发行，并于11月21日与联席牵头经办人订立债券认购协议，据此，联席牵头经办人同意认购将由发行人发行的本金总额为78.3亿港元的新债券。新债券可按初步换股价每股股份12.58港元转换为股份。新债券由碧桂园担保，并将由附属公司担保人共同及个别担保。据媒体报道，碧桂园此番计划发行新可转债，更多是为公司后续发展及资金平衡考虑，因国内房地产市场仍处于市场调整阶段，充裕的现金流将为房地产企业提供更厚实的财务安全垫。

（二）优先股

优先股是相对于普通股而言的。主要指在利润分红及剩余财产分配的权利方面，优先于普通股。优先股应该确认为负债还是权益，依赖于优先股的具体条款。如果公司有权取消优先股的股息且不构成违约事件、未支付股息不累积到下一个计息年度、含有强制赎回或转股条款且价格确定、没有回售条款等，则可以确认为权益，否则应该确认为负债。据统计，我国自2014年允许发行优先股以来，2015—2020年成功发行的公司数量分别为10、4、4、5、2和2家，中国银行（股票代码：601988）发行余额最多，高达1475.19亿元。所有这些发行均计入权益工具，即资产负债表上体现在所有者权益部分。这也表明这些公司之所以发行优先股，主要目的在于不摊销股权的情况下，可以获得不计入债务的融资，借以降低财务杠杆。

此外，有些初创公司进行融资时，会发行**可转换可赎回优先股**。根据国际会计准则，可转换可赎回优先股在资产负债表上被列示为"按公允价值计入损益的金融负债"，初始按公允价值确认，之后公允价值的变动计入当期损益。若公司持续发展良好，那么企业价值也将迅速上升，从而使得可转换可赎回优先股的公允价值也会跟随上涨，但这部分公允价值的增加需要在利润表中确认为"公允价值亏损"。反之，如果公司价值下降，可转换可赎回优先股的公允价值也会跟随下降，相应的公允价值的下降在利润表中需要确认为"公允价值利润"。一般公司会把这部分非现金的亏损作为非经常性亏损进行披露。公司上市时，可转换可赎回优先股的持有人可以按照转换日普通股的公允价值（IPO 发行价）转换为普通股，可转换可赎回优先股余额和股本之间的差异计入股本溢价，之前计入留存利润的公允价值变动（通常是亏损）就留在公司的未分配利润（或为弥补亏损）中。

小米的例子充分说明了优先股这项工具的影响力。小米从 2010 年 9 月到 2017 年 8 月，累计向投资者发行了 12 个系列的优先股，融资 98 亿元。这些优先股具有 4 个特点：（1）持有者有权收取非累计股息外加按原发行价的 8% 计算的应计利息；（2）持有人可自 2015 年 7 月 3 日起，在小米公开上市或超过 50% 的持有者要求赎回时，按当时有效的转换价转换为普通股；（3）自 2019 年 12 月 23 日起，按发行价加 8% 应计利息及已宣派但未支付股息之和与优先股公允价值孰高者的价格，赎回全部优先股；（4）持有人有权在清算时按发行价加上应计或已宣派但未支付的股息，或发行价的 110% 优先收取剩余的权益，倘若可供分配的剩余权益不足以悉数支付优先股受偿金，持有人有权优先于普通股持有人分配剩余权益。

由于小米优先股的持有者具有按变动对价而不是固定对价转换为普通股的权利，且小米在 2019 年 12 月 23 日起行使可赎回权的价格也不是固定的，不符合国际会计准则中"固定换固定"[①]的认定标准，故小米将其发行的可转换可赎回优先股划分为金融负债，按公允价值计量且将其变动计入当期损益。优先股是划分为金融负债还是权益工具，会产生完全不同的经济后果。若将小米的优先股划分为金融负债，结果导致小米 2017 年的利润减少 542 亿元，年末出现 1272 亿元的净负债。若将其划分为权益工具，则小米 2017 年的利润将增加 542 亿元，净资产也将由 –1272 亿元变为 343 亿元。

（三）永续债

永续债，又称无期债券，是企业在银行间债券市场注册发行的"无固定期限、内含发行人赎回权"的债券。永续债的每个付息日，发行人可以自行选择将当期利息及已经递延的所有利息，推迟至下一个付息日支付，且不受到任何递延支付利息次数的限制。若达到这些标准，永续债则被视为权益工具。若有一项没有满足，则被视为是负债。例如，华夏幸福于 2016 年 11 月与兴业财富资产管理有限公司（以下简称兴业财富或委托人）签署《可续期债权投资协议》，公司与兴业财富及兴业银行股份有限公司北京分行（以下简称兴业银行或贷款人）签署《可续期委托贷款借款合同》。本次交易涉及兴业财

---

① "固定换固定"是指企业只能通过固定数量的自身权益工具交换固定金额的现金或以其他金融资产结算该金融工具。

富设立专项资产管理计划，并通过兴业银行向公司发放委托贷款，金额为 10 亿元，利率为每年 6.10%，无固定贷款期限。2017 年 6 月与华能贵诚信托有限公司（以下简称华能信托）签署《永续债权投资合同》。本次交易由华能信托发起信托计划，永续债权投资资金发放之日起至其满 2.5 年之日（不含）的期间，利率为每年 6.00%，金额为 30 亿元，无固定贷款期限。2019 年 10 月，公司与控股股东华夏幸福基业控股股份公司（以下简称华夏控股）签署《可续期债权投资协议》，利率为每年 6.00%，金额为 18 亿元，无固定贷款期限。这 3 笔融资均为永续债，正在报表中以其他权益工具——永续债列示。

四、表外融资

表外融资是指没有在资产负债表里面进行反映的融资，即该项融资既不在资产负债表的资产方表现为某项资产的增加，也不在负债及所有者权益方表现为负债的增加。表外融资的积极作用在于使企业能够加大财务杠杆作用，尤其当财务杠杆作用在资产负债表内受到限制时，可以利用表外融资放大财务杠杆作用，提高权益资本利润率。同时为增加融资方式开辟融资渠道，特别是在表内负债方式有限、渠道不通过时，通过表外融资可实现融资目的。企业之所以想方设法把某些负债从资产负债表上抹去，主要是出于以下一些考虑：首先，可以明显地改善财务报表的质量，这是因为将债务置于资产负债表外，会使借款人处于有利的地位，如负债总额降低、资产负债率和净权益负债率下降等。其次，可以规避借款合同的限制。借款合同往往对借款人增添债务做出种种限制的明确规定，如规定不得突破某一资产负债比率。于是，借款人便设法置债务于表外。

表外融资主要有以下几种实现方式。

第一，直接融资，指以不转移资产所有权的特殊借款形式融资，如经营租赁、代销商品、来料加工等。经营活动不涉及资产所有权的转移与流动，会计上无须在财务报表中反映，但资产的使用权的确已转移到融资企业，可以满足企业扩大经营规模、缓解资金不足的需要。

第二，间接融资，由另一企业代替本企业的负债的融资方式，最常见的是建立附属公司或子公司，并投资于附属公司或子公司，或由附属公司、子公司的负债代替母公司负债。

第三，转移负债，是指融资企业将负债从表内转移到表外，如应收票据贴现、出售有追索权应收账款和签订产品筹资协议等。

第四，资产证券化，指对具有价值或稳定现金流的资产进行证券化。资产证券化的操作方式通常是融资方将某项资产的所有权转让给金融机构，该金融机构再以此项资产的未来利润为保证，在债券市场上以发行债券的方式向投资者进行融资。虽然资产证券化在经

🔍 研究分析：信威集团的买方信贷

济实质上属于一种融资活动，但从法律角度来看，它只是某项资产的转让，所以也不被
要求在资产负债表上进行反映。

五、明股实债

从字面上，明股实债可以简单理解为披着股权投资外衣的债权投资。具体表现是投
资资金以股权投资的模式进入被投企业，但是附加了回购条款，约定一定期限后，由被
投企业原股东或其关联方收购前述股权。对于投资人来说，其收回投资款及溢价的方式，
不是或者不完全是依靠被投企业的权益分配，而是依靠债权回款。明股实债作为一种融
资的途径，之所以出现并被大规模应用（主要是房地产投资领域），有其绝妙的优势。

● 满足融资需求。很多企业有融资需求，明股实债可以解决公司因为资产负债率较
高或抵押物不足无法从银行获得贷款的问题。此外，商业银行不能直接从事股权投资，
明股实债可以间接为企业提供融资。

● 调整资产负债率。房地产、基建行业资产负债率普遍较高；国企及其下属公司又
有考核要求，因此都有降低资产负债率的需要。通过明股实债，可以在避免控制权变更
的情况下，实现上述调整。

● 规避资金用途限制。房地产行业、政府融资平台企业，融资政策限制较多。通过
明股实债方式，商业银行通过资金管理通道就可以曲线提供融资，规避贷款模式的合规
障碍。同时，从事资管业务的金融机构（主要是信托公司、证券公司、地产基金等）也
因此扩大了业务范围。

由于明股实债通过系列文件的签署，将债权包装成股权，模糊了股权与债权的界
限，因此存在较大风险。具体包括以下几种风险。

● 破产风险。明股实债业务的退出，主要是依靠项目公司股东／实际控制人回购股
权实现退出。但如果项目公司发生破产清算，投资持有的项目公司股权可能灭失，回购
方可履行抗辩权拒绝购买已灭失股权。此外，在标的公司进入破产清算程序时，股权投
资是要略后于债权进行受偿，投资人需要承受股权本身所带来的风险。

● 信用风险。通过名义上包装成股权，该类融资省略了正常贷款所需要的保证、抵
押、质押等担保措施，实际上形成信用放款，增信措施薄弱。一旦融资方出资资金链断
裂，则银行和出资方的权益没有任何可以优先受偿的资产做保障。再加上目前我国企业
及个人信用体系尚未完善，如果出现经营失衡等困难，很多企业会尽可能逃避债务，投
资者将遭受最大损失。

● 管理风险。在"明股实债"的交易模式下，投资方要求固定的资金回报但不参与
具体的经营管理。这就会导致股东权的落空，投资方对标的公司缺乏有效监管。

● **政策风险**。明股实债所投向的行业主要为房地产、政府融资平台等敏感性行业，受政策调控的频率较高，导致其面临较大的政策合规风险。比如，可能脱离了贷款规模控制、贷款资金不能受到严格限制、资产负债率有虚降的风险，从而埋下更大的隐患。

比如，蓝光发展（股票代码：600466）2016—2019年末，少数股东权益分别为40.38亿元、45.02亿元、113.34亿元和199.07亿元，分别占所有者权益的比例为28.82%、23.64%、41.83%和50.89%，但同期少数股东损益与净利润的比例为−0.66%、−9.90%、10.90%、16.83%，两者长期相差约30百分点。子公司的小股东们付出了巨额资本，却没有获得与之匹配的回报，因此业内常质疑少数股权权益比和损益比相差较大的公司存在"明股实债"。

🔍 研究分析：明股实债如何扭曲公司的财务报表

六、融资活动与筹资活动现金流量

除了从资产负债表分析企业的融资情况，我们还可以从现金流角度，也就是流量角度进行分析。筹资活动现金流量是指导致企业资本及债务的规模和构成发生变化的活动所产生的现金流量。对于筹资活动产生的现金流量，企业应当分别提供筹资活动的现金流入和现金流出信息。筹资活动的现金流入至少应单独列示下列项目：（1）吸收投资收到的现金，（2）取得借款收到的现金，（3）收到的其他与筹资活动有关的现金。筹资活动的现金流出至少应当单独列示下列项目：（1）偿还债务支付的现金（偿还债务本金），（2）分配股利、利润或偿付利息支付的现金，（3）支付的其他与筹资活动有关的现金。需要说明的是，现金流量表中的筹资活动现金流量不包括经营性负债的流入与流出，而是限于权益融资和金融性负债。

企业的筹资活动产生的现金流入主要用于两个方面：一是支持现有生产，二是用于投资。因此，要分析企业筹资活动的影响是正面的还是负面的，也应从两个方面着手，即企业现有净资产利润率分析和投资活动前景分析。

当企业处于发展阶段时，需要投入大量资金，企业对现金流量的需求主要通过筹资活动来解决。因此，分析企业筹资活动产生的现金流量大于零是否正常，关键要看企业的筹资活动是否已经纳入企业的发展规划，是企业管理者以扩大投资和经营活动为目标的主动筹资行为，还是企业因投资活动和经营活动的现金流出失控，而不得已的筹资行为。同样，企业筹资活动产生的现金流量小于零时，可能是由于企业经营活动与投资活动在现金流量方面运转较好，有能力满足各项支付对现金的需求，也可能是企业在投资和企业扩张方面没有更多作为的一种表现。

表 3-2　华夏幸福筹资活动产生的现金流量

项目	2015 年	2016 年	2017 年	2018 年	2019 年
吸收投资收到的现金 / 亿元	79.00	175.29	400.71	43.17	199.76
其中：子公司吸收少数股东投资收到的现金 / 亿元	79.00	96.36	320.71	36.76	105.28
取得借款收到的现金 / 亿元	392.08	278.86	422.68	421.21	1044.10
发行债券收到的现金 / 亿元	79.42	246.69	186.96	309.56	−
收到其他与筹资活动有关的现金 / 亿元	15.12	10.81	5.27	0.42	8.27
筹资活动现金流入小计 / 亿元	565.62	711.66	1015.62	774.37	1252.13
偿还债务支付的现金 / 亿元	305.39	298.85	205.28	446.86	643.79
分配股利利润或偿付利息所支付的现金 / 亿元	51.26	60.50	75.13	114.96	179.38
其中：子公司支付给少数股东的股利、利润 / 亿元	4.81	6.07	−	−	−
支付其他与筹资活动有关的现金 / 亿元	16.02	98.37	164.24	277.45	169.77
筹资活动现金流出小计 / 亿元	372.67	457.72	444.64	839.27	992.94
筹资活动产生的现金流量净额 / 亿元	192.96	253.94	570.98	−64.90	259.19

从表 3-2 中可以看到，华夏幸福在 2015—2017 年间，筹资活动产生的现金流一直在稳步增长。2017 年，华夏幸福的筹资活动产生的现金流量净额为 570.98 亿元。然而，2018 年筹资活动现金流却由正转负。考虑到华夏幸福的产业新城模式需要大量资金投入，其筹资活动现金流为负显然是负面的。事实上，华夏幸福在 2018 年历经资金链断裂、裁员风波、断臂环京等动荡。2018 年前三季度，华夏幸福筹资活动现金净额皆为负，以至于 2018 年全年，华夏幸福的筹资活动产生的现金流量净额为 −64.90 亿元。

幸运的是，华夏幸福在危急时刻迎来了白衣骑士，2018 年 7 月中国平安保险集团股份有限公司（以下简称中国平安）入股。中国平安入股后，给华夏幸福的融资带来了转机。有了中国平安的支持，华夏幸福加紧融资，进行新一轮的扩张。当然，随之而来的是负债的上升。2019 年，通过举债，华夏幸福融资 259 亿元，较 2018 年，净增加 324 亿元。同时，华夏幸福短期借款余额 265.75 亿元，同比剧增 535.48%，一年内到期有息负债 338.18 亿元，同比增幅 68.09%，两项合计总金额约 604 亿元。

第三节　投资活动与财务报表

公司为了实现商品的销售或服务的供给，需要将筹集到的资金用于购买生产用的设备和原材料等资产。投资活动所形成的资产是公司为了创造利润而控制的资源。根据资产转变为现金的时间周期，资产可分为流动资产和非流动资产两种，其中流动资产一般预计在一年内可以转变成现金；非流动资产则预计转变成现金的时间超过一年。此外，根据投资所形成的资产与企业主要经营活动的关系，可以分为经营性资产和金融性资产。**经营性资产**是指公司投资所形成的土地、建筑、设备、专利、应收款、存货、长期股权投资等与公司经营业务紧密关联的资产。**金融性资产**是指公司出于谋求财务利润的目的将多余的现金临时或长期投入各种有价证券，如其他公司的股票或债券、政府债券、基金、银行理财等。

有 3 个地方需要注意：一是现金。企业持有的货币资金在不同文献或教科书中的分类存在差异，我们认为企业正常持有水平的现金应该是经营性资产，因为在资本市场存在摩擦的情况下，企业必须持有现金以应对经营活动对现金的需要。因此，除非有特别的说明，本文一般将企业拥有的货币资金归类为经营性资产，不管规模大小[①]。二是长期股权投资。长期股权投资如果与企业的业务紧密相关，或具有战略目的，且企业对被投资企业具有重大影响，则我们将其归类为经营性资产；若企业对该项投资仅是谋求财务利润，则是金融性资产。三是投资性房地产。我国会计准则规定投资性房地产只有两个目的：用于出租或增值后出售。对此的会计计量有成本模式和公允价值模式，其中公允价值模式相当于把投资性房地产视为一项金融产品。然而，我们仍然将投资性房地产视为经营性资产，不管采用何种计量方法，原因在于采用公允价值计量模式的企业往往都是以房地产为主要经营对象的企业（事实上采用公允价值计量模式的企业也比较少），而且投资性房地产对应的租金收入或转让收入也计入其他业务收入。

因此，若企业的业务包含了出租业务或房地产买卖业务，则把投资性房地产归类为经营性资产；否则将投资性房地产归类为金融性资产。

本节首先根据资产负债表的结构简略介绍流动资产和非流动资产，然后再基于经营性资产和金融性资产进行分析。此外，长期股权投资等企业对外部企业投资所形成的资产与投资所形成的企业本身可以直接控制的内部资产在会计计量上存在较大的差异，我们将在第四节进行专门介绍和分析。

一、流动资产

流动资产是指预计在一年内可以变现或耗用的资产。若企业的正常营业周期超过一年，则流动资产是指预计在一个营业周期内可以变现或耗用的资产。营业周期是指从投入现金进行采购到通过销售商品或服务收到现金的时间（见图 3-1）。这是企业将其现金转化为短期资产，然后重新转为现金的过程，是企业持续经营活动的一部分。对生产企业而言，就是购买原材料，将材料转化为产成品，再通过销售从应收款中收回现金。现

[①] 理论上，可以生息的货币资金是金融性资产，不生息的货币资金是经营性资产，而且绝大部分货币资金都是生息的。比如斯蒂芬·H. 佩因曼出版的《财务报表分析与证券估值》（机械工业出版社 2016 年原书第 5 版）将货币资金归类为金融性资产。不过，获取利息并不是货币资金的主要目的。K. R. 苏布拉马尼亚姆出版的《财务报表分析》（中国人民大学出版社 2015 年第 11 版）将货币资金归类为经营性资产。

金代表了营业周期的起点和终点。流动资产一般包括现金及现金等价物、短期应收款项、短期证券、存货和预付费用等。

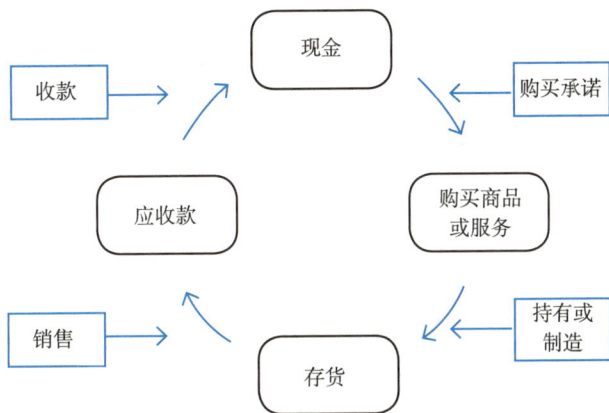

图 3-1　营业周期示意

（一）现金和现金等价物

现金是流动性最强的资产，包括持有的货币现金和银行存款两部分。现金等价物是指流动性很强的短期投资，包括短期国债、货币市场基金等，到期时间短（3 个月内），流通性强，可以随时转换成现金，而且价格变动的风险极小。企业持有现金的目的主要是交易性需求、预防性需求和投机性需求。

交易性动机是指企业持有现金以便满足日常交易的需要，如用于购买材料、支付工资、缴纳税款、偿还到期债务、支付股利等，这是企业持有现金最主要的动机。企业每天的现金收入和现金支出很少同时等额发生，保留一定的现金余额可使企业在现金支出大于现金收入时，不致中断交易。企业为满足交易动机需要所持有的现金余额主要取决于企业的销售水平。企业销售扩大，销售量增加，则所需现金的余额也会随之增加；反之，随之减少。

预防性动机是指企业持有现金以应付意外事件对现金的需求，这是企业持有现金余额的重要动机。现实生活中，企业经常会碰到一些无法预见的意外事件，如地震、水灾、火灾等自然灾害；生产事故；主要客户未能及时付款等。这些事件的发生对企业的现金收支会产生重大的影响。因此，企业持有较多的现金，便可更好地应付这些意外事件的发生，同时又不会影响生产经营活动。预防性动机所需现金余额的多少，主要取决于企业预测现金收支的可靠程度、企业的借款能力及企业愿意承担的风险程度。

投机性动机是指企业持有现金以便用于一些不寻常的购买机会，这是企业持有现金的次要动机。例如，当证券价格剧烈波动时，从事投机活动，从中获得利润，或遇到廉价原材料大批量购进等。通常，企业为投机性动机而保存的现金数量一般很少。

由于现金的流通性强，导致其回报率很低。因此，随着持有现金数量的增加，企业面临的交易成本会下降，但持有的机会成本会上升，故企业需要平衡现金的持有水平。不仅如此，现金持有过多（或自由现金流过多）还可能会带来较为严重的代理问题，即公司的管理者会进行过度的在职消费、过多投资和并购，包括净投资回报率（return on net investment,RONI）为负的项目。此外，持有现金过多还可能表明资金的性质有问题。比如北京信威科技集团股份有限公司（股票代码：600485）2016年年报显示，其持有的货币资金高达112.21亿元，但收入规模只有不到31亿元，而且现金流量表显示"现金及现金等价物"只有6.38亿元，表明大量的存款被银行限制使用[①]。这也是一个非常直接的观察公司经营风险的指标。

基于多种原因，我国不同的上市公司持有现金的数量差异非常大，比如2019年持有现金最多的公司是中国建筑集团有限公司，多达3220亿元；最少的不到45万元。

（二）应收款

应收款是公司由于销售产品或提供劳务而应收回的款项，包括应收票据、应收账款和应收款项融资。应收款项融资就是应收票据或应收账款，只是公司预计会用于贴现或转让。应收款对公司的资产状况和利润具有重要影响。在实务中，企业按可实现净值对应收款进行报告，即应收款总额减去无法收回账款的准备（坏账准备）。之所以要计提坏账准备，主要有两个原因：一是商业信用的高度发展在为企业带来销售收入增加的同时，不可避免地会发生坏账，即一些销售收入的款项收不回来；二是坏账的发生与宏观经济或行业经济周期紧密相关，故为了减少周期波动所带来的集中冲击，企业需要计提坏账作为储备，避免利润表的大幅波动。因此，企业需要采用**备抵法**，定期或者至少每年年度终了，对应收款项进行全面检查，预计各项应收款项可能发生的坏账，对于没有把握收回的应收款项，应当计提坏账准备，并转作当期费用（资产减值损失）；实际发生坏账时，直接冲减已计提坏账准备，同时转销相应的应收账款余额。

坏账准备的计提方法主要有两种：账龄分析法和个别认定法。**账龄分析法**是根据应收账款账龄的长短来估计坏账损失的方法。通常而言，应收账款的账龄越长，发生坏账的可能性越大。为此，将企业的应收账款按账龄长短进行分组，分别确定不同的计提百分比估算坏账损失，使坏账损失的计算结果更符合客观情况。**个别认定法**是针对某些重要的，且应收款风险存在较大差异的客户，单独估计这些特殊客户的坏账风险，并计提

---

① 资产负债表显示的现金及现金等价物只是表明这些现金的所有权属于公司，但并不代表公司可以使用；现金流量表中的现金及现金等价物则表明这些现金的所有权属于公司，而且公司可以不受限制地使用。

坏账准备。坏账准备的计提反映了公司的稳健性，在客户风险没有重大差异的情况下，计提比例越高，谨慎性越高。表3-3是汽车行业部分公司的计提坏账准备比例。

表3-3　汽车行业部分公司的计提坏账准备比例

应收账款周期	1年内	1～2年	2～3年	3～4年	4～5年	5年以上
潍柴动力	5.0	15.0	30.0	50.0	80.0	100.0
宇通客车	5.0	10.0	20.0	40.0	60.0	100.0
江淮汽车	5.0	10.0	30.0	50.0	80.0	100.0
江铃汽车	0.5	0.5	0.5	0.5	0.5	0.5
福田汽车	1.0	5.0	10.0	20.0	40.0	40.0

应收款的分析主要关注两方面：应收款的真实性和应收款的可收回性。应收款过多（尤其应收款占收入比重过多，且账龄超过一年的比重较多），则需要关注收入的真实性；应收款增长速度过快，且回款速度在下降，则说明公司放宽了信用政策，加大了赊销，或提前确认了收入甚至虚构收入。由于大额应收款容易引起投资者的警觉，公司还可能虚构交易以降低应收款，即公司以客户名义打一笔现金进来，冲销数额巨大或账期过长的应收款，然后再将这笔钱通过其他应收款、预付款、购货款、贷款、在建工程、购买无形资产、长期股权投资等活动将资金流出，最后通过折旧摊销或减值等方式完成这些资产在资产负债表上的消失。这实际上就是第二章介绍盈余管理方式时的重分类。

由于应收票据很少计提坏账准备，有些公司也可能在应收票据和应收款之间转换，即要求过期仍未还款（或账期过长）的客户开具应收票据（商业承兑票据）。此外，应收款很低且收入规模很大的公司，也需要留意该公司的产品或服务是否真的具有这么强大的市场竞争力。

除了应收款的真实性之外，还可以通过以下方法来分析公司应收款的可收回性。

- 比较竞争对手和所分析企业应收款占销售收入的比例，以及准备金的计提比例。
- 检查客户的集中程度和客户的声望。
- 计算、调查应收款回收期的发展趋势，并与行业的常规信用条件进行比较。
- 确定应收款中属于前期应收款或应收票据续借部分所占比例。
- 前后各期准备金的计提比例是否一致，若发生变化的原因何在。

下面我们以三一重工股份有限公司（以下简称三一重工，股票代码：600031）和中联重科股份有限公司（以下简称中联重科，股票代码：000157）两家公司的应收款和坏账准备情况来举例分析为什么相对而言，三一重工的发展质量要优于中联重科，尽管这两家公司都是我国非常优秀的制造业企业。三一重工和中联重科的主要产品比较接近，均主要从事混凝土机械、路面机械、履带起重机械、桩工机械、挖掘机械、汽车起重机械的制造和销售的公司，属工程机械行业。其中，三一重工荣获《财富》2019 年最受赞赏中国公司，位列第二，是排名最高的制造业企业；三一重工连续 12 年荣获中国工程机械用户品牌关注度第一名。中联重科是中国工程机械装备制造领军企业，全国首批创新型企业之一；公司质量、环境和职业健康安全一体化管理体系获得德国技术监督协会 TÜV 认证，在国内建筑机械行业率先按照欧盟标准推行产品 CE 认证，并获得俄罗斯 GOST 认证、韩国安全认证。

我们选择的分析期间是 2011—2017 年，正好是工程机械行业的一个发展周期，即从行业顶峰到行业低谷，再到走出行业困境这样 3 个阶段。通过表 3-4 的财务数据和一些财务指标，我们有如下一些发现。

（1）三一重工的应收款与收入的变化趋势与行业发展周期的同步性相对比较一致，领先行业经营周期拐点，且应收款／收入的比值（或应收款周转率）也低于（高于）中联重科。

（2）三一重工应收款坏账准备的计提也与收入的变化趋势相对一致，且账龄一年内的应收款的比例要高于中联重科。

（3）三一重工按账龄分析法计提坏账准备的比例要高于中联重科，说明三一重工的客户质量可能要高于中联重科，或者三一重工对客户质量的把控标准要比中联重科更加稳定和一致，这是因为账龄分析法计提坏账准备有一个前提假设，即默认这些客户的应收款风险除了时间外，其他方面是类似的，没有特殊性。采用特殊客户单独计提坏账准备，说明不同客户的风险除了时间因素外，还在其他方面存在较大的差异性和特质性，需要单独关注。

需要说明的是，两家公司虽然同属工程机械行业，也存在很多类似的产品，但产品结构上还是存在差异，比如三一重工的挖掘机比重较高，而中联重科有农业机械业务，故上述的分析可能存在由于具体产品的需求周期不一样所导致的偏差。

表 3-4　三一重工与中联重科的应收款比较分析

项目	2011 年	2012 年	2013 年	2014 年	2015 年	2016 年	2017 年
（1）三一重工							
应收票据／亿元	10.51	17.07	10.66	12.15	5.41	2.83	8.74
应收账款／亿元	113.05	149.74	187.28	198.51	210.44	180.85	183.66
销售收入／亿元	507.76	468.31	373.28	303.65	234.70	232.80	383.35
经营利润／亿元	98.47	60.97	27.48	7.17	0.46	12.47	28.76
（应收票据＋应收账款）／销售收入／%	24.00	36.00	53.00	69.00	92.00	79.00	50.00
应收款回收期／天	68.05	111.61	175.89	242.21	327.11	308.91	176.59
经营利润／销售收入／%	19.39	13.02	7.36	2.36	0.19	5.36	7.50
坏账准备计提比例／%	5.73	3.85	4.73	6.58	8.08	8.94	11.79

续表

项目	2011 年	2012 年	2013 年	2014 年	2015 年	2016 年	2017 年
账龄一年内应收款比例 / %	84.29	83.99	82.83	73.48	62.07	54.37	60.67
账龄组合占比 / %	95.46	98.43	96.30	95.74	94.56	86.83	90.82
（2）中联重科							
应收票据 / 亿元	11.39	17.21	8.55	18.16	11.86	21.97	22.37
应收账款 / 亿元	116.58	189.00	278.06	304.39	297.45	301.16	216.31
销售收入 / 亿元	463.23	480.71	385.42	258.51	207.53	200.23	232.73
经营利润 / 亿元	95.14	89.09	45.34	6.63	−6.05	−11.92	12.18
（应收票据＋应收账款）/ 销售收入 / %	28.00	43.00	74.00	125.00	149.00	161.00	103.00
应收款回收期 / 天	79.16	125.13	230.16	424.16	548.04	568.54	434.52
经营利润 / 销售收入 / %	20.54	18.53	11.76	2.56	−2.92	−5.95	5.23
坏账准备计提比例 / %	4.37	4.41	4.96	5.52	7.41	8.91	21.72
账龄一年内应收款比例 / %	81.92	87.92	69.86	61.38	38.62	35.66	32.57
账龄组合占比 / %	91.09	94.43	88.00	80.01	69.89	67.25	52.34

注：应收款回收期＝（应收票据＋应收账款）/ 销售收入 ×365；坏账计提比例＝计提的坏账准备 / 应收款项余额 ×100%；账龄一年内应收款比例＝账龄一年内的应收款余额 / 总应收款余额 ×100%；账龄组合占比＝按账龄分析法计提坏账准备的应收款余额 / 总应收款余额 ×100%。

（三）存货

存货是指企业在日常活动中持有以备出售的产成品或商品、处在生产过程中的在产品、在生产过程或提供劳务过程中耗用的材料或物料等，包括各类材料、在产品、半成品、产成品或库存商品，以及包装物、低值易耗品、委托加工物资等。

存货是企业流动资产的一个重要组成部分，同时也直接影响利润的确定，这是因为存货成本的计价方法用于将可供销售的商品成本（期初存货加购货净额）在已售商品成本（利润的扣减项）和期末存货之间进行分配，因此直接影响利润和资产计价。

存货的计价包括数量和单价的确定。其中，存货实物数量要通过一定的方法来确定，即所谓的存货盘存制度，主要有定期盘存制和永续盘存制两种。**定期盘存制**通过期末实地盘点来确定存货的期末结存数量和金额，从而倒挤出本期发出的存货数量，即

● *本期发出存货的数量＝期初存货量＋本期进货量—期末存货量*

永续盘存制通过对各项存货设置明细账，并登记各种存货的购入、发出数量，随时计算出存货的结存数量。因为各种原因，存货的账实可能不符，故永续盘存制下也要定期盘点存货。

存货单价的确定方法首先要求遵循历史成本计量要求，即不论存货取得方式有何不同，都应按取得时的成本进行初始计量。比如购入存货的成本包括购买价款、相关税

费、运输费、装卸费、保险费及其他可归属于存货采购成本的费用；自制存货的成本包括直接材料、直接人工和制造费用等各项实际支出。

确定了成本归集的内容和成本计量要求之外，我国《企业会计准则第1号——存货》规定："企业应当采用先进先出法、加权平均法或者个别计价法确定发出存货的实际成本。"

先进先出法是假定先收到的存货先发出或先收到的存货先耗用，对发出存货和期末存货进行计价的一种方法。采用这种方法，在价格上升时期，期末存货成本接近于市价，而发出成本偏低，会高估企业当期利润和库存存货价值。反之，则会低估企业存货价值和当期利润。

加权平均法是根据期初存货结余和本期收入存货的数量及进价成本，期末一次计算存货的本月加权平均单价，作为计算本期发出存货成本和期末结存价值的单价，以求得本期发出存货成本和结存存货价值的一种方法。

个别计价法是以每次（批）收入存货的实际成本作为计算各该次（批）发出存货成本的依据。这种方法下，计算的期末存货及销售成本，均能以实际购货成本为基础，符合利润和费用相配比原则及期末资产真实性原则。但是，个别计价法在实际操作中，手续烦琐，成本较高，对大多数存货品种来说不太实用，通常适用于一般不能替代使用的存货、为特定项目专门购入或制造的存货，以及提供的劳务，如珠宝、名画等贵重物品。

格力电器作为制造业企业，其采取的存货计价方法为：各类存货发出时按计划成本计价，月末按当月成本差异，将计划成本调整为实际成本。而华夏幸福作为房地产企业，其存货取得和发出的计价方法为：存货在取得时按实际成本计价；产品发出时，采用个别计价法确定其实际成本。格力电器因为产品相对单一和标准化，且规模庞大，故需要制订计划成本来进行成本控制。华夏幸福则是房地产单价高，不同项目差异大，需要采用个别计价法。

存货计价还需关注存货的跌价风险。有些公司的存货跌价风险较高，比如新鲜食品或高科技制造业；有些公司的存货则风险很低，比如高端白酒。为此，我们在分析时需要关注存货跌价准备。**存货跌价准备**是指在中期或年终，如存货遭受毁损、全部或部分陈旧过时或销售价格低于成本等原因，使存货成本不可以收回的部分，按单个存货项目的成本高于其可变现净值的差额提取，并计入存货跌价损失。**可变现净值**是指在日常活动中，存货的估计售价减去至完工时估计将要发生的成本、估计的销售费用及相关税费后的金额。在确定存货的可变现净值时，以取得的确凿证据为基础，同时考虑持有存货的目的及资产负债表日后事项的影响。例如，2018年3月30日，华夏幸福发布了关于计提存货跌价准备的公告。公告称，由于部分城市房价、地价持续调整，公司基于审慎的财务策略，按照预计可变现净值低于其成本的差额，对存在风险的项目计提存货跌价准备。依据 2017 年 12 月 31 日单个存货项目的可变现净值低于其成本的差额计算，应计提存货跌价准备 3.94 亿元。本次计存货跌价准备，将影响公司 2017 年度利润总额 3.94 亿元，影响公司 2017 年度净利润 2.95 亿元。

🔍 研究分析：獐子岛扇贝的"出走"与"回家"

此外，存货的真实性也需要关注。有些企业可能虚构存货或存货交易，比如企业通过虚构价值和数量不易确定的商品采购，将资金流出体外，再通过购买本公司商品或服务的形式将资金流入，创造收入和利润。相应的表现是存货增长大幅超过同期营业成本增长幅度，且存货水平显著高于同行业水平。有些行业的存货需要特别关注，比如农林渔牧、软件、集成电路和生物科技等行业。因为这些行业通常有这样的特点：税收优惠多；产品不易核查；产品差异大，不易找到参照物；产品有没有移交或交货量的大小不易监控等。

除了选择不同的存货计价方法将会导致不同的报告利润和存货估价，并对企业的税收负担、现金流量产生影响。企业还可以通过调节企业生产能力来影响存货期末价值和利润表，因为扩大生产能力后，可分摊的产品数量上升，导致已售商品分摊的制造费用较少，毛利较高，但未来可能出现反转，这也是需要我们注意的。

我们仍然以三一重工和中联重科两家公司来举例分析。从表 3-5 中我们可以发现有两点比较奇怪的现象：（1）三一重工和中联重科的毛利率变化趋势存在较大的差异；（2）中联重科在收入少于三一重工的情况下，2014—2017 年的存货却反而更多。假设企业的产品生产工艺和成本分配方法在时间上没有发生重大变化，那么，企业的营业成本分配和存货分配的比例应该是比较稳定的（当然不排除行业发展周期因素导致的变化），同时存货明细构成的比例也是比较稳定的。然而，我们发现，上述几个指标都显示中联重科的波动要大于三一重工，因此，我们揣测，中联重科在行业下行期仍然大量采购原材料和大量生产的一个目的是为了提升销售毛利率，让利润表好看，进而可以获得融资。虽然这样做使得中联重科的毛利率在 2012—2015 年超过三一重工，但也导致存货堆积较多，使得公司经营业绩的好转落后于行业经营周期拐点（仅从财务报表上看，实际业绩不一定）。

表 3-5　三一重工与中联重科的存货及存货跌价准备

项目	2011 年	2012 年	2013 年	2014 年	2015 年	2016 年	2017 年
（1）三一重工							
存货 / 亿元	81.34	105.11	94.17	72.69	55.21	62.20	76.42
营业总收入 / 亿元	507.76	468.31	373.28	303.65	233.67	232.80	383.35
营业成本 / 亿元	322.52	319.63	275.53	225.39	175.77	171.79	268.06
购买商品支付现金 / 亿元	375.71	347.06	241.44	203.40	164.18	158.57	251.22

续表

项目	2011 年	2012 年	2013 年	2014 年	2015 年	2016 年	2017 年
存货周转率 / 次	7.93	3.43	2.77	2.70	2.75	2.93	3.87
毛利率 / %	36.48	31.75	26.19	25.77	24.78	26.21	30.07
营业成本分配占比 / %	96.73	81.77	85.82	81.45	79.85	86.58	92.81
存货分配占比 / %	24.67	27.51	30.04	27.19	26.05	32.80	27.95
前两项合计 / %	121.40	109.28	115.86	108.64	105.90	119.38	120.76
原材料占比 / %	31.74	39.08	38.99	35.49	39.27	34.23	36.53
在产品占比 / %	26.05	21.18	17.74	15.35	21.92	26.21	23.80
库存商品占比 / %	42.22	39.74	43.25	49.15	40.79	39.57	39.66
存货跌价准备 / 亿元	0.93	2.41	2.27	2.56	2.14	2.87	4.31
存货跌价准备占比 / %	1.14	2.29	2.41	3.51	3.88	4.62	5.64
（2）中联重科							
存货 / 亿元	96.55	117.33	87.47	103.76	140.83	127.70	88.86
营业总收入 / 亿元	463.23	480.71	385.42	258.51	207.53	200.23	232.73
营业成本 / 亿元	313.16	325.46	273.00	186.42	151.46	152.45	183.04
购买商品支付现金 / 亿元	350.40	365.32	263.72	229.11	187.25	153.57	184.18
存货周转率 / 次	6.49	3.04	2.67	1.95	1.24	1.14	1.69
毛利率 / %	32.40	32.30	29.17	27.89	27.02	23.86	21.35
毛利率差异 / %	4.09	−0.55	−2.98	−2.11	−2.24	2.34	8.72
营业成本分配占比 / %	100.50	76.91	77.25	63.60	55.10	53.74	59.12
存货分配占比 / %	31.47	28.51	25.51	36.39	53.20	47.47	34.81
前两项合计 / %	131.97	105.42	102.76	99.99	108.30	101.21	93.93
原材料占比 / %	49.32	39.95	41.04	23.47	17.60	17.49	21.78
在产品占比 / %	17.51	13.61	17.33	10.84	7.54	9.08	12.91
库存商品占比 / %	33.17	46.44	41.63	65.70	74.86	73.45	65.32
存货跌价准备 / 亿元	1.50	3.34	2.69	2.90	5.40	6.97	18.90
存货跌价准备占比 / %	1.55	2.85	3.07	2.79	3.83	5.46	21.27

注：营业成本分配占比 = 营业成本 / (期初存货 + 本期购买商品支付的现金 /1.13) ×100%；存货分配占比 = 期末存货余额 / (期初存货 + 本期购买商品支付的现金 /1.13) ×100%。13% 是增值税税率。原材料占比是原材料金额与存货合计金额之比，在产品占比是产品金额与存货合计金额之比，库存商品占比是库存商品的金额与存货合计金额之比，存货跌价准备占比是存货跌价准备与存货合计金额之比。毛利率差异是三一重工公司的毛利率减去中联重科公司的毛利率。

（四）营运资本

流动资产超过流动负债的部分被称为**营运资本**。营运资本是把双刃剑：一方面，企业的有效运转需要营运资本；另一方面营运资本需要付出成本，因为它占用了公司的资金，使得公司对资金的需求量较大，并且会引出更高的经营成本，如应收款信用损失、仓储与物流成本等。许多公司通过应收款的信用报销和代收、准时存货管理等方法来降低流动资产投资，增强盈利能力和现金流量。很多公司也通过流动负债来筹集流动资产所需的大部分资金，以降低营运资本。

考虑到公司的流动资产包括了现金，以及一些其他与公司经营业务没有直接关系的资产。为了更好地评估公司的经营业务所需要的营运资本，我们将营运资本区分为两类：经营性营运资本和金融性营运资本。**经营性营运资本**是仅反映企业为了维持经营业务的周转，在扣除了商业信用融资之后还需要投入的资金，计算公式如下

● 经营性营运资本 =(应收票据 + 应收账款 + 应收款项融资 + 预付账款 + 存货 + 其他流动资产) —(应付票据 + 应付账款 + 预收账款 + 合同负债 + 应付职工薪酬 + 应交税费 + 其他流动负债)

金融性营运资本的计算公式为

● 金融性营运资本 = 营运资本—经营性营运资本

上述计算公式中，经营性营运资本没有包括货币资金，是为了观察企业真正需要投入并沉淀下来的周转资金[①]。其他流动资产可能包括了结构性存款等银行理财产品，需要扣除。一般而言，经营性营运资本为负的公司，具有以下一些特征。

一是在产业链上具有竞争优势，积极占用上下游的资金。

二是经营情况很差，拖欠款项严重，经营性流动负债越来越多。

对于经营性营运资本为正的公司，其有以下特征。

一是若营运资本为负，说明金融营运资本为负，公司借了很多债务，很可能没有足够的资金偿还到期债务。

二是若营运资本为正，且金融性营业资本也为正，说明公司有较多的闲置资金，盈利状况较好，但资金利用效率有待提高。

三是若营运资本为正，但金融性营业资本为负，说明公司借了很多短期债务进行大额投资，有可能损害公司的盈利能力和威胁公司的财务状况。

那么，这样的分类有什么实际意义吗？我们首先来看下进一步区分经营性营运资本和金融性营运资本后，它们在 2016 年上市公司中的分布情况（见表 3-6），可以发现营运资本和经营性营业资本均为正的公司数量最多，占比达到了 71.4%；其次是经营性营运资本为负但营运资本为正的公司数量，占比为 11.61%；经营性营运资本和营运资本均为负的公司数量最少，占比为 7.90%，但公司绝对数量也不低，达到了 241 家。进一步，我们还可以发现，经营性营运资本为负，但营运资本为正的公司，其毛利率和资产回报率均最高，分别达到了 32.69% 和 10.37%；而经营性营运资本为正，但营运资本为负的

---

① 经营性营运资本计算中没有包括货币资金，而经营资产的分类则包括了货币资金。两者在逻辑上存在不一致的现象，主要是为了更恰当地理解和反映两者概念所对应的经济含义。经营性营运资本是为了观察企业真正需要投入并沉淀下来的周转资金，但货币资金不一定全是为了应对周转的需要；经营资产是为了观察企业整体维持业务的开展需要投入的资金，货币资金则包括在其中。

公司，其毛利率和经营性资产回报率均最低，分别仅有 23.47% 和 5.39%。说明通过经营性营运资本可以识别一些优秀的公司和潜在风险很大的公司。

表 3-6　经营性营运资本与企业业绩

（1）营运资本与经营性营运资本的分布			
公司数量	经营性营运资本		
	小于 0	大于等于 0	合计
营运资本 小于 0	241(7.90%)	277(9.08%)	518(16.99%)
营运资本 大于等于 0	354(11.61%)	2177(71.40%)	2531(83.01%)
营运资本 合计	595(19.51%)	2454(80.49%)	3049(100%)
（2）经营性营运资本与毛利率			
毛利率	经营性营运资本		
	小于 0		大于等于 0
营运资本 小于 0	24.05%		23.47%
营运资本 大于等于 0	32.69%		31.19%
（3）经营性营运资本与资产回报率			
经营性资产回报率	经营性营运资本		
	小于 0		大于等于 0
营运资本 小于 0	8.57%		5.39%
营运资本 大于等于 0	10.37%		7.85%

注：样本为 2016 年底已经上市的非金融行业的所有上市公司。

二、非流动资产

非流动资产是指不能在一年或者超过一年的一个营业周期内变现或者耗用的资产。非流动资产是指流动资产以外的资产，既包括固定资产、在建工程、无形资产、投资性房地产、长期应收款、长期待摊费用、长期股权投资、商誉等与企业经营业务相关的资产，也包括长期债权投资、可供出售金融资产等谋求财务利润的金融性资产。

（一）固定资产

固定资产是指企业为生产产品、提供劳务、出租或者经营管理而持有的、使用时间超过一年的，价值达到一定标准的非货币性资产，包括房屋、建筑物、机器、机械、运输工具，以及其他与生产经营活动有关的设备、器具、工具等。固定资产是企业的劳动手段，也是企业赖以生产经营的主要资产。

固定资产可以在多个时期帮助企业创造营业收入，但绝大多数情况下，固定资产的取得首先需要花费资金，而不是根据固定资产的使用进度支付使用费。比如长江电力基于三峡大坝用来发电获得收入，但通过发电取得收入之前，企业需要花费巨资建设三峡大坝和购置发电机组，这些建设资金主要来自股东的投入或银行贷款等。因此，固定资产的取得成本需要资本化。**资本化**是对某项当期发生，但其利润预期将延续至未来一个或多个期间的成本进行递延的过程。

资本化之后，为了让实现的收入和成本相匹配，公司需要通过折旧或摊销的形式将固定资产的使用成本进入利润表。**折旧或摊销**，是指在固定资产使用寿命内，按照确定的方法对应计折旧额进行系统分摊。**应计折旧额**，是指应当计提折旧的固定资产的原价扣除其预计净残值后的金额。已计提减值准备的固定资产，还应当扣除已计提的固定资产减值准备累计金额。**预计净残值**，是指假定固定资产预计使用寿命已满并处于使用寿命终了时的预期状态，企业目前从该项资产处置中获得的扣除预计处置费用后的金额。

企业应当根据与固定资产有关的经济利益的预期消耗方式，合理选择折旧方法。我国会计准则中可选用的折旧方法包括**匀速折旧法和加速折旧法**。匀速折旧法是假设资产实现的收入在未来使用期间比较平均，而加速折旧法则是认为资产实现收入的速度并不是平均的，而往往在前面实现较多，后期实现较少。固定资产的折旧方法一经确定，不得随意变更。需要强调的是，折旧或计提减值都是一个收入和成本的配比过程，而不是一个估值过程。

虽然固定资产的折旧方法不得随意变更，但企业至少于每年年度终了时，对固定资产的使用寿命、预计净残值和折旧方法进行复核，如果发现固定资产使用寿命预计数与原先估计数有差异的，调整固定资产使用寿命；预计净残值的预计数与原先估计数有差异的，调整预计净残值；与固定资产有关的经济利益预期实现方式有重大改变的，改变固定资产折旧方法。固定资产使用寿命、预计净残值和折旧方法的改变作为会计估计变更处理，这也给企业留下了调整的空间。

比如，前几年钢铁全行业深度亏损，内蒙古包钢钢联股份有限公司（以下简称包钢股份，股票代码：600010）在 2015 年巨亏 33.06 亿元，2016 年却扭亏为盈，盈利 8500 万元。扭亏为盈的转变中，变更资产折旧年限立下头功。2016 年 8 月 25 日，包钢股份发布了关于调整固定资产折旧年限的公告。公告称，自 2016 年 7 月开始，包钢股份延长了房屋等部分固定资产的折旧年限，例如房屋及建筑物的年限从 25 或 30 年调整至 40 年，机器设备的年限从 14 年调整至 24 年等。通过会计估计变更，预计公司 2016 年度固定资产折旧减少 6.04 亿元，所有者权益及净利润增加 4.53 亿元。

除了折旧，减值也是需要关注的问题。减值分析需要注意三方面问题：评价减值额是否适当；评价减值时机是否适当；分析减值对利润的影响。固定资产发生损坏、技术陈旧或者其他经济原因，导致其可收回金额低于其账面价值，这种情况称之为**固定资产减值**。如果固定资产的可收回金额低于其账面价值，应当按可收回金额低于其账面价值的差额计提**固定资产减值准备**，并计入当期损益。若公司大额计提固定资产减值（包括后续在建工程、无形资产、长期股权投资等长期资产），则需要关注公司计提减值的时机选择及动机、计提金额的合理性等。

（二）在建工程

在建工程是指企业固定资产的新建、改建、扩建，或技术改造、设备更新和大修理工程等尚未完工的工程支出。在建工程一边消耗工程物资，一边创造固定资产。由于在建工程不需要计提折旧，如果公司在建工程数目巨大，且迟迟不转入固定资产，则可能存在：一是工程已经完工并投入使用，但公司为了避免折旧或继续利息支出资本化而不转入固定资产；另一种可能则是有些公司通过在建工程将公司的钱支付给虚构或关联的供应商，然后再以采购公司商品或服务的名义，变成收入流回公司。

比如，青海盐湖工业股份有限公司（以下简称盐湖股份）规模巨大的在建工程就引发了市场的重点关注。截至 2013 年中期，盐湖股份在建工程账面余额 221.55 亿元，其中"百万吨钾肥综合利用一期"项目账面余额为 11.14 亿元，工程进度为 99%。公司"百万吨钾肥综合利用一期工程"投资预算 45 亿元，包括年产 6 万吨氢氧化钾、7.2 万吨碳酸钾、10 万吨 PVC（聚氯乙烯）、10 万吨甲醇、33 万吨尿素、燃煤供热中心及配套的工程设施。该工程始建于 2005 年 9 月份，青海政府网 2010 年 10 月 25 日发表的《盐湖集团 (0.000, 0.00, NaN%) 钾肥综合利用项目一期试车》一文称，2010 年 10 月 16 日，青海盐湖集团举行 100 万吨钾肥产品综合利用项目一期工程投料试车，该项目的建成投产，将改变青海省乃至西北地区没有大型聚氯乙烯生产装置的现状。《格尔木日报》2010 年 10 月 18 日发表的《青海盐湖集团举行 100 万吨钾肥产品综合利用项目一期工程投料试车》一文称，2010 年 10 月 16 日，青海盐湖集团 100 万吨钾肥产品综合利用项目一期工程投料试车典礼暨动员大会隆重举行，标志着 100 万吨钾肥产品综合利用项目一期工程全面建成，并将正式转入试车阶段。由此可见，公司"百万吨钾肥综合利用一期工程"于 2010 年便已经全面建成投产，为何直到今年仍未完全转入固定资产呢？有投资人士分析称，在建工程延迟转固，可以减少折旧成本，同时，利息继续资本化减少财务费用，能够虚增利润。按照行业惯例，化工设备折旧年限一般 10 年左右。照此计算，公司每年少计提折旧费用 1.1 亿元。

（三）无形资产

无形资产，是指企业拥有或者控制的没有实物形态的可辨认非货币性资产。企业应当于取得无形资产时分析判断其使用寿命。使用寿命有限的无形资产，应当估计该使用寿命的年限；无法预见无形资产为企业带来经济利益期限的，应当视为使用寿命不确定的无形资产。

除了购买外，企业所拥有的无形资产在很多情况下是自行开发形成的。相较外购无形资产，通过自行研发形成的无形资产在报表确认上相对而言较为复杂。

企业会计准则规定，企业内部研究开发项目的支出，应当区分**研究阶段支出**与**开发阶段支出**。企业内部研究开发项目研究阶段的支出，应当于发生时计入当期损益，予以税前扣除。开发阶段的支出，同时满足下列条件的，才能予以资本化，即：完成该无形资产以使其能够使用或出售在技术上具有可行性；具有完成该无形资产并使用或出售的意图；无形资产产生经济利益的方式，包括能够证明运用该无形资产生产的产品存在市场或无形资产自身存在市场，无形资产将在内部使用的，能够证明其有用性；有足够的技术、财务资源和其他资源支持，以完成该无形资产的开发，并有能力使用或出售该无形资产；归属于该无形资产开发阶段的支出能够可靠地计量。不满足上述条件的开发支出计入当期损益。

由于资本化处理在实务中有很强的主观性，因此对研发投入比较大的企业需要关注背后隐藏的究竟是机会还是风险，关注研发投入资本化比例的选择是否适当。

比如，2016年，乐视网的研发资本化比例高达63.35%，而做软件的用友软件集团，资本化率仅有12.91%，做硬件开发的海信集团有限公司则将研发投入全部费用化，研发资本化比例为零。假如乐视网把资本化率降到10%，其2015年和2016年的利润至少会减少6亿元，出现亏损。但这是乐视网所不能接受的，因为在2016年其需要进行高达48亿元的股权融资。

与固定资产需要计提折旧一样，无形资产也要进行"折旧"，只不过叫法略有不同，叫作"**摊销**"。使用寿命有限的无形资产，需要按其经济利益的预期实现方式摊销，无法可靠确定预期实现方式的，采用直线法摊销。在分析时，我们需要关注管理者在无形资产摊销问题上的自由度。

比如，对于影视版权，究竟应该采用什么样的摊销方法呢？我们都知道，影视版权都有时效性，流量多在第一年，后续的流量持续下降。所以，对于影视版权最好的摊销方法应该是"加速摊销法"，也就是第一年多摊销，后面几年少摊销。优酷就是按照加速摊销法进行摊销的，第一年摊销比例超过了50%。而乐视网采用的是直线摊销法，一部5年版权的电视剧，每年平均摊销20%。采用直线法摊销，企业可以在前几年少摊销一点，这样业绩就会比较好看。但这毕竟只是权宜之计，越到后面无形资产的摊销压力就会越大，而且递延摊销还会导致企业资产被虚增，从而为未来大规模计提资产减值损失埋下了伏笔。

虽然对于使用寿命不确定的无形资产和尚未达到可使用状态的无形资产，不用摊销，但需要考虑**减值**问题。这些无形资产无论是否存在减值迹象，每年均进行减值测试。减值测试结果表明资产的可收回金额低于其账面价值的，按其差额计提减值准备并计入减值损失。**可收回金额**为资产的公允价值减去处置费用后的净额与资产预计未来现金流量的现值两者之间的较高者。我们在上面已经提到，乐视网把研发支出的60%都形成了资产，这也是造成其无形资产数额庞大的原因。越来越多的无形资产终究是需要解决的，激进的资本化策略导致乐视网在2017年一次性计提108亿元的资产减值损失，其中，无形资产计提33亿元，充分暴露了乐视网资产负债表华而不实的本质，即充斥了大量根本无法带来收入的资产。

（四）商誉

商誉是指能在未来期间为企业经营带来超额利润的潜在经济价值，或一家企业预期的获利能力超过可辨认资产正常获利能力（如社会平均投资回报率）的资本化价值。比如，苹果公司是目前世界上市值最大的公司，市值超过2万亿美元。最近10年，苹果公司的净资产收益率（return on equity，ROE）的平均值高达44.78%，没有低于30%的情况，并且最近一年苹果的ROE高达73.69%，远远超过10% ~ 13%的社会平均水平；不仅如此，在所有几千家上市公司中，能够连续10年ROE超过30%的公司也是寥寥无几。为什么苹果公司的盈利能力能够这么高？根本原因还是在于苹果公司具有独一无二的商誉（比如品牌、企业文化、卓越的操作系统等），但这个商誉并没有在财务报表上得到体现。

财务报表没有体现的原因在于商誉是企业整体价值的组成部分，不能单独存在，也不能与企业其他各种可辨认资产分开来单独出售。因此自创商誉的价值不能计量，从而不能进入资产负债表，只有外购的商誉才能确认入账，即在企业合并时才可能予以确认，因为此时有交易价格为基础进行计量。事实上，自创商誉没有在报表上反映也有好处，因为这样会使得公司的报表看起来比较"轻"，而不是很笨重。如果把自创商誉计入报表，那么企业的资产回报率也就和社会平均回报率一样了，体现不出公司的独特性了。

在企业合并时，商誉是购买企业投资成本超过被合并企业净资产公允价值的差额。在实务中，上市公司频繁盲目高溢价收购，被收购公司为获得高估值而出具过高业绩承诺，暗藏了巨大的减值风险，最终将损害投资者的合法权益。此外，由于商誉本身并没有变现和偿债能力，除了商誉减值风险外，公司真实的资产负债率水平同样会引起投资者的担忧。

因此，上市公司、投资者双方应高度警惕商誉过度减值带来的风险。对于上市公司来说，在主营业务缺乏增长动力时，不应盲目追捧热门概念导致资产标的高溢价，并最终形成高额商誉；在并购完成后，经营业绩不应过度依赖并购对象，否则在被收购方业绩大变脸后，将面对商誉减值的冲击。对于投资者来说，由于商誉占资产比例过高及收购标的评估增值率较高的公司常常会面临更大的减值风险，投资者对这类公司要加以警惕。此外，随着部分上市公司逐渐度过业绩承诺期，一些商誉过高却从未有过减值动向的公司同样需要仔细甄别。

2019 年 1 月 31 日，游戏公司大连天神娱乐股份有限公司（以下简称天神娱乐，股票代码：002354）发布《2018 年年度业绩预告修正公告》，称由于对企业合并形成的商誉计提商誉减值准备约 49 亿元，其他计提的资产减值准备及超额损失约 30.7 亿元，导致公司全年亏损预计高达 73 亿 ~ 78 亿元。

天神娱乐巨额的商誉来自疯狂的并购。2014 年末，天神娱乐总资产仅为 7.44 亿元，3 年后的 2017 年末，便增长到 144 亿元，增长了约 18 倍。净资产也从 6.63 亿元增长到 95.47 亿元，增长了约 13 倍。净利润则从 1.91 亿元增长到 7.41 亿元。资产规模、盈利能力的巨幅增长，来自天神娱乐大量的并购重组。截至 2017 年年末，天神娱乐账面商誉原值 65.72 亿元。而同期，天神娱乐总资产 144 亿元、净资产 95.47 亿元。商誉占净资产比重高达 68.51%。但仅仅一年之后的 2018 年，天神娱乐便对商誉计提了 48.14 亿元的减值准备，占商誉原值的 73.25%。相应的，公司总资产也从 144 亿元降至 82.11 亿元，净资产从 95.47 亿元降至 16.49 亿元。

用 3 年时间来并购，用一年时间来减值；资产和业绩规模在快速上升之后又回到了并购之前。可怕的是，在本轮"洗大澡"之后，天神娱乐还拥有商誉 17.27 亿元，而此时的天神娱乐净资产仅为 16.49 亿元。

三、投资活动与现金流

公司的增长离不开投资活动的拉动。在投资活动现金流量项目中，有两类投资决策对公司具有长远战略影响意义：一是购建和处置长期资产的投资决策和活动，二是并购和处置子公司的投资决策和活动。前者是对内投资，后者是对外投资。

对于购建和处置长期资产的决策和活动，在投资活动现金流量中的体现包括"购建固定资产、无形资产和其他长期资产支付的现金"项目和"处置固定资产、无形资产和其他长期资产收回的现金净额"项目。

在分析购建和处置长期资产的现金流量时，需要关注两个问题：一是公司的投资方向，即公司进入的行业，这是因为不同行业的资产带来未来回报的潜力存在差异。二是购建和处置长期资产后，公司经营规模和生产能力的扩张程度。

在分析时，可以借助如下指标来反映。

- 长期资产净投资额＝购建长期资产支付的现金—处置长期资产收回的现金
- 长期资产新投资额＝长期资产净投资额—报废或到期退役的长期资产净额

其中，第一个指标代表一家公司是买进来的长期资产多还是卖出去的长期资产多。例如，某航空公司当期新购建了30架飞机，同时处置了5架飞机，则从购建和处置角度而言，该航空公司当期增加了25架飞机的经营规模。

第二个指标代表一家公司实际增加的经营规模和生产能力，反映一家公司扩张的绝对程度。一般而言，一家公司经营能力的降低，除了出售长期资产外，还包括报废和长期资产正常使用到期后无法使用的情况。比如，上述航空公司当期除了处置5架飞机以外，还因为折旧到期而退役了3架飞机，则该航空公司当期实际增加22架飞机的经营规模和能力。由于外部人员分析时无法得到准确的到期退役的长期资产净额，因此则只能采用财报中可以得到的、近似的替代数字——当期折旧摊销金额来替代。之所以可以用当期折旧摊销金额，是因为折旧摊销在财务上的意义是一家公司的长期资产在使用过程中被消耗的程度，因此折旧摊销的金额就近似于用来持续更新其生产设备等长期资产所需的金额。

长期资产新投资额表明一家公司的自我扩张情况。如果一家公司的长期资产新投资额远大于零，则这家公司采取了扩张战略；如果一家公司的长期资产新投资额远小于零，则这家公司采取了收缩战略；如果一家公司的长期资产新投资额接近于零，则这家公司采取了维持战略。我们以格力电器为例分析如下（见表3-7）。

表3-7 格力电器的长期资产投资

项目	2015年	2016年	2017年	2018年	2019年
购建长期资产支付的现金/亿元	28.85	32.77	24.25	38.38	47.13
处置长期资产收回的现金净额/亿元	0.01	0.27	0.04	0.06	0.10
净投资额/亿元	28.84	32.50	24.21	38.32	47.03
长期有形资产的折旧/亿元	12.45	17.35	19.48	28.60	29.77
无形资产摊销/亿元	0.59	0.73	0.85	2.50	2.16
长期待摊费用摊销/亿元	0.14	0.09	0.00	0.01	0.02
处置长期资产的损失/亿元	0.08	0.12	0.01	−0.01	−0.05
长期资产报废损失/亿元	0	0	0.07	0.24	0.14
新投资额/亿元	15.58	14.21	3.80	6.98	14.99

从表3-7中可以看出，格力电器在2015—2019年采取了扩张战略，从2015年开始连续5年进行了巨大金额的长期资产购建活动，可以预期的是，随着未来生产能力的增加，其未来的收入和经营活动现金流量也会增加。

尽管上述分析适用于大部分企业，但也存在例外情况，比如，有些公司的长期资产在很长一段时间内无须更新，计提的折旧摊销不必持续投入长期资产购建，此类情况下我们分析时需要做判断和调整。以白云机场为例，由于它的长期资产主要是航站楼和跑道，一旦航站楼和跑道建好，长期内不必再次投入大量现金进行长期资产的购建，无须像一般生产制造企业不断更新机器设备。因此，尽管在 2010—2014 年，白云机场的长期资产净额减少，但是经营规模没有变化，采取的是维持策略。

第四节　对外投资活动与财务报表

一、对外投资的类型

对外投资可以因公司投入证券的种类及投资目的而有很大不同。有些投资只是把有价证券作为多余现金的存放形式；其他投资，比如参股某一附属企业，则通常属于公司核心活动的一个必要组成部分。对外投资既可以采用债权形式，也可以采用权益形式，如图 3-2 所示。投资证券在资产负债表上按成本或公允价值进行报告，具体依证券的类别及投资公司影响或控制被投资公司的程度而定。

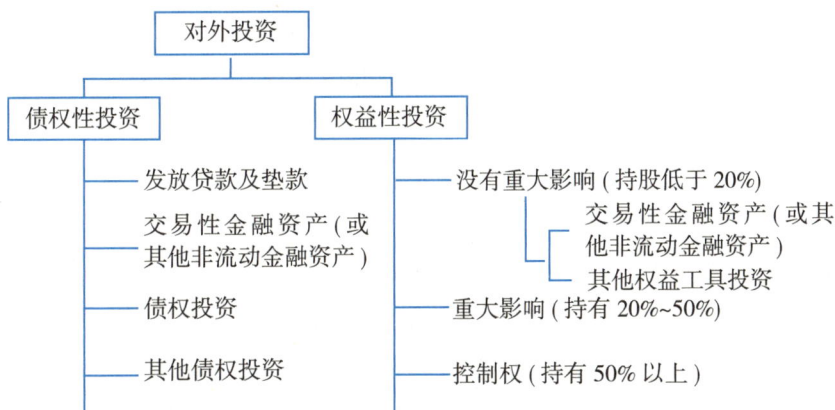

图 3-2　企业对外投资的分类

对外投资所形成的资产大部分是金融资产，进一步又可细分为债务工具、权益工具和衍生工具。对被投资企业具有重大影响或可完全控制的对外投资通常与企业的经营业务紧密相关，不归类为金融资产。对外投资的具体划分如下（见表 3-8）。

表 3-8　金融工具的会计处理方法与报表项目

金融资产		资产负债表		利润表	
		流动资产	非流动资产	未实现利得	已实现利得或股利利息
以公允价值计量且其变动计入当期损益	债权	交易性金融资产	其他非流动金融资产	公允价值变动损益	投资收益
	权益				
	衍生	衍生金融资产	未明确	公允价值变动损益	投资收益

续表

金融资产		资产负债表		利润表	
		流动资产	非流动资产	未实现利得	已实现利得或股利利息
以公允价值计量且其变动计入其他综合收益	债权	一年内到期的非流动资产、其他流动资产	其他债权投资	其他综合收益	投资收益
	权益	其他流动资产	其他权益工具投资	其他综合收益	投资收益
摊余成本	债权	一年内到期的非流动资产、其他流动资产	债权投资	不确认	投资收益
权益法	权益	—	长期股权投资	不确认	投资收益
合并法	—	合并	合并、商誉	不确认	合并利润表

（一）债权性投资

债权性投资是指为取得债权所进行的投资，如购买公司债券、购买国债等。企业进行这种投资是为了获取高于银行存款利率的利息，并保证按期收回本息。

发放贷款及垫款包含两项，其中，发放贷款是指金融机构（包括财务公司）对其他非金融机构发放的贷款；垫款是指金融机构（包括财务公司）在客户无力支付到期款项的情况下，以自有资金代为支付的行为。比如，格力电器在其 2019 年年报中披露，2019 年年末，其发放贷款及垫款 144 亿元，目的在于促进产业链共赢发展，加强对成员单位及上下游企业的金融信贷支持，基于真实的交易背景，公司审慎核实贷款客户之征信情况及还款能力，充分发挥自有资金作用，提高公司资金利润，增加对外发放贷款及垫款。

我们上面提到，金融资产在企业对外投资时形成的情况较为常见。而债权性投资形成的**债务**工具是指从发行方角度分析符合金融负债定义，会形成债权债务的一类工具。企业区分了债务工具还是权益工具投资后，以计量属性分类为以公允价值计量且其变动计入当期损益（fair value through profit and loss, FVPL）、以公允价值计量且其变动计入其他综合损益（fair value through other comprehen sive income, FVOCI）和以摊余成本计量（amortized cost, AC）的金融资产。

当合同现金流仅为本金加利息，且以收取合同现金流为目的，则应划分为以摊余成本计量的金融资产。按照流动性，分别在财务报表中以"债权投资"、"其他流动资产"或"一年内到期的非流动资产"列报。比如，根据格力电器 2019 年年报，其在 2019 年期初债权投资账面价值为 0.37 亿元，全部在一年内到期，因此期末债权投资账面价值为 0。

当合同现金流仅为本金加利息，且既以收取合同现金流为目的又以出售为目的（双重目的），则应划分为以公允价值计量且其变动计入其他综合收益的金融资产，并且需要区分是债务工具投资还是权益工具投资。对于持有目的为收取合同现金流和出售兼而有之的债务工具投资，列示为"其他债权投资"。若预期持有期限短于 1 年的，列示为"其他流动资产"或"一年内到期的非流动资产"。

当业务模式不是上述两种，而是其他业务模式时，按照剩余分类原则应划分为以公允价值计量且其变动计入当期损益的金融资产。此外，准则规定，针对持有的债务工具，为了取消会计错配，企业可以将其直接指定为以公允价值计量且其变动计入当期损益的金融资产。在财务报表中，根据流动性分类列示为"交易性金融资产"和"其他非流动金融资产"。其中交易性金融资产是指企业以赚差价为目的持有，准备近期内出售而持有的债券投资、股票投资和基金投资，如以赚取差价为目的从二级市场购买的股票、债券、基金等。根据格力电器 2019 年年报披露，其在期末的交易性金融资产余额为 9.55 亿元，均为债务工具投资。由交易性金融资产产生的公允价值变动利润为 0.49 亿元。

（二）权益性投资

权益性投资是指为获取其他企业的权益或净资产所进行的投资，比如对其他企业的普通股股票投资、获得对其他企业重大影响的联营投资、获得对其他企业控制权的并购等。权益性投资的目的可能是为了获得股票交易收益、通过重大影响或者控制权实现业务协调或业务扩张等。

1. 金融工具

与债权性投资类似，目的在于获取股票交易收益的权益投资，以公允价值计量且其变动计入当期损益，根据流动性分类列示为"交易性金融资产"和"其他非流动金融资产"。

目的在于获取股票交易收益，但不确定何时卖出实现的权益投资，以公允价值计量且其变动计入其他综合收益，列示为"其他权益工具投资"，其公允价值变动计入其他综合利润中的"其他权益工具投资公允价值变动"，终止确认时，前期在其他综合利润中的累计公允价值变动将直接转入留存利润，列报于"其他综合利润结转留存利润"。根据格力电器 2019 年年报披露，其在 2019 年其他权益工具投资同比增长 305.67%，主要是公司对闻泰科技股份有限公司的股权投资公允价值变动所致。

2. 具有重大影响的权益投资

除了与金融资产相关的投资，长期股权投资也是企业权益性投资的重要方式。**长期股权投资**是指企业持有的对其子公司、合营企业及联营企业的权益性投资，以及企业持有的对被投资单位具有控制、共同控制或重大影响，且在活跃市场中没有报价、公允价值不能可靠计量的权益性投资。**重大影响**，是指对一个企业的财务和经营政策有参与决策的权力，但并不能够控制或者与其他方一起共同控制这些政策的制定。

在投资方可以施加重大影响，但不能控制被投资方的情况下要求对被投资公司采用**权益法**会计，即投资以初始投资成本计量后，在投资持有期间根据持股比例享有被投资单位利润的方法。采用权益法的判断标准，是投资公司能否对被投资公司施加重大影响，而不管所持有股票的比例多大，判断标准如下。

- 持有被投资方 20% ～ 50% 的股权。
- 在被投资者的董事会或类似权力机构中设有代表。
- 参与经营或财务政策的制定过程。
- 投资者与被投资者之间存在重要的交易。
- 投资者与被投资者存在着管理人员的交换。
- 投资者向被投资者提供必不可少的技术资料。

由于公司的投资业绩，特别是权益性投资的业绩可能会扭曲其真实的经营业绩，因此在分析时，我们需要关注企业的利润来源。

比如，新希望集团有限公司（以下简称新希望，股票代码：000876）2016 年实现净利润 24.69 亿元，同比增长 11.67%，但来自民生银行的投资收益成为新希望近几年净利润的保障。数据显示，2016 年来自民生银行投资收益 19.98 亿元，系新希望持有民生银行 4.176% 的股份，按权益法核算确认的投资收益占新希望净利润的 63.78%。然而，持股银行也许可以方便新希望获得信贷资金，但对于新希望的经营业务其实并没有什么关联和协调作用。

3. 并购

通过并购可以实现对被投资企业的经营政策和财务政策的控制。并购是指将两个或者两个以上单独的企业合并形成一个报告主体的交易或事项。在我国，并购可以分为同一控制下的并购和非同一控制下的并购。

同一控制下的并购是指参与并购的企业在并购前后均受同一方或相同的多方最终控制且该控制并非暂时性。**非同一控制下的并购**是指参与合并的各方在合并前后不受同一方或相同的多方最终控制的并购。

企业合并的主要经济动因是创造协同优势，具体包括以下几个方面。

（1）获取资源

例如，企业可能通过并购上游供应商控制原材料或部件的数量、质量和供应时间。

（2）开拓市场

当企业希望进入新的市场来实现增长时，尽管可以通过内部努力，如雇佣更多人员、租用办公楼等方式，但这种开拓新市场的方式可能会消耗大量资源。因此，有些企业会将资源用于购买这个市场中现有的企业以达到开拓市场的目的。

（3）实现规模经济

企业合并可以扩大生产规模，从而实现规模经济。

（4）促进多元化经营

分散企业的产品和市场范围，就可以减少整体经营风险，多元化的一大动机就是降低风险。此外，如果一个行业已达到成熟期或衰退期，通过多元化经营可以帮助企业找到新的经济增长点。

除了上述原因，也可能有其他原因，比如管理者追求声望、报酬或增加报告盈余等。以增加报告盈余为例：假设一家市盈率较高的公司并购另一家市盈率较低的公司，并用公司股票作为支付手段，此时并购交易可以造成每股盈余的增长，因为股本的增加幅度要小于利润的增加幅度，从而使得并购公司获得了一个成长性的印象。然而，这样的并购如果没有后续良好的整合，其每股收益的增长并不具有持续性，而且其股东的投入资本回报率也不会上升。2016年北京蓝色光标科技股份有限公司（以下简称蓝色光标，股票代码：300058）超过120亿元的收入中，源自上市前业务的收入大约占比仅有1/4，其余全部来自并购。

此外，我们可以通过企业的附注了解子公司、联营企业和合营企业的情况，结合企业进行股权投资的原因，分析投资是否有利于企业的发展。

二、投资活动现金流

（一）公司理财类投资活动现金流入和流出

根据企业会计准则的规定，**"收回投资收到的现金"** 项目反映公司出售、转让或到期收回除现金等价物以外的交易性金融资产、持有至到期投资、可供出售金融资产、长期股权投资等而收到的现金，根据"交易性金融资产""持有至到期投资""可供出售金融资产""长期股权投资""现金""银行存款"等账户的记录分析填列。

需要注意的是，尽管债权性投资收回的本金，在"收回投资收到的现金"项目反映，但债权性投资收回的利息，不在该项目中反映，而在"取得投资收益所收到的现金"项目中反映。

"取得投资收益收到的现金" 项目反映公司因股权性投资而分得的现金股利，因债权性投资而取得的现金利息收入，根据"应收股利""应收利息""投资收益""库存现金""银行存款"等账户的记录分析填列，而"股票股利"由于不产生现金流量，并不在本项目中反映。

"投资支付的现金" 项目反映企业进行权益性投资和债权性投资所支付的现金，包括企业取得的除现金等价物以外的交易性金融资产、持有至到期投资、可供出售金融资产而支付的现金，以及支付的佣金、手续费等交易费用，根据"交易性金融资产""持有至到期投资""可供出售金融资产""投资性房地产""长期股权投资""库存现金""银行存款"等账户的记录分析填列。

上述 3 个项目之所以存在，一个重要因素是公司储备的现金比较多，但现金回报率太低，因此用现金进行交易性金融资产等金融资产的投资并取得利润，而公司也可以在需要现金时随时变现金融资产，换言之，这就相当于一家公司的现金蓄水池，购买金融资产时支付现金，出售金融资产或者收到利息和现金股利时收回现金。也正是如此，一般来说，这 3 个项目与公司的战略关联度不是很大。但这并不绝对，有些情况下长期股权投资可能与公司的战略关联度比较高，尤其是占被投资公司股权比例不高但是被投资公司的经营业绩和发展前景非常好时，对于公司可能会产生重大而长远的影响。

（二）取得和处置子公司及其他营收单位支付或支出的现金净额

除了对内投资部分提到的购建长期资产之外，一家公司的战略还取决于其并购活动。投资活动现金流量中"取得子公司及其他营业单位支付的现金净额"项目和"处置子公司及其他营业单位收到的现金净额"项目即是反映一家公司的兼并收购活动情况。因此，我们对企业的**资本性支出**可以基于现金流量表的这 4 个项目进行估算："购建固定资产、无形资产和其他长期资产支付的现金""处置固定资产、无形资产和其他长期资产收回的现金净额""取得子公司及其他营业单位支付的现金净额""处置子公司及其他营业单位收到的现金净额"。

"取得子公司及其他营业单位支付的现金净额"项目反映企业取得子公司及其他营业单位购买出价中以现金支付的部分，减去子公司或其他营业单位持有的现金和现金等价物后的净额。"处置子公司及其他营业单位收到的现金净额"项目反映企业处置子公司及其他营业单位所取得的现金减去子公司或其他营业单位持有的现金和现金等价物及相关处置费用后的净额。

在分析公司并购活动的现金流量时，要关心两个问题：一是公司通过并购活动进入的行业情况；二是并购规模所带来的扩张程度、并购价格是否合理，以及并购对象未来经营情况的预期判断和分析。并购规模可以通过如下指标来反映。

● 净合并额 = 取得子公司支付的现金—处置子公司收回的现金

净合并额大于零，表明公司通过并购活动在扩张；净合并额小于零，表明公司通过出售子公司在收缩；净合并额接近于零，表明公司没有并购活动，维持原有状态。在格力电器 2015—2017 年投资活动现金流量中，其净合并额为零，没有进行并购活动；而 2018—2019 年，格力电器的净合并额分别为 10.30 亿元和 7.74 亿元，表明公司通过并购活动在扩张。

（三）公司其他投资活动现金流入和流出

除了上述的投资活动现金流项目，"收到的其他与投资活动有关的现金"项目和"支付的其他与投资活动有关的现金"项目也是我们需要了解的内容。它们反映公司除了理财类投资活动和战略类投资活动外，收到的和支付的其他与投资活动有关的现金。

其中，"支付的其他与投资活动有关的现金"包括：公司购买股票和债券时，实际支付的价款中包含的已宣告但尚未领取的现金股利或已到付息期但尚未领取的债券利息。此外，处置固定资产、无形资产和其他长期资产所收回的现金净额为负数，或者处置子公司及其他营业单位收到的现金净额为负数，也在"支付的其他与投资活动有关的现金"项目中反映。

同理，收回购买股票和债券时支付的已宣告但尚未领取的现金股利或已到付息期但尚未领取的债券利息，应在"收到的其他与投资活动有关的现金"项目中反映。

一般来说，其他与投资活动有关的现金金额不大，如果价值较大的，应单列项目反映。此外，企业一般也会在报表附注中披露其他与投资活动有关的现金具体项目。

第五节　经营活动与财务报表

经营活动是指在给定投融资条件下执行商业计划。经营活动一般包括采购、生产、营销、管理和研发 5 个部分。这 5 个部分的合理组成有赖于公司经营的类型、商业计划，以及投入与产出市场。管理者会采用最有效的组合来提升公司的竞争优势。

经营活动是一个公司最主要的收入来源。收入反映了公司在投入市场进行买入，在产出市场进行卖出的成果。公司在制订商业计划和战略、决定经营活动组成中的表现，决定着公司经营的成败。对利润数据及其构成的分析，可以反映出一个公司的商务管理是否确实有效。

一、企业的经营活动

（一）采购活动

采购是指企业在一定的条件下从供应市场获取产品或服务作为企业资源，以保证企业生产及经营活动正常开展的一项企业经营活动。采购流程一般包括收集信息、询价、比价、议价、评估、索样、决定、请购、订购、协调与沟通、催交、进货验收、整理付款等。

在采购流程中，通常涉及的利润表项目为营业成本和管理费用。**营业成本**是与营业收入直接相关的，已经确定了归属期和归属对象的各种直接费用。在不同企业类型中，营业成本有不同的表现形式。对于制造业企业，营业成本表现为已销产品的生产成本；在商品流通企业中，营业成本表现为已销商品的购进成本；而对于服务类企业，营业成本则表现为已提供劳务或服务的成本。需要注意的是，由于制造企业营业成本通常涉及采购、生产流程，在采购流程中涉及的营业成本一般包括企业外购的，生产经营过程中实际消耗的直接用于产品的材料，如原材料、辅助材料、外购半成品、燃料、包装物等。

在采购环节，影响企业营业成本水平的因素，既有企业不可控的因素（如受市场因素影响导致的原材料的价格波动），也有企业可以控制的因素（如在一定的市场环境下，企业可以通过选择供货渠道等控制成本）。除了营业成本，在采购流程中还会涉及采购人员薪资，通常计入管理费用。

（二）生产活动

生产活动是制造业企业经营活动的核心，即由生产工人利用机器设备对原材料进行加工和装配，生产出市场所需的各种产品，生产活动需要支付职工薪酬和其他生产费用。

之前我们已经提到，采购过程中会产生营业成本，而对于制造业企业，营业成本主要发生在生产活动中，比如包括企业直接从事产品生产人员的工资、奖金、津贴和补贴在内的直接工资和包括直接从事产品生产人员的职工福利费等的其他直接支出。

除了直接支出外，企业为生产产品和提供劳务而发生的各项间接成本被统一归为**制造费用**，主要包括企业各个生产单位（车间、分厂）为组织和管理生产所发生的一切费用，以及各个生产单位所发生的固定资产使用费和维修费，具体有以下项目：各个生产单位管理人员的工资、职工福利费，房屋建筑费、劳动保护费、季节性生产和修理期间的停工损失等。制造费用一般是间接计入成本，当制造费用发生时一般无法直接判定它所归属的成本计算对象，因而不能直接计入所生产的产品成本中去，而须按费用发生的地点先行归集，月终时再采用一定的方法在各成本计算对象间进行分配，计入各成本计算对象的成本中。

需要强调的是，对营业成本与期末存货余额之间相对规模的异常波动应格外关注。以制造企业为例，在不考虑企业当期在生产、存储和销售过程中可能会发生损毁的情况下，当期的营业成本和期末存货之和应当等于当期可供出售产品的总额。在企业的生产、销售规模趋于稳定的情况下，当营业成本与期末存货余额之间的相对规模出现异常波动，尤其是当企业的毛利率也随之产生异常波动时，若这种现象无法用正常的理由进行解释，则往往可能是企业出于某种动机，通过调节成本人为操纵利润。

以格力电器为例，2015—2019 年期间，它的营业成本主要来源于原材料，占比稳定在 86% ~ 88% 之间，人工工资则占比在 5% 左右（见表 3-9）。

表 3-9 格力电器的营业成本结构

项目	2015 年	2016 年	2017 年	2018 年	2019 年
原材料占比 / %	86.20	86.35	86.72	87.23	86.66
人工工资占比 / %	4.98	5.19	5.41	4.56	4.86
折旧占比 / %	1.25	1.51	1.21	1.33	1.54
能源占比 / %	0.92	0.97	0.87	0.80	0.82

（三）营销活动

营销活动是指企业发现或发掘准消费者需求，让消费者了解该产品进而购买该产品的过程。营销活动通常会产生收入、营业成本和销售费用。

收入是指企业在日常活动中所形成的、会导致所有者权益增加的、与所有者投入资本无关的经济利益的总流入。企业应当在履行了合同中的履约义务，即在客户取得相关商品控制权时确认收入。这里的取得相关商品控制权，是指能够主导该商品的使用并从中获得几乎全部的经济利益。

一般在对营业收入进行分析时，可以从产品类型、销售区域、关联交易、行政补助等方面入手，也就是卖什么、卖给谁和靠什么。下面我们将一一进行分析。

为了分散经营风险，企业大多会从事多种产品或服务的经营活动。在这种情况下，掌握企业营业收入的具体构成对财报使用者十分重要。占总收入比重大的产品或服务通常是企业的营业重心，体现了企业的主要业绩，我们可以结合市场环境等对其进行分析，初步判断企业业绩的持续性。需要注意的是，如果企业对某一类产品过度依赖，可能会导致企业对外部环境变化更为敏感，经营风险相较于其他企业更大。此外，在分析时还需要考察企业现有业务结构和发展战略之间的吻合性，与企业战略目标关联度较低的业务，即使规模较大，也不能认为其是高质量的业务。以格力电器为例，尽管格力电器近几年在向多元化转型，但空调仍是其核心业务，2015—2019 年均占营业收入 80% 以上。格力电器也号称自己要大力发展智能装备业务，但从报表来看，2017—2019 年的收入分别为 21.26 亿元、31.09 亿元和 21.41 亿元，规模较小，且增速不快；更加重要的是，智能装备业务的毛利率只有不到 6%，与空调高达 37% 的毛利率形成了天壤之别。

对于卖给谁，一般可以从区域和客户构成两方面着手。不同区域的消费者受地理位置、生活方式等影响，往往对产品具有不同的偏好。而在全球化背景下，除了国内市场，海外市场也是不少企业的销售重点。能在海外成熟市场实现规模销售收入，一般是公司竞争力的体现；但如果公司的收入大部分来自小国（小国是消费地），且公司的利润率远超过竞争对手，则需要关注公司收入的真实性问题。对于客户构成，一般情况下，相比面向企业客户或经销商，面向终端消费者的产品或服务更加具有需求的稳定性，收入的可预测性也较高；客户集中度也需要关注，若其他条件相同，企业客户越分散，说明企业的产品或服务的销售市场化程度越高，行业竞争力越强。此外，销售客户越分散，个别客户引起的坏账影响就越小，营业收入的回款质量也就越有保障。因此，通过分析收入的区域和客户构成，有利于判断企业营业收入的质量和波动性。从格力电器年报中可以看出，格力电器以内销为主，2015—2019年内销收入占营业收入70%以上；格力电器生产的空调主要通过线下的经销商推向市场，因而其收入的稳定性会受到经销商渠道库存的影响，同时在线上直接面向终端消费者成为销售主流的情况下，格力电器也需要协调经销商与线上自营的关系。

有些企业尽管表面上有着优异的营收表现，但实质上其经营活动可能存在一些问题，收入缺乏足够合理的商业逻辑。比如，有些公司的收入可能是通过关联交易等"包装"出来的。尤其在集团化经营的情况下，集团内各企业之间发生关联交易以支持上市公司。但上市公司可以持续的"免费"获得集团公司或其他兄弟公司的支持吗？此时，公司的收入和利润的持续性就存在较大的疑问。比如，三聚环保在集团公司的支持下，其营业收入从2011年的6.01亿元大幅增长到2017年的224.78亿元，相应的利润从0.95亿元增长到26.54亿元，但此后，其收入逐年大幅下降，甚至走向了巨额亏损。当然，我们也不能否认关联方之间的交易也完全可以是正常的交易。

有些交易表面看起来合理合法，但可能缺乏商业实质。在这类交易中，所谓的客户并没有持有对应产品或付款购买的义务，或者一开始就不存在实质性的产品转移。

此外，部分行业受政府政策的影响较大。一些新兴产业在发展初期十分需要政府政策的支持，而在企业所处行业已经发展成熟的情况下，这些支持政策将逐步淡化。处于这些行业的企业，即使在过去表现出较高的盈利水平，在未来也不一定会保持。

除了收入，企业在营销活动中通常还会发生销售费用。**销售费用**是指企业在销售产品、自制半成品和工业性劳务等过程中发生的各项费用，包括由企业负担的包装费、运输费、装卸费、展览费、广告费、租赁费（不包括融资租赁费），以及为销售本企业产品而专设的销售机构的费用。销售费用属于期间费用，在发生的当期就计入当期损益。

从销售费用的基本构成看，有的与企业的业务活动规模相关，如运输费、装卸费、包装费、销售佣金等；有的与企业中从事营销活动人员的待遇有关，如营销人员的薪酬；也有的与企业的未来发展相关，如广告费。尽管管理者可以对诸如营销人员薪酬、广告费等项目采取控制来降低销售费用，但这种做法会降低员工工作积极性，对企业未来发展不利。因此，在企业发展过程中，不应盲目降低销售费用。

根据格力电器年报披露，其销售费用主要为安装维修费、运输及仓储装卸费、销售返利及宣传推广费。销售返利政策是格力电器在渠道营销上的创新之一，企业通过该政策吸引经销商加盟，充分调动经销商积极性，迅速扩张销售网络。其中，"淡季政策"是指每年9月至来年4月的淡季期间，订货价逐步上调至旺季价格；"年终返利"政策是指格力电器拿出利润，按商家提货额的百分比补贴经销商。

（四）管理活动

管理活动是指企业的行政管理部门对企业的生产经营活动进行组织、计划、指挥、监督和调节等一系列活动的总称。**管理费用**是期间费用的一种，它主要是指企业行政管理部门为组织和管理生产经营活动而发生的各种费用，包括的项目有：工资福利费、折旧费、工会费、职工教育经费、业务招待费、房产税、车船使用税、土地使用税、印花税、技术转让费、无形资产摊销、咨询费、诉讼费、坏账损失、公司经费、劳动保险费、董事会会费等。

管理费用的项目比较庞杂，有些项目与企业规模有关，对其实施有效控制可以促进企业管理效率提高；而对有些项目（如职工教育经费）的压缩反而不利于企业的长远发展，不应盲目降低。一般情况下，在企业规模、组织结构、管理风格等方面变化不大的情况下，企业的管理费用规模不会有太大变化。

根据格力电器的年报披露，其管理费用主要为职工薪酬、物耗、折旧及摊销，管理费用率占比较低，且近5年逐步降低，说明格力电器的管理者在努力创造更高收入和利润的同时，自身所消耗的资源反而减少了，反映了格力电器管理者的管理效率和为股东创造价值的努力（见表3-10）。

表3-10　格力电器的管理费用率

项目	2015年	2016年	2017年	2018年	2019年
管理费用/亿元	50.49	54.89	60.71	43.66	37.96
管理费用率/%	5.17	5.07	4.09	2.20	1.92

注：管理费用率＝管理费用／营业收入。2018年开始，研发费用单独作为一个利润表项目，不再纳入管理费用中。

（五）研发活动

公司开展研究、探索与开发活动，原因是多方面的。其中一些活动是为了维持已有产品，其他活动则是为了开发新产品和新工艺。研究的目的是为了发现，开发则是为了进行研究成果的转化。**研发投入**是指研究与开发某项目所支付的资源，包括研发人员工资、研发材料、研发设备等。

我国会计准则对研发投入的处理分为两大部分：一是研究阶段产生的支出，进行费用化处理，计入利润表中的"研发费用"；二是企业内部研究开发项目开发阶段的支出，能够证明符合无形资产条件的，进行资本化处理，计入资产负债表的"开发支出"或"无形资产"项目。开发支出是反映企业开发无形资产过程中能够资本化形成无形资产成本的支出部分，其中研究开发项目达到预定用途形成无形资产的应当计入无形资产。无法区分研究阶段和开发阶段的研发支出，全部费用化处理。

格力电器高度重视自主研发，设立"按需投入、不设上限"的研发经费管理原则。如表 3-11 所示，2016—2018 年，格力电器研发投入不断增长，2019 年有所下降，但仍高于 2017 年。而研发人员数量和占比则稳步上升。此外，格力电器在 2016—2017 年研发投入资本化的金额均为 0，2018—2019 的研发投入资本化的金额也极低，大部分研发投入都做费用化处理。

表 3-11　格力电器的研发投入

项目	2016 年	2017 年	2018 年	2019 年
研发人员数量 / 人	7729	9155	11808	14251
研发人员数量占比 / %	10.79	10.74	13.30	16.04
研发投入金额 / 亿元	46.25	57.67	72.68	60.11
研发投入占营业收入比例 / %	4.27	3.89	3.67	3.03
研发投入资本化的金额 / 亿元	0	0	2.80	1.20
资本化研发投入占研发投入的比例 / %	0	0	3.85	2.00
研发费用 / 亿元	46.25	57.67	69.88	58.91

二、会计利润的计量

（一）利润的概念

利润是衡量企业优劣的一种重要标志，也是评价企业管理者业绩的一项重要指标，还是投资者等财务报告使用者进行决策时的重要参考。利润通常等于当期现金流量加上预期未来现金流量现值的变动额，即利润同时包括已实现部分（现金流量）和未实现部分（持有资产的利得或损失）。为了对上述理论上的利润进行比较方便的度量，公司一般采用权责发生制会计报告经营成果。具体地，会计中的利润是指公司的营业收入减去各类费用后的净额。此外，持有资产或资产（非商品或服务）处置所产生的利得或损失一般也会计入当期利润当中。为了区分利润的来源和持续性，利润也被划分为几个不同的概念，比如经常性利润与非经常性利润，或者经营利润与金融利润。

（二）经常性利润与非经常性利润

公司的利润由多种来源构成，因而具有不同的频率和持续性。一般而言，发生频率较高的利润往往具有较高的持续性，而企业的产品销售或服务供给往往是较为频繁发生的，长期资产的价值大幅变动则往往发生概率较低（即使价值发生了变动，也会由于交易成本的存在使得交易不会太频繁）。因此，公司销售产品或提供服务所实现的收入，减去与收入实现相关的各类费用后的利润被称为**经常性利润**，或**可持续利润**。经常性利润是指在目前经营条件不变的前提下，公司渴望在其整个生命周期内赚得的具有稳定性的利润。基础分析的重要代表人物本杰明·格雷厄姆就认为，公司价值最重要的独立指示器是其可持续盈利能力。因此，确定公司的可持续利润是许多分析师和投资者的一项重要的诉求。

非经常性损益是指公司发生的与经营业务无直接关系，以及虽与经营业务相关，但由于其性质、金额或发生频率，影响了真实、公允地反映公司正常盈利能力的各项收入、支出。证监会在《公开发行证券的公司信息披露规范问答第 1 号——非经常性损益》中特别指出，注册会计师应单独对非经常性损益项目予以充分关注，对公司在财务报告附注中所披露的非经常性损益的真实性、准确性与完整性进行核实。

非经常性损益通常包括：非流动性资产处置损益，包括已计提资产减值准备的冲销部分；越权审批，或无正式批准文件，或偶发性的税收返还、减免；计入当期损益的政府补助，但与公司正常经营业务密切相关，符合国家政策规定、按照一定标准定额或定量持续享受的政府补助除外；计入当期损益的对非金融企业收取的资金占用费等 21 项。

非经常性损益包含营业外收支。其中，**营业外收入**是指企业发生的与其生产经营无直接关系的各项收入，包括固定资产盘盈、处置固定资产净收益、非货币性交易收益、出售无形资产收益、罚款净收入等。**营业外支出**，是指企业发生的与其生产经营无直接关系的各项支出，如固定资产盘亏、处置固定资产净损失、出售无形资产损失、债务重组损失、罚款支出、公益性捐赠支出等。由于营业外收入和营业外支出通常具有偶发性的特点，因此，如果它们在企业利润中占比过高，就会影响利润的持续性。

有些公司为了夸大经常性损益，可能会将经常性损益和非经常性损益错误分类，具体如下。

- 将出售业务所得记录为经常性收入。
- 将一般经常性费用转至线下。
- 经常性地记录重组费用。
- 将亏损转入已终止经营的业务部门。
- 经营性损益增长远高于销售收入增长。

- 经常与一些奇怪的公司进行合作。

- 对来自合营企业的所得进行错误分类。

例如，宁波圣莱达电器股份有限公司（以下简称圣莱达，股票代码：002473）通过虚构非经常性损益等一系列操作来虚增利润。圣莱达 2014 年度经审计的净利润为负值，时任董事长胡某某预计圣莱达 2015 年度净利润亦将为负值，为防止公司股票被特别处理，胡某某在圣莱达主业亏损的情况下，寻求增加营业外收入，使公司扭亏为盈。2015 年 11 月 10 日，圣莱达与华视友邦影视传媒（北京）有限公司（以下简称华视友邦）签订影片版权转让协议书，约定华视友邦将某影片全部版权作价 3000 万元转让给圣莱达，华视友邦应于 2015 年 12 月 10 日前取得该影片的"电影片公映许可证"，否则须向圣莱达支付违约金 1000 万元。当月，圣莱达向华视友邦支付了转让费 3000 万元。证监会认定，影片版权转让协议系倒签，协议转出方实际并未拥有约定的全部权利，电影拍摄进展尚未达到申请许可的条件。

2015 年 12 月 21 日，圣莱达向北京市朝阳区人民法院提起民事诉讼，认为华视友邦未依约定取得电影公映许可证，请求法院判决华视友邦返还本金并支付违约金。2015 年 12 月 29 日，圣莱达与华视友邦签订调解协议书，约定华视友邦于 2016 年 2 月 29 日前向圣莱达支付 4000 万元，其中包含 1000 万元违约金。圣莱达将华视友邦支付的 1000 万元违约金确认为 2015 年的营业外收入。

前述协议签订后，圣莱达向华视友邦支付的 3000 万元版权转让费最终流向深圳星美圣典文化传媒集团"星美系"相关公司并被其使用。华视友邦向圣莱达退回的 3000 万元版权转让费和赔偿的 1000 万元违约金最终流向"星美系"关联公司。

圣莱达通过虚构影视版权转让业务虚增 2015 年度收入和利润 1000 万元，虚增净利润 750 万元；通过虚构财政补助虚增 2015 年度收入和利润 1000 万元，虚增净利润 750 万元。上述两项操作使圣莱达 2015 年度年报合计虚增收入和利润 2000 万元，虚增净利润 1500 万元。虚增行为使圣莱达 2015 年度实现扭亏为盈。宁波证监局决定：对圣莱达责令改正，给予警告，并处以 60 万元罚款。

（三）经营利润与金融利润

在现代商业社会，资本市场对企业的渗透越来越广泛，企业也越来越多地参与资本市场的资源配置，故企业存在大量与产品销售或服务供给并没有多少直接关系的金融性资产。相对应的，与企业的产品销售或服务供给具有较为直接关系的资产被称为经营性资产。Wind 数据库统计显示，2020 年有 1241 家上市公司购买了包括银行理财、结构性存款、私募信托等金融产品，总金额达 1.46 万亿元，2019 年则有 1197 家上市公司购买了 1.47 万亿元的金融理财产品，分别占所有 A 股上市公司数量的 31% 和 30%。除了购买银行理财产品，还有很多的上市公司对外投资买卖其他公司的股票，2020 年有 876 家上市公司花费了 1.45 万亿元投资买卖其他公司的股票，有 282 家非金融类上市公司持有金融公司的股权。

结合持续性的概念，分析师和投资者一般也需要区分公司利润中经营性资产所产生的经营利润和金融性资产所产生的金融利润。**经营利润**是企业在其全部销售业务中实现的利润，是商业经济活动中的行为目标。**金融利润**则是公司在资本市场所获得的与销售业务无关的利润。我们在第六章盈利能力分析中将详细介绍经营利润的构成及相应的分析。

三、经营活动与现金流量

除了从利润表分析企业的经营情况，我们还可以结合现金流进行分析。经营活动现金流量是指企业投资活动和筹资活动以外的所有交易和事项产生的现金流量。它是企业现金的主要来源。经营活动现金流入的主要项目包括：（1）销售商品、提供劳务收到的现金，（2）收到的税费返还，（3）收到的其他与经营活动有关的现金。经营活动现金流出的主要项目包括：（1）购买商品、接受劳务支付的现金，（2）支付给职工及为职工支付的现金，（3）支付的各项税费，（4）支付的其他与经营活动有关的现金。

经营活动现金流量的最大特点，在于它与企业日常经营活动直接密切相关，无论是现金流入量还是现金流出量，都体现了企业在维持目前生产能力和生产规模状态下对现金及其等价物的获得与支持水平。而经营现金流量也是现金流量分析中要考察的最重要的部分，因为它表示公司在长时期内资金的主要来源。一般来说，如果公司所拥有的现金绝大部分不是从经营活动中获得的，公司就无法长久地存续下去。显然，现金的最重要来源是公司的盈利，这是公司经营的主要原因，现金代表了"自由"资金。除非在极特殊的情况下，缺乏盈利性将最终导致经营活动的终止。现金的和其他来源（借款、股权投资或资产出售）都应该是经营活动的补充。可以将这些作为筹集现金的办法，但是在长时期内它们不应是资金的主要来源。

在企业经营过程中，最理想的状态是每一期间都能从营业活动中产生现金。但在现实中，许多财务健康的公司虽然在大多数期间能从经营活动中产生现金，但在某些期间则会在经营活动上流出较多现金。另外，一些公司可能处在发展期，它们将会投资于开发产品，建立生产设施及销售渠道，也就是将现金用于投资活动。在这些情况下，经营活动现金的净流出是可以接受的。

✏️ **课后习题**

1. 企业的经营模式或特征往往会影响其融资策略和融资工具的选择。选择一家公司，通过分析资产负债表或现金流量表来观察其融资活动是否与经营模式相匹配。

2. 以华夏幸福（股票代码：600430）等融资工具比较丰富的公司为例，分析它们的融资来源和金额，以及这些融资来源和金额如何在报表中被披露和反映，要求以不少于 5 年时间为分析窗口。

3. 选择一家制造业公司，通过分析其应收款和存货，观察其经营的周期性和市场竞争力。

4. 基于营运资本和经营性营运资本的分析框架，以佛山市海天调味食品股份有限公司（以下简称海天味业，股票代码：603288）和三聚环保（股票代码：300072）为对象，观察上述两个指标的变化或差异，及其对公司主要指标（比如盈利能力、融资、股价）的影响。

5. 2018 年 4 月 10 日，雅戈尔（股票代码：600177）公布的第一季度报告显示，其实现的归属于上市公司股东的净利润与上年同期相比，将增加约 86.80 亿元，同比增长 687.95%。此次惊人的业绩大涨与雅戈尔投资的中信股份有关。2015 年，雅戈尔斥资 204 亿港元，以每股约 14 港元的成本，买了约 14.5 亿股中信股份港股的股票。截至 2018 年 3 月末，中信股份股价为 10.98 港元。经计算可知，雅戈尔的这笔投资截至当时共亏损约 43.79 亿港元。2018 年 3 月 29 日，雅戈尔花费 1.15 万港元再次买入中信股份 1000 股，这样雅戈尔持有中信股份比例从 4.99% 增加至 5.00%；同时公司副总经理兼财务负责人吴幼光被委任为中信股份非执行董事。这样，根据会计准则的规定，雅戈尔对中信股份的经营决策具有重大影响，应当将中信股份的会计核算方法由可供出售金融资产变更为长期股权投资，并以权益法确认损益。请结合上述材料，分析雅戈尔会计政策中会计变更的原因和合理性。

6. 以新城控股（股票代码：501155）为例，分析投资性房地产的会计处理对其利润的影响。

7. 选择同一行业的两家公司，分析其五大经营活动的特点和发展趋势。

第四章
资产结构与运营效率分析

▶ 章前案例

阿里巴巴的钱去哪儿了？

　　毫无疑问，中国最不缺钱的互联网巨头就是阿里巴巴和腾讯。作为国内最大的电商平台，阿里巴巴的年营业收入和经营活动现金流都非常高。比如，自从 2014 年 9 月上市至 2021 年，阿里巴巴在这 7 年累计创造了 1302 亿美元的经营现金流，但其却从来没有进行过分红。此外，不同于传统企业，阿里巴巴作为"平台型"电商，貌似并不需要大量投资固定资产。由此，令人好奇的是，阿里巴巴的现金流究竟去了哪里呢？通过观察其现金流量表，我们发现，除了购买理财产品等金融性投资花了 414 亿美元之外，阿里巴巴购买了大量的土地、物业及设备（共 287 亿美元），并购买大量的其他公司的股份以做战略性投资之用（共 484 亿美元，其中 171 亿美元收购子公司，其他则收购联营企业或合营企业）。

　　阿里巴巴的主业在于电商，为了维持电商市场的领导者地位，阿里巴巴需要不断的新鲜流量；同时也需要将这些巨大的消费者流量数据用于再次开发或留在自身系统内。为此，除对内拓展电子商务产业链外，阿里巴巴还对外布局整个互联网产业，不断助推各领域独角兽的成长，先后投资或收购了 UC 浏览器、陌陌、新浪微博、高德地图、优酷、快的打车等企业，涉及移动入口、社交、O2O 等多领域。此外，阿里巴巴还进军生活服务、文化娱乐、医疗健康、金融、新闻媒体等传统领域，试图从各个方向上打造无边界版图。

　　为了提升其服务客户的能力，阿里巴巴招聘了大量人才，这就需要相应的办公楼和设备；还开发了云计算和存储中心，也需要大量的物业和设备。阿里巴巴主业强大的现金流支撑了其四处出击的"买、买、买"策略。但这些大量的对外投资是否带来了相应的投资回报呢？2013 年，阿里巴巴的投资收益占主业营业利润的比重只有 7%，而之后的 2014—2020 年期间，投资收益占营业利润的比重达到了 71%，推动阿里巴巴的净利润从 2014 年的 39 亿美元增长到 2020 年的 229 亿美元，增长了 4.87 倍。不过稍显遗憾的是，阿里巴巴的股票给投资者带来的回报并不令人满意，年均回报率 15% 左右，尽管也不错，但远低于电商同行京东（22%）或拼多多（50.68%），也远低于腾讯（28.56%）这个同量级的竞争对手。那么，这是为何呢？

▶ **学习目标**

1. 了解企业资产结构的概念及影响因素
2. 理解企业资产结构的类型并分析其意义
3. 阐述资产周转率的经济含义
4. 应用资产周转率的分析技术并解释其意义

🔍 资产结构与运营效率分析

引 言

企业管理者为了实现企业价值最大化，需要运营资产，即将资产进行合理配置并进行资产配置结构下的经营运作。资产配置在财务报表中体现为企业的资产结构，也就是企业的投入资本在不同资产形态上的分布状况及分配比例。无论企业所处的行业、自身规模、管理机制和经营水平有何不同，客观上都应具有可以满足企业持续发展需要的资产结构。因此，企业在进行资产运营决策时，需要考虑如何通过设计适合企业发展的资产结构，综合提升各项资产的运营效率，合理配置资源，提高企业绩效。

本章将首先介绍企业的资产结构，包括资产结构的影响因素、分布类型，以及与战略的关系。资产结构的类型可以根据流动性区分为保守型、中庸型和扩张型资产结构，也可以根据投资去向区分为经营主导型、金融主导型和经营与金融并重型结构，还可以根据资金占用的规模（比如长期资产或经营性营运资本）区分为轻资产和重资产模式。

本章主要围绕资产的周转率等指标分析企业资产的运营效率，并借以说明企业管理者使用资金的效率和能力。

第一节　资产结构分析

企业的资产结构是通过资产负债表左侧的内容详细展示出来的，表现为企业不同类型的资产的分布状况和所占比重。通过对企业资产结构及其变化的分析，有助于我们了解企业具体的资产配置情况、资产运营状况，以及生产经营特点。配置合理的资产结构可以提高资产的利用效率，减少资产的过度闲置，加速资金周转，提高企业的经济效益。

本节将分别从资产结构的影响因素、资产结构的类型和资产结构与企业发展战略的匹配性3个维度展开分析。

一、资产结构的影响因素

资产结构的影响因素可以从企业内外部环境进行分析。企业内部影响因素包括企业的发展战略、发展阶段与规模、融资结构、管理者的经营管理水平和企业的盈利状况等。企业外部环境因素主要是国家或全球的宏观经济环境、行业特征及发展周期等。

（一）企业内部因素

1. 战略规划

某种程度上，企业的资产结构是企业战略的具体体现，企业为了实现其战略规划，就需要通过对资源的配置来提供战略支撑。比如采取多元化战略的企业，为了更快达成目标，可能会通过并购而不是内生增长的方式来实现，在这种情况下，企业的资产结构中可能会出现投资性资产多于经营性资产的情况。

由于企业的战略是动态变化的，不同阶段的战略目标不同，资产结构也要相应调整，以满足不同发展阶段的需求。如果企业处于快速扩张期，为了扩大市场份额，企业需要大量投资生产设备等固定资产以提高产量，此时固定资产占比会增加；同时为了吸引客户，公司会采取较为激进的商业信用政策，此时应收款项在流动资产中占比会较高。如果企业处于平稳发展期，则企业会更加注重现金流和精细化管理，此时企业现金类资产会增加，而固定资产等的投资会减少。

2. 企业规模

企业规模的大小也会影响企业的资产结构。一般情况下，规模较大、资本实力雄厚、与银行等金融机构保持着良好的长期信贷关系、销售渠道完善、资金周转比较顺畅的企业，流动资产的比重相对较小，企业通过固定资产投资，获取企业利润的增长。相反，对于规模小、债务负担重、筹资能力不足，甚至经营困难的企业，为控制和减少企业风险，企业会增加流动资产比重，尤其是变现能力强的流动资产。

此外，企业资产规模越大，就越有可能利用资产的规模效应，扩大生产能力，从而更加重视对长期资产的投资，加之企业的流动资产周转率能够通过销售渠道的完善等提高，流动资产的投资就不需要按比例增加，这会进一步导致流动资产与长期资产的比率变小。

3. 资本结构

资本结构与资产结构相对应，是资产负债表右边展现的内容，在一定程度上可以反映企业整体融资环境的状况，而融资环境又会影响企业资产结构。我们前面提到，融资可以分为股权融资和债务融资两大类，由于股权融资在企业存续期间内一般无须偿还，因此对企业资产结构的安排并不会产生实质性影响，而债权融资不同，企业存在偿债压力，会对资源配置产生约束。

即使都是债务融资，长短期债务比重不同也会产生不同的影响。如果短期负债占比高，企业在短时间内偿还本金及利息的压力也较大，相应的财务风险也比较大，企业为了控制风险，会储备较多的流动资产，以保证短期债务的偿还，在资产负债表中体现为企业的流动资产所占比例增大。反之，如果企业的资本结构中长期举债或权益资本融资比重更大，则会因为资金的使用期限长，财务风险小，而把资金投资于占用金额高、利润时间长的项目，此时企业的资产负债表中固定资产或长期资产所占比例增大。

4. 经营管理水平

经营管理水平主要是指管理者本身的能力和对风险的态度。企业的资源配置一般会受企业管理能力的影响。企业的管理水平高，抗风险能力较管理水平弱的企业更强，因此通常会采用具有高风险、高利润的扩张型资产结构。在一定的销售水平上，企业会将流动资产保持在较低的水平，以提高资金周转率，减少机会成本。相应地，非流动资产占用资金的比重会不断上升，从而使企业实现规模经济。反之，经营管理水平低的企业承受风险能力差，更偏向于采用低风险、低利润的保守型资产结构。在这种情况下，企业拥有大量货币资金、存货等流动资产，以保证能够及时偿还到期的债务。而非流动资产在企业总资产的比重会相应下降，企业生产规模萎缩。

除了管理水平，企业资产结构还取决于管理者的风险偏好。在企业普遍存在债务融资的情况下，风险偏好型的管理者倾向于保留较少的流动资金来满足偿债要求，更注重资产结构的盈利性，而风险规避型的管理者恰恰相反，会保留更多的流动资产用于满足债务需求，使资产结构保持流动性。

5. 盈利状况

当市场景气、企业盈利能力强时，存货能迅速转化为货币资金，货币资金的比重会相对提高，存货的比重则相对下降；另一方面，企业资金周转速度快，流动资产数量会相对减少，比重也会相对下降。与此同时，企业的销售规模会不断扩大，为了生产出足够的产品，企业的生产规模也会相应扩大，从而使企业固定资产规模不断扩大，比重相对上升。不过，如果现有生产能力足够强大，企业在市场景气时会加大原材料和存货的储备，而不是增加固定资产，这样企业的流动资产占比会提升。

相反，如果市场不景气，企业存在滞销问题，会造成存货大量积压，存货的比重会相对提高，货币的比重相对下降。同理，企业资金周转速度会变慢，流动资产的数量会相对增加，比重会相对上升。而企业销售规模的下降也会导致生产规模的萎缩，从而使企业固定资产规模不断缩小，比重相对下降。

（二）企业外部因素

1.宏观经济环境

从宏观、长远的角度来看，经济发展的波动是十分正常的，而处于经济大环境下的企业，资产结构必然会受到影响。不仅是对企业的资产结构，经济的周期性波动对财务管理都有非常重要的影响。

在经济萧条阶段，受整个宏观经济不景气的影响，企业很可能处于紧缩状态，销售下降，生产和采购也随之减少，投资锐减，整个循环中资产减少，企业存在过剩的货币资产。如果企业预知不景气的时间很长，不仅会大幅减少投资，还会推迟固定资产的重置，进一步增加企业的货币资产，使其在企业资产中的比重增大，而固定资产比重相对减少。

相反，在经济繁荣阶段，市场信心增强，市场需求旺盛，企业生产规模不断扩大，不断加大对存货资产和固定资产投资，现金需求量持续攀升。从而导致存货资产和固定资产规模迅速扩大，在企业资产中的比重增加，而货币资产比重下降。

2.行业特征

行业特征是影响企业资产结构的关键外部因素。不同行业的企业，其资源配置的侧重点不同，资产结构往往存在重大差异。

从行业性质看，处于制造业的企业，主要通过降低产品成本获取利润，企业一般通过扩大生产规模，达到规模效益，以成本优势来获取盈利。由于在制造业企业中，固定资产占据着重要位置，所以生产规模的扩大意味着企业固定资产规模的扩大。处于商品流通业的企业，主要通过商品的购销差价获取利润，所以在该类企业中，货币资金、商品存货等流动资产会占据重要位置，固定资产比例一般较小。服务行业或高科技行业与以上两类行业也存在差异，该行业内的企业主要通过产品差异获取利润，所以一般通过投资无形资产或其他技术含量高的、难以模仿的资产来获取超额利润。在这类企业中，占比较高的是无形资产和科技含量较高的资产。

从季节性角度看，如果企业处于季节性较强的行业，企业的资产结构一般会根据市场变化做相应调整。为了保障顺畅的运营和快速的反应能力，在这类企业的资产结构中，临时波动性较高的资产比重比较大、永久固定的资产份额则相应较小。而对于季节性变化不明显的行业，企业资产结构和规模相对比较稳定，临时波动资产比重较小、永久固定资产比重较大。

二、资产结构的类型

（一）流动性与资产结构

正如我们在第三章提到的，根据资产的流动性，一般可将资产划分为流动资产和非流动资产两大类。在此基础上，我们可以对资产结构进行划分，大体划分为三大类：保守型资产结构、中庸型资产结构和扩张型资产结构，如图 4-1 所示。

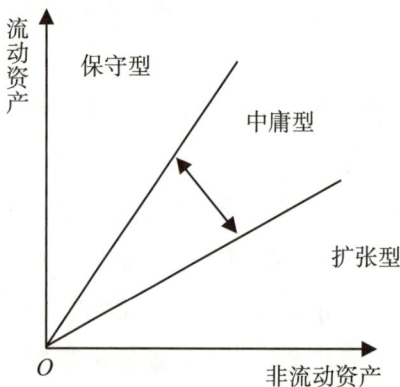

图 4-1　资产结构模式

1. 保守型资产结构

保守型资产结构是指企业拥有的流动资产比重大，占总资产一半以上的一种结构。由于企业重视资产流动的变现能力，偿债能力也随之增强，因而被称为保守型的资产结构。但是，企业更注重运营资金的持有，则意味着其倾向于强调简单的再生产，而较少考虑规模的扩张，企业的整体效益水平难以提升。不过，流动性强和利润低的平衡匹配也只是整体而言，不同行业或不同公司应根据自身特点和业务需要具体考虑。

以江苏恒瑞医药股份有限公司（以下简称恒瑞医药，股票代码：600276）为例，表 4-1 中可以看到在恒瑞医药的资产结构中，流动资产的占比基本都维持在 80% 附近，而长期资产的占比则基本在 20% 及以下。因此，恒瑞医药的资产结构属于保守型资产结构。这是恒瑞医药的业务特征决定的，因为其产品的生产并不是很依赖大量设备，而是与研发、销售密切相关。比如销售毛利率高达 85% 以上，而销售费用和研发投入占收入的比重达到了 53% 以上，故企业需要准备大量的现金；同时，销售对象集中面向医院（客户强势），也使得应收款较多。

表 4-1　恒瑞医药的资产结构

项目	2015 年	2016 年	2017 年	2018 年	2019 年
流动资产合计 / 亿元	93.78	113.93	144.69	180.69	223.11
非流动资产合计 / 亿元	21.18	29.37	35.71	42.92	52.45
资产总计 / 亿元	114.97	143.30	180.39	223.61	275.56
流动资产占比 / %	81.57	79.50	80.21	80.81	80.97
非流动资占比 / %	18.42	20.50	19.80	19.19	19.03

2. 中庸型资产结构

中庸型资产结构是企业中流动资产和非流动资产近乎相等的一种结构，是一种均衡的结构。从理论层面分析，这种结构是最稳定的，这是因为在企业日常的生产经营管理活动中，一方面需要设备、厂房、机器等固定资产这些基本的物质基础作为保障，另一方面存货、现金等流动性资源也是必不可少的，以应对临时性、突发性的需求。可以说，中庸型资产结构把总资产相对均衡地配比于流动资产和长期资产中，统筹兼顾了企业短期和长期发展，效益和规模的关系，从而使企业的运营状况、财务状况趋于稳定。

以医药公司华润双鹤药业股份有限公司（以下简称华润双鹤，股票代码：600062）为例，表 4-2 中可以看到在其资产结构中，流动资产和非流动资产的占比基本都维持在 50% 左右，各占一半。因此，华润双鹤的资产结构属于中庸型资产结构。相比恒瑞医药，华润双鹤的非流动资产占比较高的原因在于其对外并购产生了金额较大的商誉，以及存在研发投入的资本化（恒瑞医药全部都是费用化）等。

表 4-2　华润双鹤资产结构

项目	2015 年	2016 年	2017 年	2018 年	2019 年
流动资产合计 / 亿元	37.59	43.06	47.80	51.35	60.39
非流动资产合计 / 亿元	40.04	39.36	46.58	51.71	52.38
资产总计 / 亿元	77.63	82.42	94.38	103.06	112.77
流动资产占比 / %	48.42	52.24	50.65	49.83	53.55
非流动资产占比 / %	51.58	47.76	49.35	50.17	46.45

3. 扩张型资产结构

扩张型资产结构是企业中非流动资产总额占总资产的比重大，流动资产小于非流动资产的一种结构。企业将大部分资金分配到固定资产、无形资产等变现能力较差的资产上，这些非流动资产为企业提供了雄厚的物质基础。采取这种结构的企业往往追求外延式的扩大再生产，不注重对资产的短期偿债能力和流动性的考量，善于利用企业规模经济的优势，开展资本运作，重视企业长期发展。尽管扩张型资产结构忽略了流动性，但并不代表企业一定会发生财务危机。不过考虑到企业投资额大，投资回收期长，投资风险也相对较大，一旦出现筹资不畅、投资项目预期效益差，甚至不能按期收回投资时，企业难免会出现财务危机。

以贝达药业股份有限公司（以下简称贝达药业，股票代码：300558）为例，从表4-3中可以看到除2016年外，在贝达药业的资产结构中，非流动资产在资产总额中的占比均高于流动资产，且2017—2019年非流动资产占比均高于80%。也就是说，非流动资产占比远远高于流动资产占比，符合我们所说的扩张性资产结构。非流动资产大幅增加的原因在于其在2017年收购了一家医药科技公司，产生了4.14亿元的商誉。

表4-3　贝达药业资产结构

项目	2015年	2016年	2017年	2018年	2019年
流动资产／亿元	5.60	13.04	5.07	5.75	7.92
非流动资产／亿元	5.87	8.64	22.66	28.85	33.41
总资产／亿元	11.47	21.67	27.73	34.60	41.33
流动资产占比／%	48.82	60.18	18.28	16.62	19.16
非流动资产占比／%	51.18	39.87	81.72	83.38	80.84

（二）投资去向与资产结构

我们还可以根据投资的去向对企业的资产结构进行分类，即根据企业将资源投资于企业外部（合并报表层面）的占比，将企业资产结构划分为3种类型：经营主导型结构、金融主导型结构和经营与金融并重型结构。

需要说明的是，本部分出于分析的目的，在此将长期股权投资归类为金融性投资，主要原因有两个：首先，即使长期股权投资与企业业务相关，或具有战略目的，且企业具有重大影响，但企业并不能控制被投资企业的经营决策或财务决策，企业不能享有被投资企业的自由现金流，大多数时候只能被动地获得现金分红或转让时的股权增值。其次，长期股权投资既反映了被投资企业账面资产的公允价值，也反映了被投资企业账面没有反映的资产价值（如企业文化、品牌、客户关系等），因而与企业持有的其他资产存在差异。

1.经营主导型结构

经营主导型结构就是指资产结构中以经营性资产为主的资产结构。由于经营性资产主要围绕企业的业务而被企业所拥有，故采取这种结构的企业，多聚焦于自身的主营业务，通过内生性增长创造价值。例如，格力电器的资产负债表显示，虽然近两年格力电器出于多元化战略考虑，对外投资不断增加，但总体而言，在母公司资产负债表的资产总规模中，经营性资产仍然占据主导地位，因此属于经营主导型结构（见表4-4）。

表4-4　格力电器的资产结构

项目	2015 年	2016 年	2017 年	2018 年	2019 年
经营性资产 / 亿元	1085.46	1381.73	1622.9	1858.6	2059.48
金融性资产 / 亿元	531.52	441.97	526.78	653.74	770.24
总资产 / 亿元	1616.98	1823.70	2149.68	2512.34	2829.72
经营性资产占比 / %	67.13	75.77	75.49	73.98	72.78
金融性资产占比 / %	32.87	24.23	24.51	26.02	27.22

注：经营性资产和金融性资产的详细构成和计算请参见第六章"盈利能力分析"。

2. 金融主导型结构

金融性资产是指公司出于谋求财务利润的目的将多余的现金临时或长期投入各种有价证券，如其他公司的股票或债券、政府债券、基金、银行理财等；此处出于分析的目的，也将长期股权投资归类为金融性投资资产。金融主导型结构是指企业金融性资产在资产总规模中的占比大，且其利润占比也较高的一种结构。金融主导型企业的发展重心不在于生产经营，而在于金融投资业务，比如投资入股其他公司形成长期股权投资等，相较于经营所得，企业的利润更多来源于其投资收益。

蔡明荣和任世驰在《企业金融化：一项研究综述》中认为，企业金融化可以从两个层面进行界定：第一，从行为角度看，这是公司采取的一种偏重于资本运作的资源配置方式，具体表现为公司将资产更多地配置于投资活动而非传统的生产经营活动；第二，从结果的角度看，公司的利润更多地来源于投资和资本运作，而不是生产经营业务，公司追求单纯的资本增值而非经营利润。

3. 经营与金融并重型结构

经营与金融并重型结构是企业中经营性资产和金融性资产近乎相等的结构。采取这种结构的企业一方面通过保证自身经营性资产实现较强的规模效应，发挥企业的核心竞争力，占据一定的市场竞争地位；另一方面，通过多元化的投资，提升企业的竞争力，降低企业的风险。以上海复星医药（集团）股份有限公司（以下简称复星医药，股票代码：600196）为例，在表4-5中，金融性资产的占比基本维持在35%以上，最高的时候达到了45%，说明复星医药对资本市场和外部资源的依赖。进一步结合复星医药的利润构成，我们可以发现投资收益占据了一半以上的利润，尤其买卖股票等获得了很高的利润，反映了复星医药自身业务的"弱势"，而对具有投机性的投资业务的热衷，这也许是复星医药在资本市场估值远低于同行的重要原因（复星医药的利润规模与恒瑞医药接近，但市值却相差非常大）。当然，复星医药自身业务所带来的利润占比在逐步提升。

表4-5 复星医药的资产结构

项目	2013 年	2014 年	2015 年	2016 年	2017 年	2018 年
经营性资产 / 亿元	177.21	209.00	209.37	247.72	406.24	458.69
金融性资产 / 亿元	116.5	144.4	172.69	189.01	213.5	246.88
经营性资产占比 / %	60.47	59.14	54.80	56.82	65.55	65.01
金融性资产占比 / %	39.53	40.86	45.20	43.18	34.45	34.99
营业利润 / 亿元	28.19	23.94	32.97	33.99	40.75	35.36
投资收益 / 亿元	21.41	19.25	23.47	21.25	23.07	18.15
联营合营企业的投资收益 / 亿元	7.72	9.1	11.07	13.43	13.51	13.49
买卖股票的投资收益 / 亿元	13.69	10.15	12.4	7.82	9.56	4.66
企业自身业务利润 / 亿元	6.78	4.69	9.5	12.74	17.68	17.21
企业自身业务利润占比 / %	24.05	19.59	28.81	37.48	43.39	48.67
投资收益占比 / %	75.95	80.41	71.19	62.52	56.61	52.33

注：金融性资产 = 交易性金融资产 + 应收利息 + 可供出售金融资产 + 其他权益工具投资 + 其他非流动金融资产 + 长期股权投资。此处将长期股权投资归类为金融性资产主要是为了考察复星医药的对外依赖程度。买卖股票的投资收益 = 投资收益 – 对联营企业和合营企业的投资收益。

4. 特殊情况

需要注意的是，尽管这些分类方式适用于大多数企业，仍有部分企业并不适用，比如有些企业将资产更多地配置于金融投资活动，而利润仍主要来源于日常生产经营活动，或者相反，资产配置以生产经营活动为主，利润却主要来源于投资和资本运作。在这种情况下，企业的资产结构如果仍然按照上述划分方式，就会造成误导。

以苹果公司为例，从 2011 年以来，苹果公司的资产结构中金融性资产的占比超过 70%，按上述划分标准，苹果公司应划分为金融主导型结构的公司，但事实上，苹果公司的营收和利润主要依赖于其经营业务，经营业务的利润占比超过 95%。苹果公司之所以拥有超多的金融性资产，主要原因在于苹果公司太赚钱了，拥有大量的利润和现金流，同时海外和国内的资金错配也导致苹果公司持有更多的金融性资产（海外利润汇回美国本土需要补交大量的税款，使得海外现金流只能大量投资于金融性资产，而美国本土则需要大量举债并以短期交易进行资金配置）。类似地，海天味业也是如此，海天味业在 2019 年拥有的现金和银行理财的金额达到了 183 亿元，占比总资产高达 74%，但利息收入、投资收益等金融性资产创造的利润占营业利润不足 10%。

新希望则相反，金融性资产的占比不足总资产的 30%，但其提供的利润占比在 2018年及之前则通常达到了 2/3。因此，我们在对企业资产结构进行划分时，可以参考这些标准，但需要结合企业的具体情况，不能一概而论。

（三）资金占用与资产结构

我们还可以根据企业为了经营业务的持续经营和发展需要投入的资本，将企业的资产结构分为轻资产和重资产两类。如果企业的业务规模占用了大量的资产，则我们归类为重资产模式的资产结构；相反，如果企业的业务占用资产较少，则我们归类为轻资产模式的资产结构。占用资产的多少，从资产负债表来看，有两个维度：**一是长期资产的规模和占比**。长期资产的变现周期较长，企业需要在业务开展初期投入大量资金形成开展业务所必需的资产，这样企业的资金压力和需求会比较大。**二是经营性营运资本的规模和占比**。经营性营运资本尽管是企业开展业务所必须，但也占用了企业的大量资金。企业如果需要投入大量经营性营运资本来维持业务或维持业务的扩张，那它的资金需求也非常强大，需要不断地融资和占用投资者宝贵的资金。比如华夏幸福 2019 年的收入达到千亿元，长期资产（扣除在建工程）300 多亿元，但经营性营运资本高达 1700 多亿元。

上述两个分类维度只要满足其中一条，即企业需要投入大量长期资产，或企业需要投入大量经营性营运资本，我们就可将其归类为重资产经营模式。轻资产模式则是长期资产和经营性营运资本的投入均较低。服务业、软件开发行业和互联网行业的公司天然比较倾向于轻资产模式，而制造业和运输业公司则可能倾向于重资产模式，但也并不绝对，比如我国的海天味业、美国的喜诗糖果公司都是制造业，但从报表来看，是典型的轻资产经营模式，即长期资产规模不大，经营性营运资本甚至为负。

此外，轻资产和重资产的分类并不绝对和一成不变，要结合企业的具体情况和发展阶段或战略来分析。有些公司的长期资产非常多，且使用寿命非常长，但经营性营运资本却极其少，比如中国长江电力股份有限公司（以下简称长江电力，股票代码：600900），其从业务正常开展后，企业的收入就几乎都是现金流了，这就是典型的轻资产经营。有些企业在发展初期可能是轻资产经营，但随着企业的发展，资产也可能变重，比如阿里巴巴，早期专注于互联网交易平台的建设与客户服务，但后面通过并购一些重资产企业，企业的资产负债表也在逐渐变重。

1. 轻资产模式

所谓轻资产，就是以"轻"为特点，以"虚"为核心的企业资产，主要体现为企业的资产由货币现金、存货和无形资产等构成。与"重资产"相比，它们占用资金较少，适应性强，使用灵活，资产回报率高。企业文化、品牌、专利、知识产权、客户关系和公司卓越的管理能力等这些无法在资产负债表中反映的才是企业真正的"资产"，是企业保持市场竞争优势的关键。

（1）轻资产模式的特征

轻资产模式的特征首先体现在其资产的"轻质"上。"轻质"可以从两种角度理解，一是实体资产本身"轻"，即企业的资产组合中固定资产少，流动资产多，尤其是现金类资产；二是软实力资产在企业中占比高，即企业在品牌建设、产品设计、渠道构建、技术开发、市场拓展、客户关系管理等方面投入力度大，把低附加值的制造环节，或自身没有管理优势的重资产业务外包，从而减少企业的自有投资和管理成本。总而言之，轻资产运营模式具有财务投入低、资产规模小、资产形态轻、知识运用高、投资收益高的特点。

宏碁集团创始人施振荣先生提出了著名的"微笑曲线"来描述产业的利润分布（见图 4-2）。在一个行业中，上游的研究开发与下游的售后服务价值附加值较高，而中间的组装生产工序属于劳动密集型或资本密集型模式，随着标准化作业的采用和竞争的加剧，中间生产环节利润空间最小，因而产品工序流程的附加值就形成一个两头高中间低的 U 形曲线。可以说，采取轻资产模式的企业就是抓住了微笑曲线的高点。

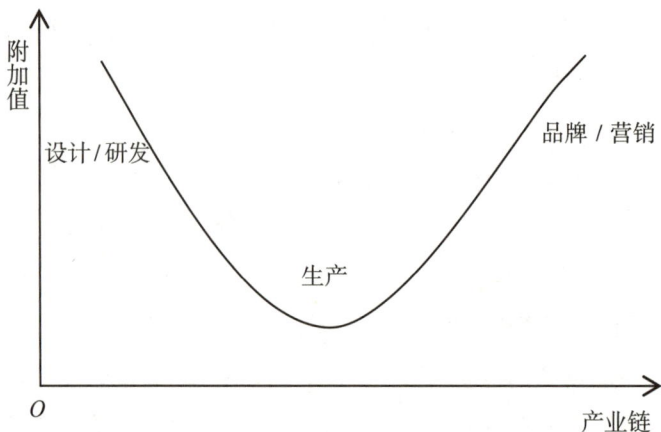

图 4-2　微笑曲线

（2）轻资产模式的优缺点

轻资产模式的好处和弊端同时存在。一方面，轻资产模式的优点是将有限的资源集中在利润最高的部分，可以降低投入、增强品牌知名度和提高社会资源的利用效率等。

但另一方面，轻资产模式也存在一定的不足之处，即过度的轻资产运营会产生经济泡沫，使企业无法有效控制产品的质量、丧失核心技术或者工艺、为自己培养竞争对手等。因此，并不是所有企业或行业都适合轻资产模式，比如食品行业就不太适用，因为容易出现质量失控，造成食品安全问题。

（3）轻资产运营的典型案例——阿里巴巴

在投资者和消费者眼中，阿里巴巴是一家"轻资产、平台化"的电商平台。基于平台型模式，阿里巴巴重在促成网上交易而不参与具体商品的销售。因此，在阿里巴巴资产负债表中，厂房设备等固定资产、存货和应收款占比较小，货币资金和证券投资占比高（见表 4-6）。

表 4-6　阿里巴巴的资产结构

项目	2016-03-31	2017-03-31	2018-03-31	2019-03-31	2020-03-31
货币资金占比 / %	29.26	28.30	27.81	19.68	25.15
证券投资占比 / %	10.28	7.62	6.93	17.66	14.79
应收款存货占比 / %	0	0	0	0	0
长期股权投资占比 / %	47.52	48.44	42.11	36.15	35.56
无形资产占比 / %	1.42	2.72	3.86	7.05	4.64
固定资产占比 / %	3.72	3.95	9.30	9.56	7.88
毛利率 / %	66.03	62.42	57.23	45.09	44.60
研发费用率 / %	13.63	10.78	9.09	9.93	8.45
销售费用率 / %	11.18	10.31	10.91	10.56	9.94
管理费用率 / %	9.10	7.73	6.49	6.60	5.53

注：阿里巴巴的财务年度与我国其他企业存在一些差异，它是以 3 月底为财务年度的截止日期的，而不是通常的 12 月 31 日。

为满足用户的多元化需求，增强用户黏性，阿里巴巴在业务布局上更偏向多元化，即建立的是横向同心圆型商业生态系统。因此，阿里巴巴在投资方向的选择上更为多样化，诸如在社交、金融、医疗、文化体育等多个行业都有涉及。比如，近 6 年，阿里巴巴在 2015 年投资并购第一财经 30% 股权，饿了么 27.7% 股权；2016 年投资并购 Lazada Group 51% 的股权；2017 年投资并购大走网和魅力惠 100% 股权；2018 年投资并购中通快递 10% 的股权，蚂蚁金服 33% 的股权等。因此，长期股权投资占总资产的比重也很高。

相对应地，阿里巴巴的毛利率在 2017 年以前高达 60% 以上，这在零售领域是其他企业望尘莫及的（比如京东或其他零售百货公司的毛利率不超过 15%）。这主要是阿里巴巴并不需要自己亲自从事产品的采购或销售。之后阿里巴巴的毛利率持续下降，甚至在 2019 年后降低至 50% 以下，主要在于其并购了很多低毛利率的企业，这些企业合并进来后导致整体的毛利率降低了；还有拼多多和京东的竞争也使得阿里巴巴的强势市场地位受到了挑战，使得其向客户收取的佣金在下调，而员工工资又在上涨。

与其他零售企业不一样的地方还有两个：一是阿里巴巴拥有较高比例的研发投入费用，接近营业收入的 10%，说明阿里巴巴需要不断开发新的技术或产品来提升其服务客户的能力，或吸引更多的消费者，或进行大量消费数据的二次开发等。二是阿里巴巴的销售费用率比较高，基本在 10% 以上，说明公司需要花费比较多的广告或促销活动来吸引消费者和商家客户。

（4）轻资产运营的典型案例——中通快递

如表 4-7 所示，我国的快递行业有两种商业模式：重资产直营制和轻资产加盟制。中通快递采取的就是轻资产加盟制。按照包裹量统计，中通快递（以下简称中通）是我国最大的快递服务供应商，市场占有率在 2020 年达到 20.39%，2019 年为 19.1%，市场份额上升很快。表 4-7 描述了直营制和加盟制的区别和各自的优劣势。整体而言，加盟制可以降低投入，尤其是劳动力的投入，实现低价竞争、快速发展和市场扩张，但缺点在于整个快递环节的协调性较弱，使得速度较慢和服务质量要弱一些。

表 4-7　快递行业商业模式

模式	直营制	加盟制
主要快递公司	顺丰快递、邮政快递、德邦快递、京东快递、苏宁快递、日日顺快递等	直营制以外的大多数快递公司，如圆通快递、申通快递、中通快递、韵达快递和百世快递
运营模式	快递公司控制从取件到派件的整个快递过程，并需要建立一个完整的基础设施网络，包含分拣中心和取派件服务站，并招募快递团队和采购运输工具	快递公司仅负责分拣和转运工程，加盟商负责取件和派件，并承担建设和运营取派件服务站的费用
收入与成本	公司取得所有收入并承担所有成本	公司向加盟商收取面单费及转运费，并承担分拣与运输过程中产生的费用
优势	在重资产的直营模式下，公司的管理更高效，服务质量控制更好，融资能力更强	较少资本需求，能够快速扩张
劣势	较多资本需求，扩张较慢	管理和服务质量较差，因适合作为抵押物的资产较少，故缺乏融资能力

根据中通快递的资产负债表，我们可以看到其固定资产净额在不断增加，2015—2019 年末分别为 17.53 亿元、40.66 亿元、64.73 亿元、90.36 亿元和 124.71 亿元，与其他通达系企业相比，中通快递的固定资产体量最大，主要为购买的厂房、设备与车辆，似乎与轻资产模式不符。这是由于快递行业处于重资产化的趋势中，中通快递为了保持领先地位并进一步扩张，必要的固定资产投资也是可以理解的。此外，我们结合单件对应的固定资产，就可以发现采用重资产直营制的顺丰快递（以下简称顺丰）和轻资产加盟制的通达系还是存在较大差异的，具体如图 4-3 所示。从中可以看到，顺丰的资产规模在 2019 年年末接近 190 亿元，单件快递对应资产规模是中通的 3 倍多。

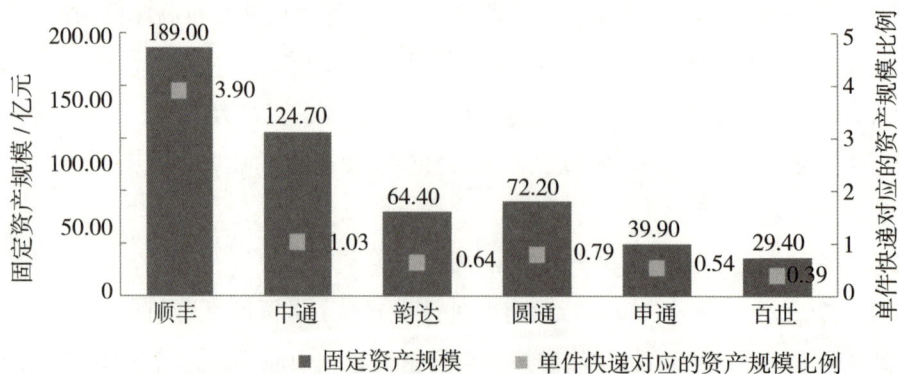

图 4-3　快递企业 2019 年固定资产规模

此外，从利润方面来看，如表4-8所示中通快递的收入规模远远小于顺丰，但净利润却相差不多，使得利润率远远高于顺丰，比如2019年中通快递的销售利润率高达30.3%，而顺丰仅有5.2%，两者相差近5倍，这也符合轻资产模式的特点。

表4-8　快递企业2017—2019年的利润水平

快递企业	利润指标	2017年	2018年	2019年
顺丰速运	收入/亿元	712	909	1121
	净利润/亿元	48	45	58
	利润率/%	6.7	5.0	5.2
中通快递	收入/亿元	130	176	221
	净利润/亿元	31	43	67
	利润率/%	23.8	24.4	30.3
申通快递	收入/亿元	126	170	230
	净利润/亿元	15	20	14
	利润率/%	11.7	11.8	6.1
韵达速递	收入/亿元	99	138	344
	净利润/亿元	16	26	26
	利润率/%	16.2	18.8	7.6
圆通速递	收入/亿元	199	274	311
	净利润/亿元	14	19	16
	利润率/%	7.0	6.9	5.1
三通一达均值	收入/亿元	185	253	369
	净利润/亿元	25	36	41
	利润率/%	13.7	14.2	11.1

2.重资产模式

重资产模式是与轻资产模式比较而言的，是指在资产结构中企业所持有的例如厂房、设备、原材料等的有形资产占总资产比例较高，以期通过规模经济获取利润的运营模式。因此，重资产运营的企业往往是规模竞争型企业，为了应付不断升级的竞争，企业往往需要持续地进行资本性支出。

此外，重资产模式还可以体现为大量的经营性营运资本的投入，即公司通过大量的存货和应收款来驱动业务的开展。这种模式需要占用大量的资金，同时也不具有规模经济，反映了公司管理效率的低下，或者公司业务在产业链中的弱势地位，需要为客户垫付资金和建立仓储，同时也很难转移给供应商，是一种较为典型的资金消耗型经营模型。

（1）重资产模式的优缺点

重资产模式的优势和劣势特点非常鲜明，优势主要有以下两点。

● 企业对资本和技术的投入大，形成的进入门槛高，运营模式不易被效仿，易形成行业寡头垄断，产生规模效应，很容易实现长期盈利。

● 企业的大量资产是对企业能力的认证，客户会因为企业的固定资产或者厂房较多，从而产生信心，企业的资产是对客户最好的保证。

重资产模式的劣势主要有以下3点。

● 企业需要大量的资金来运作，机会成本很高。

● 形成大量固定成本，过多的资源固化成厂房、土地、设备等，企业的折旧摊销费用等固定成本很高，资产的流动性降低，如果进行转产或者资源使用不充分，容易造成资金链断裂的风险。

● 企业的后续支出也很大，将会发生大量的更新、维修费用。同时，经营上的瓶颈效应使企业如果想要获得更大的规模、效益，就必须再次增加大量的资金投入。

（2）重资产模式的财务表现

重资产模式的财务表现主要包括资产、利润、现金流等方面。从资产负债表角度，由于重资产模式最重要的特征是资产形态的固化，因此重资产模式下企业资产的具体表现形式为主要由大量固定资产和存货构成。从利润表角度着手，重资产模式会产生大量的折旧和摊销费用，而轻资产模式的企业的费用主要集中在广告和研发两方面。此外，重资产模式的企业在利润表中表现为盈利能力不足，在现金流量表中则表现为较低的现金流动速度和较少的现金净流量。可以说，重资产模式本质上是指企业固化了可控资源（包括权益资本和债权资本），使企业无法撬动更多的外部资本以获取更大的经济利益。

（3）重资产运营的案例——京东集团

京东集团的重资产运营首先表现为其仓库、设备等固定资产投入较大。当下，京东的电商业务以自营业务为主，以平台业务为辅。在自营业务模式下，京东以批发价购入商品，以零售价卖出商品，赚取差价，承担存货风险，同时提供售后服务，因此京东存在大量存货，而存货的产生意味着企业需要对仓储等环节进行投入。此外，京东以重资产方式自建物流业务，完成境内所有行政区县全覆盖，京东物流以品牌化运营方式全面对外开放。这就使得京东需要大面积购买地皮用来建造仓储中心，并大幅投入物流设施的建设，这就导致一方面土地使用权的账面价值持续增长，另一方面在建工程大幅增加。

根据京东集团近5年财报，其存货占比基本维持在总资产的20%左右。而对于非流动资产，京东的固定资产在2015年末达62.33亿元，主要用于物流设备、设施的建设及仓储中心的投入，该数值较年初增加近38亿元，增幅达159%；此后几年，京东对物流设备、设施的投入持续增加，至2019年末，其固定资产达到206.54亿元。2015年末，土地使用权的价值为19.28亿元，至2019年末，土地使用权价值增长至108.92亿元，增幅高达465%，意味着京东集团在这几年间内花费大量资金购置土地。此外，京东的在建工程由 2015 年末的 12.67 亿元增长至 2019 年末的 58.06 亿元，表明京东的物流建设的规模仍在扩大。而其固定资产占比等明显远高于阿里巴巴，这就体现了京东和阿里巴巴不同运营模式下对其具体投资活动的影响。

这些特定业务使京东集团在财务上表现为短时间内无法盈利，资产流动性差，现金净流量不足。2019 年底，京东物流在 89 个城市运营 700 多个仓库，总建筑面积约 1690 万平方米，配送人员 132200 多名，仓储员工 43700 多名。京东集团的资产结构如表 4-9 所示。

表 4-9　京东集团的资产结构

项目	2015-12-31	2016-12-31	2017-12-31	2018-12-31	2019-12-31
存货 / 亿元	205.40	289.09	417.00	440.30	579.32
固定资产 / 亿元	62.33	73.97	125.74	210.83	206.54
在建工程 / 亿元	12.67	19.92	31.97	65.54	58.06
土地使用权 / 亿元	19.28	24.48	70.51	104.76	108.92
总资产 / 亿元	850.15	1603.74	1840.55	2091.65	2597.24
存货占比 / %	24.16	18.03	22.66	21.05	22.31
固定资产占比 / %	7.33	4.61	6.83	10.08	7.95
在建工程占比 / %	1.49	1.24	1.74	3.13	2.24
土地使用权占比 / %	2.27	1.53	3.83	5.01	4.19

尽管京东的主营业务为互联网线上销售，但其自营模式使京东集团同时还具备一些生产制造业的企业特点，例如大量的仓储费用和配送费用，即履单费用偏高。近 5 年京东产生的履单费用分别占当年自营收入的 8.30%、8.81%、7.79%、7.69%、7.24%。

此外，在重资产模式下，京东主营业务的获利能力有限。尽管近年来，由于京东规模扩大，其规模效应增强了对上游供应商的议价能力，降低了商品进价，企业毛利率较 2015 年有所增长，然而其增长速度较为缓慢，加上京东的总费用率居高不下，导致其盈利水平较为微弱（见表 4-10）。当然，当前的盈利能力并不代表京东采取重资产模式的难堪，也许，正是重资产经营模式帮助京东取得了区别于阿里巴巴的差异化，从而在更加激烈的竞争中谋得持续发展。

表 4-10　京东的毛利率

项目	2015 年	2016 年	2017 年	2018 年	2019 年
营业收入 / 亿元	1812.75	2601.22	3623.31	4620.2	5768.89
营业成本 / 亿元	1570.08	2206.99	3115.17	3960.66	4924.67
毛利率 / %	13.39	15.16	14.02	14.28	14.63

从现金流角度，京东投资活动现金流量持续为负值且呈上升趋势，但目前经营活动产生的现金流并不充裕，远不能满足投资活动所需的大量现金流出，因此只能依靠融资

活动，这就导致融资活动产生的现金流量在现金流量总额中所占的比重较高。

（4）重资产运营的案例——顺丰速运

顺丰速运也是典型的重资产企业。与中通不同，顺丰的商业模式为直营制，这就决定了它的资产结构为重资产运营模式。顺丰的重资产运营首先表现为其房屋建筑物、飞机及配件等固定资产投入较大。由于顺丰从创建以来，给自己定位的客户群是中高端客户群，并且稳稳把握快递"快"的特点，发挥速运的最主要职能。要发挥这一特点，对运输工具的绝对支配权利和对快递全过程的控制是关键因素，顺丰深知这一点，放弃了短期的利益，大幅投入物流设备和设施的建设，进行重资产化，做到对客户的承诺。

如表4-11所示，根据顺丰2015—2019年的财报，其固定资产稳步增长，且除2018年外，占总资产比重均高于20%。2016年末，顺丰固定资产达116.78亿元，较年初增加38.52亿元，增幅达49.2%，主要原因是购建飞机和运力设备，物流场地及设备竣工转固，以及公司收购带来固定资产、场地等。类似的，以后年度固定资产增加主要是房屋建筑物、飞机及配件增加所致。2016年末，无形资产达44.76亿元，较上年增长96%，主要是系公司通过收购子公司及直接购买方式增加土地使用权约21亿元。同期，顺丰控股已签约土地面积约196.9万平方米，总规划建筑面积约212.7万平方米，已建成建筑面积约76.4万平方米。顺丰之所以购进土地，是因为电子商务引爆快递行业高速发展，物流场地资源是快递行业长远发展的核心资源。此外，顺丰在建工程由2015年末的16.39亿元增长至2019年末的31.16亿元，表明顺丰物流建设的规模仍在扩大，其中2016年和2019年在建工程减少主要是工程项目转固导致的。

表 4-11　顺丰的资产和负债结构

项目	2015 年	2016 年	2017 年	2018 年	2019 年
固定资产 / 亿元	78.26	116.78	118.95	139.67	189.04
在建工程 / 亿元	16.39	8.44	23.07	65.08	31.16
总资产 / 亿元	347.17	441.35	576.6	716.15	925.35
固定资产占比 / %	22.54	26.46	20.63	19.50	20.43
在建工程占比 / %	4.72	1.91	4.00	9.09	3.37
短期借款 / 亿元	65.85	54.66	46.19	85.85	60.53
长期借款 / 亿元	40.27	47.61	23.45	9.98	65.40
应付债券 / 亿元	0	0	5.29	64.05	105.98
负债合计 / 亿元	209.58	235.78	249.28	347.01	500.42
有息负债占比 / %	50.63	43.38	30.06	46.07	46.34

在负债层面，顺丰的负债结构中有息负债占比高、利息费用高。根据顺丰的财务报表披露，其在2015—2019年，除2017年有息负债占比为30.06%外，其他年度占比均

超过40%。相应地，顺丰的利息费用也比较高，2019年为9亿元。

由于顺丰采用重资产模式，一直坚持对固定资产的投入，买地建自有机场，买飞机，所以其固定资产持有量较高。相应地，折旧费及摊销费用也较高，2018年和2019年分别为29.69亿元和37.4亿元，分别占营业成本的3.98%和4.04%。

三、资产结构与企业发展战略的匹配性

合理配置资产结构不能脱离公司的发展战略，而企业可持续盈利能力的提高也和资产结构配置有很大关系。

一方面，企业的战略选择是企业决定选用何种资产配置模式的重要依据，企业应根据自身所处的不同战略发展阶段，选择不同的资产结构，以便为企业战略目标的实现提供支撑。比如，恒瑞医药的发展战略是称为创新型研发医药企业，则其持有大量现金流以应对研发支出和销售活动。相反的一个例子是乐视网，其目标是称为娱乐行业的全产业链玩家，但在行业需要不断创意和人才的背景下，公司却配置了大量的无形资产和应收款，为其发展目标服务就显得有些力不从心（娱乐行业的版权的获利能力往往集中在版权初期）。

另一方面，资产结构是决定可持续盈利能力的重要因素。资产作为企业拥有和控制的资源，是企业生产产品和提供服务的根本，拥有行业内独一无二的核心资源，就是企业可持续盈利能力的最大保障。相应地，可持续盈利能力作为一种结果也会对公司战略和资产结构产生一定的校正作用。如果企业为了某种战略，而买入了大量的资产，最后可持续盈利能力却没有提高，那就表明公司的判断可能出现了错误，或者资产的利用率存在问题，这时候，就需要公司反思自己的战略和资产结构的配置。

总之，公司战略、资产结构和可持续盈利能力相互影响，相互作用。公司必须在战略目标的指引下，配置合理的资产结构，以获得可持续盈利能力，而一旦可持续盈利能力的提升不及预期，企业就要反思公司战略的制定和资产结构的配置是否合理。

（一）按流动性划分

1. 保守型资产结构的企业战略分析

采用保守型资产结构的企业，通常将重心放到再生产，而不是激进的扩张方面。因此，企业的发展战略也相对稳健。

我们在前面提到，恒瑞医药目前的资产结构为保守型结构，更注重现有生产能力的保持。这主要是因为药品的生产能力在医药行业并不是很重要的能力（除非特殊时期），而研发和销售才是更重要的。

2.中庸型资产结构的企业战略分析

当企业采取扩张战略，但又不愿意太过激进时，通常会在资产配置时保持均衡，也就是采用中庸型资产结构。这样，企业一方面通过保持自身流动资产的比重，保证日常的生产经营活动，以及应对临时性的需求；另一方面，通过投资又可以进行扩张，增强盈利能力，提升企业的竞争力。

3.扩张型资产结构的企业战略分析

如果企业处于快速扩张期或采取高速扩张战略时，企业通常需要通过投资来满足不断增长的需求。比如专注于核心产品的制造业企业为了满足产品销售的需求，需要大量投资机械设备等固定资产以提高产量；采取多元化战略的企业可能会通过不断对外投资提高竞争力，扩大市场份额。这些都会使非流动资产的占比增加，而流动资产占比则会减少，从而使企业呈现扩张型资产结构。

贝达药业作为处于快速扩张期的企业，固定资产投入、研发支出持续增加，表现为扩张型资产结构。事实上，这一资产结构也与贝达药业坚持差异化竞争战略相关。面对带量采购、药品降价的挑战，公司专注于自主创新药盐酸埃克替尼的研究和开发，坚持埃克替尼"非凡TKI[1]，我们不一样"的差异化竞争策略，而这一产品优势也是公司的主要竞争力。为了实现企业的扩张及差异化战略的落实，现阶段的投入是必不可少的，因此在资产负债表层面，可以看到公司的非流动资产占比远高于流动资产占比。

（二）按投资去向划分

1.经营主导型结构的企业战略分析

经营主导型企业为了最大限度地保持自身的核心竞争力，通常会以固定资产、存货等经营性资产的管理为核心，采取一定的竞争战略（如低成本战略、差异化战略和聚焦战略等），为企业的利益相关者持续创造价值。

正如我们前面分析的，格力电器采取的是经营主导型结构，这也与该公司的战略相匹配。

（1）专业化经营战略，产品核心竞争力突出

从发展战略上来看，格力电器长期坚持在空调生产经营上走专业化道路，将空调经营作为核心业务，因而其在资源配置时会优先考虑空调业务的研发、生产、销售需求，保证空调业务在市场的领先地位。为了更好地发展，格力还需要建立完善的销售体系，加快营销模式转型升级，全面拓展营销渠道，提高盈利能力。而这些战略和经营上的目标和方向，就会相应地反映在资产负债表中的固定资产、存货、应收账款等项目上。

---

[1] TKI，全称为 Tyrosine Kinase Inhibitors，中文名为酪氨酸激酶抑制剂。

（2）适度多元化，打造多元化、科技型全球工业集团

尽管格力电器的辉煌与其在空调领域的专一化经营战略分不开，但随着市场竞争的加剧，面对空调行业日益萎缩的市场机会及逐渐微薄的利润空间，格力电器从2012年开始将目光放到其他领域，走上多元化扩张发展道路，进军模具、智能装备、通信设备、芯片等领域，从专业的空调生产企业向多元化的高端技术企业转型。在向多元化转型的过程中，格力电器除了通过内部发展，还通过外部并购实现转型目标，也正因如此，可以看到格力今年的资产负债表中，投资性资产占比正不断提高，尽管目前仍低于经营性资产，但随着格力战略的推进，这一资产结构也可能发生改变。

2. 金融主导型结构的企业战略分析

选择金融主导型结构的企业往往是规模较大的企业集团，它们可以在较短时间内通过直接投资或者并购实现做大做强企业集团的目标。通过多元化战略或其他总体战略，着重管理子公司的资产，关注子公司的业务发展，以保持集团整体的竞争优势。这里我们选取美的集团作为案例进行分析，可以看到它的资产结构同样反映了其战略方向。

与格力电器专注于空调业务不同，美的集团的多元化战略更加明显。格力电器虽然也进行了适度的多元化，但坚持自主创新、自主生产，而美的集团是通过母公司直接投资或合并实现跨地域、跨产品的发展。不同于格力以空调业务确定市场强势地位，美的集团通过空调、冰箱等主要产品的"抱团"来保持集团总体的核心竞争力。

3. 经营与金融并重型结构的企业战略分析

采用经营与金融并重型结构的企业，既通过发展自身的生产经营和研发系统来维持核心竞争力，又通过对外投资实现跨越式发展，其扩张战略往往是稳健而积极的。

这类企业一方面通过保持自身经营性资产的比重，降低核心资产的经营风险，占据一定的市场竞争地位，最大限度地发挥核心竞争力。另一方面，通过对外投资，又可以实现产品或地域的多元化，开拓新的市场，提升企业的竞争力，同时降低企业的风险。

（三）按资金占用划分

1. 轻资产模式的企业战略分析

采取轻资产模式的企业，通常提供的不再是常规的有形商品，更多的是提供服务或技术。相应地，存货、固定资产等实物资产在报表上往往不存在或占比很小。这种情况下，企业在发展过程中更多地采取差异化战略而非成本领先战略。

以阿里巴巴为例，它的发展目标是"让天下没有难做的生意"，即通过提供一个交易平台，让商家和消费者可以方便地实现买卖。为此，阿里巴巴采取的是平台型商业模式，充当供应商与消费者之间的中介，基本不参与买卖双方的交易过程及后续的售后。

为了更方便交易，除了搭建天猫和淘宝等电商交易平台外，阿里巴巴还相继建立与之配套的支付宝、菜鸟物流网络、阿里云等业务体系，以此作为对其核心平台业务的支撑。

为了实现战略目标，阿里巴巴通过运用轻资产模式，将更多的资源投放在公司的优势项目及领域，这些优势项目体现为用户（活跃买家）、品牌（平台黏性）和大数据等。

2. 重资产模式的企业战略分析

与轻资产模式相反，选取重资产模式的企业在报表中往往存在大量的实物资产，也需要占比较大的固定资产等支持企业的生产经营活动。为了更好地控制成本，提高盈利能力，企业有可能采取成本领先战略等竞争战略实现企业价值。当然，不同行业、不同发展阶段的企业往往会制定不同的战略，资产结构体现了企业的战略，但这不代表企业的战略一定会对应某种特定的资产结构，要根据企业的情况进行具体分析。

以京东为例，它的发展目标是成为全球值得信赖的电子商务。为了实现"值得信赖"的目标，京东主要采取了以下两种与其他电商不同的策略：一是坚持自营模式，这样可以对产品进行有效控制，保证产品的质量；二是自建物流体系，以确保产品能够及时和安全地送到消费者手中，为消费者提供良好的购物体验。这两种策略都需要京东大量的投入，形成重资产模式。

类似地，顺丰也提出要发展成为值得信赖的物流伙伴，认为只有提供"迅捷安心的快递服务""高效可靠的物流服务"才能满足客户的需要。在这种愿景的指引下，顺丰快递业务始终专注于商务件和高端电商件市场，以直营模式和航空运输为特点，时效性和满意度连续多年稳居行业第一，享受品牌溢价。为此，顺丰需要大量购置包括物流车辆、飞机等固定资产，以及投入技术开发和建设智慧物流系统以保障物流效率。这些投入在资产负债表上体现为重资产和高负债。

第二节　资产的运营效率分析

一、运营效率的分析意义

资产运营效率研究的是企业资产的投入产出这个行动过程中的效率，研究企业在这个过程中对资产运用的有效程度，反映了企业的营运能力。对于资产运营效率的分析，涉及充分性和有效性两个层面的分析。**充分性**是指企业的资产是否被充分利用了，资产的功能是否被充分发挥了。**有效性**是指资产使用的效果，一般通过使用资产创造的收入来衡量。

可以说，企业对营运能力的分析，实质是对企业资产管理效率的研究，目的是评价企业资产的流动性和资产利用的效益，进而挖掘资产利用的潜力，提高对所拥有的资产使用效率，最终达到提高企业的市场占有率、提升企业的盈利能力、预防或降低经营风险等目标。

通常，企业营运能力分析的内容包括流动资产营运能力分析、固定资产营运能力分析和总资产营运能力分析。我们在实务中，往往通过应收账款周转率、存货周转率、流动资产周转率、营运资本周转率、经营性营运资本周转率、固定资产周转率、总资产周转率和经营性资产周转率等指标来代理衡量企业资产的运营能力。

二、资产运营效率指标

用以评价资产运营效率的指标主要是各类周转率与周转天数，例如，流动资产运营效率分析中，常用的指标有存货周转率、应收账款周转率、周转天数及企业营业周期（存货周转天数＋应收账款周转天数）等。

（一）流动资产运营效率

能够体现流动资产周转变化情况的指标主要有 5 个，它们分别是：应收账款周转率、存货周转率、流动资产周转率、营运资本周转率和经营性营运资本周转率。

1. 应收账款周转率

应收账款周转率是用于衡量企业应收账款流动程度的指标，它是企业在一定时期内（通常为一年）赊销净额与应收账款平均余额的比率，它反映的是一定期间内公司应收账款转为现金的平均次数。公司的应收账款如能及时收回，公司的资金使用效率便能大幅提高，坏账风险也能降低。用时间表示的周转速度是**应收账款周转天数**，也叫平均收现期，表示企业从取得应收账款的权利到收回款项所需要的时间。

应收账款周转率公式有理论和实际之分，其中，理论公式为

- $应收账款周转率 = \dfrac{赊销收入的净额}{应收账款的平均余额}$

- $应收账款周转天数 = \dfrac{计算期的日数}{应收账款的周转率} = \dfrac{应收账款的平均余额}{平均每日赊销的额度}$

实际公式为

- $应收账款周转率 = \dfrac{销售收入净额}{应收账款的平均余额}$

- $应收账款周转天数 = \dfrac{计算期天数（360）}{应收账款的周转率}$

两者的区别仅在于销售收入是否包括现销收入。尽管使用赊销净额（即销售净额

扣除现金销售部分）来计算，理论上会更加完备，但是数据难以得到，因此在实务应用中，通常使用销售收入计算。除了考虑实操的可行性，使用销售收入在一定程度上也满足理论定义，这是因为我们可以把现销业务理解为赊销的同时收回货款，这样，运用公式同样符合应收账款周转率指标的含义。

此外，需要注意的是，在计算公式中，销售收入为扣除折扣和折让后的销售净额；平均应收账款是指未扣除坏账准备的应收账款金额，是期初应收账款余额与期末应收账款的平均数。但由于资产负债表披露的是应收款净额，故为了方便，也可以用应收款净额来进行计算。

在一般情况下，如果一家企业的应收账款的周转率越高，应收账款的周转天数越短，那么就表明这家企业的应收账款的变现速度就越快，企业收账的效率就越高，资产流动性越强，短期偿债能力也越强。同时，较高的应收账款周转率也代表了企业较强的商业谈判能力和市场竞争力，减少了资金的沉淀，提升了资金的使用效率。如果一家企业的应收账款周转次数突然变少，收回账款的实际天数远远超过了企业规定的应收账款的天数，那我们就可以合理推断，这可能是企业对债务人发生交易之前所做的信用度调查不够详细清楚，或者对债务人进行账款催收的效率不高所致，而这些行为造成的直接结果就是结算资产时出现了坏账。

那么，应收账款周转率是越高越好吗？未必，我们都清楚物极必反，如果由紧缩的信用政策引起企业应收账款周转率过高的话，同样不利于企业扩大销售规模、提高商品的市场占有率。因此，企业的产品在市场导入期可以稍微放宽商业信用，进而谋求更多的客户和市场份额，而不是制定过紧的商业信用政策，将市场拱手让人，丧失企业发展的机遇。不过，在企业的产品进入高速发展后期和成熟期后，企业就需要加强信用政策以确保现金流了，因为此时市场的竞争将加剧，没有稳定的现金流将导致企业陷入困境。

在分析时，还需要注意的是，存在一些影响该指标正确计算的因素：季节性经营的企业使用这个指标时不能反映实际情况，大量使用分期付款结算方式、大量地使用现金结算的销售、年末大量销售或年末销售大幅度下降都会影响该指标的正确计算。这些因素都会对计算结果产生较大的影响，而像企业的赊销政策、客户的信用状况、企业提取坏账准备的多少等因素也会影响我们对应收账款周转率的分析结果。而在进行财务指标分析时，也需要明确指标不是独立的，财务报表使用者需要将计算出的指标与该企业前期指标、与行业平均水平或其他类似企业的指标相比较，以进行更合理准确的分析。

2. 存货周转率

存货周转率是在一定时间段内，企业存货转变为现金的次数，用于反映存货的周转速度，即存货的流动性及存货资金占用量是否合理，促使企业在保证生产经营连续性的同时，提高资金的使用效率，增强企业的短期偿债能力。

存货周转率作为企业营运能力分析的重要指标之一，在企业管理决策中被广泛地使用，不仅可以用来衡量企业生产经营各环节中存货的运营效率，而且还被用来评价企业的经营业绩。通过存货周转率的计算与分析，可以测定企业一定时期内企业购、产、销的平衡效率。存货周转率越高，表明企业存货资产变现能力越强，占用在存货上的资金周转速度越快。

存货周转率的计算公式为

- 存货周转率 $=\dfrac{营业成本}{存货的平均净额}$

- 存货周转天数 $=\dfrac{计算期天数（360）}{存货周转率}$

存货周转率和存货周转天数这两个指标都能用来反映企业存货的利用效率。一般来讲，如果一家企业的存货周转率越高，存货周转天数越少，那么就可以说这家企业的存货流动性就越强，存货转换为货币资金或应收账款等的速度越快，存货对企业的利用效率就越高。相反，如果一家企业的存货周转率偏低，那么说明这家企业在生产管理方面可能存在问题，或者企业的产品竞争力较弱。因此，通过提高企业存货的周转速度，企业资金的占用情况会相应降低，资金的使用效率也会相应提高，同时企业短期偿还债务的能力得以大幅度提高。但与应收账款类似，存货周转也不能盲目追求过高的指标值，因为过高的指标值可能导致存货水平太低、采购过于频繁、批量太小、可能出现停工待料等问题。

存货周转率可以评估与计量企业购入存货、投入生产、销售收回等环节的管理状况，即可以通过对原材料、在产品和产成品分别计算来分析原材料周转率、在产品周转率和产成品周转率。通过计算和分析这些明细周转率指标，可以帮助企业发现存货管理环节上存在的问题，然后采取相应的手段，使存货管理在保证生产经营连续性的同时尽可能地降低企业资金的占用，提高资金的使用效率，进而提升企业的管理水平。

由于存货周转率指标反映的内容更具综合性，涉及企业供、产、销诸多环节，因此，分析时应考虑存货的批量因素、季节性变化等因素。同时，还需要注意指标分子和分母时间上的对应性，所处行业的一致性等。

3. 流动资产周转率

流动资产周转率是在一定时间段内，企业销售收入与流动资产平均余额的比值。流动资产周转率反映的是全部流动资产的利用效率，是分析流动资产周转情况的一个综合指标，流动资产周转得快，可以节约资金，提高资金的利用效率。此外，流动资产周转率较高，也说明企业的资产质量较高，偿债能力较强。

流动资产周转率通常情况下可以用以下这两种计算方式来表示

- 流动资产周转率 $= \dfrac{销售收入}{流动资产的平均余额}$

- 流动资产周转天数 $= \dfrac{计算期天数（360）}{流动资产的周转率}$

流动资产周转率或周转天数都能够用来表示企业流动资产的周转速度。流动资产在一定时间段内周转的次数越多，每周转一次所使用的天数越少，那么就能得出这家企业的流动资产周转运行速度就越快，企业流动资产相应的营运能力就越好，流动资产会相对节约，其意义相当于流动资产投入的扩大，在某种程度上增强企业盈利能力；相同的道理，如果这家企业在一定的时间段内，流动资产周转的次数越少、每周转一次所用的天数越多，那这家企业的流动资产周转速度就越慢，企业流动资产的营运能力就越差，需补充流动资产参加周转，形成资金浪费，降低企业盈利能力。

在企业内部，通过对该指标的分析对比，一方面可以促进加强内部管理，充分有效地利用其流动资产，如降低成本、调动暂时闲置的货币资金创造利润等；另一方面也可以促进企业采取措施扩大生产或服务领域，提高流动资产的综合使用效率。此外，需要注意的是，由于企业流动资产是短期偿债能力的基础，在企业没有明确规划进行转型调整或优化资产配置的背景下，应当保持一个比较稳定的流动资产数额，在此基础上提高使用效率，而不是为了指标上的好看，以大幅减少流动资产为代价追求高周转率。

4. 营运资本周转率和经营性营运资本周转率

营运资本周转率是在一定时间段内，企业销售收入与营运资本平均余额的比值。营运资本等于流动资产减去流动负债。营运资本周转率反映的是营运资本的利用效率，是考虑了流动资产与流动负债的综合指标。运营资本周转率较高，企业流动资产和流动负债的管理质量越好，短期偿债能力越强，同时也减少了公司对周转资金的投入。

营运资本周转率通常情况下可以用以下这两种计算方式来表示

- 营运资本周转率 $= \dfrac{销售收入}{营运资本的平均余额}$

- 营运资本周转天数 $= \dfrac{计算期天数（360）}{营运资本的周转率}$

该指标可以反映企业营运资本的质量，如果营运资本周转率过低或营运资本周转天数过高，需要加强营运资金管理，也就是加强对流动资产和流动负债的管理。例如，加快现金、存货和应收账款的周转速度，尽量减少资金的过分占用，降低资金占用成本；

利用商业信用，解决资金短期周转困难，在适当的时候向银行借款，利用财务杠杆，提高权益资本报酬率。

经营性营运资本周转率是在营运资本周转率基础上的细化。所谓**经营性营运资本周转率**，就是企业销售收入与经营性营运资本平均余额的比值，用于反映经营性营运资本的周转速度，即经营性营运资本的流动性。

经营性营运资本周转率的计算公式为

- 经营性营运资本周转率 $= \dfrac{销售收入}{经营性营运资本的平均余额}$

- 经营性营运资本周转天数 $= \dfrac{计算期天数（360）}{经营性营运资本的周转率}$

由于经营性营运资本周转率分析的是企业经营性营运资本的周转效率，反映了企业经营性营运资本的质量，仅有经营性资产和负债被用于计算这一指标，即短期借款、有价证券等因不是经营活动必需的而应被排除在外，从而较营运资本周转率更为聚焦。

（二）固定资产运营效率

固定资产周转率，也称固定资产利用率，是企业年销售收入净额与固定资产平均净额的比值。

固定资产周转率的计算公式为

- 固定资产周转率 $= \dfrac{营业收入}{平均固定资产净额}$

- 固定资产周转天数 $= \dfrac{计算期天数（360）}{固定资产周转率}$

这里，需要注意固定资产原价和固定资产净额的区分：固定资产原价是固定资产的历史成本（通常为购入时的入账价值）。

固定资产净额（又称固定资产账面价值）的计算公式为

- 固定资产净额 $=$ 固定资产原价 $-$ 累计折旧 $-$ 已计提减值准备

固定资产周转率是通过研究分析企业固定资产的周转情况，进而对企业厂房、设备等固定资产的利用效率进行评估的一项重要指标。企业的固定资产周转率越高，说明企业固定资产的利用率越高，企业对固定资产的投资管理水平越好。同理，反过来说，如果一家企业的固定资产周转率较低，那么就意味着这家企业的固定资产使用效率也不高，不能够提供过多的生产成果，那么这家企业的营运能力就不强。

在我们使用固定资产周转率这一指标对企业进行评价时，由于这一指标的分母采用平均固定资产净额，因此指标的比较将受到折旧方法和折旧年限的影响，应注意其可比性问题。在实务中，固定资产计提折旧可能会出现突然减少的情况，购买重置固定资产有时也会出现固定资产突然增加的情况，这些在我们分析一家企业的固定资产周转率时都要将其考虑进去。此外，当企业固定资产净值率过低（如因资产陈旧或过度计提折旧），或者当企业属于劳动密集型企业时，这一比率就可能没有太大的意义。

（三）总资产运营效率

总资产营运能力，主要是指企业使用或投入的全部企业资产（包括固定资产和流动资产）所获得的全部产出的能力。反映总资产营运能力的指标可以有两个，分别是：总资产产值率和总资产周转率。

1. 总资产产值率

总资产产值率是指企业所创造的总产值与平均总资产之间的比率。企业总产值既包含企业已经售卖的商品或服务产值（销售收入），也包括企业期末在产品和库存产品的产值（要减去期初在产品和库存产品的产值）。没有销售的存货的产值假设按期末销售价格计算。总资产产值率的计算公式为

$$总资产产值率 = \frac{总产值}{平均总资产} \times 100\%$$

该指标反映了总产值与总资产之间的关系。一般来说，一家企业的总资产产值率的值越高，那么这家企业资产的投入产出率就越高，企业总资产的运营状况就越好。与此同时，还有另外一个指标可以用来表示企业的投入产出率，那就是百元产值资金占用，其计算公式为

$$百元产值占用资金 = \frac{平均总资产}{总产值} \times 100\% = (\frac{流动资产}{总产值} + \frac{固定资产}{总产值} + \frac{其他资产}{总产值}) \times 100\%$$

一家企业的百元产值占用资金的指标越低，说明占用资金的数量越少，相应地，企业总资产营运能力就越好。对这项指标的分析，还可以在上个公式的基础上，从资产占用形态的角度来进行分解，即

$$百元产值占用资金 = \frac{平均总资产}{总产值} \times 100\%$$

根据上式，我们能够看到各项资产的营运效果都会对企业全部资产产值率或百元产值占用资金产生影响，企业可以通过分析各项资产的情况来分析企业的总资产的生产能力。

2. 总资产周转率

总资产周转率是指企业在一定时期内销售（营业）收入同平均资产总额的比值，说明企业的总资产在一定时期（通常为一年）周转的次数。计算公式为

- 总资产周转率 $= \dfrac{销售收入}{平均资产总额}$
- 总资产周转天数 $= \dfrac{计算期天数（360）}{总资产周转率}$

总资产周转率是综合评价企业全部资产的经营质量和利用效率的重要指标。一般来说，总资产的周转次数越多或周转天数越少，表明其周转速度越快，营运能力也就越强，更可能给企业带来更多的利润，企业的盈利能力、偿债能力也能相应提高。通过分析和比较企业与竞争对手的总资产周转率，可以反映出企业在资产投入和利用上的优势或差距，进而促进企业更好地规划管理。

而在总资产周转率的基础上，我们还可以进一步从各个构成要素进行分析，以便查明总资产周转率升降的原因。在实务中，对于企业来说，流动资产是各类资产中流动速度最快的，因此，流动资产的周转速度对总资产周转速度影响也是最大的。从企业总资产周转速度与企业流动资产周转速度二者之间关系看，我们可以看出影响全部资产周转率的因素可用以下公式表示

- 总资产周转率 $= \dfrac{销售收入}{平均流动资产} \times \dfrac{平均流动资产}{平均全部资产} =$ 流动资产周转率 $\times$ 流动资产占全部资产的比重

由此可见，从流动资产入手进行分析，一家企业的总资产周转率的快慢受下面两个因素的影响：一是流动资产周转率，因为企业的流动资产是企业各类资产中流动周转速度最快的，通过提高企业流动资产的周转速度，就能够让企业的全部资产周转速度变得更快，反过来说，减慢企业的流动资产的周转速度，相应也会导致全部资产周转速度降下来；二是企业流动资产占企业全部资产的百分比，因为企业的流动资产周转速度相较于其他类资产来说，周转的速度更快、更灵活，所以企业流动资产所占的比重越大，企业全部资产的周转速度就越快，同理，企业流动资产所占的比重越小，企业全部资产的周转率就越慢。

除了从流动资产着手，影响总资产周转率的销售收入和总资产这两个因素也不能忽视，尤其需要关注总资产的异常变化。例如，在销售收入基本不变的情况下，企业突然大量报废固定资产，会使当期总资产周转率大幅上升，此时该指标就不具可比性，对于此类特殊情况，需要特别关注和分析。

3.经营性资产周转率

经营性资产周转率是企业一定时期营业收入与平均经营资产的比值，反映企业经营性资产周转的速度。经营性资产周转率越高，说明交易期限越短，在一年内的交易次数越多。

经营性资产周转率的计算公式为

- $经营性资产周转率 = \dfrac{销售收入}{经营性资产的平均余额}$

- $经营性资产周转天数 = \dfrac{计算期天数（360）}{经营性资产的周转率}$

与总资产周转率不同，经营性资产仅考虑经营性资产，而不考虑非经营性资产，因此分析经营性资产周转率能更好地了解企业的经营情况。

（四）资产运营效率对比分析

在对企业资产运营效率分析时，往往不是独立的，而是需要通过对比分析其运营效率的水平。而对比分析可以分为纵向对比和横向对比两种。

一方面，在进行纵向对比分析，也就是资产运营效率趋势分析时，我们通常需要掌握3年或3年以上的资料，观察企业各项资产周转率指标历年的变动情况，分析企业资产运用效率的状况。若运用效率变动较大，则需进一步分析变动的原因，总结存在的问题或经验，从而实现更好地配置和使用资产的目标。

另一方面，在进行横向对比分析时，企业需要将各项资产运营效率指标与同行业平均水平、相似规模企业或先进企业进行对比，从而反映企业在同行业中所处的位置或与其他企业存在的差距。若有可以参考借鉴的经验，也可以积极向其他企业学习。

三、不同资产结构下的运营效率

资产结构对企业运营效率的影响，大多体现在企业所拥有的不同资产所占比例结构能否满足这个企业需要，如企业在其中一项资产中投入过多，占总资产的比重过高，就可能导致另一项资产投入过少，进而给企业带来损失。这是因为企业的可自由支配的资金都是一定的，当其中一项资产占用了过多的资金，其他资产的配置必然会受到限制。合理的资产结构会最大程度提高资产利用效率，而不合理的资产配置则会在一定程度上造成企业资源的浪费，从而对企业资金链产生一定的影响，对企业的盈利能力也会产生负面的影响。因此企业的资产结构是否具有合理性，会影响到企业在生产经营活动中的营运效率。此外，不同的资产结构往往体现了企业不同的战略选择和运营模式，资产配置重心也各不相同，相应地，资产运营效率指标也会存在一定差异。

（一）按流动性划分

在收入水平相同或近似的情况下，采用保守型资产结构的企业，由于其流动资产比重大，流动资产周转率就相对较低，可能会造成一定的资金浪费。相反，采用扩张型资产结构的企业，固定资产的占比更大，因此相对于保守型资产结构的企业而言，其固定资产周转率较低，流动资产周转率较高。而采用中庸型资产结构的企业则介于两者之间。

（二）按性质划分

我们在前面提过，经营主导型企业通常会以固定资产、存货等经营性资产的管理为核心，也就是该类企业的资产负债表中，经营性资产占比高。而金融主导型企业的金融性资产更多。由于金融投资往往需要大量资本，收入以净额进行计算，因此，在营收水平相近的情况下，经营主导型企业的存货周转率、固定资产周转率等最高，经营与金融并重型结构企业次之，金融主导型企业最低。

（三）按占用形态划分

采用轻资产模式的企业，其资产负债表中资产通常较少，且基本为无形资产、货币资金等，一般固定资产占比极低。因此，其固定资产周转率、总资产周转率等运营效率指标相对较高，资产利用率高，营运能力强。而采用重资产模式的企业恰恰相反，相较于轻资产模式，其固定资产周转率、总资产周转率等都相对较低。

通过上述分析，可以看到在一般情况下，企业资产结构在一定程度上决定了企业的运营效率。但需要注意的是，企业运营效率还受企业所处行业、自身运营水平等多种因素影响，因此在分析时可以结合但不能仅依赖于企业资产结构。

四、格力电器资产运营效率分析

（一）流动资产运营效率

应收账款和存货是流动资产的两项重要指标，通过研究格力电器的应收账款和存货能够进一步分析公司流动资产的营运能力。

1. 应收账款周转率

表4-12反映了格力电器2015—2019年的应收款项（包括应收账款及应收票据、应收款项融资）的走势，我们可以看出格力电器2015—2018年的应收账款是呈逐年上升趋势的，2019年则有所回落。受应收账款平均余额和销售收入变动影响，应收账款周转率总体呈上升趋势。相对应地，应收款周转天数则基本上逐年下降，表明格力电器的应收款管理越来越严格。在加强应收款管理的同时，销售收入仍然保持持续增长，说明格力电器的市场竞争力具有较大的优势。那么，格力电器是否还可以大幅提升应收款周转率或压缩应收款周转天数呢？这估计比较难，因为格力电器的核心产品空调的销售具有较为明显的季节性，即一般二季度和三季度天气比较热的时候销售收入较多，为了让经

销商提前储备存货，格力电器显然需要在商业信用方面给予一定的支持。

表 4-12　格力电器的应收账款周转率

项目	2015 年	2016 年	2017 年	2018 年	2019 年
销售收入 / 亿元	977.45	1083.03	1482.86	1981.23	1981.53
应收账款及应收票据期初余额 / 亿元	531.42	177.59	329.24	380.71	436.11
应收账款及应收票据期末余额 / 亿元	177.59	329.24	380.71	436.11	85.13
应收款项融资期初余额 / 亿元	–	–	–	–	–
应收款项融资期末余额 / 亿元	–	–	–	–	282.26
应收账款平均余额 / 亿元	354.51	253.42	354.98	408.41	401.75
应收账款周转率 / 次	2.76	4.27	4.18	4.85	4.93
应收账款周转天数 / 天	130.57	84.24	86.18	74.21	72.99

2. 存货周转率

表 4-13 报告了格力电器的存货及存货周转率。从中可以看到，格力电器的存货整体呈上升趋势，2015—2019 年的涨幅为 132.72%，稍微超过了同期营业成本 117.37% 的涨幅。从存货周转率的角度来看，2015—2018 年基本稳定在较高的水平，平均一个半月左右即可实现从采购、生产到销售的完成，但 2019 年存货周转率却下降较多，存货周转天数也上升很快，此时，则需要进一步分析是滞销的原因，还是生产规模扩大的原因。一般情况下，将存货进一步拆分为原材料、在产品和产成品 3 部分，分别计算它们各自的周转率或周转天数，如果是产成品周转率在大幅下降，则可能说明销售面临了一些问题，如果是原材料周转率在下降，则可能说明储备了较多的材料以应对生产。

表 4-13　格力电器的存货周转率

项目	2015 年	2016 年	2017 年	2018 年	2019 年
营业成本 / 亿元	660.17	728.86	995.63	1382.34	1434.99
存货期初余额 / 亿元	85.99	94.74	90.25	165.68	200.12
存货期末余额 / 亿元	94.74	90.25	165.68	200.12	240.85
存货平均余额 / 亿元	90.37	92.50	127.97	182.90	220.49
存货周转率 / 次	7.31	7.88	7.78	7.56	6.51
存货周转天数 / 天	49.25	45.69	46.27	47.62	55.30

3. 流动资产周转率、营运资本周转率与经营性营运资本周转率

表 4-14 反映了格力电器的流动资产及其周转率。从中可以看到，格力电器的流动资产平均余额伴随销售收入的增加也在持续增加，但增加的幅度要小于营业收入的涨幅，说明格力电器的流动资产创造收入的能力在提升。这也体现为流动资产周转率的提升。进一步，表 4-14 也报告了格力电器的营运资本周转率，发现格力电器的营运资本

周转率逐年下降，这可能与格力电器积累了过多无效的流动资产有关，也可能与格力电器从供应商或经销商那里获得更多商业信用的能力受到限制有关，当然也可能与格力电器减少了短期借款有关。结合流动负债的明细项目，我们可以发现，格力电器减缓了从经销商那里获得的商业信用。至于背后的原因则可能是格力电器增加了线上销售占比，或经销商面临的竞争压力在增加。需要说明的是，格力电器的经营性营运资本一直大额为负，说明格力电器都不需要自己出资经营用的周转资金，供应商、经销商、员工或政府等就已经替格力电器投入了，格力电器只需要出一个"格力"的品牌即可，表明格力电器的市场竞争力极其强悍。再一次要说明的是，过多挤压供应商和客户的资金对公司本身来说，并不是一个没有弊端的现象，因为这么做会导致优质供应商或客户的流失，甚至导致供应质量的下降。

表 4-14　格力电器的流动资产周转率

项目	2015 年	2016 年	2017 年	2018 年	2019 年
销售收入 / 亿元	977.45	1083.03	1482.86	1981.23	1981.53
流动资产期初余额 / 亿元	1201.43	1209.49	1429.11	1715.35	1997.11
流动资产期末余额 / 亿元	1209.49	1429.11	1715.35	1997.11	2133.64
流动资产平均余额 / 亿元	1205.46	1319.30	1572.23	1856.23	2065.38
流动资产周转率 / 次	0.81	0.82	0.94	1.07	0.96
流动资产周转天数 / 天	444.44	439.02	382.98	336.45	375.00
营运资本平均余额 / 亿元	100.39	121.80	200.40	330.35	429.11
营运资本周转率 / 次	9.74	8.89	7.40	6.00	4.62
经营性营运资本平均余额 / 亿元	−554.55	−722.91	−693.43	−664.85	−726.65
经营性营运资本周转率 / 次	−1.76	−1.50	−2.14	−2.98	−2.73

根据表 4-14 可以看出格力电器的销售收入是逐年上升的，平均流动资产也是连续 5 年上升，流动资产周转率则处于小幅波动状态。尽管流动资产周转率在 2015—2018 年连续增加，从 0.81 增长至 1.07，但 2019 年却再次回落至 0.96，根据前面提到的内容，流动资产周转率越高，企业流动资产周转的效率越高，由此可知在 2018 年之前格力以较少资金完成较多生产任务的能力在逐渐增强，若以后年度流动资产周转率继续下滑，可能就反映出流动资产的营运能力在下降，格力需补充更多的流动资产参加周转，从而导致企业盈利能力的降低。

（二）固定资产运营效率

表 4-15 反映了格力电器的固定资产周转率。从中可以看到，格力电器的固定资产规模也在逐年上升，说明格力电器也一直保持在扩张状态。固定资产周转率呈现上升趋

势，从 2015 年的 6.43，上升到 2019 年的 10.57，上涨了 64.39%，说明格力电器的固定资产创造收入的能力在迅速上升。那么，这种能力到底是因为产品价格上涨所致，还是产量和销量上升所致呢？如果是后者，说明格力电器的生产效率在提升，这种提升可能来自产能利用率的提高，也可能来自生产工艺的改进，还可能是员工经验的积累。具体原因，则需要结合进一步的材料进行分析。

表 4-15 格力电器的固定资产周转率

项目	2015 年	2016 年	2017 年	2018 年	2019 年
销售收入 / 亿元	977.45	1083.03	1482.86	1981.23	1981.53
固定资产期初余额 / 亿元	149.47	154.54	177.19	174.82	183.86
固定资产期末余额 / 亿元	154.54	177.19	174.82	183.86	191.22
固定资产平均余额 / 亿元	152.01	165.87	176.01	179.34	187.54
固定资产周转率 / 次	6.43	6.53	8.43	11.05	10.57
固定资产周转天数 / 天	55.99	55.13	42.70	32.58	34.06

（三）总资产运营效率

表 4-16 报告了格力电器的总资产周转率。从中可以看到，格力电器的总资产规模逐年上升，但上升的幅度要小于营业收入，使得总资产周转率整体上在提升，说明格力电器的总资产创造收入的能力在提升，也表明格力电器管理者的经营管理效率在提升。但从绝对值的角度来看，总资产周转率在 2019 年"仅仅"只有 0.74，意味着总资产的规模超过收入的规模，投入的资源小于产出，说明格力电器的资产转换成收入的能力是比较差的，尤其考虑到格力电器是制造业，更应该通过提升资产的周转来获利。低总资产周转率使得格力电器看起来像一个重资产公司，且需要大量投入来维护竞争力的公司，但其业务和产品，实际上并不是特别依赖大量的投入来维系市场竞争力的，也就是说，超过了一定规模后，空调产品的生产再扩大规模也不会具有多大的规模经济效应。产生此矛盾的原因何在呢？我们将格力电器的总资产进一步区分为经营性资产和金融性资产，并计算经营性资产的周转率，发现经营性资产的周转率比总资产周转率提升了不少，在 2019 年达到了 1.07（提升了 44.59%），说明格力电器拥有较多的金融性资产拉低了资产创造收入的速度。进一步，我们还发现，格力电器积累了大量的现金及银行存款，其占比达到了经营性资产的 40% 左右，但实际上，格力电器并不需要自己投入周转资金（经营性营运资本为负）。因此，若把这一部分现金资产剔除出去，格力电器的经营性资产的周转率还会进一步大大提升，比如 2019 年达到 1.74。

表 4-16 格力电器的总资产周转率

项目	2015 年	2016 年	2017 年	2018 年	2019 年
销售收入／亿元	977.45	1083.03	1482.86	1981.23	1981.53
总资产期初余额／亿元	1562.31	1616.98	1823.70	2149.68	2512.34
总资产期末余额／亿元	1616.98	1823.70	2149.68	2512.34	2829.72
总资产平均余额／亿元	1589.65	1720.34	1986.69	2331.01	2671.03
总资产周转率／次	0.61	0.63	0.75	0.85	0.74
总资产周转天数／天	590.16	571.43	480.00	423.53	486.49
经营性资产平均余额／亿元	1120.30	1224.45	1504.99	1701.81	1845.43
经营性资产周转率／次	0.87	0.88	0.99	1.16	1.07
经营性资产周转天数／天	412.61	407.01	365.37	309.23	335.27
现金及银行存款占比／%	44.84	43.71	41.76	38.22	38.10

课后习题

1. 有些公司喜欢配置大量资产，但也有些公司喜欢持有现金类资产。请选择一家或两家公司分析其资产结构的类型及其变化趋势、影响因素，以及与企业经营模式的关系。

2. 查理·芒格曾说："世界上有两种生意，第一种可以每年赚12%的收益，然后年末你可以拿走所有利润；第二种也可以每年赚12%，但是你不得不把赚来的钱重新投资，然后你指着所有的厂房设备对股东们说：这就是你们的利润。我恨第二种生意。"你如何看待此种说法。

3. 我国房地产行业的公司比较偏好快速建房和交房，但也有些公司喜欢慢工出细活，请选择同行业的两家公司，计算他们的资产周转率，分析其发展趋势和差异。

4. 腾讯与阿里巴巴都是我国非常优秀的互联网公司，也都喜欢对外投资，但两者的投资策略还是有些差别，请结合财务报表，分析他们的投资在报表上的反映和影响。

5. 海天味业是我国调味品生产和销售的龙头企业，市值超过4000亿元，请分析其资产结构的特点。

6. 中国神华能源股份有限公司（以下简称中国神华，股票代码：601088）是我国超大型企业，主营业务包括煤炭、电力的生产和销售，铁路、港口和船舶运输及煤化工等，请分析其资产结构的特点，并从投资者的角度尝试说明其优缺点。

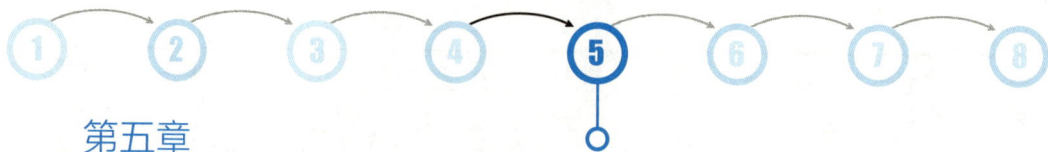

①　②　③　④　⑤　⑥　⑦　⑧

第五章
流动性与偿债能力分析

▶ **章前案例**

乐视集团的债务危机

2016 年 11 月 6 日，在债务危机开始爆发之时，乐视网的创始人和董事长贾跃亭发了一封颇具煽情性的内部信，题目是：乐视的海水与火焰：是被巨浪吞没还是把海洋煮沸。面对资金链危机，他把责任归咎于融资能力太弱，他说："我们的融资能力不强，方式单一、资本结构不合理，外部融资规模难以满足快速放大的资金需求。"

但事实上，乐视集团的融资能力极其强大。根据其现金流量表和资产负债表，自从上市以来到 2017 年年底，乐视集团股权融资 160.42 亿元，债务融资 245.21 亿元，债券及其他融资 58.52 亿元，商业信用融资 27.82 亿元，扣除偿还债务 194.33 亿元，现金分红 2.3 亿元之外，净融资 295.34 亿元。此外，从 2013 年起，贾跃亭通过卖出股票或股权质押，累计获得资金超过 311.00 亿元。这还仅是乐视集团中上市公司的表内融资，若是算上非上市公司部分或表外融资，乐视集团的融资规模更是惊人。据《证券时报》报道，乐视集团上市以来的 7 年间的融资规模高达 728.59 亿元，每年融资高达 104.5 亿元。网络上甚至流传着一种说法：乐视做一个 PPT 就能融资，这种能力，国内只有乐视能这么玩，敢这么玩。

乐视集团不仅融资规模巨大，融资方式也多样，包括首次公开发行上市、定向增发、发行债券、银行借贷、商业信用、员工理财与股东资金拆借等。

然而，乐视集团强大的融资能力也没有避免其走上退市之路，根本原因在于乐视的主要业务创造现金流的能力太弱了，比如 2010—2017 年间，乐视集团的经营活动现金流净额是 −21.05 亿元；内功不稳之下，乐视集团还四处出击、大肆扩张，涉足互联网影视、体育、电影、智能终端、大屏应用乃至电动汽车制造等领域，号称要打造无边界的生态系统。

2020 年 7 月，乐视集团正式退市，其价格仅有 0.18 元，市值仅有 7.18 亿元，距离其巅峰市值 1783 亿元，仅仅只有 5 年时间。强大的债务融资能力助推乐视集团迅速走向巅峰，但也成为其快速坠落的索命绳。那么，为了企业的健康发展，应该如何分析企业的债务风险和偿债能力呢？

学习目标

1. 了解企业可以使用的各类债务工具
2. 计算企业的融资缺口
3. 解释流动性的重要性
4. 阐释和应用反映流动性风险的各类指标
5. 描述资本结构和利息保障倍数及其与长期偿债能力的关系
6. 计算和分析债务融资成本

引　言

流动性与偿债能力分析

企业从投资人那里融资，再投资于各类资产进行经营活动，从而创造现金流，进而帮助投资者获得预期的投资回报。但投资者将资金交给企业以获得投资回报的前提是企业能够避免债务违约，能够持续发展。本章将在阐释企业债务融资工具的基础上，评估企业的外部融资缺口和外部融资依赖。**融资缺口**是指企业经营活动产生的现金流在满足资本开支、经营性营运资本增加和偿付利息之外，还需要面向资本市场融资的金额。融资缺口越大，企业越依赖外部资本市场的资金支持。

融资之后的偿付风险和偿债能力则从流动性和资本结构两个维度来进行分析。**流动性**是公司资源满足短期现金需求的能力。公司的流动性风险来自现金流入与现金流出在时间上的不一致，以及对未来业绩不良的预期。流动性风险分析聚焦于公司的经营活动，尤其是营运资本的充足性。

资本结构是公司的资金来源及其经济属性，用以评估公司长期的财务生存能力和偿还长期债务的能力。企业通过各种渠道取得资金后，其结构会影响后续的投资决策，形成不同的资产配置结构，从而影响企业收入和利润的实现程度。因此，资本结构在很大程度上决定着企业的偿债和再融资能力。另一项影响企业偿债能力的关键因素是企业偿付利息的能力。

最后，本章还介绍了有息负债融资成本的计算与分析等相关内容。

第一节　企业的债务融资与融资工具

翻开企业的资产负债表，我们可以看到，企业的债务列示在其右侧的上边，包括流动负债和非流动负债。不过，资产负债表是高度标准化的格式表格，其包含的项目也是高度概括的，从而很难从中了解到具体的融资来源或方式，比如，短期借款，既可以是企业向银行贷款，也可以是向信托、网络金融等其他金融机构借钱，还可以是向私募基金、员工或民间借钱。尽管了解企业的债务全貌更为重要，但能够进一步了解企业具体的债务融资渠道和方式对于认识企业的融资能力、债务风险、市场竞争力和管理者风险偏好也具有很好的补充作用。比如，相比通过信托融资，企业可以通过银行承兑汇票融资就表明其具有更高的市场信用。

本节首先分析债务融资的动因，然后将可选择的债务融资工具分为间接债务、直接债务和商业信用融资三部分。其中，间接债务是指企业通过金融中介机构从投资者手中借入资金，投资者与企业并不发生直接借贷关系。直接债务是指企业直接从投资者手中借入资金。商业信用与企业的经营业务相关。

一、债务融资的动因

从股东的角度来看，使用债务资金是一项很好的选择，原因包括以下两点。

- 债务的利息通常是固定的，企业取得的税前利润越多，股东的回报率就越高。
- 债务具有税盾效用，即利息通常可以税前抵扣，而股利却不能税前抵扣。

企业在制定融资决策时对债务融资的利用，我们称之为财务杠杆，或举债经营。财务杠杆可以很低，甚至低至零（即没有任何债务），也可以很高，甚至完全依赖债务融资[①]，比如中国恒大，2019 年以 1457 亿元的股东权益，却经营着高达 2.21 万亿元的总资产，财务杠杆高达 15.17 倍。但实际中，如果没有股东的权益资本提供保护，债权人一般是不愿意提供债务融资的。比如各个国家的银行监管当局组成的巴塞尔银行监管委员会制定了一项《巴塞尔协议》，要求银行必须满足最低资本要求，防止信用风险对存款人利益的损害。

几乎所有的企业都存在财务杠杆，这是因为财务杠杆可以放大经营的成功，获取更多的利润，尽管也可以加速经营的失败或扩大亏损。我们可以通过以下示意性的例子来观察财务杠杆这一特点。假设甲作为股东，计划成立一个公司开展某个项目，为了业务

[①] 财务杠杆是一个关于是否利用债务和利用债务程度的概念。如何衡量财务杠杆有很多不同的指标，比如资产负债率、权益乘数、有息负债率等。根据分析的目的和企业或行业的特征，可以构造不同的指标予以衡量。比如为了监管房地产行业，我国中国人民银行（央行）制定了 3 个指标：剔除预收款后的资产负债率［（总负债－预收）/（总资产－预收）］、净负债率［（有息负债－货币资金）/股东权益］、现金短债比（货币资金/短期有息债务）。

的顺利开展，预期需要的资金总额是 8000 元。此时，资金总额既可以全部依赖股东的出资（无财务杠杆方案），也可以由股东和债权人共同提供，且各占一半（财务杠杆方案）。这样，公司的融资结构如表 5-1 所示。

表 5-1　模拟融资结构

项目	无财务杠杆方案	财务杠杆方案
总资产 / 元	8000	8000
权益 / 元	8000	4000
负债 / 元	0	4000
利息率 / %	10	10

企业未来经营情况受经济形势影响，总共有 3 种可能的情形：经济衰退、经济正常、经济繁荣。这 3 种情形下的总资产回报率分别为 5%、10%、20%。我们分别分析 3 种情形下股东的利润情况。在不考虑企业所得税的情况，财务杠杆与利润如表 5-2 所示。

表 5-2　不考虑所得税时的财务杠杆与利润

项目	经济衰退	经济正常	经济繁荣
（1）无财务杠杆方案			
总资产回报率 / %	5	10	20
息前利润 / 元	400	800	1600
利息 / 元	0	0	0
股东投资回报率 / %	5	10	20
（2）财务杠杆方案			
总资产回报率 / %	5	10	20
息前利润 / 元	400	800	1600
利息 / 元	400	400	400
息后利润 / 元	0	400	1200
股东投资回报率 / %	0	10	30

由表 5-2 可以看到，使用财务杠杆的股东投资回报率，在经济繁荣时将超过没有使用财务杠杆的股东投资回报率，在经济正常时则两者没有差异，在经济衰退时则要更低。其中的原因在于：总资产回报率在经济繁荣时要高于债务利率，在经济正常时两者一样，在经济衰退时要低于债务利率。因此，财务杠杆会放大业绩的优劣对股东利润的影响。

负债的另一点优势在于其抵税作用，在企业缴纳所得税前，利息支出可以从经营利润中扣除。我们仍然通过上面的示例进行分析，假设所得税税率为 25%。在考虑企业所得税的情况下，财务杠杆与利润的关系如表 5-3 所示。

表 5-3　考虑所得税时的财务杠杆与利润

项目	经济衰退	经济正常	经济繁荣
（1）无财务杠杆方案			
息税前利润 / 元	400	800	1600
利息 / 元	0	0	0
企业所得税 / 元	100	200	400
税后利润 / 元	300	600	1200
股东投资回报率 / %	3.75	7.50	15.00
（2）财务杠杆方案			
息税前利润 / 元	400	800	1600
利息 / 元	400	400	400
企业所得税 / 元	0	100	300
税后利润 / 元	0	300	900
股东投资回报率 / %	0	7.50	22.50

由表 5-3 可以看到，考虑企业所得税时，使用财务杠杆的股东投资回报率在经济繁荣时将超过没有使用财务杠杆的股东的投资回报率，而在经济衰退时则相反，在经济正常时两者没有差异。因此，债务还可以通过税收抵扣来帮助公司节省税负，从而提高股东的投资回报率。

尽管正常情形下，财务杠杆效应为中性，但是，企业可以分配给股东和债权人的总金额（700 元）仍然高于无杠杆情形下的金额（600 元），这种差异的来源是有杠杆情况下企业较低的税负水平。不过，利息减税作用必须以足够的利润为基础，无力偿付利息可能会导致企业陷入破产的危机，而股利的支付却不是强制性的。

财务杠杆除了给股东带来超额回报及递减税收的作用以外，还有另外的好处，例如，由于债权人不能参与企业的内部决策和经营管理，相较于发行新股融资，举债融资有利于防止大股东对企业的控制权被稀释，对于成长期的企业而言尤其如此。另外，在物价持续上涨的时候，货币性债务会产生物价变动利润。

二、债务融资工具

（一）间接债务融资工具

1. 长期借款和短期借款

向银行等金融机构借款是企业日常经营中最为常见的负债融资渠道之一。企业生产经营过程中往往会产生一定的融资需求，例如面临较好的价格折扣而苦于没有足够的现金结算，这时候企业会向银行或其他金融机构按照一定利率和期限进行借款。银行等金融机构则会根据企业的经营状况、历史信用记录及潜在的违约风险等特征设定一定的贷款利率。

　　根据资金借用的时间长短，企业向银行等金融机构举借的款项可以划分为短期借款和长期借款。短期借款具有一定的灵活性，企业可以根据自身实际需求举借和偿还，不过由于短期借款需要在较短时期内偿还，其风险也相对较大，举借短期借款比例较高的企业通常有较好的销售和回款能力。在投资一些长期项目或购建一些价值量较高的固定资产时，企业会举借一些期限在一年以上的长期借款。在企业向银行举借贷款时，银行为降低企业违约的风险，还可能会在借款协议中要求企业提供担保、抵押相关资产或对资金用途、企业财务指标等做出限制。

2. 银团贷款

　　除了向单一银行机构借款外，当面临巨额融资需求时，企业还可以向银行团体寻求借款，也就是所谓的银团贷款。银团贷款是指由获准经营贷款业务的一家或数家银行牵头，多家银行等金融机构参加而组成的银行集团采用同一贷款协议，按商定的期限和条件向同一借款人提供融资的贷款方式。因为有多家银行机构联合对企业进行贷款，所以企业通过银团贷款的方式取得的资金数额往往十分巨大，这种贷款方式的使用者往往是有巨额资金需求的大中型企业、企业集团和国家重点建设项目，而且申请银团贷款单位的经营能力、资金实力还必须为大多数银行所认可。

　　银团贷款的资金既可以由参加银团贷款的各方直接交付给代理银行（通常是牵头银行）进行管理、发放和收回，也可以由牵头银行先行发放给企业，牵头银行再将这些贷款转售给其他银行。银团贷款的优势在于，更好地利用金融市场的力量为大型企业和重大项目提供巨额资金，在促进企业发展壮大的同时，分散贷款风险。在银团贷款中，作为借款人的企业还需要承担一些额外的费用，主要包括：牵头银行发起和组织银团贷款的管理费、各大银行为企业预先划拨而尚未提用资金的承诺费、作为对代理银行在借款期间管理的贷款调拨款项的补偿的代理费等。

3. 银行承兑汇票

　　银行承兑汇票是指由在承兑银行开立存款账户的存款人签发，向开户银行申请并经银行审查同意承兑的，保证在指定日期无条件支付确定的金额给收款人或持票人的票据。信誉好、被银行认可的企业当短期资金不足时，可以申请开出银行承兑汇票用以支付货款。其实质是买方企业节省了现金流的支出，融到了一笔期限为交易日至汇票到期日的资金。如果企业申请银行为其开出差额保证金银行承兑汇票，如30%保证金银行承兑汇票，则企业将自己的信用通过银行放大了2.33倍，即实现了融资目的。

4. 信托贷款

　　企业在存在资金需求时，还可以向信托机构寻求贷款。所谓信托机构，指的是接受委托人委托，按照一定的财产用途、利润要求、期限等代其管理相应财产（资金、动产、不动产等）的投资业务单位。对于从委托人手中募集的资金，信托机构既可以按照委托人指定的项目进行债权或股权投资，也可以投向信托机构自己选定的项目，当然风险也由作为受托人的信托机构承担。

由于银行等传统金融机构有着审慎而严格的授信体系，中小企业从银行获取贷款的难度往往较大，需要的评估、审核的时间往往也较长。而在信托融资方式下，资金用途很多时候是由委托人和受托人自主商定，评估审核流程也较为简化，放款较为灵活，故而中小企业能够更便捷地获取相应的融资。同时，信托贷款属于非以存款发放的贷款，不适用中国人民银行的利率规定。

5. 影子银行

影子银行是指常规银行体系以外的各种金融中介业务，通常以非银行金融机构为载体，扮演着"类银行"的角色。之所以会存在"影子银行"这样的非银行金融机构，很大一部分原因在于，传统的银行体系不能完全弥合市场上存在的信息不对称，一部分的资金需求和供给得不到有效撮合。同时，影子银行也是套利行为驱使的产物。主要的影子银行业务形态包括同业特定目的载体投资、委托贷款、网络借贷贷款和非股权私募基金等。

（1）同业特定目的载体投资

这是指银行购买他行理财产品、信托投资计划、证券投资基金、证券公司资产管理计划等特定目的载体（special purpose vehicle, SPV）的投资行为。按照会计准则关于金融资产的分类标准，大多计为应收款项投资。这些业务透明性极低，表面看是购买各种资管产品，但基础资产和交易结构十分复杂，大部分是类信贷资产，许多投向资金池产品。

（2）委托贷款

传统的委托贷款属于银行表外业务，银行作为受托人，按照委托方确定的贷款对象和利率发放贷款，不承担信用风险，不需计提拨备和资本。但2008年之后，委托贷款渐渐转变为业务完全由银行主导，委托方和贷款对象都由银行确定，银行实际上承担了撮合借贷双方的角色。

（3）网络借贷贷款（P2P）

网络借贷机构是专门从事网络借贷（peer to peer lending, 即P2P）信息中介业务活动的平台。借款人与出借人通过相应的网络平台直接对接，完成借贷。但近年来，部分网贷机构逐渐偏离了信息中介的服务定位，违规开展信贷和资金池运作，逐渐异化为民间借贷机构。在利息方面，P2P贷款利率往往较高，有些P2P贷款利率甚至超过了高利贷的借款利率。

（4）非股权私募基金

这是一种以非公开方式向合格投资者募集资金的投资基金。我国私募基金不设行政许可，只在证券投资基金业登记备案，由行业开展自律管理。不同于私募股权基金，非股权私募基金可能会购买公司债券、可转换债券等融资工具，形成对标的公司的债权。一般而言，非股权私募基金投资的企业往往风险水平也较高，因而要求的回报率水平往往也较高。

（二）直接债务融资工具

除了直接从银行等金融机构借款外，符合相应条件的企业可以在资本市场、银行间债券市场直接向投资者募集资金，此为直接债务融资。以下是几种主要的直接债务融资工具。

1. 短期融资券

短期融资券是指非金融企业在银行间债券市场发行和交易并约定在一年期限内还本付息的有价证券。这样的融资券由符合条件的金融机构承销，主要由各金融机构购买并且可以在全国银行间债券市场的机构投资人之间流通转让，并不面向社会公众。

短期融资券的主要优势在于，它面向市场上广大金融机构发行，资金来源广泛，而且不要求银行强制担保，短期内可以筹集企业所需要的大量资金。同时，发行短期融资券还有利于提高企业的知名度。但是，短期融资券也增大了企业的信用风险，一旦企业经营出现剧烈波动，例如销售回款不畅等情况，便会难以筹足资金偿还到期的短期融资券，重创企业的形象和信誉。

我国当前的短期融资券采用备案制，并不是所有企业都可以通过这种方式进行融资，要发行短期融资券的企业还需要满足以下诸多条件。

- 具有稳定的偿债资金来源，最近 1 个会计年度盈利。
- 流动性良好，具有较强的到期偿债能力。
- 发行融资券募集的资金用于该企业生产经营。
- 近 3 年没有违法和重大违规行为。
- 近 3 年发行的融资券没有延迟支付本息的情形。
- 具有健全的内部管理体系和募集资金的使用偿付管理制度。

2. 中期票据

中期票据是另一种非金融企业在银行间债券市场以一定期限和利率发行和交易的债务融资工具，不同于短期融资券，中期票据的期限一般在一年以上。中期票据可用于为中长期项目筹措资金、置换银行借款。

在发行机制上，发行企业的债项评级需要得到市场认可，发行审核方式为注册制，一次注册通过，企业在两年内可分次发行中期票据。在利率方面，中期票据的利率确定也较为市场化，应根据当期市场利率确定。根据我国中期票据市场数据统计，与同期的贷款相比，中期票据的利率通常较低，这降低了企业的融资成本。

3. 企业债和公司债券

企业债是另一种在我国银行间市场发行和交易的债务融资工具。相较于前两种融资工具，它的发行范围相对较小，一般是由中央政府部门所属机构、国有独资企业或国有控股企业发行，最终由国家发改委核准。企业债券一般金额很大，每只企业债券的发债数额大多不低于10亿元，主要为基础设施建设和政府项目筹集资金，因而并不面向个人投资者。在利率方面，企业债的票面利率也基本固定。

公司债券是股份有限公司或有限责任公司依照法定程序发行、约定在一定期限内还本付息的有价证券，从本质上来说，它是一种证明持有人对发行债券公司的债权债务关系的凭证。

不同于短期融资券和中期票据，公司债券可以在证券交易所上市，可以进行交易所场内交易，可以参与交易的投资者也更加广泛，适合不同投资者，只要通过交易所开户都能参与交易（例如保险公司、基金公司、企业、个人投资者）。高度的市场化交易极大地开拓了公司债券的融资渠道，并且引入了市场机制对债券及发行债券的公司进行评价，以债券交易价格和利率为信号，投资者和企业可以清楚地了解到债券和对应公司的风险水平。公司债券的利率、定价机制等将在后面的章节进行介绍。

4. 可转债债券

可转换债券是在普通债券的基础上又赋予了持有人一项按照某一固定价格将债券转换为公司股票的权利。一般来说，只有在债券到期股票价格高于约定的转换价格的情况下，持有人才会行使转换的权利，否则，债券持有人会要求企业偿还本金。鉴于可转换债券赋予了债券购买者一项选择的权利，可转换债券的利率往往低于同等风险水平下的普通债券，而且，如果可转换债券到期成功转股，企业也可以省下一笔数额不菲的资金，因此，在对企业未来前景乐观的情况下，通过可转换债券为资产进行融资对于企业而言是一种低成本的融资方式。但是，一旦企业股价达不到约定转换价格，企业还是免不了偿还本金[①]。

5. 认股权证

认股权证是由公司发行的可认购其股票的一种买入期权。它赋予持有者在一定期限

[①] 事实上，企业为了避免偿还可转债的本金，通常会下调可转债的转换价格，而且《募集说明书》也可以规定转股价格向下修正的情形。

内以事先约定的价格购买发行公司一定股份的权利。对于公司而言，发行认股权证是一种特殊的融资手段。认股权证的筹资有以下特点：（1）认股权证是一种融资促进工具，它能促使公司在规定的期限内完成股票发行计划，顺利实现融资。（2）有助于改善公司的治理结构。采用认股权证进行融资，融资的实现是缓期分批实现的，公司及其大股东的利益和投资者是否在到期之前执行认股权证密切相关，因此，在认股权证有效期间，公司管理者及其大股东任何有损公司价值的行为，都可能降低上市公司的股价，从而降低投资者执行认股权证的可能性，这将损害公司管理者及其大股东的利益。因此，认股权证将有效约束上市公司的败德行为，并激励他们更加努力地提升上市公司的市场价值。（3）作为激励机制的认股权证有利于推进公司的股权激励机制。认股权证是常用的员工激励工具，通过给予管理者和重要员工一定的认股权证，可以把管理者和员工的利益与企业价值成长紧密联系在一起，建立一个管理者与员工通过提升企业价值再实现自身财富增值的利益驱动机制。

1992 年 6 月上海飞乐音响股份有限公司推出了 A 股第一只权证；为配合股权分置改革，2005 年 8 月 22 日宝山钢铁股份有限公司推出了第一只股改权证（宝钢认购权证）。由于市场过度炒作，2008 年之后我国停止了权证的发行。

6. 资产支持票据或资产支持证券

资产支持票据是一种债务融资工具，该票据由特定资产所产生的可预测现金流作为还款支持，并约定在一定期限内还本付息。资产支持票据通常由大型企业、金融机构或多个中小企业把自身拥有的、将来能够生成稳定现金流的资产出售给受托机构，由受托机构将这些资产作为支持基础发行商业票据，并向投资者出售以换取所需资金。

资产支持票据在国外发展比较成熟，其发行过程与其他资产证券化过程类似，即发起人成立一家特殊目的公司（SPV），通过真实销售将应收账款、银行贷款、信用卡应收款等资产出售给 SPV，再由 SPV 以这些资产作为支持发行票据在市场上公开出售。

日前，首批 3 只资产支持票据成功发行，资产支持票据产品上线。这是中国债务资本市场又一具有里程碑意义的产品创新。据悉，这 3 只票据分别由宁波城建投资控股有限公司、南京公用控股(集团)有限公司、上海浦东路桥建设股份有限公司注册发行。首批发行成功的 3 只资产支持票据，其基础资产为天然气收费利润权、自来水销售收入、高速公路建设应收款等领域的现金流，募集资金用于民生领域建设。

7. 项目利润票据或项目利润证券

项目利润票据本质上是一种非金融企业资产证券化的创新产品，与资产支持票据类似，都是以基础资产产生的现金流作为主要还款来源。它由金融企业在银行间债券市场发行，募集资金用于项目建设且以项目产生的经营性现金流为主要偿债来源，发行方根据资金的市场供求情况进行市场化定价，可以广泛应用于教育、医疗、基础设施建设等公共项目的筹资，而发行期限则可以涵盖项目的生命周期，体现了"使用者付费"的概念。在实务中，这种债券一般由项目发起人为相应的公共项目设立项目公司，由项目公司面向银行间市场发行项目利润票据并负责整个项目的投资、建设与运营。根据项目风险，可能还会引入第三方作为增信单位。2014 年，郑州交投地坤实业有限公司为郑州市地下综合交通枢纽工程筹资而发行了我国首份项目利润票据，首期发行 5 亿元，设置两个发行品种，利率分别为 7.5% 和 8.2%，证券的本息偿付来源主要是广告收入、地下一层商业开发收入及地下停车位出租收入等。

8. 中小企业集合票据

集合票据指 2 个（含）以上、10 个（含）以下具有法人资格的企业根据《银行间市场非金融企业债务融资工具管理办法》和《银行间债券市场中小非金融企业集合票据业务指引》，在银行间债券市场以统一产品设计、统一券种冠名、统一信用增进、统一发行注册方式共同发行的不超过企业净资产 40%，约定在一定期限还本付息的债务融资工具。

9. 永续债

永续债是企业发行的一种特殊的公司债券，这种证券往往没有到期时间限制或者可以由发行人决定是否延长到期时间，实务中被称为"债券中的股票"。银行业等金融企业一般将永续债视作可计入其他一级资本的混合资本工具，发行永续债已经成为商业银行补充资本的重要手段。在非金融企业中，按照我国企业会计准则规定，当且仅当企业可以无条件地避免以交付现金或其他金融资产来履行永续债付息和还本等合同义务时，可以将永续债视作一项权益融资工具，否则只能以债务融资工具计量和披露。不过需要注意的是，虽然永续债的到期时间没有明确的限制，但债权人往往会通过约定利率的跳升来促使公司偿还债券。**利率跳升机制**是指永续债的前几年利率保持不变（如第 1 ~ 3 年利率是 5%），但后续几年的利率就要大幅提升（如第 4 ~ 6 年的利率是 7%），再后续就又进一步提升利率（如第 7 ~ 9 年的利率是 10%），提升债务的成本以促使发行公司赎回永续债。如果发行公司缺钱的话，它选择延期，投资者只能被动持有；如果发行公司的现金流越来越糟最后要流氓，永续债的投资者也没有其他办法。

以我国首单可续期企业债券——"13 武汉地铁可续期债"为例，债券发行时合同约定：在本债券每 5 个计息年度末，发行人有权选择将本期债券期限延续 5 年，或选择在该计息年度末到期全额兑付本期债券，每年需要按照由基准利率加上基本利差付息，利息不可以递延或取消。武汉地铁这份债券实际上无法避免以现金偿付利息，故而在财务报表中列示时被划入应付债券项目下。而国电电力发展股份有限公司（以下简称国电电力，股票代码：600795）于 2013 年 12 月 18 日发行的我国首支永续中票则与武汉地铁永续债形成了对照，它同样约定发行人有权选择将本期债券期限延续 5 年，但不同的是，它还约定发行人可自行选择将当期利息，以及按照本条款已经递延的所有利息推迟至下一个付息日支付，且不受到任何递延支付利息次数的限制，这样就避免了支付现金等合同义务，成了一只真正意义上的"债券中的股票"。

10. 租赁

企业还有一类特殊的长期借款形式，也就是租赁。比如航空业企业，除了自行购买客机外，它们还通过租赁的方式取得大量的客机，形成使用权资产。通过租赁协议，出租人将标的资产的使用权让与承租人，作为回报，承租人按期向出租人支付租金，实务中很多租赁合同中还附加了租赁到期后续租或由承租人出资买下资产的条款。在这种安排下，对于承租人来说，租赁活动的现金流特征已非常接近债券和长期借款还本付息的现金流量特征。承租企业取得并实际控制了标的资产，获得了标的资产大部分的未来利润和风险，租赁期很多时候也覆盖了标的资产的大部分生命周期，只是形式上的所有权并未转移而已，而企业为租赁资产而对出租人负有的偿付租金的义务也形成了企业的一项负债，即使用权负债。

当前，企业间租赁的发生频率和范围正在不断增长。租赁之所以受到广泛欢迎，原因有很多。首先，很多资产购建成本高昂，由企业自行购建可能会对企业现金流产生巨大的压力，而通过租赁，企业实质上控制了对应的资产，应当给付给出租人的租金按期支付，大大降低了企业的资金负担，可以说，租赁是资产购买方为其资产购建行为融资的一项极为便利的方法。其次，租赁对于资产的出租方而言，很多时候可以被理解为分期付款的销售，这种方式可以帮助更多资金不是那么充足的潜在购买方取得资产使用权，租金收入给出租方提供了一项重要的收入来源。最后，根据现行会计准则规定，租赁中承租企业未确认的融资费用需要逐期计入财务费用，租赁取得的使用权资产也需要计提折旧，这部分财务费用和折旧企业可以税前扣除，减少了企业的税收支出。

11. 优先股

优先股是一类特殊的金融工具，它有着不同于普通股的优先权。优先股的"优先"主要表现在两个方面。

● *一是股利分配的优先权，在企业分配股利时，企业要先将股利分配给优先股股东，这些股利往往在发行条款中就已确定，然后再分配给普通股股东，如果企业不给优先股股东发放股利，其普通股股东也不能获得股利。在一些优先股发行条款中，还规定优先股股东获取股利的权利是可以累积的，也就是即使企业本期不发放优先股股利，在以后的会计年度还是要将当期股利及以前欠发的股利发放给优先股股东。*

● *优先股的第二个优越性表现在清算的优先权上，在大部分优先股发行条款中，一*

旦企业发生清算，优先股股东可以优先于普通股股东受偿。另外，在很多优先股条款中还规定了优先股的赎回条款，在某些条件触发时（比如公司 IPO 失败 / 成功）企业还要从优先股股东手中赎回股份或者将优先股按照一定价格转换为普通股。

不过，优先股相较于普通股而言还有一项劣势，那就是优先股股东一般不具备投票权，这限制了他们对公司治理的参与。

通过上述分析我们可以发现，优先股在股利和清偿权方面有很多优先条件，这些条件使得优先股看起来更像是一种负债。最新修订的会计准则也印证了这一点，如果企业不能无条件地避免以交付现金或其他金融资产的方式来履行优先股的合同义务，那么这样的优先股应当被划分为负债。在现行企业报表中，资产负债表的负债侧应付债券一项需要具体披露其中被划分为负债的优先股的金额。正是因为优先股在股利和赎回权及转换权上有着较大的灵活性，优先股作为一种融资工具正在得到越来越多的应用，特别是在高新技术企业和一些处在成长期的企业，比如小米等（详见本书第 69 页）。

（三）商业信用

商业信用是指在正常的经营活动和商品交易中由于延期付款或预收账款所形成债权债务关系。其主要形式包括应付账款、应付票据及预收账款。

从本质上看，商业信用也是一种债务融资方式。预收账款是企业预先收取的客户的款项，虽然根据会计准则这笔款项不能被确认为收入，但是随着收入确认条件的满足，这笔预付款项也就不再是负债，而是转化为了收入，在形成预收账款的时候，企业在实质上已经控制了这笔款项，可以用来进行经营活动或者投资。而企业的应付账款则可视为对上游供应商资金的占用。企业接受了对方提供的原材料或服务，本应支付相应的现金，但却拖延到一个月乃至半年、一年后支付，这实际上使得企业得以将本该现时支付给供应商的现金进行另外的经营或投资活动，而且这种借用在大多数情况下都没有明确的利息。另外，企业的应付账款还可以看作是存货等资产负债表左侧项目的融资来源。应付职工薪酬的原理也与应付账款相近，不过，拖欠职工薪酬是一项不道德的行为，容易导致法律纠纷，损害企业形象。

1. 应收款项融资

应收款项融资是指企业将自身持有的部分应收账款或者票据转给银行进行保理或者进行票据贴现，其本质是将自己向交易对手收取欠款的权利转移给了银行，银行先行为企业兑付一定数量的现金（并非全额）并接棒承担"讨债人"的角色。这种融资也是有代价的，企业在向银行进行贴现时往往要承担一部分贴现费用或者支付给银行一笔保理费用。需要注意的是，企业进行应收款项融资并非直接将应收账款"卖"给银行，而是

既以票据进行背书 / 贴现，又保留对债权的所有权直至相应债务到期。

2. 分期付款

分期付款也是当前企业的一项融资策略，当企业需要购建耗资巨大的资产时，如果企业并不具备一次付清债务的能力或一次付清资产价款在时间价值上是不合算的，那么企业就可以与卖方达成分期付款的协议，按期偿付部分价款并给予卖方一定的利息。在交易达成时，企业取得的资产按照应付款的现值计算，同时形成未确认融资费用，在以后各个会计期间摊销，同时在资产负债表中会形成一项长期应付款。这种交易实质上带有有息负债融资的性质，不同的是，债权人注入企业的是一项长期资产而非现金，企业作为债务人要按期还本付息。在每期付款时，未确认融资费用会转入财务费用，成为企业当期的一笔费用化支出，影响企业的利润表。

第二节　企业的融资缺口与融资策略

企业在发展的过程中需要不断地投资于优质的资产以获取更多的利润，这些优质的资产包括但不限于固定资产、无形资产及相关领域的优质企业。那么问题随之而来，投资于这样的资产，资金从何而来？理想的状况是，投资者注入原始的资本，企业通过经营活动创造出足够的利润和现金流，实现完全的自我造血，企业利用这些现金流来进行进一步投资从而获得更丰厚的回报。但现实未必如此，可能存在这样的情况，在现有经营水平下所取得的现金流不足以完成进一步的投资，这就产生了资金缺口，从而需要进一步的融资。

为此，我们首先分析和测算企业的融资缺口，并在此基础上简单分析企业的融资策略。

一、融资缺口的产生

关于融资缺口的产生我们可以从企业现金流的来源和流向两个方面来考虑。

首先，在暂时不考虑从投资者处进行融资的情况下，企业最主要、最具有可持续性的现金流量来源仍然是通过经营活动所赚取的经营性现金流量。当然，企业也可以通过处置金融资产、固定资产、长期股权投资等方式获取一定时期内的现金流，但是这种现金流只是暂时性的，而且固定资产这样的长期资产往往是企业生产经营能力中较为重要的一环，出售这样的资产可能会损害企业的持续经营能力，甚至会产生"杀鸡取卵"的负面效果。当经营活动产生的现金流量净额减少时，企业自身"造血"的能力也会被削弱，产生融资缺口的可能性也随之增加。经营活动产生的现金流量净额减少的原因可能有两个方向：一是企业所销售的产品销路不畅或采取了较为宽松的信用政策使企业经营活动现金流入减少，二是企业供应端价格上涨或提前囤积原材料导致经营活动中支出的现金流量增加。

从现金流的使用角度来看，企业融资缺口产生的原因很大程度上与企业的资本性支出有关。企业的资本性支出主要体现在现金流量表中"购建固定资产、无形资产和其他长期资产支付的现金"项目和"取得子公司及其他营业单位支付的现金净额"。这类长期资产可以使企业在较长时期内持续获益，对增强企业的核心盈利能力和竞争力有较大帮助，但这些资产往往价值不菲，是对企业现金流的一大考验。当然，企业也可以通过融资租赁等方式，在减少构建长期资产负担的同时获得资产的使用权。企业资本支出的计算公式一般如下

- 资本支出＝购建固定资产、无形资产和其他长期资产支付的现金＋取得子公司及其他营业单位支付的现金净额—处置固定资产、无形资产和其他长期资产收回的现金净额—处置子公司及其他营业单位收到的现金净额

此外，资本支出的估算还可以根据资产负债表进行，即固定资产、在建工程、无形资产和长期股权投资等经营性长期资产的账面价值的增加＋折旧摊销费用[①]，公式如下

- 资本支出＝固定资产等经营性长期资产账面价值的增加＋折旧摊销费用

研发投入也是一项重要的资本性现金支出项目，技术、专利的研发事关企业的核心竞争力，企业对自主研发重视程度的提高也使得研发投入水涨船高。但同时，技术研发的高度不确定性决定了研发投入中只有很少的一部分可以被资本化进入企业的资产负债表中，其余的都被作为期间费用计入利润表，将研发创新称为"烧钱游戏"并不为过。以格力电器为例，格力电器在年报中披露，2018年研发投入的金额达到了72.68亿元，资本化率仅有3.85%，2019年研发投入的金额也达到了60.11亿元，资本化率更是低至2%。

同时，企业经营性的营运资本也需要继续投入，例如，企业可能为了以后年度扩大销售提前囤积一定数量的存货或者为了以后期间把握较好的投资机会储备现金。所谓经营性营运资本指的是企业经营性流动资产减去经营性流动负债后的余额，反映了企业除了依靠经营性流动负债融资之外，从其他途径为经营性流动资产筹资的金额。每年度企业经营性营运资本的增量就是该年度企业投资于经营性营运资本的金额，其具体计算公式如下

- 经营性流动资产＝流动资产总额—交易性金融资产—衍生金融资产—一年内到期的非流动资产—其他流动资产中投资理财部分

[①] 基于现金流量表和资产负债表分别估算的资本支出会存在一些差异，这些差异是由多个原因导致的，包括经营性长期资产的增加与现金支付的节奏不一致（比如分期付款、股份支付或递延等不需要支付现金），固定资产等可能包含了利息支出等。资产负债表是核心报表，理论上基于资产负债表估算资本支出更为恰当，但基于现金流量表进行估算相对简便直观。

● 经营性流动负债＝流动负债总额—短期借款—交易性金融负债—一年内到期的非流动负债—其他流动负债中短期融资券部分

● 经营性营运资本＝经营性流动资产—经营性流动负债

● 新增经营性营运资本＝期末经营性营运资本—期初经营性营运资本

企业另外一项重要的支出是利息和股利的支付。对于大部分债务，企业都要偿付一定的利息，这些利息通常是刚性的，这就构成了企业的一项固定的现金支出。而对股东而言，股利分配与否、股利分配多少都取决于企业的经营状况和股东及管理者确定的股利分配政策，也就是说，股利分配并不构成企业的一项刚性义务，这是利息与股利的最大区别[①]。

二、融资缺口与融资依赖

综合上述分析，我们可以计算出企业各年度的外部融资缺口，进而我们可以根据现金流量表中披露的信息分析企业为了应对融资缺口而采取了怎样的融资举措。企业外部融资缺口的具体计算公式如下

● 外部融资缺口＝资本支出＋研发投入＋新增经营性营运资本＋利息支出（＋股利）—（经营现金流量净额＋研发投入）＝资本支出＋新增经营性营运资本＋利息支出（＋股利）—经营现金流量净额

其中，我们需要知道，研发投入不一定都在经营活动现金流中扣减，因为研发投入也包括了购置研发类长期资产的支出及其折旧摊销等。但对于外部人来说，这些信息和数据难以准确获得，而且一般情况下，企业的研发投入大部分都是研发人员的工资和研发材料等，故对此这样处理并不会有多大的偏差。

同时，我们还可以根据企业外部融资缺口及企业经营产生的现金流量净额的相对数值评估企业对于外部融资的依赖程度

● $外部融资依赖程度 = \dfrac{外部融资缺口}{经营活动产生的现金流量净额} \times 100\%$

现金流量充足率反映了企业从经营活动中取得的现金流量满足资本性支出、存货等营运资产投资的资金需求的能力。为了消除生产周期和其他随机因素的影响，这一指标一般以 3 年为周期进行计算，其具体定义为

● $现金充足率 = \dfrac{3 年经营活动现金流量净额累加}{3 年资本支出累加 + 3 年新增经营性营运资本累加 + 3 年股利及利息支付累加} \times 100\%$

---

① 企业为了维持声誉，往往会制定一个比较稳定的股利支付政策，比如固定的股利支付率，或固定的股利支付金额。格力电器在 2018 年 4 月 26 日公告停止发放 2017 年度的现金分红，结束了 10 年来持续高分红的传统，导致当天股价跌停。

对于现金充足率，我们应当做出适当的解释，若该比率大于100%，那么企业不一定要从外部融资，内部经营活动产生的现金流量就可以满足需要。若该比率小于100%，说明企业内部现金来源不足以维持目前的企业规模和经营活动的增长，需要对外融资。如果考虑企业对债权人的利息偿付及分配给股东的股利，可以在分母当中增加近3年内股利和利息开支的累计数。表5-4以格力电器为例，分析其外部融资缺口及对融资的依赖程度。

表5-4　格力电器的外部融资缺口与融资依赖

项目	2015年	2016年	2017年	2018年	2019年
经营活动产生的现金流量净额/亿元	443.78	148.60	163.59	269.41	278.94
资本性支出/亿元	57.17	47.46	148.41	203.40	126.70
经营性营运资本/亿元	−260.56	−102.87	0.06	28.56	−73.57
新增经营性营运资本/亿元	−152.85	157.69	102.93	28.50	−102.13
股利及利息支付/亿元	95.25	91.80	111.21	8.63	131.59
外部融资缺口/亿元	−444.21	148.35	198.96	−28.88	−122.78
对外部资金依赖程度/%	−100.10	99.83	121.62	−10.72	−44.02
股权融资情况/亿元			0.90		3.27
取得借款/亿元	100.97	123.82	216.10	276.34	212.68
偿还负债/亿元	95.12	110.54	130.09	242.27	276.58
有息负债融资/亿元	5.85	13.28	86.01	34.07	−63.90
期末现金及现金等价物余额/亿元	773.65	713.21	213.59	287.72	263.73
近3年经营活动现金流量总额/亿元	762.87	781.77	755.97	581.60	711.94
近3年资本性支出总额/亿元	129.84	145.66	253.04	399.27	478.51
近3年经营性营运资本增量累加/亿元	−85.05	−55.64	107.77	289.12	29.30
近3年股利和利息累加/亿元	220.02	233.81	298.26	211.64	251.43
现金充足率/%	288	241	115	65	94

从表5-4中可以看到，格力电器依靠自身经营活动产生的现金流量自给自足的程度是相当高的，这也说明了格力电器有较强的现金流创造能力，即使在存在外部融资缺口、需要大量对外融资的2016及2017年——出现融资缺口年度的融资需求主要是由格力电器资产规模扩张、投资子公司所引起的，格力电器也凭借前几年经营活动所积累的资金尽可能地减少了股权和有息负债融资。从融资来源来看，相较于股权融资，格力电器更倾向于使用有息负债进行融资，但融资规模也不大。

三、融资策略

现实世界中，企业的资产规模不可能一成不变，企业的发展必然伴随着总资产规模的扩张，企业对资产的需求也随着时间的推移而发生变化。在企业资产的需求中，既有着对长期资产规模增长的需求，也有伴随业务扩张所需的经营性营运资本持续增长的需求，还有随季节波动的经营性营运资本的需求，企业对总资产的需求变化可以通过图 5-1 近似刻画出来。

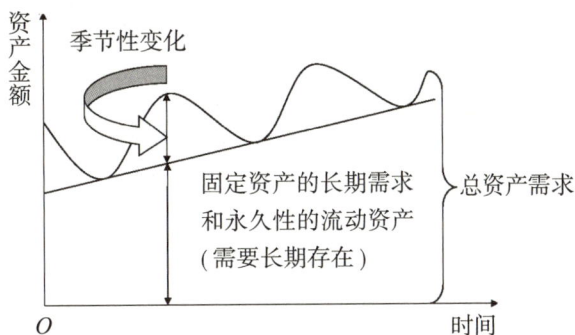

图 5-1　平衡型融资策略

　　一般地，对于长期资产的需求，企业可以通过有计划的长期融资解决，例如发行债券、举借长期负债或者增发股票。这样做的好处在于，企业可以通过融资取得相应的长期资产，而长期资产在未来一段时期内可以持续给企业带来利润，不论是直接的还是间接的，这样的利润也可以弥补企业长期融资所要支付的利息或股利。而对于流动资产的需求，特别是季节性的需求（例如对存货的需求），企业往往会通过短期融资方式解决，例如短期借款或者使用商业信用（形成应付账款）。

（一）稳健的融资策略

　　有些企业在资产融资方面则会采取稳健的策略（见图 5-2），即较多地使用长期融资为总资产进行融资，即便是企业季节性的流动资产需求也使用长期融资方式取得的资金进行投资。在企业流动资产的季节性需求消退时，企业则会将多余的资金用于短期证券投资。这种策略的好处在于，企业有着充足的现金及流动资产，陷入财务困境的可能性大大降低。而其缺点也同样存在，长期借款的资金成本要高于短期借款，而且企业持有大量资金并将其投资于短期证券则会降低企业整体的获利能力，实质上造成了资金的浪费。

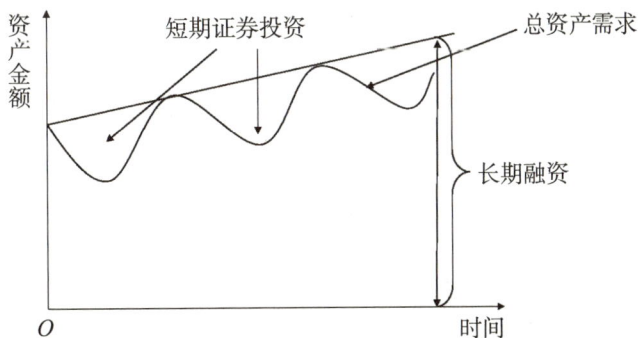

图 5-2　稳健型融资策略

（二）激进的融资策略

还有一些企业则会选用相对激进的融资策略（见图 5-3），当长期资金来源不能满足总资产需求时，它们会使用短期资金来弥补资产需求缺口，甚至某些长期资产也采用短期融资方式。这样的融资方式最大限度地避免了资金的闲置，也规避并减少了企业所负担的长期融资资金成本。但这种融资策略的缺陷同样突出，经常性的筹措资金加大了企业的结构性风险，大量较短期限的短期借款会使得企业陷入财务困境的风险增加。

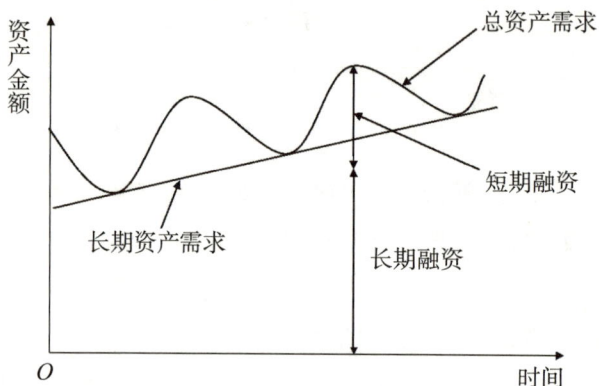

图 5-3　激进型融资策略

第三节　流动性风险分析

一、营运资本与流动比率

流动性是将资产转换成现金，或获得现金以偿付短期债务的能力。在企业的运营过程中，除了进行较长期限的项目投资外，还会发生许多现时收付或短期内进行结算的活动，短期的流动性为这些活动提供了保障，例如，企业在进行采购时，如果短期流动性充足，企业就可以直接全额付款以享受采购折扣，或赊购时提前付款以享受现金折扣；如果企业缺乏流动性，企业在面临一些好的投资机会或折扣优惠的时候往往会错失良机。在更为极端的情况下，企业若难以偿付短期内到期的债务以至于不得不低价出售长期资产或有良好成长性的投资项目，这对企业而言无异于饮鸩止渴。债务冲击之下的资产价值会出现大幅下跌，这就是所谓的资产"软性"[①]。

[①]　典型的例子是 2017 年 7 月万达集团为了应对流动性危机，以资本金定价的方式出售旗下的文旅项目资产给融创中国控股有限公司，而且在 632 亿元的对价中，有 296 亿元是来自万达委托银行发放的贷款。流动性冲击下资产价值大幅下跌的原因主要有：买方趁火打劫、资产专用性导致市场流通差、同行的流动性压力也很大等。

债务"刚性"和资产"软性"的特征，会使得出现流动性问题的企业对其投资者的资产安全产生巨大的负面影响。对员工而言，企业流动性缺乏会使得劳动者的劳动价值得不到恰当的体现（薪酬较低，且不一定拿到），甚至在员工持股或员工借款的情况下，会使得员工很难拿回这部分投资，进而导致多年积蓄的丧失。对债权人来说，企业流动性缺乏会导致本金和利息清偿延迟，而企业一旦进入破产程序，由于破产相关费用的存在，受偿顺序略后的债权人还可能面临丧失应收资金的风险。对股东而言，由于股东对企业只有剩余资产的所有权，在企业陷入财务困境或破产状态时，股东可能面临血本无归的局面。在独资企业或普通合伙企业中，股东对企业往往负有无限连带责任，对企业债务的清偿不以出资额为限，流动性缺乏甚至会危及股东的私人财产。因此，流动性对企业财务分析具有重要意义。

（一）营运资本与经营性营运资本

衡量企业流动性的一项重要指标是营运资本，它表示企业流动资产超过流动负债的数额，对于债权人来说，这一指标反映了其所持债权的安全程度。此外，企业在持续经营的过程中还可能存在一些不确定事项，例如未决诉讼等，超额的流动资产可以为这些不确定事项提供一定的流动性保障。营运资本的计算公式如下

- 营运资本＝流动资产－流动负债

其中，流动负债是需要在一年内偿付的债务，一般包括：应付账款和应付票据、短期借款、应付职工薪酬、应交税费及一年内到期的长期负债等。但我们在分析中需要评估资产负债表中的流动负债是否包含了全部极有可能在短时间内最终需要偿付的短期债务。如果企业存在较多的表外短期负债，则营运资本的分析将损害其在流动性方面的价值。常见的表外短期负债有：与担保、诉讼有关的或有负债，因无法取消的经营性租赁协议而形成的未来最低租赁付款额，与长期资产建筑或购买合同相关的需要按实际进度的付款义务。

所谓经营性营运资本，指的是营运资本中与经营活动直接相关的部分。在营运资本的计算过程中，在流动资产一项中可能包含着企业所持有的金融性流动资产，如理财产品、交易性金融资产、次级债券等，流动负债中也可能包括短期借款、短期融资券、交易性金融负债等项目，这些资产或负债往往与企业实际生产经营关系不大。同时，金融性的流动资产往往是企业安排富裕的现金而进行的短期投资或者理财，在清偿生产经营中产生的应付项目往往不会动用这些资产，而金融性的流动负债一般有明确的期限约定，企业可以适当地进行还款安排。所以，我们有必要将经营性的流动资产和流动负债从中分离出来，单独进行计算。

（二）流动比率

在一些债务合同中往往包含要求企业保持最低营运资本水平的条款，财务分析中也常常估计营运资本的大小以为投资决策提供参考意见。但是，直接观察营运资本的绝对数值进而推测企业营运资本规模是否合适是不恰当的，例如一家拥有10万元流动资产和5万元流动负债的企业和一家拥有100万元流动资产和95万元流动负债的企业，二者同样拥有规模为5万元的营运资本，但显然前者的营运资本状况优于后者，这就凸显了营运资本相对规模的必要性。实务中通常使用的营运资本规模的相对指标是流动比率，其具体定义如下

$$\bullet \quad 流动比率 = \frac{流动资产}{流动负债}$$

1. 流动比率的有用性

该项指标被广泛应用于衡量企业流动性，它可以体现企业偿还流动负债的能力，这一数值越高，就越能如期偿还流动负债。同时，流动比率也反映了企业对损失的缓冲能力，例如，企业在处置长期资产时取得的对价低于账面价值，价值缩水的部分可以由营运资本缓冲。另外，这一指标也反映出企业抵御不确定性冲击的能力。在企业现金流量遭受突发情况冲击时（例如灾害、行政处罚导致的停工停产），流动比率的大小反映了企业的安全边际，流动比率越高的企业资金链就越不容易断裂。

经验规则通常认为流动比率为2:1或更高时，企业财务处于稳健状态。2:1意味着每1元的流动负债有2元流动资产与之对应，即使企业在清算时资产价值损失一半，企业依然可以向债权人清偿流动负债。但流动比率大幅高于2:1则表明，企业固然能够充分偿还流动负债，但同时也会导致资源利用效率过低。因此，评价流动比率时，不仅要看比率的水平，更要看流动资产的构成和质量。

首先，流动资产的质量方面，要结合流动资产周转率和经营周期来进行分析。流动资产周转率高或经营周期短的企业，不仅说明企业的产品变现能力强，也说明公司管理者的经营能力较为突出。这些都是评估企业流动性的非常可靠的迹象，毕竟财务报表都是公司业务表现和公司管理者能力的反映。流动资产周转率还可以进一步区分为应收款周转率和存货周转率。应收款周转率高说明企业对客户的优势地位，或者企业谨慎的商业信用政策（谨慎的商业信用政策背后反映的是公司管理者的风险偏好比较保守，这对于流动性分析来说非常重要）。存货周转率高说明企业的生产效率高和销售速度快，反映了企业产品的市场受欢迎程度及快速的供给能力。

其次，流动资产的构成方面，则要分析应收款和存货在流动资产中的占比。如果发现企业的现金及现金等价物的比例在下降，应收账款和存货的比例却上升，说明公司的

流动性在下降或恶化，企业的市场竞争力变弱了，或者公司管理者的能力发生了变化。

最后，平均付款期也是一个有用的说明公司流动性的指标。平均付款期等于平均应付账款与每日平均销售成本之比。平均付款期越长，说明公司支付采购款的迫切性并没有那么紧迫，同时也说明公司相对供应商的强势地位，但也可能说明公司的资金压力大不能及时付款。因此，平均付款期并不是越长越好。赊购付款拖延越久，给供应商的压力就大，那么，会导致严重的后果，比如优质的供应商不和公司做生意，或者供应商偷工减料等，从而导致公司的采购质量大幅下降，进而影响产品的品质和市场声誉。

2. 流动比率的局限性

虽然流动比率是衡量企业流动性和偿债能力的一个极为有用的指标，但也存在一些局限性。首先，流动比率是一个时点指标，但流动性所考虑的现金流入和现金流出却是一个动态变化的量，目前的现金资源储备与未来现金流入并无因果联系，比如应收款属于现金的来源，但该资产具有周转的性质，即一项账款被收回，另一项信用也将发生，除非公司清算。其次，未来现金流入量是流动性的最佳衡量指标，它主要取决于被流动比率排除在外的一些指标，如销售收入、毛利水平等因素。因此，再一次说明，应用流动比率时，要结合流动资产周转率，以及应收款和存货的占比来进行分析。

3. 流动比率的特殊考虑

流动比率的变化趋势分析通常很有意义。但对流动比率在各期之间的变化要审慎地加以解释。流动比率变动并不意味着流动性或经营业绩发生了变化。例如，在企业上升期或成长期，企业规模扩张可能导致流动负债增长速度快于流动资产的增长速度，企业的扩张并未带来营运资本的增加，这种流动比率的降低往往被称为"繁荣式拮据"。而在企业衰退期，企业存货和应收账款可能会越积越多，流动负债的规模随着债务偿付保持在一定水平，这就带来了流动比率的上升。这启示我们在分析流动比率变化时要深究造成这种变化的驱动因素。

在实务分析中，我们还必须提防"粉饰"流动比率的行为。例如，在会计期末管理者可能一面采取宽松的信用政策增加收入，另一方面加紧催收货款，并拖延正常的采购活动以"挤出"资金偿还流动负债，受这些活动的影响，根据期末资产负债表计算得到的流动比率将会提高。为了减少这种粉饰行为的干扰，我们在分析中可以根据企业半年报或三季报计算流动比率。这种计算方式还有利于发现季节性因素对流动性的影响，例如，企业的经营旺季在夏季，观察半年报和三季报有助于了解企业在经营旺季的流动性表现，而根据年末报表所计算得到的流动比率反而可能产生误导。

（三）速动比率

速动比率是一项相较于流动比率更为严格的流动性衡量指标。这一比率中仅包含了能迅速转化为现金的流动资产，比如现金、交易性金融资产、应收款项（应收账款、应收票据和应收款项融资）和一年内到期的非流动资产（主要是持有至到期的投资，在紧急时可以随时卖出），其计算公式如下

$$\bullet\ 速动比率 = \frac{现金 + 交易性金融资产 + 应收款项 + 一年内到期的非流动资产}{流动负债} \times 100\%$$

之所以要计算一个速动比率，是因为在流动性资产中，有些资产的变现能力较弱，比如存货要经过生产、仓储、销售和收回货款等几个步骤才能转变成现金，这样变现的周期较长，且面临的不确定性也较大。还有些资产的目的就不是为了变现，比如预付账款，其目的在于收到采购的商品或材料。

二、现金流与财务弹性

（一）现金流比率

现金和现金等价物是流动性最强的流动资产。除了现金和现金等价物以外，企业在证券市场上购入的证券也有很强的流动性，企业在需要流动性时可以即时在证券市场上出售套现。交易性的股票、债券等金融资产和现金及现金等价物统称为"类现金"资产。

以"类现金"资产除以流动资产总额，可以衡量流动资产的流动性。这一指标一般称为现金—流动资产比率，这一比率越高，流动资产的流动性就越强。其具体计算公式如下

$$\bullet\ 现金—流动资产比率 = \frac{现金 + 交易性金融资产 + 一年内到期的非流动资产}{流动资产} \times 100\%$$

另一项衡量现金充足程度的指标是现金—流动负债比率，其具体计算公式如下

$$\bullet\ 现金—流动负债比率 = \frac{现金 + 交易性金融资产 + 一年内到期的非流动资产}{流动负债} \times 100\%$$

这一指标衡量的是可以用于偿还债务的现金。存货和应收账款等具有周转性的流动资产的变现往往要经过一定周期，在紧急情况下，这样的资产并不容易快速变现。而这一比率将存货和应收账款排除在外，是对企业短期流动性的一项最为严格的测试。但是这一指标不宜过高，因为企业持有过量的现金及现金等价物是一种浪费，机会成本过高，同时企业持有过量现金带来的代理成本也是投资者需要防范和规避的。另外需要注意的是，现金及现金等价物也是一个时点数，季节性变化和管理者粉饰也可能影响其真实性。比如，2020年11月10日，河南永城煤电控股集团有限公司（以下简称永煤控股）因流动资金

紧张，无法按期足额偿付约 10 亿元本息金额的债券。但根据三季报，永煤控股的账面上的货币资金高达 469.68 亿元。事后证监会发现该公司虚增的货币资金 270 多亿元。

前面已经提到，包括流动比率、速动比率等指标在内的流动性比率指标都是静态指标，可能不能反映现金流量在偿付到期债务方面的重要性，因而我们需要一项动态的流动性指标。经营活动现金流与流动负债相配比，可以一定程度上克服流动比率等指标的静态特征，这是因为，经营活动现金流是企业通过经营活动所取得的现金流入净额，是一项流动指标。现金流量比率计算公式如下

- $现金流量比率 = \dfrac{经营活动产生的现金流量净额}{流动负债} \times 100\%$

（二）财务弹性

在评估企业偿还短期内到期负债的能力时，我们还需要考虑一些定性因素，这就取决于企业的财务弹性。财务弹性指的是企业采取措施应对资金链意外中断的能力，包括从各种渠道借款的能力、增加权益资本的能力、出售和重新部署资产的能力，或者调整经营水平和方向以适应环境的能力。影响企业财务弹性的主要因素包括但不限于如下。

- 公司规模。
- 公司的信用评级。
- 公司主要资产的流通性。
- 大股东的产权性质及能力。
- 行业特征及前景。
- 信用市场状况等。

第四节　资本结构与偿债能力

一、偿债能力基础

在流动性分析中，我们所分析的是企业在短期内偿还流动负债的能力，由于时间跨度短、短期内企业内外部环境变化较小，所以我们可以对短期现金流量和偿债能力做出较为准确的预判。但企业整体偿债能力时间跨度很长，需要进行长期预测，因而准确性会降低。

影响企业偿债能力的关键因素有两个：资本结构和盈利能力。**资本结构**指的是企业各种资金来源的构成及其比例，反映的是企业债务与股权的比例关系。企业通过各种渠道取得资金后，其结构会影响后续的投资决策，形成不同的资产配置结构，从而影响企业收入和利润的实现程度。因此，资本结构在很大程度上决定着企业的偿债和再融资能

力，决定着企业未来的盈利能力，是企业财务状况的一项重要指标。

另一项影响企业偿债能力的关键因素是企业的**盈利能力**，它是企业通过经营活动创造现金流量的再生能力。企业盈利能力的表现是企业财务状况的重要指示器，企业的盈利无疑是偿付长期债务本息最可靠的现金来源，因为盈利是一个增量，以盈余弥补长期债务的本息和其他固定费用不会损害企业未来持续增长的潜力。稳定的盈利能力是企业在现金短缺时借款能力的一项重要指标，它还可以用来衡量企业从财务困境中恢复的可能性有多大[①]。

企业的债权人为了维护自己在企业陷入财务困境时的利益，在贷出款项时往往会在借款协议中加入一些保护性条款。这些保护性条款一般以一些重要的财务指标作为违约条款，也就是债务人相关财务指标降到债权人认为的安全阈值以下时债权人可以提前收回贷款或为贷款设置更多保障（例如设定担保），这就使得债权人有机会在债务人陷入财务困境前尽可能收回或保全自己的财富。这些条款的设计目的一般在于强调关键的财务指标、限制企业过度举债及过度发放股利或并购而消耗企业自有资源。但这种保护性条款只是消极的保护，并不能消除企业因经营亏损而陷入财务困境对债权人产生的负面影响，也不能替代投资者对企业经营业绩和财务状况的监督和警觉。

二、资本结构的构成与偿债能力

（一）负债账面价值的调整

企业资产负债表中所反映的负债可能并不是全部，有些负债完全没有反映在资产负债表中，还有一些债务会被划分为权益。对于这些项目，在进行财务分析的时候，我们应当仔细甄别，确定这些项目的经济实质和产生来源。在分析经营状况较好、会计计量和披露较为规范的上市公司财务报表时，负债反映不完全、划分不恰当的担忧可能是多余的，但对一些经营不善、财务披露不规范的公司，这种分析还是很有必要的。

1. 递延所得税

由于计税基础和会计记账基础存在差异，递延所得税项目在企业财务报表中经常出现，既有递延所得税资产，又有递延所得税负债，但是这种递延项目是否真的会变成企业未来的一项权利或者偿付的义务，还要取决于递延项目的性质及递延项目转回的可能性。比如，加速折旧政策导致的递延所得税负债，企业并不会真的因此而承担支付的义务。

---

① 类似的一个概念是债务积压（debt overhang），指企业面临新的投资项目具有正的净现值，如果前面没有债务，则可以获得融资，否则融资请求会被拒绝。也就是说，企业具有较好的现金流创造能力，但由于高负债导致当前的经营困境，此时，进行债务重组（比如债转股）将有助于企业利润的恢复和业务的正常开展。

2. 表外融资

有些管理者可能会采取一些手段低估负债，例如应收账款转售、通过特殊目的实体进行表外融资等。在进行分析的时候，我们需要批判性地解读财务报表的附注，注意那些新设立、业务性质不明确的子公司或者权益法投资。

3. 或有负债

或有负债代表了一项企业在未来负有的偿付现金或提供产品服务的义务，例如未决诉讼等，通常应归类为负债。在公司出现一些情形时（比如为子公司提供担保），我们需要特别注意这种或有事项或者承诺发生或生效的可能性，当其可能变成负债时，应当作为负债处理。但很多时候，有些企业并不会披露其对外承担的承诺、担保或法律纠纷等。

4. 少数股东权益

合并报表中的少数股东权益代表子公司的少数股东所拥有的所有权利益的账面价值。这些权益并不要求强制性的股利支付，也没有还本要求。但是，少数股东权益也可能存在明股实债的可能性，尤其出现少数股东权益在所有者权益中的比重明显偏大、少数股东权益占比与少数股东损益占比明显不匹配时。

5. 可转债

可转债通常报告为债务，但如果该债务最终将转化为普通股，那么这项债务就不需要偿付了。而且事实上，公司往往倾向于希望可转债完成转股。

6. 永续债和优先股

只有在发行约定中明确规定没有强制性的股利支付和偿还本金义务时才可能被划分为权益，否则只能确认为一项负债。在实践中，发行永续债和优先股的公司往往将其归类为权益，但事实上，公司还是需要承担支付利息的义务，很少发生不支付利息的情况，除非公司已经根本无力支付了。因此，在分析时，将其归类为债务更合适。

（二）偿债能力的共同比分析

衡量资本结构风险的一项常见指标是其资本结构的构成。具体方法是，将资产负债表中的权益和负债部分构造一份共同比报表，观察流动负债、长期负债、优先股、普通股以及留存利润等项目在总资本中所占的比重。

一般而言，流动负债占比高，尤其是其中的短期借款（包括短期融资券）和一年内到期的长期借款等占比高时，企业的偿付压力较大，因为这部分债务的偿付非常刚性和紧迫，而应付账款和应付职工薪酬等商业信用也需要偿付，但它们往往是循环周转的，即偿付后又会及时产生新的商业信用，但向金融机构的借款或发行债券到期后却不一定能够借到新的贷款（或按原有条件借款），或发行新的债券[①]。长期借款占比高，则说明银行等金融机构对企业的发展比较有信心，愿意提供长期资金的支持，同时企业的资金偿还也没有那么迫切。股东权益中留存利润占比高，也说明企业的盈利能力强，后续应该可以持续获利以偿还债务。

从表5-5中可以看到，华夏幸福的资本结构体现出房地产企业高杠杆的特点。为了支撑企业的扩张，华夏幸福通过多种渠道为拿地扩张融资，其中主要是有息债务，包括公司债券、长期借款等，有息债务在总体债务中的比重都在40%上下，而且呈上升趋势，这对于公司的资金链来说是一项考验。另外一部分债务则主要是使用客户的预付款项进行周转。在权益融资部分，除了使用永续债作为权益工具进行融资之外，华夏幸福还存在着相当比例的少数股东权益。一般而言，少数股东权益是企业合并过程中形成的，代表着被合并企业少数股东对集团公司的剩余权益请求权，除非企业频繁进行子公司的并表和出表，否则这一项权益各年度之间不会有太大波动，而华夏幸福的少数股东权益则显得很特殊，比例相当高，在一些年度甚至占所有者权益的半数，各年间波动也很大，这就很令人疑惑，但如果我们假设华夏幸福的少数股东权益是一笔特殊的债务融资，各年度的波动就可以用清偿债务或举借新债来解释，事情就变得合理得多。但这只是我们的猜测和假设，并没有确切的证据表明少数股东权益包含了隐蔽性债务，相关的利息（或股利）支付证据也并没有在年度报告中发现。

表 5-5　华夏幸福债务共同比分析

项目	2015 年	2016 年	2017 年	2018 年	2019 年
短期借款占比 / %	4.16	0.12	1.82	1.02	5.80
短期融资券占比 / %	0	0.52	2.02	0.61	0
一年内到期的非流动负债占比 / %	7.25	6.89	5.17	4.91	7.39
长期借款占比 / %	12.21	8.12	9.86	12.94	10.66
应付债券占比 / %	4.71	12.54	10.37	14.17	14.95
永续债占比 / %	0	0.40	2.39	2.20	1.27
有息债务融资占比 / %	28.33	28.59	31.63	35.86	40.07
经营性债务融资占比 / %	56.47	56.59	51.86	52.99	45.10
负债占比 / %	84.80	85.18	83.49	88.85	85.17
股本占比 / %	1.57	1.18	0.79	0.73	0.66
盈余公积金占比 / %	0.58	0.44	0.40	0.47	0.42
未分配利润占比 / %	5.58	5.67	5.37	6.92	8.48
少数股东权益占比 / %	7.18	5.07	9.03	2.67	5.17
所有者权益占比 / %	15.20	14.82	16.51	11.15	14.83

[①]　部分与公司金融相关的文献采用大额债务到期来衡量企业面临的融资约束，如 Michael J. Brennan 和 Eduardo S. Schwartz 在 1980 年 "Conditional Predictions of Bond Prices and Returns" 一文中提到的。

（三）资本结构比率

资本结构比率是偿债能力分析的一种常见方法。资本结构比率关系到资本结构的构成要素，既关系到要素的相互关系，也关系到各要素与总投入资本的关系。常见的资本结构比率有如下几个指标。

1. 资产负债率

资产负债率也被称为总负债比率，是企业总资产中来自负债的部分，其具体计算公式为

● $资产负债率 = \dfrac{总负债}{总资产} \times 100\%$

其中，总负债包括流动负债、非流动负债及分析中确定的其他负债。资产负债率可以衡量企业利用债权人提供资金进行经营活动的能力，也可以反映债权人资金的安全程度。一般认为，资产负债率的适宜水平是40%～60%。但实际中，影响资产负债率的因素非常多，比如行业特征及发展阶段、企业的盈利能力及其稳定性和持续性、企业的产权性质、有形资产比率、管理者的风险偏好等。

2. 产权比率

反映债权人与股东提供的资本的相对比例，其具体计算公式为

● $产权比率 = \dfrac{总负债}{股东权益} \times 100\%$

产权比率可以用来说明企业的资本结构是否合理和稳定，同时也可说明企业的长期偿债能力。一般来说，产权比率高是高风险的融资结构，产权比率低是低风险的融资结构。

3. 权益乘数

反映股东提供的资金可以撬动企业使用多少倍的资产，其具体计算公式为

● $权益乘数 = \dfrac{总资产}{股权权益} \times 100\%$

权益乘数越大表明股东投入企业的资本占全部资产的比重越小，企业负债的程度越高；反之，该比率越小，表明股东投入企业的资本占全部资产的比重越大，企业的负债程度越低，债权人权益受保护的程度越高。

综合而言，资本结构分析是分析公司资本结构风险的一项重要工具，负债比率越高，企业要负担的固定利息费用和债务本金偿还数额也就越高，在业绩下滑时无法还本付息的可能性也就越大。需要说明的是，短期流动性分析始终意义重大，因为我们要对企业长期的偿债能力分析前，先要确定企业近期的生存是否存在问题，如果企业近期很可能出现财务危机，那长期偿债能力的分析意义就大打折扣了。

（四）以资产为基础的偿债能力分析

企业在经营活动中所使用的资产一定程度上决定了企业的融资渠道。一般而言，企业的长期资产，如固定资产、长期股权投资等，通常是不会采用短期借款进行融资的，这些资产一般是通过权益资本进行融资，例如动用企业的留存利润、增发股票等。对于公共事业等有着稳定收入来源的行业，债务资本，特别是长期债券，也是一项重要的融资渠道。

资产构成分析是一项评估企业资本结构风险暴露的重要工具。资产构成分析也是通过共同比进行评估，计算企业现金、存货、应收款、固定资产、无形资产等项目在总资产中所占的比例，反映各类资产的分布情况，并将其与资本结构加以对照。例如在一些高科技企业，无形资产在总资产中占了很大的比重，而这些无形资产在清算变卖时价值有相当大的不确定性，因而若其主要通过短期贷款融资，那么在经济下行时期就比较容易出现资金问题。

以资产为基础的偿债能力的一个重要指标是**有形资产负债率**，即负债总额与有形资产的比值，其中有形资产是指那些具有实物形态的资产，一般包括存货、固定资产和在建工程等。

三、利润补偿

资本结构指标在分析偿债能力中具有很高的价值，但仍存在不足，即它们是时点指标，没有关注企业可以用于偿付债务的现金流量。长期债务的偿付是一个风险滞后的事项，即企业只要能够按照合同约定按时支付债务的利息（及其本金），企业能不能最终按期偿付债务本金，几乎要等到违约风险爆发或债务到期的时候才能知晓。因此，企业偿付利息的能力是评估企业长期偿债能力的一个更加直观和重要的指标。

企业偿付利息的能力我们以企业创造利润或现金流的能力来进行评估。如果企业的利润或现金流入充足，则债务本息的偿付能力较强。企业的盈利能力，尤其是长期盈利能力是流动性、偿债能力及借款能力的主要源泉。

（一）利息保障倍数

利息保障倍数是一项利润补偿指标，是企业在向债权人清偿利息及缴纳税款前所取得的利润与当期利息费用的比值，其具体计算公式如下

$$\bullet\ \text{利息保障倍数} = \frac{\text{净利润} + \text{利息支出} + \text{所得税费用}}{\text{利息支出}}$$

其中，分子也被称为**息税前利润**（earnings before interest and tax, EBIT）。一般情况下，净利润来自利润表中的"净利润"，利息支出来自利润表中的"利息费用"，所得税费用

直接来自利润表中的"所得税费用"。

然而在实际计算中，以下几个地方需特别注意，以免计算结果出现很大的错误。

1. 非经常性损益

企业的净利润中可能包含了营业外收入等非经常性项目，我们应当将这些非经常性损益予以剔除。

2. 利息的资本化部分

根据现行会计准则规定，对于一些需要经过相当长时间的购建或生产活动才能达到预定可使用或可销售状态的固定资产、投资性房地产或者存货，为其购建或生产而发生的相关利息支出需要资本化，也就是直接计入相关资产的账面价值之中，这部分资本化的利息开支是不会计入利息费用项目中的。因此，为了得到更准确的结果，如果企业存在资本化的利息开支，我们应当通过企业年报中的附注部分（在建工程）将这部分利息开支加入利息费用之中。有一个替代的选择，就是看现金流量表中筹资活动部分的"分配股利、利润或偿付利息支付的现金"。当然需要在此基础上扣除股利分配，包括子公司和母公司分别支付的股利。子公司的股利分配现金流量表有提供，母公司则需要参考母公司的分配公告。

3. 债券实际支付的利息

企业发行债券时若涉及溢价发行或折价发行，则利润表中的"利息费用"与实际支付的利息支出并不相同。因此，要采用实际支付的利息来替代报表确认的利息费用。

4. 租赁隐含的利息

租赁可以视为一项融资工具，这是因为，当企业没有足够的现金购买相关资产时，企业可以通过分期给付租金的方式获取一定时期内资产的使用权，这就在企业实际使用相关资产的时点和支付对价的时点之间产生了时间差，进而产生了一定数量的内含利息。对于融资租赁而言，其内含利息已经包含在利息费用中，但是，现实中仍存在着一些长期的经营性租赁，这些经营性租赁的内含利息应当加入利息费用之中。

5. 分期付款隐含的利息

分期付款实际上是卖方向买方提供的一种贷款，卖方是债权人，买方是债务人。买方在只支付一小部分货款后就可以获得所需的商品或劳务，但是因为以后的分期付款中包括有利息，所以用分期付款方式购买同一商品或劳务，所支付的金额要比一次性支付的货款多一些。因此，与租赁类似，长期分期付款隐含的利息也需要包含在利息费用中。

6. 永续债和优先股的利息和股利

企业在发行永续债和优先股时，通常会约定永续债的利息和优先股的股利不是必须要支付的。然而，这样约定的目的往往是为了将永续债和优先股归类为股东权益部分以降低企业报表层面的财务杠杆，但实际上，几乎没有企业真的不支付永续债的利息或优先股的股利。而且，永续债和优先股的购买方往往是资金实力非常雄厚的个人或企业进行购买，这些人通常也有很多的方式要求企业支付永续债的利息和优先股的股利[①]。因此，不管永续债的利息和优先股的股利是如何约定支付义务的，我们应该将其视为一种利息支出。需要注意的是，优先股股利并不能在税前扣除，我们还要进行税务调整，从而得到一个税前本应偿付的"总"金额。调整公式为

$$\bullet \ 优先股股利总支付 = \frac{优先股股利}{1-企业所得税税率}$$

企业所得税税率是实际发行公司的实际税率。

7. 少数股东权益等明股实债所隐含的利息

房地产开发等高财务杠杆行业或公司存在大量的少数股东权益，比如华夏幸福的少数股东权益占所有股东权益的比重在 2017 年高达 47.75%，不仅如此，少数股东权益的金额的波动也很大，有时大幅增加，有时大幅减少。这些特征都表明少数股东权益是明股实债。因此，少数股东权益也应该隐含了很多的利息支付。但实际中，这些利息支付在财务报告哪里得到了反映不是很稳定或清楚，可能在应付股利或现金流量表中子公司支付的股利，也可能在子公司、联营或合营企业购买中（回购中隐含了利息），还可能已经在利息费用或利息资本化项目中反映了。

我们在进行利润补偿能力分析的时候，并不考虑企业还本的要求，尽管还本要求对企业而言也是一项沉重的负担。首先，如果企业在债务到期之前一直有着良好的盈利能力，那企业到时就拥有足够的资金用于债务偿付。倘若企业的资本结构处在一个能让投资者接受的水平，那么企业应该能够通过举新债换旧债的方式筹措到足够的资金用来偿还到期债务的本金。另外，如果考虑企业还本的需求，那么我们可能会进行重复计算。例如，企业为固定资产的构建活动进行债务筹资，随着构建过程的推进，符合条件的资金都将资本化，在资产构建活动完成后，随着资产的使用和折旧，企业为购建资产而投入的资金会一部分一部分地体现在折旧中，进而反映在利润当中。

（二）对利息保障倍数的解释

像利息保障倍数这样的指标可以帮助我们了解企业通过本期所取得的利润补偿与债务相关开支的能力。在实务中，利润补偿指标与债务拖欠有十分显著的负相关关系，根据资本市场上债权人的经验数据，利息保障倍数在 3.0 以上的企业，拖欠债务的概率仅为 2.1%，而利息保障倍数在 1.0 以下的企业，拖欠债务的概率则高达 35%。由此可见，

[①] 比如，中国恒大在 2021 年爆发债务危机后，在员工、供应商和税款没有偿付的情况下，提前将海外高利率的债券和永续债进行偿付。

债权人关注利润补偿指标是一种明智的选择，因为提高贷款利率往往很难弥补本金损失的风险，而企业的持续经营能力不仅能保障利息的支付，还有助于本金的按时收回。

对于债权人而言，企业的利润和现金流在各时期内的表现至关重要。一般来说，企业的利润表现越稳定，债权人可接受的利润补偿水平就越低。例如，地铁等公共事业企业很少受到宏观经济环境影响，经营业绩不太可能大起大落，因此，较低的利润补偿水平是债权人可以接受的。而对于软件开发等高新技术企业，其业绩受自身科研成果及市场波动影响很大，存在很大的不确定性，对于这种利润不确定性较高的企业，债权人通常要求较高的利润补偿水平。我们通常使用波动性和持续性来衡量这种不确定性，可以通过观测一定时间序列内剔除非经常性项目后利润的变化幅度和各期利润的自相关性来对这两种指标进行衡量。

在计算利息保障倍数指标时我们所进行的假设和计量也十分重要，在之前的指标计算中，出于谨慎性的考量，我们通过严格的定义排除非经常性项目和终止经营利润、发掘各种潜在的利息费用，以尽可能地获得较低的利润补偿水平。虽然剔除非经常性项目对于债权人而言可能是更稳健的做法，但这也排除了企业经营获得的一些组成部分，因此，在计算连续几年的平均利润补偿比率时，我们要将这些项目纳入进来。在坚持谨慎性原则的同时，不能刻意地利用保守的方法计算利润补偿指标。

如表 5-6 所示，在华夏幸福的利息支出中，存在着相当数额的资本化部分，这些支出不会体现在利润表中，我们必须要通过查看年度报告的附注，找到这部分资本化利息支出，并在计算息税前利润和利息支出时进行调整[①]。另外，华夏幸福从 2016 年起开始采用永续债进行融资，这是一项权益工具性质的融资，相关的利息支出在会计处理上应当视作股利支出，不能在所得税前扣除，因而我们也需要对永续债利息支出进行调整。在净利润中，公允价值变动损益、营业外收支等非经常性项目也应当在计算息税前利润时剔除。经过上述的调整，我们可以得到 2015—2019 年度华夏幸福的利息保障倍数情况及变化趋势，结果显示，华夏幸福的利息保障倍数呈现下降趋势，特别是在 2017 年之后，这种情况主要是华夏幸福有息债务融资的快速膨胀及高昂的融资成本造成的，为了维持长周期的项目投资和建设，再加上行业形势遇冷，华夏幸福的债务规模不断扩张，这使其债务违约风险大大增加。

---

① 根据财政部和税务总局发布的《关于永续债企业所得税政策问题的公告》（2019 年第 64 号），永续债如果符合相关条件，可以作为债务处理，相应的利息支出可以税前扣除，否则就适用股息红利政策，不能在税前扣除。永续债只要满足以下 9 个条件中的 5 个及 5 个以上，其利息支出就可以税前扣除：（1）被投资企业对该项投资具有还本义务；（2）有明确约定的利率和付息频率；（3）有一定的投资期限；（4）投资方对被投资企业净资产不拥有所有权；（5）投资方不参与被投资企业日常生产经营活动；（6）被投资企业可以赎回，或满足特定条件后可以赎回；（7）被投资企业将该项投资计入负债；（8）该项投资不承担被投资企业股东同等的经营风险；（9）该项投资的清偿顺序位于被投资企业股东持有的股份之前。华夏幸福的永续债的利息支出是否可以税前扣除，我们并不清楚，这里只是作为分析来展示。

表 5-6　华夏幸福的利息保障倍数

项目	2015 年	2016 年	2017 年	2018 年	2019 年
净利润 / 亿元	49.87	61.68	88.07	118.03	146.85
利息支出—费用化部分 / 亿元	0.01	5.63	9.80	14.06	32.64
利息支出—资本化部分 / 亿元	33.97	40.86	45.44	65.55	111.56
所得税 / 亿元	19.62	28.07	39.93	56.28	75.72
减：投资收益 / 亿元	3.06	4.74	7.42	16.37	3.22
公允价值变动净利润 / 亿元	0	0	0	1.01	0.50
营业外收入 / 亿元	0.85	1.98	0.71	0.16	0.57
加：营业外支出 / 亿元	0.39	0.41	1.50	4.56	3.46
永续债利息 / 亿元	0	0.61	5.44	5.44	3.49
调整后永续债利息 / 亿元	0	0.81	7.25	7.25	4.65
EBIT/ 亿元	99.95	130.75	183.85	248.19	370.59
利息支出合计 / 亿元	33.98	47.31	62.49	86.86	148.85
利息保障倍数	2.94	2.76	2.94	2.86	2.49

注：投资收益扣除了来自合营联营企业的投资收益，因为这部分投资收益往往被视为是可持续的。

四、财务困境的预测

通过预测企业陷入财务困境的可能性也是评估企业偿债能力的一种方法。关于财务困境的最知名的模型是奥特曼 Z 值模型（Altman's Z–Score）。该模型使用多项比率生成一个财务困境预测因子，具体地，使用统计技术中的多元判别分析生成了一个含有多个解释变量的线性方程，以鉴别或预测企业债务违约的可能性。模型中包含 5 个财务指标：X_1= 营运资本 / 总资产；X_2= 留存利润（即盈余公积 + 未分配利润）/ 总资产；X_3= 息税前利润 / 总资产；X_4= 股东权益 / 总负债；X_5= 销售收入 / 总资产。这些指标分别反映了企业的流动性、利润累积能力、盈利能力、财务结构和资本周转率。其具体模型如下

$$Z=0.0717\,X_1+0.847\,X_2+3.107\,X_3+0.420\,X_4+0.998\,X_5 \tag{5–1}$$

经验证据表明，如果 Z 值低于 1.20，表明公司债务违约的可能性很大；如果 Z 值大于 2.90，表明债务违约的可能性很小；中间的范围则属于模糊地带。需要特别说明的是，上述 Z 值模型是基于美国上市公司早期数据估算出来的，当下公司或我国公司是否适用存在较大的疑问。不过，我们还是可以基于该模型的思路和方法构造一些适合自己需要的预测模型。

虽然财务比率在预测企业陷入财务困境的可能性方面具有重要作用，但是，我们不能够在没有对企业业务模式和基本状况进行了解之前贸然利用 Z 值模型或其他模型去对企业财务状况做出判断。目前为止，并没有任何证据表明，Z 值模型与前文中提到的其他各项分析指标的综合应用相比有什么先进性。

第五节　有息债务的融资成本分析

一、有息负债的定义

企业借入的债务既包括需要支付利息的债务，也包括不需要支付利息的债务。企业需要支付利息的债务我们称之为有息负债，一般包括短期借款、一年内到期的非流动负债、长期借款、应付债券等。

但企业需要支付利息的有息债务通常不限于上述项目，还包括以下项目。

- 企业发行的短期融资券或超短期融资券，一般归类到其他流动负债。
- 租赁负债、长期应付款或分期付款。
- 归类为股东权益的永续债和优先股。
- 少数股东权益、房地产开发等高财务杠杆行业或公司存在的大量少数股东权益可能只是明股实债而已。

二、有息负债的融资成本

有息负债是企业一项重要的融资来源，了解企业有息负债的融资成本有非常重要的意义。有息负债的融资成本可以看作是债权人对企业可能面临的各类风险了解后所要求的期望回报水平，同时也可以反映，在债权人眼里，企业面临的偿付风险和未来持续发展的风险。如果企业的偿债能力突出，盈利能力可以持续保持强势，那么，债权人基于风险回报的原则，要求的回报率就会比较低，否则公司会另寻成本更低的债务融资。有息债务融资成本的变化可以反映企业财务状况的变化趋势和盈利风险的变化趋势。

企业每年支付的利息可以看作企业为保有其有息负债而承担的成本，计算公式如下

- 有息负债融资成本率 $= \dfrac{利息支出}{（期初有息负债＋期末有息负债）/2} \times 100\%$

利息支出在前面分析中已经提及，包括了利息费用、资本化利息支出及其他多项隐含的利息支付。类似地，有息负债也包括短期借款等常见项目，也包括一些不常见但金额往往较大的项目。实践中，由于利息支付和有息负债涉及的项目较多，企业也没有对各项予以足够的披露（比如明股实债的利息支付在财务报告哪里体现并不十分确定），同时会计处理还存在可操作的空间（比如租赁和分期付款所隐含利息依赖于管理者对预期回报率的估计），因此简单估算常见有息负债项目的融资成本，以及变化趋势，也有助于分析企业的偿债能力及其变化，因为银行贷款、债券等的利率在确定时也可以对企业的其他非常见的债务融资工具所面临的风险进行反映。

通过表 5-7 我们可以看到，在两家房企的利息支出中，资本化的利息支出占到相当大的比重，尤其是华夏幸福。高比例的资本化利息支出与房地产企业的行业属性有关，开发楼盘需要大量前期资金投入，除了预售之外，房地产企业往往会通过举借贷款来为楼盘筹集资金，在这一过程中的利息支出大部分都资本化，进入存货成本及固定资产中。

表 5-7　华夏幸福和万科的有息债务成本

（1）华夏幸福有息债务平均利率估计

华夏幸福—有息负债	2015 年	2016 年	2017 年	2018 年	2019 年
短期借款 / 亿元	70.08	3.00	68.46	41.82	265.75
一年内到期的非流动负债 / 亿元	122.27	172.21	194.25	201.19	338.18
短期融资券 / 亿元	0	12.88	75.84	24.99	0
长期借款 / 亿元	205.95	202.91	370.74	530.33	487.90
应付债券 / 亿元	79.38	313.42	389.67	580.76	684.65
永续债 / 亿元	0	10.00	90.00	90.00	58.00
有息债务融资合计 / 亿元	477.67	714.42	1188.96	1469.09	1834.48
利息支出—费用化部分 / 亿元	0.01	5.63	9.80	14.06	32.64
利息支出—资本化部分 / 亿元	33.97	40.86	45.44	65.55	111.56
利息支出 / 亿元	33.98	46.49	55.24	79.60	144.20
有息负债平均融资成本 / %	8.66	7.80	5.80	5.99	8.73

（2）万科有息债务平均利率估计

万科—有息负债	2015 年	2016 年	2017 年	2018 年	2019 年
短期借款 / 亿元	19.00	165.77	161.09	101.02	153.65
一年内到期的非流动负债 / 亿元	247.46	267.73	461.64	690.92	806.46
短期融资券 / 亿元	0	0	0	139.89	500.00
长期借款 / 亿元	338.29	564.06	960.29	1,209.29	1,143.20
应付债券 / 亿元	190.16	291.08	323.23	470.95	496.46
有息债务融资合计 / 亿元	794.91	1,288.64	1,906.24	2,612.08	3,099.77
利息支出—费用化部分 / 亿元	17.79	23.10	40.61	81.81	82.69
利息支出—资本化部分 / 亿元	30.74	32.28	41.47	59.65	56.94
利息支出 / 亿元	48.53	55.38	82.08	141.46	139.63
有息负债平均融资成本 / %	6.54	5.32	5.14	6.26	4.89

通过对比两家企业的有息负债融资成本我们可以发现，华夏幸福的有息负债平均融资成本相较于万科总体上要高一些，尤其是 2019 年相差巨大，这就与两家企业的融资结构及风险水平密切相关。

第一，万科的整体负债水平要低于华夏幸福，而且负债中有一大部分是非有息负债，如预收账款、应付账款等接近于零融资成本的资金，华夏幸福则不然，它更多地依赖有息负债融资，有息负债占到总体债务的四成上下，这从另一个侧面说明华夏幸福的扩张并不是以快速周转的经营销售所赚取的资金来支撑，而是借重于外部融资的支持。对于这样一家公司，银行等金融机构在向其放贷时势必要开出更高的"价码"。

第二，就经营风险而言，华夏幸福的风险无疑是更高的。其主营的开发性 PPP 项目既接受地方政府委托长期投资运营的城市综合开发项目，又不让政府担保或兜底，主要盈利来源是政府支付的建设服务费，以及开发项目内吸引落地投资的绩效分成。这种模式隐含着巨大的风险，一是投资周期长，先期投资高昂、垫款压力巨大，而公司未必能与每一个地方政府建立长期稳定的互信关系，后续的政府回款未必及时，落地投资的绩效分成也有很大的不确定性，二是随着限购令等政策的出台，对以环北京地区为主要基地的华夏幸福而言冲击也极其巨大。在这种情况下，华夏幸福的流动性很难不出现问题，这也是金融机构所忌惮的。相比较而言，万科的经营模式就显得较为稳健，其开发的商品房在全国各大城市都有稳定的市场，因此为依托发展相关的社区配套服务，现金流一直处于一个较为稳健的状态，经营业绩也一直稳定成长。

这种差别也会体现在企业发行的公司债券等融资工具上。当企业发行债券时，往往会考虑市场对本企业所发行债券的接受程度（也就是市场投资者对本公司风险利润水平的看法），为了实现债券的平价发行，即按照票面价格发行，企业往往会对所发行债券的票面利率进行调整，来达到投资者的风险利润要求。我们仍以华夏幸福和万科这两家上市公司所发行的债券为例，2018 年，两家公司在接近的时间里均平价公开发行了期限 5 年的公司债券，但由于各自风险水平存在差异，万科公司的利率是 4.18%，而华夏幸福的是 6.80%。

✒️ 课后习题

1. 计算乐视网或其他公司的融资缺口和融资依赖相关指标，并分析其融资策略。

2. 上汽集团股份有限公司（以下简称上汽集团，股票代码：600104）作为行业龙头，计算其几个流动性指标可以发现，该公司的流动性指标要低于行业均值，请问这样是否可以说明其流动性风险比同行公司高？

3. 以有息负债金额较多的公司为例，计算其有息负债的余额和债务融资成本。

4. 选择同行的两家公司，分析其流动性和偿债能力等对债务融资成本的影响。

5. 选择一家发生过债务违约的公司，分析其债务违约前的债务融资状况、流动性和偿债能力，并比较盈利能力和债务融资成本。

6. 苏宁易购集团股份有限公司（以下简称苏宁电器，股票代码：002024）曾经是我国电器零售行业的王者，但 2020 年其创始人张近东被迫出让部分股份，主要原因在于苏宁电器背负了高额的债务，请分析其流动性和偿债能力的历史变化趋势。

① ② ③ ④ ⑤ ⑥ ⑦ ⑧

第六章
盈利能力分析

▶ 章前案例

华夏幸福的 ROE 如此优秀，为什么还会爆雷？

　　巴菲特在一次采访中曾经说过："如果非要我选择用一个指标进行选股，我会选择净资产回报率（ROE）。"曾几何时，华夏幸福在资本市场上以其可以比肩贵州茅台酒股份有限公司（以下简称贵州茅台）的净资产回报率而闻名，吸引了许多投资者的目光。据统计，2011—2019 年期间，华夏幸福的平均净资产回报率高达 40.83%，而且没有一年低于 27.00%，表现非常亮眼。作为一家房地产企业，华夏幸福以环京津地区为大本营，大规模地拿地，兴建产业园区和楼盘，在 2011—2015 年间乘着房价飞涨的东风一跃而起，声名大噪，为其股东获取了极高的利润。而贵州茅台也凭借它金光闪闪的品牌形象和优质的酱香型口味产品取得了丰厚的利润，创造了很高的净资产回报率。但是，随着时间的流逝，两者的发展却是天壤之别。贵州茅台在资本市场上一路高歌猛进，股价直冲 2000 元大关，而华夏幸福在经历了 2015 年的辉煌后开始走下坡路，甚至走到了破产的边缘。

　　华夏幸福历史表现极其优秀，为什么会迅速滑向爆雷的边缘呢？为什么贵州茅台能不断创造神话呢？这与两家公司驱动净资产回报率的背后因素存在重大差异有关。简单来说，贵州茅台立足于强大的收入转换成利润的能力来驱动股东回报，而华夏幸福则依赖大规模举债为股东谋取利润。一个在竞争对手不断挑战下可以基业长青，一个在外界稍微冲击下便风雨飘摇。挖掘公司盈利能力背后的驱动因素，对于我们理解公司的可持续发展至关重要。

▶ 学习目标

1. 说明投资回报率在财务报表分析中的作用
2. 解释和计算投资回报率的 3 个指标，并分析应用
3. 理解净经营资产回报率和净资产回报率的分解，计算、分析并学会应用
4. 描述利润边际与资产周转率之间的关系
5. 解释经营杠杆和财务杠杆，并说明它们的作用
6. 描述利润质量的主要特征和分析思路

引　言

🔍 盈利能力分析

投资回报率代表了一家公司利用融入资金可以获取的利润水平，是对公司运用融资创造利润行为成功与否的一项度量指标。投资回报率的计算和分析具有重要意义，在企业内部管理、资本市场投资决策等商务实践中普遍应用。本章介绍了衡量投资回报率的 3 个指标和计算方法，包括总资产回报率、净经营资产回报率和净资产回报率，并以格力电器为例详细展示了这 3 个指标的计算过程。

鉴于企业经济活动的复杂性和企业业绩驱动因素的多样性，本章还根据杜邦财务分析方法，分别对净经营资产回报率和净资产回报率进行了分解，将其分解为利润边际、资产周转率和经营杠杆（或财务杠杆）3 个因素，以便深入了解投资回报率指标所代表的经济意义和背后的驱动因素，以及这些因素所隐含的分析价值。

然而，投资回报率的恰当应用还取决于利润的质量。本章将从应计利润的质量、持续性、可预测性、价值相关性和平滑性等 5 个方面，以格力电器为例展开对利润质量的分析。

第一节　投资回报分析

一、投资回报率的重要性

股东和债权人等投资者将资金投资给企业，无一例外均希望企业能够有好的业绩，产生尽可能多的投资回报。收入、利润和权益增长等指标都可以用来衡量企业业绩，但是，这些指标均难以独立反映公司业绩的综合计量，而只是公司业绩的单维度表现。比如，收入只有在能够带来利润增长时，才会被认为是理想的收入；利润的评价则需要结合投入资本，而不是仅考虑产出的绝对规模；权益增长貌似代表的是股东利益的增加，但只有在能够带来更多销售收入和利润时才会让投资者满意。

因此，公司业绩需要联合分析，将资源的投入与产出指标联系在一起进行估计。利润和投入资本相联系，就构成了所谓的投资回报率（return on investment, ROI）。投资回报率是使用最为广泛的公司业绩评价指标。首先，通过它我们可以比较各个公司、投资中心或项目的经营业绩的优劣。其次，我们可以通过它将投资回报与投资风险相挂钩。投资者要求的回报依赖于他或她心中的投资风险有多大。如果一项投资极具风险，投资者就会期望一个高的回报率。风险因素一般包括时间、流动性和波动性。一项投资所需的时间越长，因某种不可预见的意外而使资金遭受损失的概率就越大，因而投资者会希望这种风险能有所补偿；投资资产卖出的难度也会与投资者期望的回报率成正比；投资资产所产生的收入更容易受到外部冲击或受到外部冲击的影响程度更大，也会导致投资者提升投资回报率以补偿这种波动性。最后，投资回报率还可以作为选择投资机会的依据，即在可投资的资源有限或投资风险可以接受的情况下，优先选择或支持投资回报率高的公司、投资中心或项目，从而利于优化资源配置。

投资回报率在企业内部管理、资本市场投资决策等商务实践中有广泛的用途。

（一）管理绩效的评价与投资决策参考

在同一个行业里，企业投资回报率的高低主要取决于管理者的动机、智谋和行动力。公司治理理论认为，投资者将资金交给公司以获取期望的投资回报率，公司管理者则在取得资金后，对这些资金进行调度和使用，进行一系列的融资、投资和经营决策。这些管理决策与管理行动的成效决定了投资回报率的高低，也体现出管理者是否聪明、勤勉。在信息不对称的情况下，为了评估管理者的管理绩效，定期（比如一个财务年度或更长的时间间隔）计算投资回报率就成为一个关键的工具。

投资回报率还直接影响投资者的投资决策，因为投资者是否能够取得投资收益受限于企业的资产创造价值的能力。企业的投资回报率越高，说明公司是一个优质公司，投资者获得良好投资收益的可能性也就越高，从而该指标在投资者是否买入某公司决策中发挥了重要的作用。

（二）计划与控制的工具

投资回报率在企业内部管理活动中发挥着重要作用。管理者通过实施计划、组织、协调和控制等职能来协调他人的活动，使大家一起实现既定的企业发展目标。计划的目的在于公司管理者下达指示，对企业内部各责任中心的经济业务进行规划，要求其按照既定的标准完成目标，其中，投资中心往往以投资回报率为要求标准。控制则在于通过财务资料和实时信息的分析，对企业各责任中心的经济业务的进展及完成结果进行监督、检查和评价。

投资回报率还指引着企业内部资源的配置，在资源有限的情况下，优先配置给投资回报率高的投资中心或经济业务，减少投资回报率低的业务的投入。针对投资回报率的表现，企业内部还可以深入分析其背后的驱动因素，总结经验，制定改进的措施，包括调整负责人或业务、重新认识业务模式并调整业务经营策略等。

二、投资回报率的计算

理论上投资回报率的分析非常适当，其计算也简单直接，计算公式如下

● $投资回报率 = \dfrac{利润}{投入资本} \times 100\%$

不过，上述公式中的分子和分母的计算却没有一致的说法，主要源于不同投资者或不同财务报表的使用者关切公司问题的侧重点各有不同，从而分析的角度及选择的分析指标存在差异。

（一）投入资本和利润的构成

人们使用不同的投入资本指标以反映不同用户的不同观点。我们这里主要介绍3个投入资本的计量指标，为了与分母计量口径一致，分子所代表的利润也需要进行相应的调整。需要首先说明的是，下面提及的净利润一般情况下不考虑非经营性损益的净利润（扣非利润），因为扣非利润在理论上能够更好地反映公司管理者的努力水平和绩效。不过，这仅是通常情况。公司非经常性损益规模较大时（尤其为负），我们需要考虑公司的盈利质量问题和"洗大澡"动机，因为平常年份公司可能会包装业绩，然后在某些特殊时点将过往的业绩和夸大的资产做清零处理。当然，在扣非利润和净利润差别不大时，没有必要进行区分。

1. 总资产与息前税后利润

总资产是指企业拥有或控制的、能够带来经济利益的全部资产。拥有是指企业持有资产的所有权，控制则是企业并不持有企业的所有权，但可以控制资产的使用，并带来经济利益，比如租赁资产。企业的资产由债权人和股东所组成的投资者共同提供的资金或投资构成，故对于企业的所有投资者而言，其投入资本的回报率便也成为一个关切的问题。

企业经营决策和财务决策的主要目的在于使企业价值最大化，而总资产是企业可以用以创造收入、利润和企业价值的支撑。因此，评估企业整体价值的创造能力，用总资产来衡量投入资本是恰当的。

为了与总资产作为投入资本计量指标在口径上的一致，分子所代表的业绩也需要调整，即此时的业绩应该反映公司给债权人和股东带来的总回报，包括净利润和利息支出。这里的利息支出与前面提及的利息支出的计算是一致的，不仅包括向金融机构借款

支付的利息，也包括租赁和分期付款等隐含支付的利息。

2.净经营资产和经营利润

许多分析师把企业的资产负债表和利润表分解为经营和非经营两部分，并以此计算经营资产回报率作为公司业绩的衡量。这样的区分主要来源于资本市场的一种主流观点：公司的经营活动与股票价格的表现具有最持久和最相关的关系。投资者投资于企业往往希望它们产生超额利润，这部分超额利润是由经营性资产创造的，而不是由企业的金融性资产创造的。平均而言，资本市场的有效性决定了企业投资于金融资产只能产生正常的利润，而经营活动是公司的核心活动，与企业获取超额利润的能力直接相关。投资风险的偏好也会导致投资者更看重经营性资产，因为企业经营活动的稳定性要比资本市场好很多，从而使得经营性资产所面临的风险也要小于金融性资产（买入国债或货币基金等非企业类金融产品除外）。此外，市场的投资者还会认为，开展金融投资是自己的专长，并不需要企业代为自己操作金融投资。

经营性资产是指公司投资所形成的土地、建筑、设备、专利、应收款、存货、长期股权投资等与公司经营业务紧密关联的资产，现金由于需求的必要性也归类为经营性资产。经营性负债是企业因经营活动而发生的负债，一般占用了上游供应商、下游客户或本公司员工的资金，相当于是无财务费用的融资，如应付票据、应付账款、预收账款和应付职工薪酬等。经营性资产与经营性负债相抵后即为**净经营性资产**（net operating assets, NOA）。

金融性资产是指公司出于谋求财务利润的目的将多余的现金临时或长期投入各种有价证券，如其他公司的股票或债券、政府债券、基金、银行理财等。金融性负债是筹资活动所涉及的需要承担利息支出的负债，比如短期借款、一年内到期的长期负债、长期借款、应付债券，以及永续债和优先股（即使归类为股东权益）等。需要说明的是，是否承担利息支出并不是负债归类为经营性负债或金融性负债的决定因素，比如像租赁和分期付款等也需要承担利息支出，但它们的目的并不是为了直接获得资金而是为了获得可以用于经营活动的资产，因而租金和分期付款所形成的租赁负债或长期应付款属于经营性负债，而不是金融性负债；类似地，应付票据等若也涉及了利息支出，同样也归类为经营性负债。金融性负债与金融性资产相减后得到**净金融负债**。净金融负债与股东权益之和可以得到企业对外的**净融资**（net financial owners, NFO）。净融资与净经营性资产应该相等。

与上述分类相对应，计算投资回报率时，分子也需要进行调整，即调整为**税后净经营利润**（net operating profit after tax, NOPAT）。税后经营利润是指企业的经营活动所产生的税后利润。基于我国的利润表，与经营活动相关的项目一般包括：营业收入、营业成本、税金及附加、销售费用、管理费用、研发费用、其他利润、投资收益中"对联营企业和合营企业的投资收益"、资产减值损失、资产处置损益等。所得税费用也属于与企业经营活动相关，但利润表中的所得税费用也受到金融性利润的影响，故一般利用利润表中的所得税费用和利润总额计算一个平均实际所得税税率，然后将此估算的实际税率乘以前述的经营性税前利润，即可得到经营活动所承担的所得税费用。金融性利润则是指与企业金融活动相关的税后利润，在利润表中一般包括：利息收入、利息费用、投资收益（要扣除对联营企业和合营企业的投资收益）、净敞口套期利润、公允价值变动损益等。金融活动同样也涉及企业所得税，按照估算的实际税率计算出来。从融资的角度来看，金融税后利润也可以看作是**净财务费用**。

根据上述的分类，我们可以对企业的资产负债表和利润表进行重构。重构后的简略资产负债表如表 6-1 所示。

表 6-1　简略资产负债表

资产负债表			
项目	缩写	项目	缩写
经营性资产	OA	金融性负债	FL
减：经营性负债	（OL）	减：金融性资产	（FA）
		净金融负债	NFO
		股东权益	SE
净经营性资产	NOA	＝净融资	SE+NFO

类似地，重构后的简略利润表如表 6-2 所示。

表 6-2　简略利润表

利润表	
项目	缩写
营业收入	OR
减：营业费用（营业成本、税金及附加、销售费用、管理费用、研发费用）	（OE）
加：其他利润	Others
对联营企业和合营企业的投资收益	IIAJV
资产减值损失	（Loss）
资产处置损益	Gains
减：经营性所得税费用	（OTE）
税后净经营利润	OI/NOPAT
利息收入	INTR
减：利息费用	（INTX）
加：投资收益	II
公允价值变动损益	ICFV

续表

利润表	
项目	缩写
减：金融性所得税费用	（FTE）
税后金融利润或净财务费用	（NFE）
净利润	NI

注：资产减值损失有时也会包括金融性资产计提的减值损失，而且此时往往金额较大，可能需要调整分类，或者将此类大额计提资产减值损失排除在外。营业外收入与营业外支出如果金额不大，也可以归类到经营活动中以方便计算。事实上，营业外支出中的捐赠在强调社会责任的背景下往往具有持续性。

3. 净资产和净利润

财务管理理论认为，企业存在的主要目的在于为股东创造价值和财富，故构造一个可以直接反映企业为股东创造了多少投资回报率的指标备受期待。在构造指标之前，我们需要知道股东对企业的投入资本如何计量。实践中，一般基于资产负债表来计量股东对企业的投入，因为这是有交易价格的结果，而股东对企业的其他投入，比如股东给企业带来的客户资源和管理能力、股东的声望或担保给企业在融资便利和融资成本上面的帮助等，都没有明确的交易价格，故而很难为企业的所有不同的利益相关者所接受。股东对企业的投入资本一般是指资产负债表中归属于股东的净资产，即

● 净资产＝总资产—总负债—少数股东权益—归类为股东权益的永续债和优先股

对于母公司的股东来说，少数股东权益、永续债和优先股都相当于是负债，要分割企业最终的税后净利润[①]。

在分母相对应，分子也应该代表归属于股东的税后利润。此时，不管是经营业务带来的利润，还是金融活动带来的投资收益，都可以归属于股东。归属于股东的净利润等于企业的净利润减去少数股东损益之后，还需要减去企业需要支付的永续债利息和优先股股利。

（二）投资回报率的计算

1. 资产回报率

资产回报率（return on assets, ROA）是以总资产作为投入资本来衡量企业业绩的一个指标，其计算公式如下

● 资产回报率 $=\dfrac{利润＋利息支出\times（1—所得税税率）}{投入资本}\times100\%$

上述公式中由于净利润已经扣除了所得税费用，而利息支出具有税前扣除的作用（税盾效应），故为了避免重复，需要将利息的抵税效用扣除。总资产的平均余额一般用

[①] 根据财政部、税务总局发布的《关于永续债企业所得税政策问题的公告》（2019年第64号），企业发行的永续债，可以适用股息、红利的企业所得税政策，也可以按照债券利息适用企业所得税政策。不过，选择适用债券利息政策的永续债需要在发行条款和资产负债表上归类为债务。

年初总资产和年末总资产的平均值来表示，也可以用中期数据（如每个季度）的平均值来计算所得。资产回报率用以评价企业运用全部资产的总体获利能力，全面反映了企业的投入产出状况，是评价企业资产运营效益的重要指标。通过对该指标的深入分析，可以增强各方面对企业资产经营的关注，促进企业提高单位资产的利润水平。此外，企业还可根据资产回报率与市场借贷利率进行比较，如果该指标大于市场借贷利率，则表明企业可以充分利用财务杠杆，进行负债经营，获取尽可能多的利润。

2. 净经营资产回报率

净经营资产回报率（return on net operating assets, RNOA）是以净经营资产作为投入资本来衡量企业业绩的另一个重要指标，由税后净经营利润与净经营资产相比得到。由于分母净经营资产（NOA）等于企业的对外净融资（SE+NFO），而净融资相当于企业外部投资者对企业的投入资本，故净经营资产回报率也被称为**投入资本回报率**（return on invested capital, ROIC）。因此，投入资本回报率既可以是一个广义地反映公司业绩的概念，也可以是一个具体的计算指标。净经营资产回报率的具体计算公式如下

$$\bullet \ 净经营资产回报率 = \frac{税后净经营利润（NOPAT）}{净经营资产（NOA）的平均余额} \times 100\%$$

上述公式中的净经营资产（NOA）和税后净经营利润（NOPAT）的计算参考前一部分对此两个概念的介绍和报表调整。净经营资产回报率反映了企业经营活动的盈利能力，这是企业业务核心竞争力的体现。一般来说，股东和分析师等财务报表使用者往往最关注公司业务的获利能力和可持续性。

3. 净资产回报率

净资产回报率（ROE）是以归属于股东的净资产为投入资本来衡量企业业绩的指标，也被称为**权益报酬率**。一般认为，企业存在的主要目的在于为股东创造价值和财富，故企业为股东带来的投资回报率在企业盈利能力分析中最为关切，同时股东在法律上对企业资产的索取权排名最后，这样企业给股东带来的投资回报也会为其他投资者的投资回报提供安全保障。净资产回报率的具体计算公式如下

$$\bullet \ 净资产回报率 = \frac{净利润-永续债利息-优先股股利}{股东权益的平均余额} \times 100\%$$

上述公式中的永续债利息和优先股股利仅指归类到所有者权益那里的永续债和优先股所需要支付的利息和股利。如果已经归类到债务那里，则不需要再扣减（除非会计处理和缴纳税款不一致）。净资产回报率的使用范围极为广泛，尤其在杜邦财务分析体系中，成为企业财务分析的最为核心的指标。通过计算各会计期间的净资产回报率，股东可以了解自身投资的回报水平，并将其与同等风险水平下的其他投资进行比较，判断投

资于这家企业是否合算。

4. 格力电器的盈利能力分析

下面，我们以格力电器为对象，通过计算 2014—2019 年的资产回报率、净经营资产回报率和净资产回报率，初步分析其盈利能力及变动趋势。

首先，为计算净经营资产回报率，我们需要调整格力电器的资产负债表和利润表。这里仅以 2018 年和 2019 年为例，展示其具体调整过程。格力电器 2018—2019 年原始的资产负债表和利润表见公司年报，表 6-3 和表 6-4 分别展示了调整后的资产负债表和利润表。

表 6-3　格力电器调整后的资产负债表

项目	2018 年	2019 年	项目	2018 年	2019 年
经营性资产：			金融性负债：		
货币资金 / 亿元	680.26	728.02	短期借款 / 亿元	220.68	159.44
应收票据及应收账款 / 亿元	436.11	85.13	衍生金融负债 / 亿元	2.57	0
应收款项融资 / 亿元	0	282.26	应付利息 / 亿元	1.34	0
预付款项 / 亿元	21.62	23.96	其他金融类流动负债 / 亿元	3.16	34.27
其他应收款 / 亿元	2.97	1.59	长期借款 / 亿元	0	0.47
存货 / 亿元	200.12	240.85	应付债券 / 亿元	0	0
其他流动资产 / 亿元	36.59	66.59	合计 / 亿元	227.75	194.18
长期股权投资 / 亿元	22.51	70.64	金融性资产：		
固定资产 / 亿元	183.86	191.22	货币资金 / 亿元	450.53	525.99
在建工程 / 亿元	16.64	24.31	交易性金融资产 / 亿元	10.12	9.55
无形资产 / 亿元	52.05	53.06	衍生金融资产 / 亿元	1.70	0.92
投资性房地产 / 亿元	5.38	4.99	应收利息 / 亿元	22.57	0
递延所得税资产 / 亿元	113.50	125.41	一年内到期的非流动资产 / 亿元	0	4.45
长期待摊费用 / 亿元	0.04	0.03	其他流动资产 / 亿元	134.52	164.32
其他非流动资产 / 亿元	7.88	9.48	发放贷款及垫款 / 亿元	90.71	144.24
商誉 / 亿元	0.52	3.26	债权投资 / 亿元	0	0
合计 / 亿元	1780.05	1910.80	其他债权投资 / 亿元	0	2.97
经营性负债：			可供出售金融资产 / 亿元	22.16	0
应付票据及应付账款 / 亿元	498.23	669.42	其他权益工具投资 / 亿元	0	46.45
预收款项 / 亿元	97.92	82.26	其他非流动金融资产 / 亿元	0	20.03
应付职工薪酬 / 亿元	24.73	34.31	合计 / 亿元	732.31	918.92
应交税费 / 亿元	48.48	37.04	净金融负债 / 亿元	−504.56	−724.74
其他应付款 / 亿元	46.13	27.13	所有者权益：		
其他流动负债 / 亿元	633.62	651.81	股本资本 / 亿元	60.16	60.16
长期应付职工薪酬 / 亿元	1.31	1.41	资本公积金 / 亿元	0.93	0.93
递延所得税负债 / 亿元	5.36	9.28	其他综合利润 / 亿元	−5.51	62.60
递延利润—非流动负债 / 亿元	1.66	2.41	盈余公积金 / 亿元	35.00	35.00

续表

项目	2018 年	2019 年	项目	2018 年	2019 年
合计 / 亿元	1357.44	1515.07	一般风险准备 / 亿元	3.29	4.90
			未分配利润 / 亿元	819.40	937.95
			归属于母公司所有者权益合计 / 亿元	913.27	1101.54
			少数股东权益 / 亿元	13.88	18.94
			所有者权益合计 / 亿元	927.15	1120.48
净经营资产 / 亿元	422.61	395.73	净融资 / 亿元	422.61	395.73

注：货币资金包括了格力电器控股的财务公司的存放存款，根据明细项目调整至金融性资产；其他流动资产包括结构性存款、理财产品和应计利息等，根据明细项目调整至金融性资产；其他应收款包括了应收利息，根据明细调整至金融性资产；其他应付款包括应付利息，根据明细调整至金融性负债。

表 6-4 格力电器调整后的利润表

项目	2018 年	2019 年
经营性业务：		
营业收入 / 亿元	1981.23	1981.53
减：营业成本 / 亿元	1382.34	1434.99
税金及附加 / 亿元	17.42	15.43
销售费用 / 亿元	189.00	183.10
管理费用 / 亿元	43.66	37.96
研发费用 / 亿元	69.88	58.91
加：其他利润 / 亿元	4.09	9.36
对联营和合营企业的投资收益 / 亿元	0.01	−0.21
资产减值损失 / 亿元	−2.62	−8.43
资产处置收益 / 亿元	0.01	0.05
加：营业外收入 / 亿元	3.18	3.46
减：营业外支出 / 亿元	0.41	5.98
经营税前利润 / 亿元	283.19	249.39
实际税率 / %	15.65	15.42
经营性税金费用 / 亿元	44.32	38.46
税后净经营利润 / 亿元	238.87	210.93
金融性业务：		
利息收入 / 亿元	42.85	60.53
减：利息费用 / 亿元	11.14	17.10
其他财务费用 / 亿元	3.68	−3.27
加：投资收益（扣除联营合营企业的部分）/ 亿元	1.06	−2.06
公允价值变动净收益 / 亿元	0.46	2.28
信用减值损失 / 亿元	0	−2.79
金融税前利润 / 亿元	29.55	44.13
金融性税金费用 / 亿元	4.62	6.80
税后金融利润 / 亿元	24.93	37.33

续表

项目	2018 年	2019 年
净利润 / 亿元	263.80	248.26
减：少数股东损益 / 亿元	1.76	1.31
归属于母公司股东的净利润 / 亿元	262.03	246.97

注：格力电器合并利润表包括控股财务公司的业务数据，由此进行了调整，将财务公司的收入和成本都归类到金融性业务部分；考虑到营业外收入和营业外支出的金额不大，我们将其直接归类到经营活动中，这样处理也方便估计的经营业务和金融业务的利润之和与报表披露的净利润一致。利息收入等于财务费用中的利息收入加上金融类业务中的利息收入和佣金收入；利息费用等于财务费用中的利息费用加上金融类业务中的利息支出及手续费等。其他财务费用等于财务费用中利息收入减去利息支出和财务费用后的剩余。实际税率等于合并利润表中所得税费用 / 利润总额。

参照上述资产负债表和利润表的调整，我们也调整了格力电器 2014—2017 年的资产负债表和利润表，并据此分别计算了格力电器的总资产回报率、净经营资产回报率和净资产回报率。

表 6-5 报告了格力电器回报率的 3 个指标。从中可以看到，格力电器的总资产回报率、净经营资产回报率和净资产回报率的表现都非常出色，尤其是净经营资产回报率更是令人惊艳，它们远远好于整个市场或行业的平均水平，这也与格力电器作为我国最优秀的制造业企业之一的地位相匹配，也正是其超强的盈利能力，它上市以来给投资者带来了丰厚的投资回报。

表 6-5　格力电器的投资回报率

项目	2014 年	2015 年	2016 年	2017 年	2018 年	2019 年
总资产 / 亿元	1562.31	1616.98	1823.70	2149.68	2512.34	2829.72
净经营性资产 / 亿元	162.72	36.08	224.82	339.48	422.61	395.73
净资产 / 亿元	451.31	485.67	549.24	668.35	927.15	1120.48
净利润 / 亿元	142.53	126.24	155.25	225.09	263.79	248.27
税后净经营利润 / 亿元	126.93	99.32	109.78	212.34	238.87	210.94
总资产回报率 / %	9.83	7.94	9.02	11.33	11.32	9.29
净经营资产回报率 / %	70.95	99.92	84.16	75.26	62.69	51.55
净资产回报率 / %	35.37	26.95	30.00	36.97	33.07	24.25
净金融性资产 / 亿元	288.59	449.57	324.43	328.85	504.56	678.29
金融业务利润 / 亿元	15.60	26.92	45.46	12.74	24.93	37.34
净金融资产回报率 / %	6.96	7.29	11.75	3.90	5.98	6.31

从变化趋势来看，格力电器的净经营资产回报率在 2015 年达到了顶峰，然后就逐年下降，这主要是其净经营性资产增加的速度超过了经营利润的增长速度（2018 年之前），经营利润在 2019 年出现了下降；总资产回报率和净资产回报率均在 2017 年达到顶峰，然后才下降，与净经营资产回报率的变化趋势的差异在于金融性利润，即格力电器

通过经营利润积累了大量的现金流，并将这些现金流投资于金融活动，从而获取金融投资收益，在一定程度上提升了资产的回报率，但由于金融资产回报率要远远低于经营资产回报率，也无法最终提升总资产回报率和净资产回报率。2019 年格力电器的经营业务利润出现下降，其原因到底是什么？是原材料的阶段性上涨，还是竞争加剧导致的价格下跌？抑或其他？之所以要认真分析原因，是因为这些原因的持续性存在不同，比如原材料上涨大多是阶段性的，但市场竞争加剧则具有持续性。作为格力电器的投资者，需要对此密切关注。

第二节　投资回报率的分解与分析

投资回报率在管理评估、盈利能力分析及计划和控制中具有很好的分析意义。鉴于企业经济活动的复杂性和企业业绩驱动因素的多样性，我们有必要去深入了解投资回报率指标所代表的意义和背后的驱动因素，以及这些因素所隐含的分析价值，以便于更好地使用投资回报率指标。我们首先对净经营资产回报率进行分解，其次再对净资产回报率进行分解，最后再分析资产回报率、净经营资产回报率和净资产回报率的关系和区别。总资产回报率可以参照净经营资产回报率或净资产回报率的分解过程进行分解。

一、净经营资产回报率的分解与分析

净经营资产回报率可以进行如下分解

- 净经营资产回报率 $= \dfrac{税后净经营利润}{净经营资产平均余额} = \dfrac{税后净经营利润}{营业收入} \times \dfrac{营业收入}{净经营资产的平均余额} = 营业利润率 \times 净经营资产周转率 \times 100\%$

其中，税后净经营利润与营业收入之比称为**营业利润率**，也称为**利润边际**。营业利润率反映了企业通过提供产品的销售或服务获取利润的能力，是公司核心业务竞争力的表现。营业收入与净经营资产之比称之为净经营资产周转率，简称 NOA 周转率，它反映了企业利用经营资产创造收入的速度。净经营资产周转率越高，说明交易期限越短，同样的净经营资产，在一年的时间内交易或生产的次数就越多，实现的收入也就越多。我们还可以对 NOA 周转率进行进一步的分拆，公式如下

- 净经营资产回报率 $= \dfrac{税后净经营利润}{营业收入} \times \dfrac{营业收入}{平均经营资产} \times \left(1 + \dfrac{平均经营负债}{平均净经营资产}\right) \times 100\%$

其中，经营负债除以净经营资产得到的比值称为**经营杠杆**，这一指标反映了企业经营当中的风险程度，企业的经营资产（如存货等）越依赖于通过应付账款、应付职工薪

酬等经营负债支撑，企业经营杠杆水平也就越高，对应的净资产回报率也会提高。

（一）利润边际

在净经营资产回报率分解公式中，利润边际（税后净经营利润／销售收入）是驱动企业提高投资回报率的关键因素之一。那么，利润边际代表了什么具体的经济含义呢？它与企业的经营业务有什么具体的关联呢？在回答这些问题之前，我们可以对利润边际进行进一步的分解

- 营业利润率 $= (\dfrac{营业收入-营业成本-销售、管理和研发费用}{营业收入} + \dfrac{投资收益+其他项目}{营业收入}) \times 100\%$

其中，营业收入减去营业成本是公司的**毛利**，毛利与营业收入之比是**毛利率**；销售费用与营业收入之比是销售费用率，管理费用与营业收入之比是管理费用率，研发费用与营业收入之比是研发投入率（研发投入率计算时实际上还要加上资本化的研发投入），投资收益和其他项目（如资产减值损失）则最好与对应的资产进行分析，而不是将营业收入作为分母。

下面我们针对毛利和3项主要的费用进行进一步的解释和分析。

1. 毛利和毛利的驱动因素

毛利是营业收入减去营业成本、税金及附加。企业获得的销售收入首先要弥补生产商品提供劳务过程中发生的不可或缺的直接费用和成本，也就是投入的直接人工、物料及制造费用，扣减掉这些直接成本之后的剩余部分被称为"毛利"，这是一项关键指标，因为后续所有支出都需要通过毛利进行弥补，这也就是说，毛利必须要大到可以弥补未来各项酌量性支出，如研发费用、销售费用等。毛利水平在不同的行业各不相同，它与市场竞争状况、生产要素差异（包括工资水平、原材料成本等要素）等有关。这也提示我们，在衡量毛利水平的时候，需要以同行业水平为基准。

销售量、单位产品价格、单位产品成本这3项因素中的一项或多项的增加或减少都会影响毛利的数量。在毛利变化分析中，我们需要确定主要是哪些因素发生了变化，然后针对这些要素变化可以采取怎样的策略进行补救。例如，由于市场行情导致的单位价格下降，管理者很难做出适当的战略反应，但是如果是单位成本上升导致的毛利下降，则可以针对具体的成本项进行一定程度的应对。基于以上3项因素，我们可以进行更加细致的分析，探究各项要素对于毛利的贡献水平。

在针对毛利进行成本分析的过程中，我们还需要注意会计核算方法带来的信息失真，特别是存货和折旧的计量方法。发出存货成本计量有多种方法，先进先出法在物价

持续上涨的时期会导致毛利的虚增，而后进先出法则有相反的效果。而对折旧而言，折旧费用与生产设备直接相关，是构成营业成本的重要项目，特别是重资产的制造业，折旧所代表的费用通常金额巨大，会计方法选择也会对其计量产生重要影响。

2.销售费用率、管理费用率和研发投入率

销售费用往往与企业的品牌塑造和销售渠道开拓或维护有关。为了维持品牌的生命力和渠道的活力，企业需要不断投入销售费用。销售费用与收入之间关系因行业和企业而异。在有些企业和行业，销售费用的可变性很高，而有些企业大部分销售费用是固定的，与收入大致成一定的比例。在分析中，我们要注意区分这些可变部分和固定部分，然后才能与收入进行相对应的分析，特别是在估值中，这一点很重要。当销售费用占收入的比例增加时，要注意销售费用的增加是否使得收入也相应增加，当销售费用增加超过一定水平时，销售费用对于收入的边际效用就会降低，这可能与市场饱和、品牌忠诚度降低有关。如果能够做到的话，我们应当在分析中区分销售费用占收入的比例中哪些是为了维持原有客户而发生的，哪些是新发生的，倘若企业必须大幅增加销售费用以扩大销售，其盈利能力可能已经见顶，甚至会有所下降。另外，广告费等促销费用会带来当前和未来利益，这些费用带来的未来利润计量起来是很困难的。因此，我们在分析中必须注意这种支出的逐年变化趋势，观察后续各期的销售表现，以判断企业管理者是否通过这样的项目进行盈余管理或者是否存在代理问题。

管理费用一般属于固定费用，它主要包括管理者薪酬及租金等项目，在企业经营业绩处在上升期时，这些费用也可能水涨船高，但是，当企业业绩低迷时，管理费用占营业收入的比例不降反升或者一直处在高位时，我们就需要特别关注企业的代理问题。

在进行税前边际分析时，财务分析者们往往会对数年的销售和成本费用进行分析，通过观察和比较各项指标逐年的变化趋势，分析企业在经营和销售方面采取的政策及效果。下面，我们仍以格力电器为例进行利润边际分析，并将其与美的集团进行对比分析（见表6-6）。

表6-6 格力电器与美的集团的费用率

项目	2015 年	2016 年	2017 年	2018 年	2019 年
（1）格力电器					
销售收入 / 亿元	977.45	1083.03	1482.86	1981.23	1981.53
销售成本 / 亿元	660.17	728.86	995.63	1382.34	1434.99
毛利 / 亿元	317.28	354.17	487.23	598.89	546.54
毛利率 /%	32.46	32.70	32.86	30.23	27.58
税金及附加 / 亿元	7.52	14.30	15.13	17.42	15.43
销售费用 / 亿元	155.06	164.77	166.60	189.00	183.10

续表

项目	2015 年	2016 年	2017 年	2018 年	2019 年
销售费用率 / %	15.86	15.21	11.24	9.54	9.24
管理费用 / 亿元	50.49	54.89	60.71	43.66	37.96
管理费用率 / %	5.17	5.07	4.09	2.20	1.92
研发费用 / 亿元	—	—	—	69.88	58.91
研发费用率 / %	—	—	—	3.53	2.97
（2）美的集团					
营业收入 / 亿元	1384.41	1590.44	2407.12	2596.65	2782.16
营业成本 / 亿元	1026.63	1156.15	1804.61	1881.65	1979.14
毛利 / 亿元	357.78	434.29	602.51	715.00	803.02
毛利率 / %	25.84	27.31	25.03	27.54	28.86
税金及附加 / 亿元	9.11	10.77	14.16	16.18	17.21
销售费用 / 亿元	148	176.78	267.39	310.86	346.11
销售费用率 / %	10.69	11.12	11.11	11.97	12.44
管理费用 / 亿元	74.42	96.21	147.80	95.72	95.31
管理费用率 / %	5.38	6.05	6.14	3.69	3.43
研发费用 / 亿元	—	—	—	83.77	96.38
研发费用率 / %	—	—	—	3.23	3.46

通过对格力电器和美的集团 2015—2019 年的税前利润边际分析，我们可以发现，这是两家很不一样的公司。首先，就毛利率而言，除了 2019 年，格力电器的毛利率均高于美的集团，我们可以探究一下原因：就家电制造行业而言，两家家电业巨头所使用的原材料、人工、设备等生产要素的价格应当不会有太大差别，那么只能是单位产品售价上存在差异，这就涉及两家的销售模式，美的集团产品的种类很多而且大多定位中低端市场，廉价是它的撒手锏，美的集团在向各个渠道商出货时经常给予折扣，而格力电器则是主打空调产品，出众的产品质量构筑了其品牌力，而且格力电器在向经销商出货时几乎没有折扣，这就使得格力单位产品平均毛利水平要高于美的集团。那么，格力电器又该怎样保障其销售量呢？这就涉及销售渠道的问题了。我们观察两家企业的销售费用率，美的集团的销售费用率基本稳定在 11%~12%，而格力电器的销售费用率近 5 年则有下降的趋势。在销售渠道方面，格力的销售渠道像它的产品一样单一化，大多是专卖店的形式。格力电器与其经销商的关系非常密切，格力电器虽然基本以市场价向经销商出售产品，但经销商仍然乐于与格力电器绑定，原因就在于，许多经销商成了格力电器的股东，可以分享格力品牌力带来的利润，双方作为利益共同体自然要精诚合作。另外，格力电器的销售费用中，除了安装费用和宣传费用外，很大部分是给予经销商的返点，这部分返点只有经销商的销售较往期有增量的时候才会发放，这在一定程度上也刺

激了经销商的销售。这一政策同时也是一把双刃剑，当市场竞争激烈时，经销商难以完成增量，返点就不能发放，这侵害了经销商的利益，导致经销商与格力电器的利益冲突也会加剧。而美的集团对渠道商的控制力度则小得多，采取广撒网的方式，通过各种细分渠道将各种品类的产品深度渗透进市场，通过较为灵活的方式与各类经销商建立长期联系，这也使得美的集团各个品类的产品基本保持前两名的市场占有率水平。需要说明的是，这两种不同的销售边际结构都是由企业经营战略决定的，一个是将单一品类做到极致，另一个则是追求多元化的增长，二者没有优劣之分，从财务数据来看，这两种经销策略都为企业带来了令人羡慕的增长。

（二）经营资产周转率

经营资产周转率反映了企业利用自有的经营性资产创造收入的效率或者说对经营性资产的利用程度，该指标越高企业利用经营资产创造收入的速度就越快。在同等情况下，我们更喜欢资产周转率高一些，因为这样可以节约资本的投入。但并不是资产周转率越高越好，因为可以通过减少资产投资而提高资产周转率，但这样不利于生产发展。比如，如果减少给客户的商业信用，那么很可能会丧失销售和丢失客户；存货太少则有可能导致无法及时供应客户的需求。

在实务中，我们可能会看到一些资产周转率低下的公司，它们中有许多是以高溢价收购一些小公司，然而却"消化不良"，没有实现很好的整合，企业整体收入增加很慢甚至倒退。2018年爆雷的"亏损王"天神娱乐就是其中之一，很显然，这样的经营模式会损害股东的回报，不利于股东财富的最大化。像丰田、戴尔等企业实施准时制生产方式（just in time，JIT）的存货管理策略，根据市场需求做出灵活反应，最大限度地减少库存和生产线上的浪费，其目的就在于降低总资产的规模，以提高总资产的周转率。提高总资产周转率也有可能带来差异化的效果。因为公司的存货周转速度快，更新的时间也就短。这样，当其他公司还在销售旧一代产品时，实施零库存策略的公司就开始生产和销售新一代的产品了，从而实现了产品的差异化。

此外，结合第四章的分析，我们可以将经营资产周转率进一步分解为应收账款周转率、存货周转率、长期经营资产周转率、应付账款周转率、净经营营运资本周转率等。通过这样的分解，可以更加细致地观察企业具体资产的使用效率和改进的空间。

（三）利润边际与资产周转率的关系

看到净经营资产回报率的分解公式，我们可能会想，企业如果能同时提高经营业务的利润率和净经营资产周转率或者保持两者之一不变转而提高另一项指标，是不是就可以提高净经营资产回报率了？似乎很简单，但遗憾的是，很少会存在这样理想的状态，要实现这样的结果在现实中很困难，因为这两个指标并不是相互独立的。边际利润是销售收入和销售成本的函数，周转率也是销售收入的函数，提高售价固然可以增加边际利润，但可能会影响销量，除非产品的市场需求弹性很小；为了提高盈利能力而缩减销售管理费用、研发费用或者降低人力成本则可能触怒员工和管理者，甚至会影响产品竞争力并对市场需求产生不利影响。概言之，利润边际与资产周转率通常代表了两种不同的经营策略：追求高利润边际往往反映了企业产品或服务的定位高端化，从而定价较高；追求高资产周转率则往往反映了企业产品或服务定位于薄利多销，从而定价较低。这两种经营策略在同一个产品身上应该是很难同时出现的，从而使得企业很难同时实现利润边际的提高和资产周转率的提升。

不过，上述说法只是针对市场需求弹性正常的产品而言，同时针对企业的经营管理处于比较高效的状态。如果企业的经营管理现状较差，则通过改革，完全可以实现利润边际和资产周转率同时提升的现象；如果公司的产品或服务的市场需求弹性很小（甚至为负），即客户需求对价格不敏感，甚至价格越高需求反而越多，那么，通过提高定价，也可以实现利润边际和资产周转率同时提升的现象，比如高端白酒等奢侈品，以及具有金融投机属性的商品。

（四）经营杠杆

经营杠杆反映了企业对客户和供应商的商业信用的依赖程度。一般情况下，经营杠杆来源于供应商的赊购、客户的预付、员工工资和政府税收的应付，员工工资和政府税收的支付比较刚性，一般占比商业信用不多。经营杠杆越高，反映了公司的商业信用较强，可以获得供应商和客户的支持；同时也反映了公司具有较强的谈判能力，可能让供应商或客户提供资金来支持公司的业务周转资金需求。比如格力电器，经营性营运资本甚至为负。经营杠杆的利用，一般潜在地意味着：合理地运用经营负债不会增加成本。比如，应付账款不需要支付利息，向客户提前的预收款也不需要支付资金占用费，相当于免费资金。但需要注意的是，获取商业信用针对公司本身没有直接的成本，但对于供应商或客户而言，它们则是需要承担成本的。由此，如果公司占用的商业信用越多，那么，供应商或客户承担的成本则越大。当超过一定幅度后，供应商或客户必然会通过各种方式要求获得弥补，包括显性的或隐性的。显性的方式包括产品或服务的定价调整、优质供应商或客户的退出等，隐性的方式包括供应材料品质的降低等。因此，经营杠杆虽然反映了公司在产业链中的相对地位，但也并不是越高越好，而是要维持产业链的生态和谐与共同发展，否则必然会遭遇反噬。

（五）格力电器净经营资产回报率的分拆

我们以格力电器 2015—2019 年的财务数据为例，对其净经营资产回报率分拆成营业利润率、经营资产周转率和经营杠杆 3 部分，表 6-7 报告了分解后的结果。

表 6-7 格力电器净经营资产回报率的分解

项目	2015 年	2016 年	2017 年	2018 年	2019 年
营业收入 / 亿元	977.45	1083.03	1482.86	1981.23	1981.53
税后净经营利润 / 亿元	99.32	109.78	212.34	238.87	210.94
经营性资产 / 亿元	1062.49	1386.41	1623.56	1780.05	1910.80
经营性负债 / 亿元	1026.41	1161.59	1284.08	1357.44	1515.07
净经营性资产 / 亿元	36.08	224.82	339.48	422.61	395.73
净经营资产回报率 / %	99.92	84.16	75.26	62.69	51.55
营业利润率 / %	10.16	10.14	14.32	12.06	10.65
经营资产周转率 / 次	0.87	0.88	0.99	1.16	1.07
经营杠杆	10.27	8.39	4.33	3.47	3.51

可以看到，格力电器的净经营资产回报率在 2015 年后就逐年下降，结合分解的结果来看：（1）营业利润率自 2015 年以来一直维持在 10% 以上，体现了格力电器的收入转换成利润的能力较强，但在 2017 年后出现了较为明显的下降，这种变化的背后可能是市场竞争激烈及产品成本上升阻碍了企业收入的利润空间。（2）经营资产周转率的水平虽然不算高，但在逐步提升，推动了净经营资产回报率的提升。（3）经营杠杆自 2015 年以来迅速下降，从而拖累了公司净经营资产回报率的下跌。经营杠杆的下降主要在于经营资产的增加所致（尤其是应收款项的增加），背后的原因则是格力电器可能改变了与经销商的关系，因为在过去几年，格力电器要求经销商囤积了大量的空调，但这些空调并没有销售到消费者手中，使得经销商的资金压力较大，同时也使得格力电器的营业收入在 2014 年接近 1400 亿元下降到 2015 年的不足千亿，2016 年也只是稍微恢复了一些。这也再次说明经营杠杆使用过度会最终使公司本身遭受反噬。整体上，格力电器 2015 年以来净经营资产回报率的下降，主要是营业利润率和经营杠杆的下降所致，而经营资产周转率的上升则起到了一些积极作用。

二、净资产回报率的分解与分析

净资产回报率可以利用传统的杜邦财务分析法进行分解，也可以基于净经营资产回报率进行分解。

（一）杜邦财务分析方法

杜邦财务分析法首先是由美国杜邦公司提出并应用的，它的基本思想是将企业净资产回报率逐级分解为多项财务指标的乘积，从而深入分析企业经营业绩的驱动因素。杜邦财务分析法最显著的特点是将若干个用以评价企业经营效率、财务状况和盈利能力的指标按其内在联系有机地结合起来，形成一个完整的指标体系，并最终通过净资产回报率来综合反映。杜邦财务分析法对净资产回报率的分解如下

$$\bullet \quad 净资产回报率 = \frac{净利润}{净资产平均余额} = \frac{净利润}{营业收入} \times \frac{营业收入}{总资产平均余额} \times$$

$$\frac{总资产平均余额}{净资产平均余额} = 营业利润率 \times 资产周转率 \times 财务杠杆 \times 100\%$$

其中，营业利润率反映了企业销售活动所带来的利润边际，资产周转率则是企业经营效率的体现，财务杠杆则是企业利用债务经营的程度。

这一分拆方式的优势在于，我们可以更加直观地观察企业投资回报率的驱动因素，并对企业的竞争优势和潜在风险进行分析和判断。营业利润率反映了企业通过销售创造盈利的能力；总资产周转率衡量的是企业利用全部资产创造收入的效率；财务杠杆衡量了企业总体利用债务的程度。

杜邦模型中的前两个因素决定了企业总资产回报率，也就是 ROA。提高杠杆有助于提高净资产回报率，即使资产回报率不变。企业加杠杆靠的是负债的增加或权益的减少。但是，如果公司赚得的资产回报率低于为这些资产融资的债务成本时，情况就不那么乐观了，因为债务和利息的偿付都是刚性的。此外，高负债还会给企业带来额外的困难，比如进一步融资受限、企业形象受损等。因此，并不是所有企业都喜欢高杠杆。下面我们以格力电器 2015—2019 年的财务数据（见表 6-8）为例展示这种分拆模型。

表6-8　格力电器净资产回报率的分解

项目	2015 年	2016 年	2017 年	2018 年	2019 年
净利润 / 亿元	126.24	155.25	225.09	263.79	248.27
销售利润率 / %	12.92	14.33	15.18	13.31	12.53
总资产周转率 / 次	0.61	0.63	0.75	0.85	0.74
财务杠杆	3.39	3.32	3.26	2.92	2.61
净资产回报率 / %	26.95	30.00	36.97	33.07	24.25

表 6-8 展示了运用杜邦分析模型对 2015—2019 年格力电器的财务数据进行分拆的过程。可以看到，格力电器的销售利润率在 5 年当中基本保持在 12% 以上，保持了一个较为稳定的盈利空间，这主要归功于格力电器较为稳定的经营活动。在总资产利用效率

方面，格力电器 5 年中的总资产利用效率呈现上升趋势，从 2015 年的 0.63 上升到 2019 年的 0.75，每 1 元的资产在一年中可以为企业带来 0.75 元的收入，这表明格力电器对其经营资产和金融性资产的利用和管理水平还是比较高的。而财务杠杆一项则呈现下降趋势，这与企业总体规模的扩张及稳健的财务政策有关，在格力电器出现资本需求时，它更倾向于利用自己内部产生的丰厚现金流量来满足需求，而非举借债务，尽管在格力电器良好的经营状态下，举借债务对于股东而言可能是有益的。

（二）基于净经营资产回报率分解净资产回报率

除了杜邦财务分析法外，我们也可以基于企业经营业务和金融业务的分类，将净资产回报率分解为净经营资产回报率和金融投资回报率两部分。具体分解过程如下

$$\bullet \ 净资产回报率 = \frac{税后净经营利润 - 净财务费用}{净资产平均余额}$$

$$= \frac{税后净经营利润}{净经营资产平均余额} + \frac{平均净金融负债}{平均净资产} \times$$

$$\left(\frac{税后净经营利润}{净经营资产平均余额} - \frac{净财务费用}{平均净金融负债} \right)$$

$$= RNOA + 产权比率 \times （RNOA - 净财务费用率）$$

其中，RNOA 为净经营资产回报率，产权比率是净金融负债与股东权益之比，体现了公司的财务杠杆程度，净财务费用率是净财务费用与净金融负债之比，反映的是企业借入债务的净融资成本（相当于借入债务进行金融投资后的净利润率）。净财务费用率可以为正，也可以为负。为正时，说明企业借入债务支付的利息高于金融投资所获得的利息收入或投资收益；为负时，说明企业进行金融投资所获得的利息收入或投资收益高于借入债务的利息成本，这可能是公司高超的投资能力，或者是经营业务提供了大量的自由现金流使得公司投入金融活动的资金远超过借入的债务（甚至没有借入债务）。

这样分解的好处在于，我们可以清晰地看到财务杠杆水平对 ROE 的影响：当公司的净经营资产回报率 RNOA 超过了为净经营资产融资的债务成本，财务杠杆的存在会放大超额回报部分，从而增加 ROE。此时，股东会更倾向于用低成本的债务融资进行扩张。然而，企业必须注意，债务增加带来 ROE 增长的同时，企业风险也随之增大，当企业现金流量不佳时，债务及其利息却是必须支付的，这无疑加剧了企业面临财务困境甚至破产的风险。

表 6-9 展示了格力电器的分解过程和分解结果。从中可以看到，格力电器的 ROE 要低于 RNOA，原因在于格力电器整体上没有使用任何的财务杠杆，反而输出现金进行了大量的金融投资，但金融投资的利润率要远低于经营资产的利润率。

表 6-9　格力电器净经营资产回报率与净资产回报率的关系

格力电器	2015 年	2016 年	2017 年	2018 年	2019 年
净经营资产回报率 / %	99.92	84.16	75.26	62.69	51.55
净金融性负债 / 亿元	−449.57	−324.43	−328.85	−504.56	−678.29
净资产 / 亿元	485.67	549.24	668.35	927.15	1120.48
净财务费用 / 亿元	−26.92	−45.46	−12.74	−24.93	−37.34
产权比率 / %	−0.79	−0.75	−0.54	−0.52	−0.58
净财务费用率 / %	7.29	11.75	3.90	5.98	6.31
净资产回报率 / %	26.95	30.00	36.97	33.07	25.42

注：净金融性负债 = 金融性负债—金融性资产；净财务费用 = —税后金融利润。

三、投入资本回报率 3 个指标的关系与区别

前面我们已经介绍了总资产回报率、净经营资产回报率和净资产回报率 3 个指标均可以反映企业的投入资本回报率，而且也借鉴杜邦财务分析体系，通过分解看到这 3 个指标之间的关系。这里再简略概括下它们之间的联系与区别。

首先，净经营资产回报率是净资产回报率的前提。高净经营资产回报率必然会导致高净资产回报率，并具有较好的可持续性；如果没有高净经营资产回报率，高净资产回报率将面临可持续的问题。比如华夏幸福，净资产回报率的历史表现非常优异，但主要原因在于其极高的财务杠杆，净经营资产回报率本身并不高（比如 2019 年 ROE 高达 35.72%，但 RNOA 仅仅只有 6.64%），也就使得其面临很高的财务风险，最终使得其在 2020 年面临债务违约。

其次，净经营资产回报率反映了公司经营业务的效率水平，是高质量发展的重要指标，而净资产回报率则可以借助低成本的资本来获取，反映的是资本的力量。然而，在宏观经济增速下降（高利润机会在减少）和中央强调高质量发展的背景下，依赖资本力量的经营模式将面临更高的风险和不可持续性。同时，债权人也会更加关注公司经营资产的运营效率以降低债务风险。比如美国的波音公司，其净资产回报率从 2013 年的 44.21% 逐步提升至 2018 年的 3014.41%，但其净经营资产回报率长期低于 10.00%（比如 2016 年只有 5.96%）。这中间的差异主要在于波音公司通过大量举债的形式进行现金分红或回购，使得公司的净资产从 2013 年的 149 亿美元下降到 2019 年的 −86 亿美元，甚至出现了负值。大量现金用于资本运作而非提升经营业务能力的结果就是，波音公司在 2020 年面临疫情和主要产品停产的情况下接近走向债务违约和破产，严重损害了债权人和股东的利益。

最后，净经营资产回报率反映了经营杠杆的作用，但总资产回报率却把经营性负债也视为金融性负债。经营杠杆在很大程度上是免费的资金，可以减少公司对经营业务的

资金投入，从而提升投资者的回报率，这与金融性负债是存在本质上区别的。而且，经营性负债也反映了公司在产业链中的竞争优势和地位，而金融性负债却无法反映，比如优质的公司可能并不需要任何金融性负债，但会存在大量经营性负债；经营状态较差的公司反而需要大量金融性负债，而经营性负债却较少。因此，净经营资产回报率可以更好地反映公司经营业务的获利能力和竞争优势。

第三节　利润质量分析

相关性和可靠性是会计信息最基本的两个质量特征，理所当然应该也是利润的两个基本特征。这里，我们根据第二章的说明，从利润的价值相关性、可靠性、可持续性、可预测性和平滑性等 5 个方面进行分析，并以格力电器为例进行分析。

一、利润的价值相关性

利润的价值相关性是指会计利润与投资者的决策相关性，即当期利润解释股市投资回报的能力，这种能力越强，会计利润的价值相关性也就越强。自雷·鲍尔和菲利普·布朗于 1968 年在《会计收益数据的经验评价》一文中，开创性地将会计数据与股价相结合进行研究以来，价值相关性就成了衡量会计数据质量的重要指标之一[1]。价值相关性的检验模型一般如下[2]

$$\mathrm{Ret}_t = \beta_0 + \beta_1 \mathrm{ROE}_t + \beta_2 \Delta \mathrm{ROE}_t + \varepsilon \qquad (6-1)$$

其中，Ret 是考虑现金分红后的年度回报率，年度是指从 5 月初到下一年的 4 月底；ROE 是扣除非经常性损益后的净利润，并除以期初的归属于母公司的股东权益；ΔROE 是扣非利润相比上年的变化；ε 是残差。采用最小残差回归方法（ordinary least square，OLS）回归上述模型后，解释系数 R^2 代表了会计利润对股市回报率的解释能力，也即为价值相关性。解释系数越大，说明价值相关性也越大。

根据上述模型，我们收集格力电器过去 10 年的数据（2010—2019 年），进行了回归分析，数据和回归结果如表 6-10 所示。可以看到，回归模型的 $Adj\text{-}R^2$ 是 75.57%，说明格力电器的会计利润水平和变化可以解释其股价变化的 76.00% 左右，应该说非常出色了，可见从长周期来看，格力电器的会计利润是一个非常好的进行股市投资的指标，体现了会计数据的价值相关性。从具体的回归结果来看，ΔROE 的回归系数显著为正，可

① Ray Ball, Philip Brown. An Empirical Evaluation of Accounting Income Numbers[J].*Journal of Accounting Research*, 1968,60(2): 159–178.
② 会计利润可以根据分析需要采用不同的指标，比如总资产回报率、净经营资产回报率等。此外，模型中还可以根据需要增加其他会计数据指标，比如每股净资产、股价、股价 / 每股净资产等。

见其与股价的变化方向一致，且对股价的影响更大（单独加入模型的解释系数达到了66.74%）；ROE 的回归系数则微弱显著为负，说明如果不考虑会计利润的变化，会计利润的水平会对股价的变化产生负面的影响，原因可能是投资者预期公司的业绩要继续维持的难度变得更大了。但如果在回归模型中，仅加入 ROE，则会计利润的水平对股价变化的影响则微弱显著为正（解释能力也仅有 17.31%）。整体上来看，格力电器的会计利润具有较高的价值相关性，且在投资时尤其需要关注会计利润的变化水平，而非绝对水平。

表 6-10　格力电器的价值相关性检验

（1）回归系数

项目	2010 年	2011 年	2012 年	2013 年	2014 年
扣非利润 / 亿元	40.27	51.06	69.95	89.08	141.45
RET / %	53.71	0.99	21.66	20.46	98.75
ROE / %	40.39	38.39	39.73	33.31	40.90
ΔROE / %	2.86	−2.01	1.34	−6.42	7.59
项目	2015 年	2016 年	2017 年	2018 年	2019 年
扣非利润 / 亿元	123.14	156.01	211.70	255.81	241.72
RET / %	−28.92	86.28	39.90	27.79	1.41
ROE / %	27.89	32.83	39.30	39.00	26.47
ΔROE / %	−13.01	4.94	6.48	−0.31	−12.53

（2）回归模型统计

Multiple R	R^2	Adj-R^2	标准误差	观测值
90.00%	81.00%	75.57%	19.35%	10

（3）回归结果

	回归系数	标准误差	T Stat	P-value
截距项	1.928	0.792	2.435	0.045
ROE / %	−4.268	2.164	−1.972	0.089
ΔROE / %	6.992	1.560	4.481	0.003

注：扣非利润是指扣除非经常性损益后的归属于母公司股东的净利润。ROE= 扣非利润 / 年初归属于母公司股东的净资产。

二、利润的可靠性

从价值相关性分析可知，格力电器的会计利润具有很高的价值相关性。接下来，本部分从以下几个方面考虑格力电器的会计利润的可靠性（质量）。

首先，会计利润的可靠性问题主要来自权责发生制会计原则的采用，那么，若以现金收付制为基础，观察权责发生制会计原则下的会计利润与现金收付制下的经营活动产生的现金流量净额的差异，可以在一定程度上识别会计利润的质量。会计利润与经营活动产生的现金流量净额的差异称为应计利润。如果应计利润过大，表明公司有很多的利润并没有收到对应的现金流，可能存在提前确认收入、收入质量不高等问题。为了防止暂时性波动的干扰，应计利润的分析不应该仅仅只观察一期，而是应该多观察几期，这样才具有更好的稳定性。此外，需要注意的是，应计利润的分析也只是针对非金融企业（金融企业的产品对象就是现金流，在业务结构越来越复杂的趋势下，很难区分什么是经营性现金流、投资性现金流或融资性现金流）。企业的生命周期也会影响应计利润的表现，比如企业早期会更加注重市场的开拓和收入规模的扩大，而不是现金流，此时应计利润往往较多；企业成熟期则更注重经营的质量，资本开支较少，此时应计利润往往较少。以格力电器为例，过去 5 年，其应计利润除了在 2017 年为正外，其他年份均为负；如果 3 年一起考虑，则可以发现除了 2018 年应计利润微弱为正外，其他年份均为负；如果 5 年一起考虑，则应计利润在全部年份均为负，说明格力电器的会计利润对应了非常好的现金流，会计利润的质量较高。结合前面章节的内容，我们已经知道格力电器具有充足的现金流，并进行了大量金融投资，为此，我们也根据税后净经营利润进行了应计利润，发现结果和扣非利润计算的结果差不多，甚至应计利润更少（见表 6-11）。

表 6-11　格力电器的应计利润

项目	2015 年	2016 年	2017 年	2018 年	2019 年
扣非利润 / 亿元	123.14	156.01	211.70	255.81	241.72
税后净经营利润 / 亿元	99.32	109.78	212.34	238.87	210.94
经营活动现金流净额 / 亿元	443.78	148.60	163.59	269.41	278.94
财务费用 / 亿元	−19.29	−48.46	4.31	−9.48	−24.27
应计利润 / 亿元	−335.12	−28.94	51.35	−20.71	−55.42
应计利润 _NOPAT / 亿元	−344.46	−38.81	48.76	−30.53	−67.99
近 3 年应计利润均值 / 亿元	−143.92	−139.69	−104.23	0.57	−8.26
近 5 年应计利润均值 / 亿元	−107.05	−115.66	−81.87	−77.68	−77.77
近 3 年应计利润 / 扣非利润 /%	−116.88	−89.54	−49.24	0.22	−3.42

注：应计利润 = 扣非利润 — 经营活动现金流净额 + 财务费用 ×75%；应计利润 _NOPAT = NOPAT — 经营活动现金流净额。

其次，考虑主要资产的会计政策与会计估计的稳健性。与应计利润相关的资产项目一般主要包括应收款、存货、固定资产和无形资产。格力电器 2019 年这 4 个项目的金额占到总资产的 33.13%，比例不高，说明它们的会计处理方法对应计利润的影响不算很大。具体来看，应收款方面：格力电器的应收账款 1 年内的比例是 83.26%，占比不算很高，但超过 1 年的金额也不大，尤其是结合收入规模；1 年内的应收账款按 5% 计提坏账准备，超过 3 年则 100% 计提，说明计提坏账准备的方法还是比较稳健的；98.56% 的应收账款按账龄组合计提坏账准备，说明格力电器的客户除了时间外，其他特殊因素很少会影响应收款的回收。不过需要注意的是，应收款的集中度还是比较高，前2名客户的应收款占了26.81%，它们的质量如何会直接影响应收款的收回性和以后的收入，但格力电器并没有披露这两名客户的名称。应收票据和应收款项融资中，几乎都是银行承兑票据，这样违约的风险很低。

存货方面，原材料和产成品几乎占了绝大多数。原材料计提了2.01%的坏账准备，产成品计提了0.4%的坏账准备。产成品的跌价准备计提比例在市场竞争加剧的背景下，应该来说是比较低的，这可能是因为格力电器的空调产品具有较高的毛利率，即使价格下调也不足以跌破产品成本。此外，格力电器主要通过经销商实现销售，其与经销商的紧密关系也会影响产成品的定价及跌价风险。

固定资产方面，房屋及建筑物、机器设备是主要的固定资产，其折旧的计提采用年限平均法，计提比例在2019年分别为5.26%（当年新增加的累计折旧/房屋及建筑物的期末账面原值，8.58/163.08）和10.82%（当年新增加的累计折旧/房屋及建筑物的期末账面原值，16.31/150.67），也就是说，格力电器假设房屋及建筑物的使用寿命大概20年，机器设备的使用寿命是10年左右。这个假设应该是比较谨慎的。

无形资产方面，土地使用权占了86%，剩下的14%则是专利技术等。土地使用权的摊销按照法定可使用期限进行摊销，专利技术摊销率是11.01%，一共不到10年的时间。空调技术整体上迭代较慢，不像芯片、半导体及生物技术等，故10年的假设也算合理。此外，格力电器每年的研发投入较多，2019年投入了60.11亿元，2018年投入了72.68亿元，但其中仅有很少的一部分进行了资本化，绝大部分都是费用化，比如2019年资本化率是2%，2018年也只有3.85%，故格力电器在无形资产的会计处理方面还是很稳健的。

再次，考虑官方对公司信息披露质量的评价。深圳证券交易所从2005年开始对在深圳证券交易所上市的公司的信息披露进行考核和评价，评价结果分为优秀（A）、良好（B）、及格（C）和不及格（D）。2019年，深市2196家上市公司中，考核结果为A的公司387家，占比17.62%；考核结果为B的公司1400家，占比63.75%；考核结果为C的公司314家，占比14.30%；考核结果为D的公司95家，占比4.33%。可见深圳证券交易所的考核整体上还是比较严格的，有接近20%的公司被考核为及格和不及格。格力电器从2005年即参与了评价，共16次考核均为优秀或良好，其中考核为优秀的年份有10年，考核为良好的年份有6年。但需要注意的是，从2017年以来，格力电器的良好率占据多数，这可能与这几年格力电器高管变动频繁、资本运作增加等有关。

最后，学术文献还采用应计利润的质量来衡量公司会计利润的质量。不同学者对应计利润的估算开发了多种模型。主要的模型概括如下。

（1）Patricia M. Dechow 等人（1995）提出的修正 Jones 模型，具体如下

$$\frac{\text{TAC}_{it}}{\text{TAC}_{it-1}} = a_1\left[\frac{1}{\text{TAC}_{it-1}}\right] + a_2\left[\frac{\Delta\text{REV}_{it}}{\text{TAC}_{it-1}}\right] + a_3\left[\frac{\text{PPE}_{it}}{\text{TA}_{it-1}}\right] + \varepsilon_{it} \qquad (6-2)$$

$$\text{DNA}_{it} = \hat{a}_1\left[\frac{1}{\text{TAC}_{it-1}}\right] + \hat{a}_2\left[\frac{\Delta\text{REV}_{it}-\Delta\text{REC}_{it}}{\text{TAC}_{it-1}}\right] + \hat{a}_3\left[\frac{\text{PPE}_{it}}{\text{TA}_{it-1}}\right] + \varepsilon_{it} \qquad (6-3)$$

$$\text{Accrual\_MJ} = \frac{\text{TAC}_{it}}{\text{TAC}_{it-1}} - \text{DNA}_{it} \qquad (6-4)$$

TAC 为总应计，它等于扣除非经常性损益后的净利润加上财务费用再减去经营性现金流量；TA 为总资产；ΔREV 为销售收入的变化；ΔREC 为应收账款的变化；PPE 为固定资产；DNA 为非操控性应计利润。模型（6-2）分行业分年度进行估算，并要求当年同行业内的 A 股公司数量不少于 10 家。

（2）S. P. Kothari 等人（2005）提出的业绩匹配模型，即估算出 Accrual_MJ 后，在行业内找出一家资产回报率最接近的公司作为配对公司，然后用公司的 Accrual_MJ 减去业绩配对公司的 Accrual_MJ，得到公司业绩匹配后的操控性应计利润（Accrual_KLW）。

（3）Patricia M. Dechow 和 Ilia D. Dichev (2002) 提出的 DD 模型，即

$$\frac{\text{WCA}_{it}}{\text{TA}_{it-1}} = a_1\left[\frac{1}{\text{TA}_{it-1}}\right] + a_2\left[\frac{\text{CFO}_{it-1}}{\text{TA}_{it-1}}\right] + a_3\left[\frac{\text{CFO}_{it}}{\text{TA}_{it-1}}\right] + a_4\left[\frac{\text{CFO}_{it+1}}{\text{TA}_{it+1}}\right] + \epsilon_{it} \qquad (6-5)$$

WCA 是营运资本变化，它等于（应收账款＋存货－应付账款－应付税款＋其他流动资产）的变化值；CFO 为经营活动现金流量。运用模型（6-5）分行业分年度进行估计，要求当年度同行业内的 A 股公司数量不少于 10 家，模型（6-5）的残差即为估算的操控性应计利润 Accrual_DD。

（4）M. F. McNicols（2002）提出的 DDM 模型，即

$$\frac{\text{WCA}_{it}}{\text{TA}_{it-1}} = a_1\left[\frac{1}{\text{TA}_{it-1}}\right] + a_2\left[\frac{\text{CFO}_{it-1}}{\text{TA}_{it-1}}\right] + a_3\left[\frac{\text{CFO}_{it}}{\text{TA}_{it-1}}\right] + a_4\left[\frac{\text{CFO}_{it+1}}{\text{TA}_{it+1}}\right]$$
$$+ a_5\left[\frac{\Delta\text{REV}_{it}-\Delta\text{REC}_{it}}{\text{TA}_{it-1}}\right] + a_6\left[\frac{\text{PPE}_{it}}{\text{TA}_{it-1}}\right] + \epsilon_{it} \qquad (6-6)$$

运用模型（6-6）分行业分年度进行估计，要求当年度同行业内的 A 股公司数量不少于 10 家，模型（6-6）的残差即为估算的操控性应计利润 Accrual_DDM。

（5）Ray Ball 和 Lakshmanan Shivakumar (2005) 提出的非线性应计利润模型，即

$$\text{TAC}_{it} = \beta_0 + \beta_1\text{CFO}_{it-1} + \beta_2\text{CFO}_{it} + \beta_3\text{CFO}_{it+1} + \beta_4\text{DCFO}_{it} + \beta_5\text{DCFO}\times\text{CFO}_{it} + \varepsilon, \qquad (6-7)$$

DCFO 反映当期经营活动现金流量相比上期经营活动现金流是否下降，如果下降，DCFO 取值为 1，否则 DCFO 取值为 0；运用模型（6-7）分行业分年度进行估计，要求当年度同行业内的 A 股公司数量不少于 10 家，模型（6-7）的残差即为估算的操控性应计利润 Accrual_BS。

上述的行业分类以证监会 2012 年两位行业代码为基础，同时也可以要求上市公司的经营比较正常，比如年度营业收入不低于 1 亿元。

三、利润的可持续性

利润的可持续性主要包含两层含义，一是在现有的基础上保持一个正向的增长，二是这样的增长能够在未来一段时期内持续。要实现正向的增长，企业需要在市场竞争中建立比较优势，这样才能保障企业获取更多的利润。如果企业不具有持续获得利润的能力，那么投资者对企业未来的预期也将趋于悲观或保守，导致公司市场价值的大幅下跌。我们将在第七章对此进行详细的分析。这里仅从可持续的角度探讨公司会计利润的质量问题。

会计利润的可持续性越强，一般其质量也越高。通常，我们采用两种方法来衡量公司会计利润的可持续性。首先是看非经常性损益占会计利润的占比。非经常性损益代表了偶发性的利润或损失对公司的影响，通常不具有可持续性。如果一个公司的净利润包含了太多的非经常性损益，那么说明这个公司的会计利润比较容易受到各种非经营业务因素的干扰，同时也说明公司的业务比较杂乱或者处于动荡调整期，公司管理者的很多精力并没有放在经营业务上面，而是聚焦于财务报表形式的达成或各种资本运作。相反，扣除非经常性损益后净利润占比高的公司，往往聚焦于经营业务质量的提升和市场份额的扩张。以格力电器为例，2010—2019 年，其非经常损益占净利润的占比平均为4.22%；2015—2019 年更是只有 2.12%。说明格力电器的净利润绝大部分都由可持续性的业务所构成。相比之下，海尔智家股份有限公司的非经常性损益占比在 2010—2019年是 13.38%，2015—2019 年达到了 17.67%。

其次，可以采用如下方法来衡量公司利润的可持续性

$$EPS_t = \beta_0 + \beta_1 EPS_{t-1} + \varepsilon \qquad (6-8)$$

其中，EPS 指扣除非经常性损益后的归母净利润除以年底的股本数量（如果股本在样本期间发生了变化，为了前后的可比，我们也相应地调整了前面的股本数量）；β_1 的估计系数取值范围为 [-1,1]，反映了会计利润的可持续性；该系数越大，说明持续性越强。利用格力电器过去 10 年的数据（2010—2019 年），回归后发现 β_1 的估计系数为 0.9740，接近 1 的上限，说明格力电器利润的持续性非常强。

此外，利润的可持续性还可以关注关联交易及其占比。在我国，上市公司比较特殊的一个地方在于普遍存在大量的关联交易。关联交易是指关联方之间发生转移资源或义务的事项。关联方是一方控制、共同控制另一方或对另一方施加重大影响，以及两方或两方以上受同一方控制、共同控制的，构成关联方。关联交易的主要形式如下。

- 商品、劳务或其他资产的采购或销售，或委托／受托采购销售。
- 关联双方共同投资。
- 提供资金（贷款或股权投资）、担保。
- 租赁。
- 研究与开发项目、投资项目的转让。
- 许可协议（商标、专利等）。
- 资金结算（银行结算、客户贷款等由关联方负责）。
- 关键管理人员薪酬等。

关联交易对于上市公司有利有弊，有利的地方在于集团公司可能通过关联交易帮助上市公司快速成长，比如给予上市公司大量的业务；弊端则在于，所谓天下没有免费的筵席，集团公司之所以帮助上市公司，其必然是有所求的，比如股价上涨后的减持、融资及资金占用等。因此，大量的关联交易可能会导致上市公司信息的不透明，也可能会导致会计业绩的不可持续性，比如三聚环保（股票代码：300072），通过关联交易，其营业收入从 2011 年的 6.01 亿元大幅增长到 2017 年的 224.78 亿元，相应的利润从 0.95 亿元增长到 26.54 亿元，但此后，其收入逐年大幅下降，甚至走向了巨额亏损。在第二章会计主体的假设中也以乐视网为例进行了分析，关联交易在一定程度上削弱了上市公司的独立性，即独立地对外承担义务和享有权利，从而对其利润的可持续具有伤害作用。当然，如果集团公司具有一贯扶持上市公司的意愿和行动，则其关联交易上市公司业绩的可持续性。

四、利润的可预测性

会计信息的价值在于帮助投资者预测未来，进而影响投资决策，故如果会计利润具有较好的可预测性，则投资者或财务报表信息的使用者可以更加依赖财务报表的信息进行投资决策。会计信息的可预测性也是会计信息质量特征中相关性的组成部分，即可以发挥预测价值的会计信息更能起到投资决策的相关性作用。评价会计利润的可预测性可以采用如下两种方法。

一是基于分析师的预测数据。如果公司披露的会计利润与分析师一致预测的业绩相差不大，说明公司的利润具有较好的可预测性。以格力电器为例，我们在 Wind 数据库上收集 2016—2019 年的分析师预测数据与实际数据，发现近年来格力电器的营业收入超过分析师一致预测的居多，但利润的表现却低于分析师一致预测。不过，会计利润与分析师一致预测的差异并不大，一般情况下小于 10%，甚至小于 5%。但需要注意的是，2019 年，格力电器的差异率大幅扩大，这不是一个好的现象，这可能说明格力电器的会计业绩的透明度出现了下降。2020年的数据也发现实际值与分析师预测的差异率在继续扩大（尽管2020年受到新冠肺炎疫情影响导致企业的经营面临更多的不确定性）。整体而言，根据分析师一致预测来预估格力电器的业绩具有较小的偏差，这体现了格力电器的信息透明度较高（当前有空调产业数据、线上销售数据等及时公布，增加了公司业绩的可预测性），如表6-12所示。

表6-12 格力电器的分析师预测偏差

报告期	每股盈余（摊薄）						
	公布值/元	一致预测值/元	差异/元	差异率/%	超过预测数/次	低于预测数/次	预测总数/次
2019年	4.11	4.59	−0.48	−10.46	0	36	36
2018年	4.36	4.53	−0.17	−3.75	4	20	24
2017年	3.72	3.56	0.16	4.49	12	5	17
2016年	2.56	2.42	0.14	5.79	17	2	19
报告期	营业收入						
	公布值/亿元	一致预测值/亿元	差异/亿元	差异率/%	超过预测数/次	低于预测数/次	预测总数/次
2019年	2005.08	2097.01	−91.93	−4.38	0	36	36
2018年	2000.24	1952.12	48.12	2.47	8	13	24
2017年	1500.20	1469.20	31.00	2.11	8	9	17
2016年	1101.13	1073.97	27.16	2.53	10	8	19

二是基于历史数据的回归分析。根据前述模型（6-8）的回归结果，$Adj\text{-}R^2$达到了88.12%，说明了前期会计利润对下期会计利润具有较高的解释能力，即可以根据前期的会计利润来预测下期的会计利润。此外，根据罗伯特·李佩1990年的研究，我们利用模型（6-8）预测的残差计算一个残差的方差，反映不可知因素对公司业绩的影响。如果该方差较小，则公司业绩受到不可知因素干扰的程度较低，业绩的可预测性就较强。以格力电器为例，其模型（6-8）估算的残差的方差仅有0.1598，相比其实际每股盈余的波动率1.6812，占比仅有9.5%。可见模型中未知因素对格力电器会计利润的干扰程度是比较低的，格力电器的会计利润具有较高的可预测性。

五、利润的平滑性

会计利润的平滑是指公司的管理者会平滑企业的利润，即绩效优异的时候会将利润转出，而在绩效差的时候会将利润转入，利润平滑在现实中非常普遍。

会计利润的平滑对会计利润质量的影响具有一些争议。有些学者认为会计利润的平滑反映了高管传达关于未来利润的私人信息，以避免短期波动的干扰，从而对外报告了一个具有代表性和更加有用的会计利润。但有些学者则认为会计利润的平滑损害了会计信息的公允性，很容易被管理者用来作为操控利润的借口，比如有些研究发现：利润平滑是管理者用来隐瞒资源转移行为的策略；利润平滑降低了信息含量，加剧了公司信息不对称性；利润平滑与公司内幕交易显著正相关等。

衡量利润平滑的简单方法，一般用会计利润的方差与经营活动现金流净额的方差来比较，如果该比值较小，说明公司进行了利润平滑。以格力电器为例，2010—2019年期间，其扣非利润的方差为5517.69，经营活动现金流的方差为13408.71，两者相除得到的比值为0.41（美的集团是0.38），说明格力电器的会计利润的波动要远小于经营现金流的波动。而且我们也知道，格力电器的大量销售是通过经销商来实现的，其与经销商的关系非常紧密（经销商代表是格力电器的第二大股东，且有经销商代表出任格力电器的董事）。从这点来看，经销商制度会同时影响格力电器的利润和现金流的调整，但空调产品的销售最终还是要面对消费品市场的竞争，而最终市场的需求和竞争是相对稳定的，因而，格力电器与经销商之间的交易对现金流的影响也许更大，而对会计利润的影响相对较小。因此，基于会计利润的变化来评价格力电器的业绩应该比现金流的变化更恰当。

课后习题

1. 1979年，沃伦·巴菲特在致股东的信中说到："我们判断一家企业经营好坏的主要依据，取决于公司的净资产回报率。"为什么净资产回报率在财务报表分析中非常重要？

2. 计算华夏幸福（股票代码：600430）或其他公司的投资回报率，并对计算出来的投资回报率进行分解。

3. 选择一家或两家公司计算其投资回报率对股市回报的解释能力，并对该解释能力进行分析。

4. 苹果公司当前是世界上市值最大的公司，市值超过2万亿美元。最近10年，苹果公司的净资产回报率从来没有低于30%。为什么苹果公司能够这么赚钱，且赚钱能力这么稳定？

5. 不少公司喜欢对外投资，有些公司的投资较成功，有些则遭遇重大挫折。以复星医药（股票代码：600196）为例，分析其投资的盈利能力。

6. 内蒙古伊利实业集团股份有限公司（以下简称伊利股份，股票代码：600887）是世界乳业公司中盈利能力非常强大的公司之一，且盈利能力比较稳定，请分析该公司的盈利能力及来源。

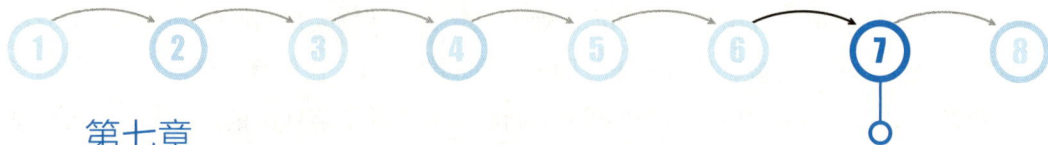

第七章
成长性分析

▶ 章前案例

快速发展的蒙牛

用"它是一头牛,却跑出了火箭的速度"来评价蒙牛乳业(集团)股份有限公司(以下简称蒙牛)毫不为过。蒙牛创造了我国乳制品行业最大的奇迹——在成立后的1000天里,从行业第1116名一跃而至第4名,实现从"一无工厂,二无奶源,三无市场"到"一有全球样板工厂,二有国际示范牧场,三有液态奶销量全国第一"的转变,仅仅用了5年的时间。成立于1999年8月的蒙牛乳业,到2007年的销售收入就达到了213亿元,超越伊利的194亿元,成为行业第一。

蒙牛的高速增长与其掌舵人牛根生提出的"飞船定律"有关。在2001年9月制定五年计划之时,牛根生就将100亿元作为2006年的销售目标,而此时的收入还不到3亿元。许多人难以理解这样的目标,为此,牛根生提出了著名的"飞船定律"。就是说一艘宇宙飞船,一旦发射出去,只有两种命运:一种是无法摆脱地心引力,半途掉下来;一种是挣脱地心引力,飞出去。掉下来还是飞出去,取决于飞船是否达到或超过"环绕速度"。不能高速成长,就只能高速灭亡,没有静止于半空的第三种状态。一旦速度上来以后,企业就可能快速发展。

蒙牛从创立到成为中国乳业市场老大花了不到10年时间,创造了举世瞩目的"蒙牛速度"和"蒙牛奇迹"。不过,蒙牛的老大位置并没有持续下去,伊利在2011年实现了反超,并将优势地位持续至今。2020年伊利的收入和利润分别达到了968亿元和71亿元,而蒙牛的收入和利润分别是760亿元和35亿元。

增长速度对于企业的发展来说至关重要,但高速扩张也是一些企业失败的根源。那么,应如何分析和看待企业的业绩增长呢?

引　言

🔍 成长性分析

企业成长性是投资者获得满意投资收益率的关键因素，是企业盈利不断增加、企业资产不断增值的能力。本章首先概述了企业成长性的表现形态和成长性分析的目的与意义，并分别从产出和投入两个维度提出了一些指标衡量企业的成长性。产出方面的指标有收入增长率、利润增长率等，投入方面的指标有资本积累率、资产增长率等。

企业成长性分析的关键在于成长的可持续性。成长性是企业全要素综合生产力的体现，由产业定位与运营模式、核心竞争力与创新能力、公司治理与管理团队，以及公司财务实力等多因素决定。在此基础上，我们还介绍了可持续增长率模型，以方便分析公司在成长过程中的资金需求和财务战略。

最后，本章介绍了企业生命周期理论与企业成长性的关系，将企业发展周期分为初创期、成长期、成熟期和衰退期4个阶段，并介绍了划分企业生命周期的一些定性或定量的方法。

第一节　企业成长性概述

企业成长性是企业盈利不断增加、企业资产不断增值的能力，既包括长期盈利能力，也包括企业资产不断增值的能力。通常情况下，资产的增值来自长期盈利能力的持续和提升，但在有些特殊情况下，企业在可预见的几年时间里，亏损不断扩大或持续亏损，但资产却不断增值。这类情况一般发生在需要大量前期投资的企业或行业，一旦前期投资形成，往往具有很强的规模经济效应或垄断竞争力，比如有些医药研发企业，重大技术攻关项目，以及部分互联网企业等。我们可以将前者称为显性成长企业，即体现出收入高增长、利润率持续甚至不断提升的特征；后者则被称为隐性成长企业，体现出收入高增长或投入资源高增长、利润微薄或亏损的特征。比如生产电动汽车的特斯拉公司，其从 2010 年上市以来，营业收入高速增长，从 2010 年的 1 亿美元，增长到 2019 年的 200 亿美元，但亏损也在不断扩大中，从 2010 年亏损 2 亿美元到 2017 年亏损 22 亿美元。

企业成长性是企业持续盈利和持续发展的基础与保证，是企业自生能力中最重要的组成部分。一般而言，企业成长性是企业全要素综合生产力的体现，由产业定位与运营模式、核心竞争力与创新能力、公司治理与管理团队等多因素决定。符合社会经济发展规律与趋势的产业定位与运营模式，是决定企业成长性的根本；核心竞争力与创新能力是企业在激烈的行业竞争中脱颖而出的基础，是决定企业成长性是否可持续的关键；公司治理与管理团队是企业竞争优势长久持续的保障，是决定企业成长性是否稳健的保障。就表现的结果而言，企业成长性既可以体现为收入的增长，也可以体现为利润的增长，还可以体现为资产规模的扩张。不过，不管是收入、利润或资产，只有能带来企业价值可持续增加的增长才是可信赖的成长。

一、企业成长性的表现状态

企业收入、利润或资产的增长并不等于企业成长，公司的成长也并不完全等同于扩张，尤其是快速的扩张。在某些情况下，快速的增长并非公司发展的最好选择。根据企业成长的表现结果，我们可以将企业增长分为 3 种状态：高速增长、低速增长和零增长，其中，每种增长状态又可以根据增长是否平稳分为平衡增长和非平稳（失控）增长两种形态。这样，我们可以将企业成长性分为以下 6 种状态。

（一）高速增长平衡状态

高速增长平衡状态是指企业的收入增长速度持续很快（一般连续几年的增速超过 30%），销售毛利率基本平稳，利润增长速度和收入一致，经营业务所产生的现金流可以支持业务扩张所需的营运资本，有息负债率恰当。企业收入的持续高速增长，往往是处于宏观经济高速发展阶段，或产业发展早期，或政策红利期，或企业引入了重要的新产品。企业规模也会影响增长速度，一般规模较小的时候比较容易高增长，规模扩大后要持续高增长就比较困难了。

（二）高速增长失控状态

高速增长失控状态是指企业的收入增长速度持续很快，但销售毛利率和营业利润率呈现下降趋势，经营业务所产生的现金流很少，由应收款和存货构成的营运资本大幅度增加（甚至超过收入增长的速度），需要依赖大量的短期债务或高息债务来维持运营，资产回报率持续下降。

（三）低速增长平衡状态

低速增长平衡状态是指企业的收入增长速度持续比较平稳（一般连续多年的增速不超过 20%），销售毛利率和营业利润率基本稳定，经营业务所产生的现金流可以支持业务扩张所需的营运资本，有息负债率恰当。

（四）低速增长失控状态

低速增长往往不容易失控，但如果行业竞争突然加剧，企业为了维持增长或取得竞争优势，往往会投入大量的资金去扩张产能与拓展市场，或进入新的产业，但自身业务所产生的现金流不足以支撑资金的消耗或营运资本的扩张需求，从而导致短期债务增加较快，面临较高的财务风险。此外，企业管理团队持续努力经营业务的意愿如果出现了下降，或出现了分歧，也会导致企业的增长速度降下来，并逐渐失控。

（五）零增长外延扩张状态

零增长是指企业的收入增长速度几乎接近零，或者与通货膨胀率接近。此时的企业往往处于行业发展末期，行业空间几乎没有扩张，甚至处于萎缩状态，或者受限于地理等自然条件无法扩张，但企业业务仍然可以产生足够的现金流。为了让现金流得到有效利用，除了现金分红外，企业还会大量投资其他同行企业或其他有战略协同价值的企业。典型的例子有长江电力（股票代码：000900）和宝钢股份（股票代码：600019）等，长江电力受限于地理条件，自身很难扩张，由此利用大量的剩余现金流去投资国内外的电力企业。宝钢股份则受限于钢铁总产能的限制，除了研发投入于新产品外，还大量并购国内其他钢铁企业以提升生产效率，或进入其他与钢铁行业相关的新产业（比如成立子公司——上海宝信软件股份有限公司，从事具有高成长机会的钢铁信息化业务），从而驱动企业业绩增长。

（六）周期性发展状态

周期性发展状态是指公司的成长发展随经济周期的变化而变化，如冶金行业公司，经济扩张时期发展速度很快，有较强的盈利能力，但是在需求不足时期，就会出现盈利减少的情况，发展速度放缓。这种公司的投资需要以长期发展趋势来定，增加的固定费用很容易使公司发展陷入困境。

上述 6 种成长性的表现并不是相互独立的，或者逐步转变的，而可能在很短的时间内就实现了转换，尤其是高增长平稳状态很容易走向高增长失控状态。这些表现状态的转换主要在于财务杠杆的大量使用。债务作为成本相对较低的资金来源，同时一般情况下又不干涉企业的经营，被很多企业视为实现快速发展的动力。举债越多，企业越有资金去实现资源的获取（包括横向或纵向），从而推动企业的快速发展。然而，正如我们在第五章和第六章对财务杠杆的介绍与分析中所说的，财务杠杆具有两面性，既可以撬动企业的快速发展，也可以成为企业走向破产的催命符。很多企业在尝到债务带来的好处后，却欲壑难填，不断膨胀债务规模，但膨胀的资金规模却没有相匹配的管理能力和资产运营能力，使得企业的经营效率不断降低，经营业务带来的现金流难以满足债务的利息支付，导致企业走向失控。历史上号称中国民营企业航空母舰的新疆德隆（集团）有限责任公司、曾被称为全球规模最大的房地产公司之一的中国恒大集团即是典型的例子。

二、成长性分析的目的与意义

（一）成长性分析的目的

成长性对公司的发展至关重要，故我们有必要深入分析公司的成长性。具体而言，成长性分析的目的体现在以下两方面。

首先，通过成长性的有关指标对公司的实际成长能力进行衡量和评价，识别出影响公司成长性的关键因素。对于公司而言，不断增强其持续生存的能力和发展能力是其进行经营活动的根本目标。成长性评价指标包括投入方面，如总资产增长率，也包括产出方面，如销售收入增长率、利润增长率等。通过将这些指标的实际值与计划值、同行业平均值或是其他公司的指标值进行比较，可以分析出公司发展的强弱；通过比较这些指标在公司不同发展阶段的表现，就可以对公司的发展战略是否执行到位或是否恰当，及其面临的问题进行分析。

其次，如果公司所处行业及其所占据的市场份额既定，实现公司价值最大化的方式就是实施正确的经营策略和财务策略。换言之，公司的经营和财务政策对其未来发展能力有重大影响。因此，我们不仅要对公司目前的偿债能力、营运能力和盈利能力进行分析，还需要进一步了解那些影响公司成长的相关因素，并且根据公司的发展战略和实际经营情况，相应地对其经营和财务政策进行调整，从而帮助公司实现持续增长。

（二）成长性分析的意义

传统的财务分析大多从静态的角度出发来分析公司的财务状况，比如盈利能力、营运能力、偿债能力分析等，缺乏对公司成长性的动态分析。然而，公司价值在很大程度上取决于公司获利能力的增长，而不是公司过去或者以前所取得的利润。比如，我们在第六章以格力电器为例分析价值相关性时发现，盈利能力的变化对公司股价变动的影响要远远大于盈利能力的水平。不仅如此，成长性是公司发展目标的具体体现，前面资产配置与运营分析、债务风险分析和盈利能力分析等，都是为了识别公司发展目标的实现情况和保障程度，是为了公司的未来生存和发展。因此，从动态的角度分析和预测公司的成长性对投资者、潜在投资者、管理者及其他相关利益团体都至关重要。

首先，对于股东而言，可以通过成长性分析衡量公司持续为股东创造价值的能力，从而为采取下一步战略行动提供依据；对于潜在的投资者而言，公司的成长性关乎其所能得到的回报水平，故其必须选择合适的估值水平或恰当的公司进行投资。

其次，对于债权人而言，成长性分析一方面可以帮助其预测公司的应收账款、存货和生产性资产等项目的变化所需要的资金水平，另一方面也可以判断公司未来的盈利能力和到期偿债能力，毕竟盈利能力及持续性才是决定债务是否足够偿还的因素，从而做出正确的信贷决策。

最后，对于管理者而言，公司的成功并不仅仅依靠当前的经营能力，而更是靠未来的、长期的和可持续发展的能力。通过成长性分析，可以发现影响公司未来发展的关键因素，从而采取正确的经营策略和财务策略促进公司可持续增长。

三、成长性分析的内容

本章对企业成长性分析的内容主要安排如下：一是介绍公司成长性的衡量指标，包括基于产出和投入的成长性衡量指标，以及投入与产出的比较分析；二是企业的可持续增长分析，包括从产业定位与运营模式、核心竞争力与创新能力、公司治理与管理团队、企业财务实力4个维度进行分析，以及基于可持续增长率的财务模型的分析；三是基于企业生命周期进行的成长性分析。

第二节 公司成长性的衡量指标

公司成长性的衡量可以从产出方面进行度量，比如收入增长率、利润增长率等，也可以从投入方面进行度量，比如资产增长率等。

一、基于产出的成长性指标

（一）收入增长率的计算与分析

1. 收入增长率的计算

市场是公司生存和发展的空间，销售收入是创造利润的源泉。公司的销售情况越好，说明其在市场所占份额越多，实现的营业收入也就越多，公司生存和发展的市场空间也就越大，因此可以用营业收入增长率来反映公司的成长性。收入增长率就是本期营业收入增加额与上期营业收入之比，反映的是公司最近1年的整体销售增长情况，是衡

量公司经营状况和成长能力的重要指标。只有营业收入不断增加，才能保证公司的稳定发展。其计算公式如下

$$营业收入增长率 = \frac{本期营业收入-上期营业收入}{上期营业收入} \times 100\%$$

收入增长率为正数，则说明公司本期的营业收入有所增长，销售规模增加。营业收入增长率越大，则说明公司业务增长得越快，销售情况越好，市场前景越好；营业收入增长率为负数，则说明公司销售规模减小，销售出现负增长，市场萎缩，这也很有可能说明公司的产品已经进入了衰退期，或者是公司的销售过程或售后服务出现了问题，需要立即进行进一步的调查，查明原因，防止这种下降的趋势继续恶化。需要说明的是，如果上期的营业收入为零或负数（比如原来销售的商品因质量问题被退回、冲回不应确认的收入等），则计算增长率没有意义。

2. 收入增长率的分析

在通过营业收入增长率来分析公司的成长性时，有以下几点需要注意。

首先，营业收入增长率并不是越高越好，要分析公司的营业收入增长是否是有效益的。比如，公司通过主动增加经营资产来获得营业收入的提高，那么就需要比较营业收入增长率和资产增长率的大小，如果营收增长率比资产增长率小，那么表明公司这一措施的实施效果不够理想，这种销售增长不具有效益性，同时也反映出公司在销售方面的成长性不强。一般而言，如果通过增加资产来提高收入，那么只有在营业收入增长率高于资产增长率的情况下，公司在销售方面才具有良好的成长性。

其次，要全面分析公司营业收入的增长趋势和增长水平，应结合公司不同时期的营业收入水平、市场占有率情况和其他影响公司发展的因素加以比较和分析。比如，如果公司上年营业收入出现特殊变化，那么营业收入增长率就可能会畸高或畸低，也就无法反映出公司实际的成长性。此时，我们可以计算公司的营业收入的 3 年平均增长率，其计算公式如下

$$营业收入3年平均增长率 = \sqrt[3]{\frac{本期营业收入}{3年前营业收入}} \times 100\%$$

这一指标计算的是公司连续 3 年的主营业务收入增长情况，指标越高，表明公司的业务发展的势头越强劲，市场扩张能力越强。运用营业收入 3 年平均增长率进行分析，可以更好地反映出公司销售增长的稳定性和持续性，避免某一年营业收入的异常波动对营业收入增长率指标的影响，有效剔除少数年份营业收入的不正常增长，从而能对公司的发展状况和成长潜力做出正确的判断。

再次，在分析公司的成长性时，可以借助公司产品的销售收入增长率指标，分析公

司的产品结构，进而对公司的成长能力进行评估。产品销售收入增长率的计算公式为

$$\bullet\ 产品销售收入增长率 = \frac{该产品本期销售收入 - 该产品上期销售收入}{该产品上期销售收入} \times 100\%$$

根据产品生命周期理论，每种产品的生命周期一般可以划分为 4 个阶段：导入期、成长期、成熟期和衰退期，在不同的阶段，同一产品的销售情况也不同。在导入期，对产品的研究、开发费用支出很多，产品价格一般不会太低，但是顾客对于产品还不了解，还没有打开市场，因此此时产品的收入增长率往往较低；在成长期，生产技术提高导致产品成本不断下降，产品价格也随之下降，同时市场需求的增长造成销售量扩大，这时的产品收入增长率较高；在成熟期，由于市场已经基本饱和，公司所能占据的市场份额已经相对稳定，因此产品销售不会再出现大幅增长，这时产品的收入增长缓慢；在衰退期，随着科技的发展，新产品或新的替代品出现，顾客消费习惯也发生改变，公司原有产品的市场开始萎缩，销售额急剧下降，产品收入增长率甚至表现为负数。

我们可以根据产品生命周期的原理，通过公司生产经营的产品收入增长率指标进行分析，对其产品所处的生命周期阶段做出判断，据此也可以判断公司发展前景。一般而言，如果一个公司具有良好的发展前景，那么它的不同产品所处的生命周期应该分散，保持"成熟一代，生产一代，储备一代，开发一代"，从而确保公司总有处于成长期或成熟期的产品。这样既可以保持稳定的收入和现金流，也可以保持一定的成长性。如果一个公司所有产品都处于成熟期或者衰退期，那么它的发展前景就不容乐观。

最后，需要注意公司营业收入增长的来源，也就是收入增长的内在动因。公司的收入增长可能是因为产品的质量好、技术含量高、售后服务到位，这样的收入增长就是良性的增长，能够为公司贡献利润和现金流的持续流入；也可能是来自降价、促销等营销活动，还有可能是因为债务重组、外汇汇率变化、会计政策或会计估计变更引起的变动，那么这样的增长力就是不可持续的，不能说明公司的成长性。另外，收入的质量也值得关注，有些收入造成的坏账准备数额较大，这种收入并没有给公司带来发展的动力。

分析公司收入增长率的意义在于，这一指标不仅是分析公司成长性的重要参考，也是进行预测分析时的关键数据。我们对于公司财务预测分析的起点是利润表，而利润表中大多数项目的预测都与预期的营业收入有关，因此，只有合理可靠地预测出营业收入，才能进行后续的一系列分析预测及正确地进行价值评估。

（三）利润增长率的计算与分析

1. 利润增长率的计算

利润是衡量公司优劣的一个重要标志，也是我们在衡量公司成长性时的重要参考，因为只有能源源不断产生利润的公司才能够不断成长。根据第六章"盈利能力的分析"，

企业的利润可以体现为经营性利润和净利润，我们也可以相应地计算这些不同表现形式的利润增长率。

由于净利润反映的是公司最终的经营成果，因此我们可以首先通过净利润的增长来分析公司的成长性。净利润增长率是本期净利润增加额与上期净利润之比，计算公式如下

$$● \ 净利润增长率 = \frac{本期净利润 - 上期净利润}{上期净利润} \times 100\%$$

该指标反映的是公司净利润增减变动情况。如果净利润增长率为正数，则说明公司本期净利润较上期有所增加，净利润增长率越大，则说明公司的利润增长得越多、效益越好；而如果计算出的净利润增长率小于0，那么说明公司本期净利润减少，经营效益不如上一年度。需要说明的是，如果上期净利润为零或负值，则计算结果没有意义。

此外，净利润的增长也有可能是来自非经常性损益项目，如变卖资产、债务重组利润及政府补助等，而这些项目具有较大的偶然性和意外性，往往是不可持续的，也就是说，对于公司而言，依靠这些利润的增长是无法持续保持的，并不代表公司真实的成长能力。因此，我们还可以利用税后净经营利润增长率这一比率考察公司利润的成长性，税后净经营利润是公司经营业务带来的利润，通常比较稳定。经营利润增长率是本期NOPAT 增加额与上期 NOPAT 之比，其计算公式如下

$$● \ 经营利润增长率 = \frac{本期 NOPAT - 上期 NOPAT}{上期 NOPAT} \times 100\%$$

该指标反映的是公司经营利润增长情况。经营利润增长率为正数，则说明公司本期经营业务的利润增加，经营利润增长率越大，则说明公司当年经营业务增长得越多，公司未来的成长潜力越大；而如果经营利润增长率为负数，则说明公司本期经营业务的利润减少，经营效益不佳。

2. 利润增长率的分析

首先，在进行利润增长率分析时，应首先关注利润增长的来源。一般而言，公司的利润增长主要来源于3个方面：一是公司日常经营活动所创造出来的利润，这部分利润是可持续的，能够反映出公司的成长能力。二是不构成公司日常经营活动的投资活动产生的利润，比如公允价值变动损益、投资收益等项目，对于这部分利润所带来的利润增长，我们应该保持警惕，因为它很容易被操纵。三是一些非经常性利润项目，具有较大的偶然性和意外性，例如资产重组利润、债务重组利润、政府补助等，它们并不能代表公司真实的盈利能力，如果公司依靠这部分利润创造利润，那么其增长是无法持续的。

其次，要分析公司的利润增长情况，应结合营业收入增长情况一起分析。如果公司的经营利润增长率、净利润增长率高于公司的营业收入增长率，则说明公司产品的获利

能力在不断提高，公司正处于快速发展期，其业务不断拓展，具有良好的发展前景；反之，如果公司的经营利润增长率或净利润增长率低于营业收入增长率，则说明公司在成本费用项目上增加的支出超过了营业收入的增长，说明公司的经营能力并不强，不具有良好的发展势头。

最后，为了排除偶然和个别因素的影响，更全面、真实地反映公司净利润和经营利润的成长趋势，应将公司连续多期的净利润增长率和经营利润增长率指标进行对比分析，在实务中通常使用净利润3年平均增长率和经营利润3年平均增长率指标，它们的计算公式如下

- 净利润3年平均增长率 $=\left(\sqrt[3]{\dfrac{\text{本期净利润}}{\text{3年前净利润}}}-1\right)\times100\%$

- 经营利润3年平均增长率 $=\left(\sqrt[3]{\dfrac{\text{本期 NOPAT}}{\text{3年前 NOPAT}}}-1\right)\times100\%$

利用净利润3年平均增长率和经营利润3年平均增长率，能够更好地分析公司的利润增长趋势和稳定程度，体现出公司的发展状况和发展能力。

对于利润增长率分析的意义在于，能够借此判断出公司未来获利能力的发展趋势，从而对公司的成长潜力得出结论；同时，也为以后的预测分析及价值评估提供了重要的参考数据。在分析公司实际的利润增长情况时，我们可以对未来利润增长率进行适当调整，从而提高预测利润表中所估计的数值的合理性。由于预测利润表是预测资产负债表及现金流量表的基础，同时也是进行公司价值评估时的数据来源，因此，正确分析并判断公司的利润增长趋势，对提高预测利润表的准确性及后续分析的科学性都起着重要作用。

二、基于投入的成长性分析

（一）资本积累率的计算与分析

1. 资本积累率的计算

资本是公司扩大再生产的源泉，我们可以根据公司的资本变化情况来分析其成长性。这种变化情况可以通过资本积累率来体现，资本积累率是本期所有者权益增加额与所有者权益期初余额之比，也叫作股东权益增长率，其计算公式如下

- 资本积累率 $=\dfrac{\text{本期所有者权益总额}-\text{基期所有者权益总额}}{\text{基期所有者权益总额}}\times100\%$

资本积累率反映了公司所有者权益在当年的变化水平和资本积累能力，资本积累率越高，表明公司本期所有者权益增加得越多，说明公司所有者权益得到的保障程度越

大，公司可以长期使用的资金越充足，抗风险和持续发展的能力越强；同时公司债权人受保障的程度也越高，公司对外举债的能力也会越强，能够更好地满足公司进一步扩张与发展的资金需求；反之，资本积累率越低，表明公司本年度所有者权益增加得越少，资本受到侵蚀，公司发展能力受到损害。

2. 资本积累率的分析

在分析时首先要注意所有者权益增长的来源。如果是由于盈余公积、未分配利润的增长，那么这是公司通过自身的经营活动，从内部发展资金，既能够体现其在历史经营中的成长能力，又能表现出其未来的发展后劲；而如果所有者权益的增长是来自外部资金的投入，如实收资本、资本公积的增长，那么虽然这部分投入会使得公司有了进一步发展的基础，但也不能代表公司在未来有很强的发展能力，不过，外部投入资金的快速增长也能从另一个角度说明投资者对公司的未来发展有很高的预期。

由于所有者权益变动表能够反映所有者权益在会计期间发生增减变化的原因，我们可以结合所有者权益变动表对资本积累率进行进一步的分析。综合而言，所有者权益的增加主要来源于经营活动产生的净利润、融资活动产生的股东净支付及直接计入所有者权益的利得和损失。其中，股东净支付就是股东对公司当年的新增投资减去公司当年发放的股利后的余额。那么，我们可以对资本积累率的公式进行变形，表示为

$$\text{资本积累率} = \frac{\text{本期所有者权益增加额}}{\text{所有者权益期初余额}} \times 100\%$$

$$= \frac{\text{净利润} + \text{股东净投资} + \text{直接计入所有者权益的净损益}}{\text{所有者权益期初余额}} \times 100\%$$

$$= \frac{\text{净利润} + (\text{股东新增投资} - \text{支付股东股利}) + \text{直接计入所有者权益的利得和损失}}{\text{所有者权益期初余额}} \times 100\%$$

$$= \text{净资产利润率} + \text{股东净投资率} + \text{净损益占所有者权益比率}$$

公式中的净资产利润率、股东净投资率和净损益占所有者权益比率都是以所有者权益期初余额作为分母计算的。从最后的结果可以看出，资本积累率是受净资产利润率、股东净投资率和净损益占所有者权益比率这3个因素驱动的。其中净资产利润率反映了公司运用股东投入资本实现利润的能力，股东净投资率反映了公司利用股东新增投资的程度，净损益占所有者权益比率则反映了直接计入所有者权益的利得和损失在所有者权益中所占的份额。

为全面分析公司所有者权益规模的发展趋势和发展水平，应将公司不同时期的资本积累率加以比较。实务中，可以通过资本3年平均增长率这一指标进行分析，其计算公式如下

$$\text{资本3年平均增长率} = \left(\sqrt[3]{\frac{\text{本期所有者权益总额}}{3\text{年前所有者权益总额}}} - 1 \right) \times 100\%$$

资本 3 年平均增长率反映出公司资本连续 3 年的积累情况，能够体现出公司资本的发展水平和发展趋势。指标值越高，公司的资本保全性越强，应对风险和持续发展的能力越强。同时，由于资本积累率在分析时具有滞后性，仅能反映当期情况，而资本 3 年平均增长率能够反映公司资本保全性和增值性的历史发展情况，以及预期的发展趋势。

对资本积累率进行分析，除了能够评价公司的成长性以外，还能为以后的分析预测和价值评估提供重要的数据参考。一般而言，预测的所有者权益变动表数据是来自预测的利润表及资产负债表，而通过这种方式得到的数据对其他预测报表的依赖性非常大，如果预测的利润表和资产负债表编制不当，则会严重影响预测的所有者权益变动表及后续的分析和评估的准确性。而如果我们能够对公司的资本积累率进行分析，就可以从另一角度对预测数据进行验证，可以在一定程度上减少预测失误，也有利于价值评估的顺利进行。

（二）总资产增长率的计算与分析

1. 总资产增长率的计算

资产是公司用于取得收入的资源，也是其偿还债务的保障。资产增长是公司发展的一个重要方面，成长性高的公司一般能保持资产的稳定增长。为了反映公司在资源投入方面的增长情况，可以利用总资产增长率指标，总资产增长率就是本期资产增加额与资产期初余额之比，其计算公式如下

$$● \quad 总资产增长率 = \frac{本期资产增加额}{资产期初余额} \times 100\%$$

总资产增长率是从公司资产总量扩张方面衡量公司成长能力的财务指标。总资产增长率为正数，则说明公司本期资产规模增加，总资产增长率越大，说明公司在一个经营周期内资产规模扩张的速度越快；总资产增长率为负数，则说明公司本期资产规模减小，资产出现负增长。

2. 总资产增长率的分析

在对总资产增长率进行具体分析时，应该注意以下几点。

首先，应该注意资产扩张的质量，重视资产的使用效率，而不是仅仅追求一个很高的总资产增长率。对总资产增长率的适当性分析应该和公司销售、利润增长等情况结合，只有销售和利润的增长速度超过资产规模增长速度时，这种资产规模增长才属于效益型增长，才是适当的、正常的。相反，如果公司的资产增长远超过收入和利润的增长，我们就应该对这种增长保持警惕，这表明公司可能存在盲目扩张的风险。

其次，需要进一步分析资产增长的来源。公司的资产来源有两方面：负债和所有者权益投入，其他条件不变，不管是增加对外举债规模还是增加所有者权益（比如公司吸

收了新投资或者实现了盈利），都会提高资产增长率。然而，如果一个公司资产规模的增长完全是由于负债的增长，则说明公司不具备良好的发展潜力，未来的财务风险会比较大。从公司自身的角度来看，有良好发展前景的公司，其资产的增加应该主要取决于所有者权益的增加，这样才有能力继续举债，从而进一步扩大资产规模。

再次，受到会计处理方法的影响，报表并不能完全反映公司的资产价值，比如一些人力资产就很难在报表中体现，这使得总资产增长率无法反映公司所有资产增长的真实情况，在当下知识经济的背景下，这一点在人力资产占总资产比重较大的公司中体现得尤为明显。

最后，为全面认识公司资产规模的增长趋势和增长水平，排除个别年份资产的异常变动，应该把公司在不同时期的资产增长率进行比较。一个健康的不断成长的公司，其资产规模应该是不断增长的，如果时增时减，则说明公司的经营与运行并不是很稳定，也表明公司并不具备良好的成长性。实务中，可以借助总资产 3 年平均增长率进行分析，其计算公式为

$$\bullet\ 总资产\ 3\ 年平均增长率 = \left(\sqrt[3]{\frac{本期资产总额}{3\ 年前资产总额}} - 1 \right) \times 100\%$$

总资产 3 年平均增长率能够消除资产短期波动的影响，反映公司在一个较长的时期内的资产增长情况。

分析资产增长率的意义在于，除了衡量公司的增长之外，它还是预测分析和价值评估的基础数据之一。在进行了定性分析之后，可以直接通过经调整的资产增长率来预测公司未来资产的规模，另一方面，也可以作为其他预测方法结果的验证性数据。

（三）研发投入比率的计算与分析

1. 研发投入比率的计算

研发投入比率是公司本年研发投入与本年营业收入的比率，这一指标反映出公司在科研及技术创新等方面的投入，在一定程度上可以衡量公司的成长能力和可持续发展能力。其计算公式如下

$$\bullet\ 研发投入比率 = \frac{本期研发投入}{本期营业收入} \times 100\%$$

其中，研发投入就是公司本期发生的技术转让费支出及研究开发的实际投入，具体包括公司本期在对新技术、新工艺等创新项目进行研究开发的实际支出，以及列入本期管理费用的购买新技术的实际支出。

2. 研发投入比率的分析

技术创新是公司保持竞争优势并且不断发展壮大的前提。研发投入比率能够体现出公司对技术创新的重视程度和投入情况，是评价公司持续发展能力的重要指标。该指标越高，表明公司在技术创新方面投入得越多，那么其技术储备就越充足，对未来市场变化的适应能力也就会越强，竞争优势就越明显，生存发展的空间越大，发展前景越好。

对于研发投入比率的分析，还要考虑到公司主营业务对于技术的依赖程度。对于处在技术依赖性较强的行业的公司来说，保持竞争力的关键就是技术创新，对技术研发的投入就是对未来竞争力的投入，所以对于技术的投入越多，其潜在竞争力也越强，也说明公司在一定程度上具备较强的成长能力；而对于一些处在生产技术及加工工艺已经十分成熟的行业来说，可能已经并没有太多创新的空间，研发投入比率对于公司成长性的影响就显得没有那么重要了。比如像生命科学这样的高新技术行业，公司成本的很大一部分就是由研发投入构成的，而对于纺织行业，纺织的技术已经非常成熟，进步空间不大，技术对于经营业务的影响很小，所以纺织行业的公司的研发投入就会比生命科学公司小很多。

此外，还需要注意的是，由于研发是否能够取得成果是不确定的，所以并不是投入越多回报就越大，巨大的投入最后也可能打了水漂。但是毋庸置疑的是，公司在研发方面的投入越多，反映出公司对技术研发的重视程度越高，取得成功的可能性就越大。

（四）固定资产成新率的计算与分析

1. 固定资产成新率的计算

固定资产是公司总资产的重要组成部分和主要生产工具，是最重要的经营资产。固定资产的数量和质量会影响公司的生产能力和持续发展能力，影响公司现金流的稳定性，以及利润的规模和波动程度。固定资产成新率是指公司本期平均固定资产净值与本期固定资产原值的比率，它能够体现出公司所拥有的固定资产的新旧程度，反映出公司固定资产更新的快慢和持续发展的能力。其计算公式为

$$\text{固定资产成新率} = \frac{\text{本期平均固定资产净值}}{\text{本期平均固定资产原值}} \times 100\%$$

$$= \frac{(\text{期初固定资产净值} + \text{期末固定资产净值})/2}{(\text{期初固定资产原值} + \text{期末固定资产原值})/2} \times 100\%$$

2. 固定资产成新率的分析

固定资产成新率越高，表明公司的固定资产比较新，更新的速度越快且质量越高，扩大再生产的能力也就越强，未来成长能力越大；而如果这一指标的数值很低，则说明公司的固定资产已经年代久远，可能跟不上公司生产的需求，不利于公司的发展。

在使用固定资产成新率进行分析时，需要注意区分生产用固定资产和非生产用固定资产，应尽量结合主要生产机器设备的更新状况来分析，同时剔除应提未提折旧对固定资产真实情况的影响，而不是笼统地使用单一的固定资产成新率。比如非生产用房屋等建筑物的入账价值大且折旧年限长，会使得计算指标的基数变大，从而反映固定资产更新情况的敏感性更低。而只有生产机器设备才与公司的生产能力及盈利能力密切相关，生产用固定资产成新率才能反映公司的扩大再生产能力和成长能力。

此外，运用这一指标进行比较分析时，也要考虑公司之间的折旧政策选择是否不同。在不考虑其他因素的情况下，如果两个公司处在同一行业且规模大致相同，那么采用直线法进行折旧的公司的固定资产成新率要高于采用加速折旧法进行折旧的公司。

三、资源投入与产出的对比分析

（一）投入资本回报率

美国投资家查理·芒格在《穷查理宝典：查理·芒格智慧箴言录》中这样写道："长远来看，股票的回报率很难比发行该股票的公司的年均利润高。如果某家企业40年来的资本回报率是6%，你在这40年间持有它的股票，那么你得到的回报率不会跟6%有太大的差别——即使你最早购买时该股票的价格比其账面价值低很多。相反地，如果一家企业在过去二三十年间的资本回报率是18%，那么即使你当时花了很大的价钱去买它的股票，你最终得到的回报也将会非常可观。"这体现了公司投入资本回报率对投资者股市回报率的重要影响，即只有买入投入资本率高的优质公司才能享受其成长带来的利润。

我们已经知道，公司的成长可以来源于内生的经营业务的扩张，也可以来源于外生的资本投入，但是公司使用的资金有成本，很显然，即便能提供相同量级的产出，低投入和高投入所带来的增长质量也大不相同。

在现实中，有不少公司的利润增加是通过不断借债、提高财务杠杆带来的。通过高负债堆砌出高利润的公司和不加杠杆就能产生高利润的公司，它们的价值创造能力和投资价值完全不一样，尤其是在当下我国经济下行、去杠杆压力加大的背景下。真正具有高成长性的公司，一定是能有效运用投入资金，并且创造出高于该资金成本的价值，而不是空有规模但缺乏经营质量。经营质量的核心就是我们前面在第六章介绍的净经营资产回报率（RNOA），也被市场投资者称为投入资本回报率（ROIC）。

投入资本回报率是股东和债权人投出资金与相关回报之间的比例关系，它衡量的是投入资金的使用效果。通过投入资本回报率，我们可以评估一个公司成长的质量如何，到底是创造价值还是毁灭价值，其业绩是不是昙花一现式的惊艳。

投入资本回报率与经济增加值（economic value added，EVA）的理念具有相通性。

经济增加值是指从税后经营利润中扣除包括股权和债务的全部投入资本成本后的所得，反映的是公司通过投入资本（invested capital，IC）为股东创造的价值，其计算公式为

● 经济增加值＝税后净经营利润—投入资本 × 债务和股权加权平均资本成本

也即

$$EVA=NOPAT-IC\times WACC \tag{7-1}$$

其中，投入资本 IC 等于净债务融资和股东权益之和，也等于净经营性资产（NOA）；WACC（weight-average cost of capital）是债务和股权加权平均资本成本，我们结合 ROIC 的计算，将公式进行一些变换，得到

● 经济增加值＝投入成本 ×（投入资本回报率—债务和股权加权平均资本成本）

也即

$$EVA=IC\times（ROIC-WACC） \tag{7-2}$$

这样，我们就可以很明显地看到，公司的价值增加来源于两个部分：第一是投入资本回报率与加权平均资本成本之差，第二是资本的投入规模。如果公司的 ROIC 小于 WACC，也就是说投入资本回报率低于加权平均资本成本，那么实际上公司投入再多的资本，本质上都是价值毁灭，长期看是在消耗所有者权益。因此，没有高 ROIC 的增长是没有意义的，只有 ROIC 超出 WACC 的成长，才是真正有意义的成长。当然，对于一些发展时间不长的新兴或创业公司，可以接受其暂时亏损，因为从长远看其仍然有可能取得不错的回报。

根据 ROIC 的表现和增长速度，我们可以将企业分为 4 种类型：（1）发电厂，该类公司的 ROIC 高，利润增速也高，说明行业发展较快，公司竞争优势突出，盈利能力强势；（2）现金牛，该类公司的 ROIC 高，但利润增速慢，说明行业处于成熟期，公司竞争优势突出，资本开支很少，现金流充足；（3）资本瘾君子，该类公司的 ROIC 低，但利润增速高，说明行业发展前景较好，资本开支很大，但公司的盈利能力一般（可能是竞争力不足，也可能是行业发展前期），需要通过债务或股权大量对外筹集资金；（4）资本杀手，该类公司的 ROIC 低，利润增速也低，说明行业前景黯淡，公司经营管理不善，盈利能力差。

🔍 研究分析：ROE 与 ROIC 的背离

（二）托宾 Q 指标

1969 年，美国经济学家詹姆士·托宾提出了著名的"托宾 Q"系数，是指资本的市场价值与其重置成本的比值，其计算公式为

● $Q=\dfrac{公司的市场价值}{资产的重置成本}$

但是，由于重置成本很难估算得出，因此，在实务中，比较主流的替代方法如下

$$Q = \frac{股东权益市场价值 + 债务资本市场价值}{总资产账面价值}$$

如果金融市场是有效的，那么股票价格中会包含众多投资者的信息，包括投资者对公司投资项目运营能力的评价和拥有的投资机会等信息。因此，托宾 Q 指标通过将市场投资者的信息与股票价格相结合，借以判断公司的潜在投资机会。根据公式我们可以看出，当托宾 Q 值大于 1 时，更有利于公司的做法是进行新的资本投资，这会提高公司的价值；当托宾 Q 值小于 1 时，公司缩减现成的资产比进行新的投资更有利。因此，证券市场价格会影响到托宾 Q 值的大小，而托宾 Q 值又会影响到公司的投资行为，因为只要公司资产负债的市场价值比其重置成本高，也就是托宾 Q 值提高，就会带动投资需求的增加。那么，如果我们假设未来公司的成长机会主要依靠其净投资行为，就可以用托宾 Q 值来衡量未来成长机会。

事实上，在对上市公司成长性的评价中，托宾 Q 理论具有比较独特的优势，因为它能够联系上市公司的未来价值和现在价值，又能够联系公司的财务指标与股票市场价格。同时，运用涵盖市场信息的第一手数据，更能表达出资本市场对公司价值的反映。

四、贵州茅台的成长性指标

贵州茅台酒股份有限公司成立于 1999 年 11 月 20 日，由中国贵州茅台酒厂（集团）有限责任公司作为主发起人，联合另外 7 家单位共同发起设立，目前控股股东为茅台集团。2001 年 8 月 27 在上海证券交易所成功上市（股票代码：600519）。公司的主要业务是茅台酒及系列酒的生产与销售。茅台酒指飞天商标和五星商标的 53° 和 43° 茅台、陈年茅台（15 年、30 年、50 年），以及在茅台和陈年茅台基础上做的各类小批量或不同容量的品种，例如生肖茅台、精品茅台、纪念茅台等。而系列酒主要是一曲三茅四酱：贵州大曲，华茅、王茅、赖茅，汉酱、仁酒、王子、迎宾。其中，茅台酒的销售是公司目前最主要的收入来源。2020 年 6 月 2 日，贵州茅台总市值正式超越中国工商银行，成为两市市值最高的个股，打破了过去"宇宙第一行"长期雄踞 A 股总市值第一的格局。那么，贵州茅台为何会成为"A 股之王"呢？我们从成长性的角度进行分析。

（一）收入与利润的增长率

贵州茅台 2015—2019 年的营业收入的金额及增长率、利润的金额及增长率如表 7-1 所示。从中可以看到，2015 年以来，茅台的营业收入规模不断扩大，5 年的营业收入增长率都是正的，也说明这期间公司的销售一直在增长。其中，2017 年的增幅相较而言比较大，2018 年和 2019 年的增幅比较平稳，但是相比 2017 年有一定程度的下降。出现这

一情况的原因在于：从行业来看，白酒行业也明显回暖，进入新一轮上升期；从公司内部来看，2016 年贵州茅台对酱香酒的领导班子进行了调整，改革成效显著；而从公司产品来看，茅台酒的产量和销量都超额完成既定的发展目标，销售价格也进行了上调，量价齐升共同推动收入大幅增长。此外，贵州茅台系列酒的发展也在加速，其收入增长了172%，交出了一张靓丽的成绩单。而对于后续的发展，公司领导层表示要以"稳"为主，确保健康有序发展。因此，在 2017 年营收大增后，贵州茅台 2018 年、2019 年并没有继续维持超高的增长，但仍高于行业平均。

营业收入的增长也带动了利润的增长，不管是营业利润还是净利润均呈现出持续增长的态势，而且两者的增速比收入的增速还要稍快一些，这也说明公司的收入增长是具有效益性的，实现了增收增利。此外，贵州茅台的利润来源主要是日常生产经营，说明其业务不断拓展，有良好的发展前景，进而推动了其市场价值的增长。

表 7-1　贵州茅台的收入与利润增长率

项目	2015 年	2016 年	2017 年	2018 年	2019 年
营业收入 / 亿元	326.60	388.62	582.18	736.39	854.30
营业收入增长率 / %	3.44	18.99	49.81	26.49	16.01
营业利润 / 亿元	221.59	242.66	389.40	513.43	590.41
营业利润增长率 / %	0.25	9.51	60.47	31.85	14.99
净利润 / 亿元	164.55	179.31	290.06	378.30	439.70
净利润增长率 / %	1.14	8.97	61.77	30.42	16.23

（二）资本积累率

贵州茅台 2015—2019 年的资本积累率如表 7-2 所示。从中可以看到，贵州茅台的所有者权益从 2015 年的 662.34 亿元到 2019 年的 1418.76 亿元，规模在不断增长，虽然增速在降低，但仍然比较平稳且处在行业前列，总体而言公司资本的保全性很强。

关于所有者权益增长的原因，我们可以看到是由很高的净资产收益率驱动的，2015—2019 年间公司的盈利能力非常好，能够基本保持在 23% 及以上的水平，这说明公司能够充分利用股东投入资本来创造收益，资本的增值性也很强。

表 7-2　贵州茅台的资本积累率及净资产收益率

项目	2015 年	2016 年	2017 年	2018 年	2019 年
所有者权益总额 / 亿元	662.34	759.00	960.20	1174.08	1418.76
资本积累率 /%	19.75	14.59	26.51	22.28	20.84
净资产收益率 /%	24.25	22.94	29.61	31.20	30.30

（三）资产增长率

贵州茅台 2015—2019 年的总资产金额及增长率如表 7-3 所示。2015—2019 年间，贵州茅台的资产总额保持着增长的态势，且增速比较稳定、没有明显的波动，这也说明资产的增长比较平稳。

表 7-3　贵州茅台的总资产金额及增长率

项目	2015 年	2016 年	2017 年	2018 年	2019 年
资产总额 / 亿元	863.01	1129.35	1346.10	1598.47	1830.42
总资产增长率 /%	21.74	30.86	19.19	18.75	14.51
所有者权益增加占比 /%	53.47	36.29	92.83	84.75	105.48

进一步来看资产增加的来源，可以看到，2015 年所有者权益增加额占总资产增加额的比重过半，虽然 2016 年有所下降，但是 2017 年迅速大幅回升，且到 2019 年都一直能保持在非常高的水平。可见近年来资产的增长大多来源于公司内部所有者权益的增加，这样的增长是健康的、可持续的，公司未来的财务风险很低，也有能力继续举债，从而进一步扩大资产规模。同时我们看到，2019 年所有者权益的增加超过了资产的增加，这说明当年的总负债反而是下降的，更提示出公司良好的成长性。

那么，资产的增加是否会带来收入和效益的增加呢？结合前面的分析，2015—2019年期间，不管是营业收入还是利润，它们的增速都超过总资产增速，也就是说资产的增长能够给公司带来价值的增加，具有积极的效益，再次说明公司未来的发展前景良好。

综合资产增长、收入增长和利润增长，以及行业稳定的竞争格局，贵州茅台具有超强的盈利能力，再叠加其稳定的成长性和成长性预期的可持续，共同推动贵州茅台的股价在这期间不断上涨。

第三节　可持续成长性分析

一、影响企业可持续成长性的因素

成长性是企业全要素综合生产力的体现，由产业定位与运营模式、核心竞争力与创新能力、公司治理与管理团队、公司财务实力等多因素决定。符合社会经济发展规律与趋势的产业定位与运营模式，是决定企业成长性的根本；核心竞争力与创新能力是企业在激烈的行业竞争中脱颖而出的基础，是决定企业成长性是否可持续的关键；公司治理与管理团队是企业竞争优势长久持续的制度保障，决定企业成长性是否稳健；成长性需要资源的大量投入，公司的财务实力是成长性得以持续的资源保障，决定企业成长性的速度。

（一）产业定位与运营模式

产业链是各个产业部门之间基于一定的技术经济关联，并依据特定的逻辑关系和时空布局关系客观形成的链条式关联关系形态。现代市场经济高度分工，企业很难去重塑一个产业链条，也不可能完全自己做，一定是合作和充分的合作，在链条的分工里面找到自身的内容环节，并在此链节上充分发挥自己的相对优势。

产业链可以体现为产品链，主要表现为产品的投入与产出联系，通过产品的物流、信息流与资金流而构成的产业链形态。比如制造业，其产业链条可以大体分为这样7个环节：产品设计、原料采购、加工制造、物流运输、订单处理、批发经营和终端零售。一般而言，在产品链中利润率较高的是产业链的两端，一是产品链的下游，即接近最终消费者的企业；二是产品链的上游，即接近资源的企业。接近终端消费者意味着掌握了接近消费者的渠道和消费者需求的数据，接近资源，则是因为资源往往是稀缺的。由此，就整个产品链的能力而言，哪个环节的能力是稀缺的，就必然具有较高的利润率，是影响整个产业链发展的关键因素。根据能力的不同，一般可以将产业链区分为自然资源主导型、消费者主导型、品牌主导型、研发技术主导型等。企业立足于哪个环节，一方面由企业的资源禀赋来决定（比如具有拥有自然资源，就可以依托资源优势在产业链中取得竞争优势；具有研发技术的优势，就可以立足于研发设计环节等）；另一方面也由企业的发展目标所驱动，即企业计划立足于产业链中哪个环节，从而集中投入资源在此环节取得突破。

产业链定位明确后，企业如何赚钱就取决于其所采取的运营模式。运营模式是指企业为了满足客户的需求，把企业内外部的各种要素整合起来，形成一个完整的高效率的具有独特核心竞争力的运行系统，同时该系统将帮助企业实现持续盈利的目标。以网络购物为例，我国形成了几个主要的大型互联网公司，但它们的产业链定位和运营模式存在显著差异。阿里巴巴聚焦于为网络购物的买方和卖方提供交易平台（天猫和淘宝）和信任机制（支付宝），通过抽取交易佣金的形式（包括卖方在平台的投放广告）来赚取收入和利润；京东则聚焦于网络购物的全环节参与，包括采购、仓储、零售、物流等，主要通过商品的买卖价差来赚取收入和利润。也就是说，阿里巴巴是集众人之力做电商业务，而京东则是凭一己之力打天下。在商品品类如此多的情况下，显然众人之力的模式更具有经营效率和获利空间。京东要提升自身的竞争力，就要寻求差异化的竞争，包括大宗化或高品质性的商品品类、需求式的分散仓储与高效率的物流等。

（二）核心竞争力与创新能力

企业持续竞争的源泉和基础在于核心能力。核心竞争力是指能够为企业带来比较竞争优势的资源，以及资源的配置与整合方式。一般而言，核心竞争力具有至少3个方面的特征：一是核心竞争力有助于实现客户所看重的价值，这种价值是客户最为关注的、核心的、根本的利益，而不仅仅是一些普通的、短期的好处；二是核心竞争力应该是难以被竞争对手所模仿和替代的；三是核心竞争力具有持久性，可以维持企业竞争优势的持续性。

根据表现形式的不同，核心竞争力主要有以下3种类型：（1）基于企业文化和管理能力的核心竞争力。核心竞争力蕴含着资源、技能与知识的整合，而企业文化可以为技能与知识的学习与积累提供良好的环境和催化剂，管理能力则可以高效地整合企业内外部的各类资源、技能与知识，实现不同生产技巧的协调和不同技术的组合，高效地满足客户的需求，并不断发现新的商业机会。（2）基于资源观的核心竞争力。不同企业之间在获取战略性资源时，决策和过程上的差异构成了企业的核心竞争力。企业只有获得战略性资源，才能在同行业中拥有独特的地位。战略性资源包括自然资源、客户资源或资金资源等。比如，贵州茅台的核心竞争力就在于其拥有的自然资源，包括独特的地理地貌、优良的水质、特殊的土壤与气候的结合。（3）基于技术的核心竞争力。企业的创新能力和技术水平的差异是企业存在独特竞争优势的根本原因。比如，格力电器一直以"掌握核心科技"来树立竞争优势。但技术水平的差异需要考虑技术更新的速度，如果技术更新速度快，则企业的技术水平优势会经常面临挑战。

（三）公司治理与管理团队

随着业务规模的急剧扩张，公司的组织架构变得较为复杂，资金来源也更加多元化，这些现象的出现导致了三大类利益冲突：股东与公司管理者之间的代理冲突、大股东与小股东之间的侵占冲突、股东与其他利益相关者之间的利益分歧冲突。这些冲突非常普遍，严重危害了公司创造价值的动力，故而需要政府或公司的各利益主体之间形成一些制度安排以协调这些利益冲突。在此背景下，公司治理应运而生。公司治理是为实现股东价值最大化，公司所有权与经营权基于信托责任而形成相互制衡关系的制度安排。这个制度安排是在特定法律和交易环境中进行的，制度环境决定了不同公司治理机制的成本与利润，也决定了制度安排的特征和走向。换句话说，公司治理是在一定的法律环境与商业文化传统中，与公司有关的不同利益主体之间所形成的相互约束的"招"的集合。联合国全球治理委员会也对治理提出了定义，认为治理是指"各种公共的或私人的个人和机构管理其共同事务的诸多方法的总和，是使相互冲突的或不同利益得以调和，并采取联合行动的持续过程"，这既包括有权迫使人们服从的正式制度和规则，也包括各种人们同意或符合其利益的非正式制度安排。

概括而言，公司治理的目标主要有 3 个：（1）要在各种复杂的情况下，挑选有能力的公司管理者，并督促和激励管理者努力工作，实现"为股东创造价值"的公司目标。（2）协调与公司有关的不同利益主体之间的利益侧重点，共同实现企业价值最大化的公司目标。（3）基于公司的价值创造，为与公司有关的不同利益主体的利益分配提供相互可接受的依据和保障机制。因此，公司治理的运行状况决定了企业竞争优势是否能够长久持续，决定企业成长性是否能够稳健。

管理团队的能力和努力程度会直接决定企业核心竞争力的表现及持续性。如果管理团队的能力突出，并努力为企业价值创造而工作，那么其就有可能高效地整合企业内外部的各类资源、技能与知识，实现不同生产技巧的协调和不同技术的组合，并持续发现新的商业机会。为了让管理团队的能力充分发挥，公司需要完善公司治理机制，包括激励机制等。

（四）公司财务实力

财务实力是企业所拥有或控制的财务资源或潜在财务资源，是企业经济实力的集中体现。企业如果拥有的财务实力较强，则其可以依靠这些实力，在技术创新、市场拓展、人才吸纳、资源整合等方面进行大量投入，从而抢占先机，保持发展速度的持续性；不仅如此，财务实力强大的企业，在内生业务趋于成熟时，还可以通过并购竞争对手、潜在的新业务公司等实现公司的成长。因此，企业的财务实力是公司成长性得以持续的资源保障，决定企业成长性的速度。

那么，企业财务实力即体现为公司的总资产规模吗？根据前面的分析，我们已经知道，资产由权益和负债构成，负债具有双面效应，故基于风险可控的角度，高负债往往意味着公司可利用的财务资源趋于枯竭。因此，充足的流动性和强大的业务创造现金流的能力才是一个企业真正的财务实力。有些企业的财务实力还可能表现为隐性，即虽然其自身可利用的财务资源在某些阶段不多，但其在资本市场具有较高的声誉（比如信用评价）或独特背景，往往也可以获得很多财务资源的支持。

研究分析：特斯拉的万亿美元市值之路

二、可持续增长率模型

（一）增长率与资金需求

公司要以增长求生存，而销售增长的同时又往往需要补充资金，这是因为资产是创造销售收入的基础，资产的投资需要资金。销售增长得越多，所需资金就越多。从资金来源的角度来看，公司可以通过以下 3 种方式实现增长。

第一种是完全依靠内部资金增长，公司可能是不愿意举债，或者由于信用及偿债能力等原因无法筹集到外部资金，因此主要依靠内部积累实现增长。但是公司内部能创造出的财务资源毕竟是有限，并且可能不会被充分利用，这时就会限制公司的增长。

第二种是主要依靠外部资金增长，也就是依靠外部融资，包括增加债务和股东投资。然而，与仅依靠内部资源的增长相似，主要依靠外部资金的增长不会一直持续下去。这是因为在负债增加的同时，公司的财务风险也会增加，过度的负债可能会导致资本结构恶化，公司的融资能力下降，甚至完全丧失借款能力。而增加股东投入资本会使得公司的控制权更加分散，同时稀释了每股利润，如果公司未能将这部分增加的资金投资于回报率高于资本成本的项目，那就会对公司价值有所损害。

第三种是平衡增长，也是比较健康、可持续的增长方式。具体而言，就是保持目前的资本结构和与此有关的财务风险，按照股东权益的增长比例增加借款，以此支持销售增长。

（二）内含增长率

为了充分理解上述 3 种增长方式，我们首先介绍一下内含增长率，它是指在公司完全不对外融资且不变现内部金融资产的情况下其预测增长率的最高水平。由于公司的成长需要额外的资金注入，因此从内含增长率可以知道，仅利用留存利润来支付所需增加的资产时，公司最多能有多大的成长空间。因此，内含增长率是公司的底线增长水平，其计算公式如下

- $内含增长率 = \dfrac{总资产回报率 \times b}{1 - 总资产回报率 \times b} \times 100\%$

也即

- $内含增长率 = \dfrac{ROA \times b}{1 - ROA \times b} \times 100\%$

注：$b = 1 - 股利支付率$

式中，ROA 代表总资产回报率或总资产净利率，b 代表留存利润比率。

（三）可持续增长率

罗伯特·C.希金斯在 1977 年提出了**可持续增长率**的概念。所谓可持续增长率，就是公司在维持当前的经营效率和财务政策的前提下所具有的内在增长能力。这里的经营效率指的是销售净利率和资产周转率，财务政策指的是资本结构和股利支付率。进一步而言，可持续增长率考察的是在限制新股发行的情况下，公司销售额成长的极限值。例如，假设某公司目前设定的理想资产负债率为 50%，所有者权益有 300 万元，负债 200

万元，则可持续增长率是在控制所有者权益保持 300 万元不变的情况下，负债增加到 300 万元时（也就是将资产负债率保持在 50%）公司享有的最大增长率。可持续增长率的计算公式与内含增长率公式相似，只是将其中 ROA 换成了净资产回报率（ROE)。其公式如下

- 可持续增长率 $= \dfrac{\text{净资产回报率} \times b}{1-\text{净资产回报率} \times b} \times 100\%$

也即

- 可持续增长率 $= \dfrac{\text{ROE} \times b}{1-\text{ROE} \times b} \times 100\%$

注：$b=1-$ 股利支付率

上述公式表明，在维持当前的经营政策和财务政策不变的条件下，如果公司选择不发放股利，可持续增长率最多等于净资产利润率。可持续增长率越高，意味着公司的未来利润的增长速度越快，反之则越慢。

此外，我们还可以根据杜邦财务分析公式估算可持续增长率，即可以得到

- 可持续增长率 $= \dfrac{\text{销售净利率} \times \text{总资产周转率} \times \text{权益乘数} \times b}{1-(\text{销售净利率} \times \text{总资产周转率} \times \text{期末资产期初权益乘数} \times b)} \times 100\%$

从上述两个增长率的公式可以发现，当留存利润率越大（也就是公司减少股利发放、保留盈余）且 ROE 越高时，增长率越大。而提高销售净利率、总资产周转率或扩大权益乘数都可以使得 ROE 增大，从而对可持续增长率有所影响。具体而言，在总资产周转率、财务杠杆水平和股利支付率保持不变的前提下，销售净利率越高，可持续增长率就越高，反之亦然；在财务杠杆水平和股利支付率保持不变的前提下，总资产周转率越高，可持续增长率就越高，反之亦然；在销售净利率、总资产周转率和股利支付率保持不变的前提下，权益乘数越大，可持续增长率就越高，反之亦然；在销售净利率、总资产周转率和财务杠杆水平保持不变的前提下，股利支付率越小，可持续增长率就越高，反之亦然。

公司的增长速度是由其综合实力和承担风险的能力与意愿所共同决定的，其可持续增长率受到经营战略和财务政策的影响，需要适当地运用经营政策和财务政策来实现可持续增长率目标。需要注意的是，可持续增长率的思想并不是说公司的增长不能高于或者低于可持续增长率，而是公司应该事先预计并且解决实际增长率超过或低于可持续增长率时所导致的问题。

（四）实际增长率高于可持续增长率

实际增长率大于可持续增长率意味着公司现金短缺。在进行适当的分析后，如果实际增长速度超过可持续增长率只是短期状况，那么未来公司的实际增长率将会降下来。

解决这种短缺最简单的办法是增加负债，当实际增长率下降后，用多余现金还掉借款，就会自动平衡。而如果认为公司将长期保持高速增长，那么可以将下面的几种方法结合起来进行运用（见图7-1）。

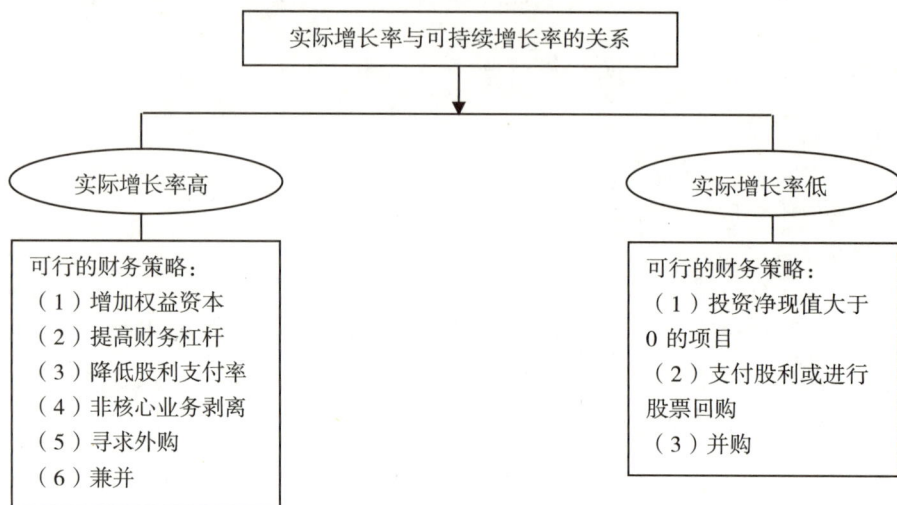

图 7-1　成长管理框架

1.增加权益资本

当一个公司愿意并且能够在资本市场增发股票，它的可持续增长问题可得以消除。新增加的权益资本和利用财务杠杆增加的借款能力将为公司提供充足的发展资金，不过，对很多公司来讲，采用增加权益资本的办法有时会出现一些问题，比如：（1）在没有资本市场或资本市场不发达的地方，增加权益资本的方法行不通；（2）即便存在较发达的资本市场，对一些小型公司来讲，由于发行股票往往因较为苛刻的条件难以满足而无法实施，或者因为没有很好的产品得到市场认同而无法大量销售股票；（3）即使有些公司能够通过增加权益资本来解决现金短缺问题，但由于种种原因，它们也可能不愿意使用这种方法。首先，权益资本的成本相当高，我国股票发行费率平均高达5%，对小量销售来讲，这个比率可能还会高一些。这种水平的资金成本往往是同样数量债券发行成本的2倍以上，而且由于权益资本是永久的，其每年的资金成本还要高。其次，对许多管理者来讲，不断提高每股利润是表现自己业绩的重要方式，而由于新增加的权益会使发行在外的股票数量增加，很可能使得每股利润被稀释。

2.提高财务杠杆

提高财务杠杆就是扩大负债比例，增加外部负债额。但是需要注意的是，财务杠杆的提高是有上限的，超过了上限以后，再想举债的难度就会非常大，同时也可能因为风险加大、成本太高而变得不经济了。公司以债权融资方式所获得的资金在一定条件下能够对公司的生产经营和发展起积极的作用，但是，随着公司债务增多，偿债压力加大，公司陷入债务危机或破产的可能性就越大。同时债权人为了避免或弥补可能出现的损失，也会使借贷条件更加苛刻（如提高借贷利率），从而增加债权融资的成本。比如郑州百文股份有限公司（以下简称郑百文公司），曾经是长期依靠银行提供的贷款来维持发展，负债水平一直很高，财务杠杆系数一路上升，等到公司债务超过了借贷上限，银行停止了对公司的承兑汇票，郑州百文股份有限公司（以下简称郑百文公司）立即陷入了资金链断裂的危机。因此，公司必须根据所处的行业和自身的生产经营的特征优化资产负债率。对于负债率已经很高的公司而言，获得股权融资也许是更好的融资方式。但若一定要提高财务杠杆，超过借贷上限反而会弊大于利。

3. 降低股利支付率

与财务杠杆相反，股利支付率的降低有一个下限，即为零。股东对股利的态度与对公司投资机会前景的看法有很大关系。当股东们认为利润留在公司能产生较高的回报时，他们能够接受股利支付率的降低；而当股东们认为公司的投资回报不能够令人满意，股利支付率的降低则会引起他们的不满，最直接的表现是股票价格下跌。但是，应该说以降低股利支付率这种方式来提高可持续增长率对我国大多数上市公司而言并没有很大的利用潜力，因为我国股份公司的股利支付比率一向很低，股利支付率为零的公司很常见。据统计，自1992年以来，上市后从未进行过现金分配的上市公司达到220家，而其中有67家公司甚至从未进行过利润分配。相比之下，西方发达国家的上市公司出于维护公司控制权和保持公司每股利润稳定增长的考虑，主要采用现金股利而很少采用股票股利形式。资料显示，过去50年中，美国所有公司的利润大约有50%作为股利发放给股东。似乎我国上市公司还没有把股利支付作为一项与公司稳定相关的财务政策来看待，而更多地将股利支付比率与筹资"圈钱"相联系。

4. 非核心业务剥离

一个公司的资源有限，不可能同时在很多领域形成强大的竞争能力，只能充当跟随者的角色，从而使公司的资源没有发挥最佳的效用。当将资源分散在很多不同的领域却无法开展有力的竞争时，充当二流角色的经营风险更大。所以，将资金抽回投入公司的保留业务上来，进行非核心业务剥离可以用于解决增长问题。

非核心业务剥离可以从两方面解决可持续增长问题：一是直接从核心资产的剥离中可以取得现金以支持保留业务的增长；二是通过剥离非核心业务，将因非核心业务引起的增长压力消除，从而降低公司的增长速度。非核心业务剥离不仅适用于多元化经营的公司，对单一行业的公司也同样适用。经营项目单一的公司可以通过处理一些周转缓慢的存货项目和取消与一些经常延期付款的客户的交易来实现剥离的目的，这样做至少可以获得多余现金支持增长、降低一些低质量销售收入以控制增长，同时提高资产周转率。

5. 寻求外购

可以通过将一些活动交给外单位实施来提高公司的可持续增长能力，如将一些零部件由自制改为外购，将销售工作交由外部的专业销售公司来进行。当公司采用外购业务时，原来从事这些活动所占用的资产被释放了出来，而且还可以提高资产周转率，从而帮助解决可持续增长问题。最典型的例子是特许经营，通过这种方式，授权者将所有的资本密集型生产活动均交给被授权者，结果自己投入的资本非常少，却能获得较快的增长率。公司能否有效地进行外购，主要取决于公司的核心竞争能力是什么。如果一种活动的外购不会损害公司的核心竞争能力，则这部分活动适于外购。

6. 兼并

兼并是指寻求一些有多余现金流量的公司或者是可以提高经营活动效率和业务量的公司进行兼并，也是一种较为有效地解决可持续增长问题的办法。这种兼并往往指吸收合并。有两类公司可以为收购方提供现金支持：一类是处于成熟阶段的公司，在管理学中这样的公司被称为"现金牛"公司；另一类是财务政策非常保守的公司，兼并后可以提高公司的流动性和借贷能力。对优秀的零部件配套公司进行合并往往可以提高公司的业务效率和业务量。

（五）实际增长率低于可持续增长率

当公司的实际增长率达不到可持续增长率时，公司的现金将出现富余而没有适当的投资机会。我们首先应该判断这种较低的增长率是否会持久，即是短期现象还是长期现象。如果认为这种现象是暂时的，在不久的将来公司仍将会出现较大的增长，那么公司应该将目前多余的现金积累起来，如购买一些安全性较高的债券来进行短期投资以备今后之需。当这种现象长期存在时，表明市场在萎缩，公司必须调整自身的经营战略和财务政策，从根本上加以解决。

预期的低增长，一种情况是行业性的影响，即该行业已经进入了成熟期，市场容量难以快速扩大；另一种情况是公司自身的问题，常常表现为增长速度落后于行业整体增长率，市场份额逐渐缩小，这时公司管理者应该检讨自己的经营方针和经营方式，找出内部妨碍公司快速增长的因素，并尽力予以消除，这往往要包括战略的改变、组织结构的改变及业务构架的改变一系列过程。具体的做法可以有以下3种选择。

1. 投资净现值大于0的项目

可以继续投资于净现值大于0的业务，充分利用闲置资金，为公司创造价值。如果坐享闲置现金资源而不去积极利用，那么低回报及低增长率会使公司的股票价格下跌，而便宜的股票和充裕的现金很容易成为被收购的对象。

2. 支付股利或进行股票回购

解决多余现金问题最直接的办法是通过提高股利支付率或股票回购还给股东。在公司股本扩张过快使业绩严重下滑时，通过股票回购，可达到缩小股本、改善业绩的目的。不过，虽然这种办法最为普通，但是管理者并不经常使用它。因为将资金还给股东将缩小管理者的控制领域。从管理者个人角度看，即使不能给股东创造很高的价值，他们仍然希望"增长"——即公司的规模不断扩大。对管理者来讲，股东出于信任将钱交给他们管理，他们就有责任为股东的钱增值。将钱还给股东意味着他们没有能力管理较多的资金，是一种失败的表现。

3. 并购其他公司

消除增长过慢问题的最积极的方法是进行并购，可以采取多元化的经营战略，将多余的现金投入其他行业，特别是正处于成长期的行业。不过，多元化经营策略的选择必须谨慎，公司要选择与自身核心生产能力相辅相成的行业，否则因多元化经营导致资源分散、削弱竞争力，反而得不偿失。

（六）财务战略矩阵

我们还可以进一步结合 ROIC 指标，通过一个矩阵，把价值创造（投入资本回报率—资本成本）和现金余缺（实际增长率—可持续增长率）联系起来，构建价值创造和增长率矩阵，也就是财务战略矩阵。财务战略矩阵的纵坐标是公司或其项目的投入资本回报率与其资本成本的差额（ROIC—WACC），实际上就是经济增加值（EVA），用以评价公司的价值增长状态。如果 ROIC—WACC 大于零，说明公司的投入资本回报率可以覆盖其资金成本，进而为股东创造价值；如果 ROIC—WACC 的值小于零，说明公司的资本成本不能够被投入资本回报率所弥补，将毁灭股东价值。

财务矩阵的横坐标用公司实际的销售增长率减去可持续增长率来表示，用以衡量公司资源耗费的状况。如果实际销售增长率大于可持续增长率，说明日常经营产生的现金流量不能维持其自身发展，出现资金短缺的问题；反之，表示公司的经营活动所产生的现金流量可以满足自身发展需求，并且能够产生现金盈余。

财务战略矩阵如图 7-2 所示。

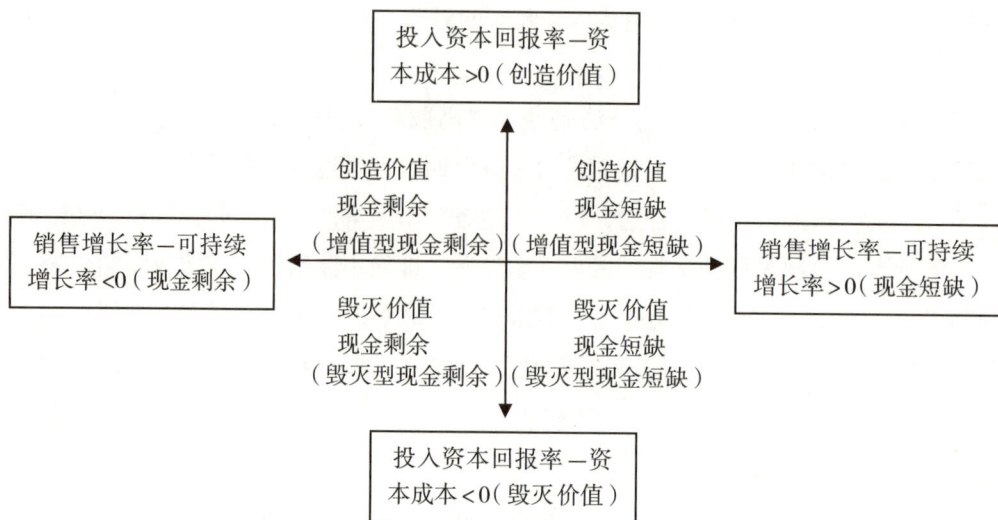

图 7-2 财务战略矩阵

具体而言，处于第一象限的公司或业务，其 ROIC−WACC ＞ 0 且销售增长率−可持续增长率＞ 0，属于增值型现金短缺。该象限的公司或业务往往处于成长期，一方面能够给公司带来价值增值，另一方面其产生的现金流量不足以支持业务增长，会遇到现金短缺的问题。在这种情况下，业务增长越快，现金短缺越是严重。在实务中，我们首先应判明这种高速增长是暂时的还是长期的。如果高速增长是暂时的，那么公司应通过借款来筹集所需资金，等到销售增长率下降后会有多余现金归还借款。如果预计这种情况会持续较长时间，不能用短期周转借款来解决，则公司必须采取战略性措施解决资金短缺问题。

处在第二象限的公司或业务，其 ROIC−WACC ＞ 0 且销售增长率−可持续增长率＜ 0，属于增值型现金剩余，表示公司或业务在创造价值的同时现金是剩余的。该象限公司或业务能够获得持续增长的现金净流量，同时其内外部环境也发生变化，表现为新技术不断成熟，新产品逐渐被市场接受，盈利能力持续增长，能够为公司带来预期的现金流。这时公司的现金流量足以满足其自身发展需求，能够产生价值增值。处于本象限的公司或业务所面临的关键的问题是能否利用剩余的现金迅速增长，使增长率接近可持续增长率。

处于第三象限的公司或业务，其 ROIC−WACC ＜ 0 且销售增长率−可持续增长率＜ 0，属于毁灭型现金剩余。表示公司业务在损害价值，不过现金周转得过来，能够有一些剩余。该象限的业务虽然能够产生维持自身发展的现金流量，但是业务的增长反而会给公司价值带来损害，这是业务处于衰退期的前兆。毁灭型现金剩余公司的主要问题是盈利能力差，债务融资成本高，单纯的增长很可能有害无益。对这一类型的公司，首先应分析其盈利能力差的原因，寻找提高投入资本回报率或降低资本成本的途径，使其获得超过资本成本的投入资本回报率。

处于第四象限的公司或业务，其ROIC−WACC < 0且销售增长率−可持续增长率 > 0，属于毁灭型现金短缺，表示公司的业务在损害价值并且已经没有现金周转，这种情况最危险。该象限的业务一方面并不会给公司价值带来增长，另一方面也不能支持其自身的发展，反而会由于增长缓慢遇到现金短缺问题，并且公司的困境不能通过扩大销售得到改变。由于股东财富和现金都在被吞食，需要快速解决问题。

第四节　企业生命周期与成长性

世界上所有事物的发展都有生命周期，企业也不例外。企业的生命周期就像一双看不见的手，始终控制着企业发展的轨迹。所谓"企业的生命周期"，就是指企业从创立到成长、扩张，再到衰落甚至死亡的过程。尽管不同企业的寿命长短不同，但是它们在生命周期不同阶段的特征都有一定的共性。了解这些共性，企业可以更容易了解到它们所在的生命周期的阶段，以便它们可以修正自己的状态，并尽可能延长其寿命。

管理学家马森·海尔瑞在1959年最早提出企业生命周期的概念，认为企业从诞生到发展再到衰退甚至死亡的过程，与生物界的生长规律存在相似，并提出导致企业消亡的原因是管理方面的局限性。不过，J.W.哥德纳在1965年指出企业生命周期具有独特性，一是企业的发展是不可预测的，而不像生物学上的生命周期那样具有必然性，比如一个企业从创立到死亡可能只有20年，也可能会经过好几个世纪；二是企业在发展的过程中可能会出现一个没有明显上升也没有明显下降的停滞阶段，这也是生物学上所没有的；三是企业的死亡并不是无法避免的，可以通过变革以焕发新生，开启新的生命周期。基于对企业如何发展、老化和衰亡的深入研究，伊查克·爱迪思在1997年出版的专著《企业生命周期》一书中，把企业的成长过程分为10个阶段：孕育期、婴儿期、学步期、青春期、盛年期、稳定期、贵族期、官僚初期、官僚期和死亡期。

企业生命周期理论在当前已经成为管理学中较为普遍的一个假设。为了便于理解和分析，我们可以把这10个阶段合并成4个主要阶段。孕育期和婴儿期合成为**初创期**，学步期和青春期合成为**成长期**，盛年期和稳定期合成为**成熟期**，把贵族期、官僚初期、官僚期和死亡期合成为**衰退期**。如果不存在外在不确定因素影响，如战争与政治动荡、自然灾害等，也不存在内在的特殊因素影响，如重大决策失误、创新变革等，那么从刚刚创立的初创期、飞速发展的成长期再到完善的成熟期直至破产或被收购的衰退期涵盖了企业成长发展的全部历程。

一、企业生命周期的 4 个阶段

（一）初创期的特征

企业要经历的第一个阶段是初创期，对应人成长的孩童期，这是企业后续发展的起点。此时企业就像一个刚出生的婴儿，就像孩子们迫切需要保护和缺乏行为能力一样，企业也符合这些特征。这时它既不具备完善深远的企业文化，其产品也并没有占据到很高的市场份额，外部投资者往往持观望态度，因此对外筹资较难；同时由于刚成立不久，缺少实际运营经验，内部制度也并不健全，经营管理水平有待提高。具体而言，在财务上表现为如下。

1. 资金不足

充足的现金流是企业赖以生存和发展的保障，一旦资金链出现问题，企业的日常生产经营就会陷入瓶颈。然而，初创期的企业往往面临着融资难的问题，因为自身的知名度较低，并且管理不健全，导致其偿债能力较弱，很难从外部筹措到资金。但是，由于刚刚成立，企业一方面需要投入大量的资金去购置设备、建造厂房、经营门店等；另一方面企业为了提升自身产品的市场份额，往往会采用薄利多销的方式销售，导致现金的流入量小于流出量，因此初创期的企业大多都资金严重不足，这几乎是不可避免的。

2. 利润很低且不稳定

初创期的企业尚未打开市场，其产品也缺乏核心竞争力，为了刺激产品的销售，企业大多采取一些促销措施，比如降低产品价格等，所以其销售收入较低。另一方面，由于此时企业还没有一套完善的管理制度，还需要投入大量资金到研发活动之中，改进产品，各项费用支持也会相对较大，导致其单位成本很高，因此，初创期的企业利润率也相应地比较低且不稳定，通常处于亏损状态，销售利润率、资产报酬率和权益报酬率一般也比较低。

3. 经营活动和投资活动产生的现金流出都大于流入，经营风险高

处在初创期的企业，需要在前期进行大量的投入，如购置固定资产、对产品进行研发优化等，购买原材料等资源也常常需要付现，然而此时企业的销售水平相对不高、市场份额较小，收现能力较差，因此经营活动和投资活动产生的现金流都是流出大于流入的状态，筹资活动是唯一的现金来源。但是由于此时企业知名度还不高，实际上对外筹资也非常困难，能筹措到的资金有限。在这些不利因素的综合影响下，初创期企业的容错率很低，出现任何差错都有可能导致企业过早夭折，经营具有很大的不确定性。

（二）成长期的特征

企业的成长期对应一个人不断茁壮成长的过程，是后续发展的关键阶段。此时企业已经初步具备了抵御风险、获得利润的能力，其产品渐渐为市场所接受，占据了一定的市场份额，销售能力不断增强。同时，由于企业生产规模的不断扩大和产品核心竞争力的不断提高，其创收能力在逐步提高，资产积累率也在不断提高。此时是企业发展的黄金期，具体的特征如下。

1. 资金实力增强但仍然有很大的资金需求

首先是企业自身品牌影响力得到提升，已经具有比较强的销售能力，能够形成产品的竞争优势，因而有了比较稳定的客户群，同时其生产经营能力不断提升，销售收入增长幅度较大，也因此带来了大量的资金流入。同时，由于此时企业已经有了一定的知名度，在筹资方面有了很高的灵活性，能够得到大量的外部资金支持，因此企业的现金规模有了很大的增长。但是，此时企业往往也需要通过大量的投资来实现快速增长，因此仍然有着强烈的资金需求。这部分资金需求更可能通过负债来解决，发挥财务杠杆的作用，此时企业的资产负债率也较高。但需要注意的是，此时企业进行了大量的投资，而这些投资并不是全部都有效益的，盲目的投资可能使得企业的财产受到损失。

2. 成本费用较高，需要大量筹资

在成长期，企业通常都会考虑快速提升生产经营水平，通过大量的机器设备构建来提高技术水平和生产能力，从而带动产品销售量的增长，尽快在市场中占据一席之地。那么随着生产水平的提高，相关的研究开发、营销等成本费用也一定会水涨船高。同时，此时企业开始注重内部控制运营体系的建设，这也需要大量的资金投入，带来成本费用的提高。另外，企业可能因为对于未来市场预判失误，而产生一些资源浪费或不合理分配，这也提高了企业的成本费用。对于企业而言，此阶段的经营活动现金流入与流出勉强能达到平衡，远不足以覆盖其成本费用的花销，因此，需要大量的筹资活动现金流流入。

3. 利润快速增长

在成长期，随着市场份额的逐步增加，企业的产品逐渐被广泛接受，并开始形成核心竞争力，其销售收入也呈现出快速增长的趋势，这势必会带动利润的快速增长。毛利率、净利率、资产报酬率、权益报酬率等指标均有大幅度提升。

（三）成熟期的特征

成熟期的企业对应到人的成长阶段，是壮年时期。此时企业的资源结构合理，已经在市场中占据了稳固的地位，市场占有率达到最高；此时企业的生产工艺、技术已经趋于成熟，其产品的核心竞争力不断增强，销售量也达到了最大水平，并能够稳步增长，

企业的销售网络已经成型，能够带来源源不断的现金净流入。企业内部的运营管理体系越来越完善，此时企业的发展到达了顶峰，开始隐隐出现瓶颈。在财务上，处于成熟期的企业主要有以下的特点。

1. 利润水平最高

步入成熟期的企业，其产品竞争优势已经非常明显，销售量也达到了最高，市场占有率达到顶峰。此时企业也已形成了一套稳定的销售模式，能够使得收入保持稳定且高速的增长。这一阶段，企业的生产工艺和技术也在不断提高，内部管理制度不断完善，能够实现更加合理的资源配置，能够在整体层面有效控制成本。因此，受益于收入的不断增长和对成本的有效控制，以及企业各项投资活动的回报，此时的利润水平是高于其他3个生命周期阶段的。

2. 资产规模最大

随着企业发展能力的不断提高，其内部能够积累更多的资本。同时，由于企业本身影响力也在增强，其获得外部融资的能力也得到了很大提高，筹资更加便捷。那么，在获得内部积累和外部筹资的共同作用下，企业此时的资产规模达到顶峰，随后的增长趋势也已显著放缓并稳定。

3. 经营风险最低

处于成熟阶段的企业具有足够的长期现金流量，并且公司自身的造血能力已达到最佳状态。此外，通过日渐提高的品牌影响力，企业已经与上下游供应商建立起良好的合作关系，并且也有了固定的消费群体。另外，企业筹资能力的增强使得其可以募集到更多的资金，进一步提高了公司的容错率。因此，处于成熟期的企业的运营风险比处在其他3个阶段的企业要低。

（四）衰退期的特征

企业生命周期中的衰退期，对应的是人逐渐从中年走向老年的过程，衰退期的企业面临着内忧外患。就外部环境而言，随着新的竞争者的不断涌入，原有产品逐渐被淘汰，企业的销售额持续下降，占据的市场份额被稀释，同时企业本身的创新能力也呈现下降的态势，其竞争优势也越来越不明显。而就企业内部而言，由于销售不佳、业务萎缩，其投资者越来越不愿意继续投入资本，外部举债能力也相应会下降，因此企业也面临着资金流入逐渐不足的问题，会通过变卖资产来获取资金，甚至资金链断裂的情况。在这一阶段，企业需要更多地专注于战略防御，以试图维持其现有的市场占有率，减慢被淘汰的速度。具体的财务特征如下。

1.利润下降

衰退期的企业，面临着的是越来越多的竞争者，其产品不再具有竞争优势，市场份额也逐渐下降。一方面，这表现为销售条件的恶化，企业经营活动产生的现金流入的持续减少；另一方面，企业又必须筹集到日常生产经营所需要的资金，以尽可能减缓其衰退的速度。而此时市场对企业的认可度很低，企业很难筹集到外部融资，因此企业将付出很高的成本，最终导致企业整体利润率的持续下降。

2.销售增速出现负增长

由于市场上不断出现频繁更新换代的新产品，企业的原有产品不再具有明显的竞争优势，市场份额一直在受到侵蚀。同时，此前的消费群体的品牌忠诚度已经开始动摇，企业丧失了固定的顾客群。在这几个因素的综合影响下，企业销售增长率将继续下降甚至为负。

3.死亡率最高

企业处于衰退期之时，产品很难销售出去，导致市场份额下降，因而其创收能力也会持续下降，也就没有足够的资金来维系日常的生产和经营。此时，企业被迫大量出售厂房等固定资产，这进一步加剧了公司的经营风险，企业一旦经营不善，就会随时被市场淘汰。

不过，需要注意的是，一个公司的发展并不是一定要经历整个生命周期，比如一家成长期的公司可能因为不合理的扩张而导致其资金链紧张，直接破产，那么这个企业是没有经历成熟期的。而进入衰退期的企业，也可能因为选择了正确的发展战略而焕发新生，重新回到了成长期甚至成熟期。

二、企业生命周期的划分方法

企业的发展受到多种因素的影响，包括内部外部、财务非财务、主观客观因素等，因此，对企业生命周期的划分在实际执行上较为复杂，还没有一个统一的标准。目前被普遍接受的主要有两种方法：定性法和定量法。

（一）企业生命周期的定性划分方法

定性法总体而言比较主观，通过对决定企业成长的关键因素（比如企业所采取的战略、财务管理相关的指标等）的感性认知来判断企业所处的生命周期阶段。例如，我国学者陈佳贵就通过分析企业的企业资源投入、建设周期、发展速度、对环境的依赖程度、企业自身的可塑性、业务的稳定程度、整体的创新能力、管理是否规范、品牌形象等定性特征，来判断企业所属的生命周期阶段。

（二）企业生命周期的定量划分方法

定量法主要包括综合指标分析法、现金流组合法和单一指标分析法。

1. 综合指标分析法

企业所处的生命周期虽然会受到多种因素的影响，但每种因素的影响程度是不一样的。综合指标分析法主要通过选择对企业发展影响很大的指标，包括收入增长率（或销售额增长率）、市场占有增长率、成本降低率、规模扩张率、现金利润比增长率和科技成果转化率来进行综合指标分析，给各项指标赋予不同的权重，可以进行生命周期的界定。

（1）收入增长率、市场占有增长率和成本降低率。收入增长率反映企业的销售水平和成长性；市场占有率代表着企业产品的竞争优势，是企业生存与盈利的基础，而市场占有增长率反映市场占有率的变动趋势；成本降低率可以体现企业的成本管理水平，是提高企业盈利水平的重要路径。

这3个指标在企业生命周期的不同阶段有着相似的趋势，它们在初创期都比较低，但是呈逐年上升的态势；在成长期都比较高，并且也在不断上升；在成熟期则都很低，增长缓慢甚至负增长；在衰退期为负值，且绝对值逐年增大。

（2）规模扩张率。它反映的是企业的投资能力，包括对内和对外投资，计算公式为

- $规模扩张率 = \dfrac{本期新增投资额}{上期投资额} \times 100\%$

该指标在初创期为零；成长期较高且逐年上升；成熟期很低；在衰退期，因为企业不会再扩张，其值也为零。

（3）现金利润比增长率。它反映的是企业的利润质量及变动趋势，其中，现金利润比的计算公式为

- $现金利润比 = \dfrac{经营活动现金流}{净利润}$

初创期企业的现金利润比为负但增长率为正；成长期企业的现金利润比为正且增长率也为正；成熟期企业的现金利润比为正但增长率很低，不同年份之间的变化不大；衰退期企业的现金利润比为正但增长率为负。

（4）科技成果转化率。它反映的是企业研发能力的变动趋势，其中，科技成果转化率的计算公式为

- $科技成果转化率 = \dfrac{本期无形资产总额}{本期研究开发费用} \times 100\%$

该指标初创期几乎为零；成长期较高且逐年上升；成熟期很低，甚至为负；衰退期为负。

以科技与电商行业为例，一个比较权威的打分公式是

- $I = 0.05 \times 成本降低率 + 0.2 \times 销售增长率 + 0.3 \times 市场占有增长率 + 0.3 \times 科技$

成果转化率 + 0.05 × 规模扩张率 + 0.1 × 现金利润比增长率

当 $I \leqslant 0.15$，市场占有率很低且现金利润比为负值或很低时，企业处于初创期。

当 $I > 0.15$，各项指标均呈现良好的上升趋势时，企业处于成长期。

当 $I < 0.1$，各项指标数值都很小，但现金利润比和市场占有率很高时，企业处于成熟期；当收入增长率和成本降低率连续几年出现负增长时，企业进入衰退期。

2. 现金流组合法

对于初创期的企业而言，由于业务刚刚起步，营业收入较少，需要开支的项目却很多，此时企业的经营活动产生的净现金流为负数；同时，成立初期的企业需要大量购买厂房、机器设备等固定资产，净投资活动现金流量也是负的；而在进行固定资产的购置之后，企业的剩余现金不足，需要通过借款来补充，因此其筹资活动的现金流是正数。

当企业处于成长期，业务得到了飞速发展，此时经营活动的现金流入将超过流出，能够创造出正的经营活动现金流净额；同时这个时候的发展机遇往往也比较多，企业将会继续通过增加投资来进行扩张，投资活动产生的现金流净额还是负数；一般而言，此时企业还是需要通过借款或发行股票来满足资金需求，所以筹资活动产生的现金流净额仍然为正数。

当企业处于成熟期，经营活动产生的现金流入仍然大于流出，因此其经营活动产生的现金流净额依然是正数；但此时发展机会就不像初创期和成长期那么多，投资减少，对外投资获得的收益增加，导致投资活动现金流净额转为正数；同时，此时企业已经积累了一部分利润，对于前期的借款已经开始偿还，所以筹资现金流转为负数。

当企业处于衰退期，其市场萎缩，产品销售的市场占有率下降，收入下降、入不敷出，导致负的经营活动现金流净额；同时企业不会再对外投资，反而可能还会收回投资、变卖自己的资产，因此投资活动产生的现金流净额是正数。这时企业也很难再筹集到外部资金，但仍需偿还债务，因此筹资活动产生的现金流净额也是负数。

表 7-4 对生命周期各阶段的企业现金流量特征做了总结。

表 7-4　企业生命周期各阶段的现金流量特征

项目	初创期	成长期	成熟期	衰退期
销售收入	正（低）	正（渐高）	正（最高）	正（低）
净利润	负	正（渐高）	正（最高）	负
经营活动现金净流量	负	正（充裕）	正（充裕）	负
投资活动现金净流量	负	负	正	正
筹资活动现金净流量	正	正	负	负

3. 单一指标分析法

（1）通过留存利润率判断。初创期的企业的盈利能力往往比较差，但是此时的再投资资金需求又很大，所以企业一般会把所有利润都用于公司经营，因此这时企业的留存利润率很高；到了成长期，企业的盈利能力有所增强，有了更多的盈余，但投资机会仍然很多，再投资的资金需求很大，在这个阶段，企业仍然会选择把大部分利润留存于公司，这时的留存利润率也比较高；而当企业发展到成熟期，投资机会减少且公司的盈余达到最高，这时候，企业会考虑将盈余积累以高额的现金股利的形式分配给股东，这时的留存利润率较低；到了衰退期，企业的留存利润率会更低。

（2）通过现金持有水平判断。现金持有水平的计算公式为

$$● \ 现金持有水平 = \frac{（货币现金 + 可交易证券）}{销售额}$$

若企业的现金持有量不足，那么企业处于衰退期；对于成长期和成熟期的企业，二者之间现金持有水平没有显著差别，但明显高于衰退期的企业。

三、格力电器的生命周期

分析格力电器的生命周期前，我们先了解一下我国空调行业的发展历程，以及在这些历程中，格力电器的经营策略和表现。经历 40 多年的发展，我国空调行业已经历了发展初期、快速发展期前期、快速发展期后期和稳定发展期几个阶段，2019 年总产量达 1.5 亿台、内销量达 9216 万台，城镇每百户保有量从不足 1 台提升至 142 台、农村保有量提升至 65 台，空调已经从高能耗奢侈品向可选耐用消费品再向必选耐用消费品转型。

（一）第一阶段（1980—1997 年）：行业发展初期，卖方市场百花齐放

空调行业在这一阶段完成了从高耗能奢侈品到产业政策放开后耐用消费品这一定位的转型，行业逐渐进入黄金时期。1990 年空调城镇每百户保有量不足 1 台，到了 1997 年，这一数据提升至 16 台。国家统计局数据显示，空调产量从 22 万台提升至 849 万台，年复合增速高达 69%。与此同时，空调的应用场景、产品形态也发生了一定的演进。

20 世纪 80 年代的时候，空调仅限于一些特殊的单位或部门使用；而到了 90 年代，已经成为高档耐用品，开始进入家庭；90 年代中后期，市场对于柜机的需求越来越大。在这一阶段，行业比较分散，广阔的市场空间吸引外资建厂，国内市场以春兰、华宝两大品牌为首，而格力电器刚刚成立，在竞争中实现了初步的技术和资本积累。

（二）第二阶段（1998—2005 年）：快速发展期前期，三足鼎立格局形成

空调行业在这一阶段完成了从产能急剧膨胀到市场出清、龙头开启良性增长的转

化，为后续空调竞争格局的持续向好奠定了基础。随着人均收入水平的提升，空调城镇每百户保有量从1998年20台提升至2005年81台，根据国家统计局数据，空调年产量在1997—2005年间，从849万台提升至7469万台，年均复合增速高达31%，空调行业迎来了快速增长期。

在这一阶段，由于行业的急速扩张，市场呈现出供过于求的状态，在2001年出现了第一次库存危机，使得空调行业迎来了前所未有的挑战，一度出现以价换量的混乱局面；同时原材料价格上涨，下游经销商分走部分利润，加剧了空调企业的分化。在竞争趋于白热化及上下游产业链双重挤压的背景下，行业完成了第一轮市场出清，行业内品牌数量从2002年400个骤减至2005年30个，以格力电器、美的集团、海尔集团为主的三足鼎立格局初步形成，空调市场逐渐分成3个梯队。

第一梯队品牌：格力电器、美的集团、海尔集团，内销量不低于300万套。

第二梯队品牌：海信、奥克斯、春兰等，内销量在100万~300万套之间。

第三梯队品牌：LG、日立、华凌等，内销量不足100万套。

格力电器在这一阶段专注空调领域，不断深耕细作。正是这份专注，使得其在激烈的竞争中立得住脚，格力电器在产品、渠道、品牌端不断积累，为成为中国乃至世界空调龙头企业打下了坚实的基础。

当行业产能严重过剩时，产品的质量就成了消费者用脚投票的关键。在这一市场出清的重要阶段，格力电器贯彻了精品战略。根据《朱江洪自传》，格力电器在1994年首次提出"精品战略"构思，并于1995年建立"筛选分厂"——由300人组成，对外购零部件进行逐一检验，并退回不合格产品，成为格力质量管理的一大特色。短期的成本消耗反而在未来撬动了更大的市场份额，"好空调、格力造"的口碑也由此传播。

而为了应对上下游的挤压，格力电器创建了区域销售公司模式，深度绑定经销商。1997年，格力电器首家销售公司——湖北销售公司挂牌成立，开启了独具特色的区域销售公司模式。这一模式的最初目的是防止同一地区的格力代理商彼此互相竞争。当时湖北省共有4家代理商负责格力电器全省的批发业务，但当年市场竞争激烈，代理商之间为了竞争互相压价，极大损害了零售商的利益。区域销售公司成立之后，源头上进行批价、货源的控制。2002年各省市都按此模式成立了格力销售公司。同时，为了进一步补贴经销商并提升销售积极性，1996年格力电器初步推广"返利补贴"政策，按提货额2%的比例补贴给经销商。

在下游渠道管理方面，格力电器与国美电器等零售商在2004年决裂，发展自建专卖店渠道，掌握渠道自主权。格力电器此举另辟蹊径，掌握了渠道自主权，为此后的扩张奠定了基础。

（三）第三阶段（2006—2013 年）：快速发展期后期，龙头企业份额稳步提升，双寡头格局稳固

空调行业在这一阶段呈现结构性高增长态势，三四线市场需求崛起，格力电器、美的集团等自建专卖店渠道深化下沉市场布局，进一步巩固双寡头格局。行业内销复合增速 11%，平稳增长同时需求增量向三四线市场转移。根据产业在线数据，2005—2013 年空调产量年复合增速 7%，内销从 2634 万台提升至 6235 万台，复合增速 11%。在经历上一阶段后城镇空调已经完成初步普及，这一阶段每百户保有量从 81 台进一步提升至 102 台，三四线城市及农村市场需求广阔，其中农村百户保有量从 6 台提升至 30 台。

格力电器和美的集团在这一阶段的竞争优势相比其他公司进一步拉大，行业呈现双寡头格局。根据产业在线研究报告平台统计，它们两家公司的内销市场占有率从 59% 提升 8%，达到了 67%。在这一阶段，格力电器在渠道方面选择进一步绑定经销商利益，专注自有渠道建设。在创立了销售公司模式，对经销商进行返利之后，这一阶段格力更加专注于自有渠道体系的建设和渠道利益的深度捆绑。先后两次通过定增、股转等方式进行经销商激励。其中 2007 年经销商代表（京海）持股格力近 10% 股权，实现渠道与上市公司利益的一致。此外，持续加强对三四线市场专卖店等自有渠道的建设，根据中国商业电讯披露的数据，2012 年格力自有专卖店数量达到 1.5 万家，实现了下沉市场密集的自有网络布局，为其增长提供了基础。

由于空调行业季节性较强，为了保证旺季核心零部件的供给稳定性和产品适配性，以及降低采购成本，格力电器还陆续收购了凌达压缩机、新元电子、格力电工等零部件公司以完善配套产业链。同时，随着企业规模的扩大，格力电器的规模经济效应也进一步推动采购成本和生产成本的降低，从而构筑循环壁垒，竞争优势更为明显，保障着格力电器的不断成长。

（四）第四阶段（2014 年至今）：行业逐步成熟，强者恒强，步入稳定发展期

空调行业在这一阶段开始增速放缓，逐步进入稳定发展期。根据产业在线数据，2013—2019 年产量年复合增速为 0.2%，内销量增长至 2019 年为 9216 万台，年复合增速 7%。每百户保有量方面，根据统计局数据，一户多机属性带动下的城镇每百户保有量从 102 台提升至 142 台，农村渗透率继续提升，从 30 台提升至 65 台。

格力电器和美的集团竞争壁垒深厚，龙头长期积淀的优势仍在，双寡头格局持续稳固。不过海尔电器凭借高端品牌卡萨帝开始逐步提升其市场占有率，尤其是高端市场占有率。同时，经历空调行业的几轮洗牌，龙头企业在制造、渠道、技术等方面差别已不太明显，进入综合竞争阶段，品牌的积淀成为消费者选择的关键。耐用消费品由于更新周期长，品牌力需要一轮完整的产品生命周期进行沉淀或更替。格力电器长期积淀的深厚品牌壁垒为其增长提供了保障。

随着行业逐渐成熟，粗放式经营分享行业增长红利的时代已经过去，对企业精细化管理、全流程运营效率的提升提出了更高要求，这也是深化竞争壁垒的下一个方向。在新一轮的竞争中，格力电器也开始尝试改变封闭的渠道体系，并增强渠道透明度。2019年11月格力电器正式成立电商子公司，在随后的"双十一"活动中开展线上线下联动，将竞争战场延长到线上。当前，线上渠道的销售量超过了总销量的一半。

（五）格力电器的生命周期划分

基于行业的发展历程，并结合格力电器自身的发展历程、营业收入增长率和利润增长率，我们将上市以来的格力电器的生命周期划分如下。

1. 1996—2003 年为格力电器的初创期

该时期的生产量和销售量增长很快（此时行业发展阶段已进入快速成长期前期），但销售收入和利润的增长率并不快，两者很少同时超过20%，甚至有不少的年份维持在个位数，主要原因在于，该时期的市场竞争非常激烈，采用了降低增量的竞争方式。不仅如此，激烈的竞争还导致格力电器的收入和利润增长率波动很大，利润的增长速度远不及收入的增长速度。不过，从这里也可以慢慢看出格力的市场竞争力还是比较突出的，因为其收入一直在增长，利润也一直在增长，从来没有下降过（事实上格力电器也一直维持正向的经营现金流净额）。不仅如此，格力电器还比行业更早走出以价换量的销售模式，而行业的降价竞争持续到2005年。

2. 2004—2013 年为格力电器的成长期

这10年是格力的黄金时代，收入维持高速增长，年化增长率达到28.16%，利润的增长率更是达到41.67%，远远超过收入的增长率，实现了收入和利润齐飞的状态。这是格力电器强势的市场竞争力的充分体现。然而，该阶段的行业销量增长率仅有11%左右，这说明经过惨烈竞争后，剩余的王者将突破行业增长的限制，实现更快的收入增长，并获得超额盈利能力。

3. 2014 年至今为格力电器的成熟期

随着行业增速的进一步放缓，格力电器经过高速增长后，其收入和利润的增长步伐也慢下来，甚至出现了下降。一方面，格力电器超强的盈利能力吸引了新的竞争对手进入，另一方面也是由于技术的进步，格力电器与其他公司之间的技术差距也在缩小，比如，通过格力电器的广告语变化就可以看出：20世纪90年代末期，格力广告语是"好空调，格力造"；进入21世纪，格力广告语是"掌握核心科技"；近些年的广告语变为了

"让天空更蓝，大地更绿""空调必有风，无风非空调"，即格力的广告语与技术的关联度越来越弱了。此外，当下的空调销售渠道已不再完全依赖传统的线下模式了，而是更加依赖线上销售，线上销售的销量已经超过了一半，这就给更多的公司提供了机会，因为其他公司可以通过网络更加方便地与消费者联系。因此，这些都是格力电器面临的竞争挑战。不过，只要格力电器的技术和产品品质仍保持行业领先的话，其竞争优势就仍可持续。格力电器上市以来的生命周期划分如表 7-5 所示。

表 7-5　格力电器上市以来的生命周期划分

生命周期	年份	营业收入 / 亿元	增长率 / %	净利润 / 亿元	增长率 /%
初创期	1995	25.64	130.69	1.55	95.66
	1996	28.41	10.81	1.86	20.08
	1997	34.52	21.48	2.16	16.11
	1998	36.18	4.81	2.25	3.83
	1999	43.27	19.60	2.31	1.48
	2000	61.78	25.87	2.59	12.21
	2001	65.88	6.64	2.77	9.27
	2002	70.30	6.70	3.01	13.30
	2003	100.42	42.86	3.36	11.49
成长期	2004	138.33	37.74	4.29	25.78
	2005	182.48	31.92	5.17	20.40
	2006	263.58	44.31	7.02	36.55
	2007	380.41	44.33	12.87	83.36
	2008	422.00	10.93	19.92	54.74
	2009	426.37	1.04	29.32	47.18
	2010	608.07	42.62	43.03	46.78
	2011	835.17	37.35	52.97	23.10
	2012	1001.10	19.87	74.46	40.56
	2013	1200.43	19.91	109.36	46.87
成熟期	2014	1400.05	16.63	142.53	30.34
	2015	1005.64	−28.17	126.24	−11.43
	2016	1101.13	9.50	155.25	22.98
	2017	1500.20	36.24	225.09	44.60
	2018	2000.24	33.33	263.79	17.20
	2019	2005.08	0.24	248.27	−5.88
	2020	1704.97	−14.97	222.79	−10.26

注：各周期的划分依据主要是收入和利润的增长速度同时超过或接近 20% 左右。

课后习题

1. 成长性被认为是企业价值增加的主要来源，企业也往往追求能够快速成长，但为什么快速成长也会带来很高的风险呢？

2. 公司治理为什么会影响企业的成长性？

3. 计算三聚环保（股票代码：300072）或其他公司的成长性和可持续增长率，并分析其高速增长所隐含的风险。

4. 爱尔眼科医院集团股份有限公司（以下简称爱尔眼科，股票代码：300015）从2009年上市以来，其收入持续保持了不低于20%的增长率，请分析该公司持续高速成长的原因。

5. 招商银行股份有限公司（以下简称招商银行，股票代码：600036）的估值在大型银行中相对较高，其重要原因也在于其较高的成长性，请分析招商银行的成长性的来源。

6. 选择一家上市时间超过10年的公司，分析该公司的生命周期。

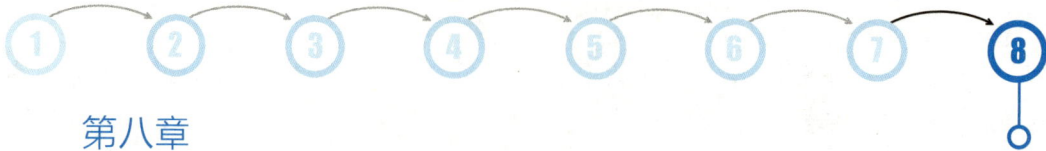

第八章
权益分析与估值

农夫山泉的估值盛宴

农夫山泉被称为"水中茅台""中国的可口可乐"。2020 年 8 月 25 日，农夫山泉股份有限公司（以下简称农夫山泉）在香港联合证券交易所公开发行股票，计划发行 3.882 亿股，每股发行价 19.5~21.5 港元，募集资金 75.7 亿 ~83.5 亿港元。

资本市场对该公司的股票发行相当看好。截至 2020 年 9 月 7 日，共有 70.75 万人认购，冻结资金 6777 亿港元，超额认购 1147.3 倍，成为史上最大的"冻资王"。就估值而言，东财国际证券给出市盈率 32.6~38.4 倍、对应市值 2319 亿 ~2732 亿港元的预测；摩根士丹利的预测则是市盈率 32~38 倍、对应市值 2184 亿 ~2589 亿港元。农夫山泉也没有辜负投资者的期待，上市首日高开 85.12%，最高报 39.85 港元 / 股，市值达到 4453 亿港元，实现了 80 余倍的市盈率。此后股价更是一路高歌猛进，2021 年 1 月 8 日盘中冲高至 68.40 港元，市值突破 7600 亿港元（约合人民币 6235 亿元）。

与市值飞奔形成鲜明对比的是，农夫山泉在 2020 年的营业收入是 228.77 亿元，增长 – 4.69%，利润是 52.77 亿元，增长 6.52%。2020 年尽管受到疫情冲击，但该年的市盈率超过 100 倍。也就是说，如果不考虑增长，那么投资者投入的资本需要超过 100 年才能收回。相比之下，饮料行业老大康师傅的市盈率只有 17 倍左右。当然，如果农夫山泉可以高速增长，也许也可以比较快地帮助投资者收回投资。上市前 3 年，农夫山泉的平均收入增长率是 18.61%，平均利润增长率是 23.15%。相比之下，康师傅的利润增长率是 40%。

显然，农夫山泉的市场估值远超行业平均水平，它不仅是"大自然的搬运工"，还是"大自然的印钞机"。那么，农夫山泉为什么能够获得市场如此青睐呢？东财国际证券、摩根士丹利等分析机构又是如何得出 40 倍左右的估值呢？

学习目标

1. 描述前景分析的重要性和需要关注的因素
2. 掌握预测的思路和基本步骤
3. 理解资本成本的概念和估算模型
4. 阐述相对估值法并应用分析
5. 应用自由现金流模型估算证券价值

引　言

Q 权益分析与估值

前景分析是财务报表分析的最后一个环节，也是实现财务报表"决策有用性"的关键步骤。前景分析包括预测与估值两部分。预测是在掌握现有信息的基础上，按照一定的框架、技术和方法，对公司未来各期的收入、费用、利润、资产、负债、权益，以及现金流量等进行分析、判断和估计的过程，是实现证券估值的核心。估值是通过选择合适的估值模型，将预测的数据转换成公司资产价值、权益价值或整体价值的过程。

本章首先介绍了前景分析的概念、重要性和需要关注的因素，包括宏观或行业环境、行业生命周期和公司的获利能力等。作为前景分析的核心内容，预测非常考验分析师的能力和技巧。一般而言，预测有几个基本步骤，包括分析相关指标的历史比率、预测销售收入、预测基于收入的预测利润表和资产负债表的相关项目、确定最终的预测数据等。

除了预测，资本成本的确定也是进行证券估值的内容。资本成本是指资本的机会成本，一般用投资者的期望回报率来反映。本章介绍了债务资本成本和权益资本成本的一些评估方法。在预测和资本成本确定后，估值模型也对证券估值发挥了重要作用，包括相对估值法、绝对估值法、实物期权估值法，以及针对互联网等新兴行业的一些特殊估值法等。

第一节　前景分析

一、前景分析的概念

现行财务报表体系是以决策有用观为导向的，但财务报表信息往往只提供了过去的历史数据，而决策必定是面向未来的。因此，以报表中的历史数据为基础，对未来进行前瞻性预测，是实现财务报表"决策有用性"的关键步骤。例如，投资者需要通过预测来做出买入或卖出的交易策略；公司管理者需要通过预测对未来的生产销售做出安排并提出业绩目标；分析师需要通过预测来表达他们对公司前景的看法；债权人需要通过预测来评估贷款回收的可能性。这就是**前景分析**。

前景分析包括两部分的内容：预测与估值。**预测**是指在掌握现有信息的基础上，按照一定的框架、技术和方法，对公司未来各期的收入、费用、利润，资产、负债、权益，以及现金流量等进行分析、判断和估计的过程。**估值**是指通过选择合适的估值模型，将预测的数据转换成公司资产价值、权益价值或整体价值的过程。

二、前景分析的重要性

财务报表的主要使用者是股东、债权人、供应商，以及公司的管理者。

对现在或潜在的股东来说，做出是否买入、继续持有，还是卖出公司股票的决策的主要基础就是对该公司的未来进行预测，对公司的内在价值进行估计，分析市场是否高估或低估公司价值。

对于银行或其他债权人来说，对客户的前景分析也特别重要。比如，银行在决定是否对该公司进行长期贷款时，不仅需要分析、评估公司目前的绩效，目前的流动性状况和偿债能力，还需要对公司的未来盈利能力、财务状况和现金流量进行预测，因为债权和利息在未来的可收回性主要取决于公司的持续盈利能力和持续创造现金流的能力。

对于供应商来说，如果不对客户的前景做出正确的分析和评估，就不能做出正确的信用风险管理决策。要不要给客户提供信用？提供多长期限、多大金额的信用？收账政策如何定？这些都需要对客户的前景进行分析。比如，乐视网的资金链出现问题，不少供应商就声称乐视网欠公司的款项不能收回，要与乐视网打官司。

对于公司的管理者来说，如果不对公司的前景进行分析，就无法评估公司目前的绩效。例如，京东自 2004 年开展电子商务业务以来，虽然每年的销售收入在快速增长，但公司的亏损却越来越大，我们如何评估京东亏损年度的绩效，这就需要我们通过对公司未来盈利或自由现金流量的预测进行估值，如果公司的价值得到快速增长，则公司的绩效就是好的。评估公司绩效的最终标准就是看公司的价值增长是否达到预期。

前景分析中的预测也是预算管理的基础。好的预测有利于公司正确确定预算目标，提高预算管理水平，促进公司战略实现和价值增长。

三、前景分析需要关注的因素

（一）宏观环境

宏观环境一般由政治因素（political）、经济因素（economic）、社会因素（social）和技术因素（technological）所构成。

政治因素是一个国家或地区的政治制度、体制、方针政策、法律法规等方面。分析政治环境的意义在于，这些因素往往会在很大程度上影响到公司的生产经营活动，可以大大促进一个行业或公司的发展，也可能会彻底改变一个行业的经营模式。例如，国家的税法、反垄断法、环境保护法，以及取消某些管制的趋势、国际贸易规则、知识产权法规、劳动保护和社会保障等，都会对公司的经营产生一定的约束力。

经济因素是分析国内外经济条件、宏观经济政策，经济发展水平等，可以分为宏观和微观两方面。宏观经济环境包括国民收入、国内生产总值及其变化情况，这些指标能够反映出国民经济发展水平和发展速度。微观经济环境主要指公司所在地区或所服务地区的消费者的收入水平、消费偏好、储蓄情况、就业程度等因素，这些因素直接决定着公司目前及未来的市场大小。

社会因素是指社会成员的人口规模与结构、文化传统、民族特征、宗教信仰、风俗习惯和教育水平等，不同的群体会表现出不同的社会态度、爱好和行为，因而产生了不同的市场需求和不同的消费行为。例如，在西藏地区的越野车辆市场，日本丰田越野车占据着绝对的市场份额，原因是其标志形似牛头，而受生活方式和宗教影响，牛是藏族的吉祥动物。

技术因素包括公司业务所涉及国家和地区的技术水平、国家投资和支持力度、新产品开发能力、技术发展趋势及专利及其保护情况等。评估技术对行业的影响至关重要，尤其是对于叠加政治、经济、社会因素影响的技术变革趋势，例如"新基建"、"数字中国"战略、"中国制造2025"等，应当及早做出反应。

表8-1总结了在宏观环境分析过程中应该考虑的关键因素。

表8-1　宏观环境分析过程中应考虑的关键因素

宏观环境因素	关键影响因素
政治因素	政局稳定情况、公司与政府的关系、政府推出的基本政策及这些政策的稳定性和持续性（如政府采购、税收政策、产业政策、价格管制等）、相关法律法规（如环境保护法、劳动保护法、反垄断法等）
经济因素	经济发展水平、宏观经济政策（包括国家的经济规划、产业政策、货币政策、财政政策、税收政策等）、经济结构（产业结构、产业集群等）、外贸环境（如关税政策、汇率等）
社会因素	人口因素（包括人口规模、年龄结构、种族结构、收入分布等）、消费观念（包括可支配收入、消费意愿等）、生活方式、文化传统（如民族文化、宗教等）
技术因素	国家科技体制、科技发展水平、技术创新及新技术的发展趋势、研发投入（包括国家、公司及科研机构的投入）等

（二）行业生命周期

行业生命周期是由行业演进的动态过程，是指一个行业从出现到完全退出所经历的时间，是由行业规模和竞争强度变化来决定的。一般分为初创期、成长期、成熟期和衰退期4个阶段。

1. 初创期

在初创期，行业发展刚起步，市场规模还非常小，消费者对于产品的认知还不够，市场需求不足，因此产品的销量也很小。对于行业内公司而言，其收入不足以弥补研发和营销费用，因此很有可能发生亏损，也面临着很大的风险。但是在这一时期，行业整体的发展水平都比较低，竞争强度不是很大，进入壁垒低，市场增长率较高。

2. 成长期

处于成长期的行业已经形成并快速发展。产品逐渐被消费者所认可，市场需求迅速增长，行业内公司的销售规模也随之大幅增长。在供给方面，新进入行业的公司数量增加，产品也趋于多样化，竞争格局趋于激烈，需要通过加大研发投入、降低成本、提高生产技术等手段来获取竞争优势。在这一阶段，公司的收入和利润都不太稳定，仍然面临着较大的风险。

3. 成熟期

行业的成熟期相对较长，此时产品和技术已经完全形成，市场需求已经接近或达到饱和，竞争非常激烈，行业平均利润逐渐走低。行业内开始兼并重组，一些中小规模的厂商被淘汰，能在竞争中存活的少数大厂商垄断市场，市场集中度比较高，风险较小。同时，行业的增长率降到了正常水平。在这一阶段，竞争的重点在于采取提高产品质量、加强售后服务等非价格手段。

4. 衰退期

在这一阶段，会出现大量的替代产品，而原有产品和技术开始老化，其市场需求逐渐下降，市场风险增加，行业内公司收入不断下降，利润水平停滞不前甚至下降，部分公司开始退出行业。

表8-2总结了行业生命周期各阶段的特征。

表 8-2　行业生命周期各阶段的特征

行业周期	初创期	成长期	成熟期	衰退期
销售	低	快速上涨	顶峰	下降
成本	高	平均成本下降	低	低
利润	亏损或微利	快速增长	平稳或开始下降	下降甚至亏损
现金流	没有或极少	少量增长	增长	大量至衰竭

续表

行业周期	初创期	成长期	成熟期	衰退期
产品	低品质	质量差别化	优质	低品质
竞争者	几乎没有	增加	数量稳定	下降
成功关键因素	营销、市场份额、消费者信任	质量、对市场需求反应灵敏	生产效率、产品功能、新产品开发优势	面向新的增长领域

（三）行业获利能力分析

竞争战略之父迈克尔·波特认为影响行业盈利能力的因素主要有以下5个：潜在进入者的进入威胁、替代品的替代威胁、供应商的议价能力、购买者的议价能力和行业内现有企业间的竞争。这5种因素会影响产品的价格、成本及所必需的投资，也决定着产业结构。

1. 潜在进入者的进入威胁

行业内若有新的企业加入，可能会对现有企业的竞争地位及利润造成负面影响。这种威胁的严重程度一般由两方面决定：其一是进入行业的障碍的大小，其二是面对新进入者，现有企业如何进行反应。前者被称为"结构性障碍"，而后者则被称为"行为性障碍"。

结构性障碍主要包括以下3个方面。

第一，规模经济。规模经济是指经营规模的扩大可以带来平均成本的降低。如果一个行业内的规模经济显著，新进入者就必须在最初就投入大量资金去布局较大的生产规模，否则将面临成本劣势。比如，电信行业、石化冶炼行业。

第二，现有企业对关键资源的控制。这种控制一般表现在资金、原材料供应链、分销渠道、专有技术及专利和学习曲线等资源及其使用方法等方面。如果一个行业中的关键资源已经被现有企业所控制，那么就可以不被新进入者侵犯。比如，包装巨头瑞士利乐公司（以下简称利乐）通过5000多项专利形成很高的专利壁垒阻碍其他公司的进入，因为利乐的专利在包装层数、包装材料和包装设备等包装最关键的环节已经占据了最优的解决方案并注册专利，后来的人只能用更差的解决方案，这样就会造成成本高、技术复杂、产品良率受到影响等结果。

第三，现有企业的竞争优势和品牌声誉。如果一个行业的品牌声誉特别重要，那么其他企业就很难获得市场的认可，比如信息中介行业（审计师、投行、律师等行业）。如果一个行业的现有公司的核心技术非常具有竞争力，而且该技术的更迭速度很慢，那么新进入者也很难获得客户的承认，比如压缩机的使用在很多设备中非常关键，但其技术进步受制于能量转换。

行为性障碍主要有以下两点：（1）限制进入定价。这是指现有的市场占有者选择在一定程度上降低产品价格，宁愿牺牲一些短期利润，从而降低市场对潜在的进入者的吸引力的行为。（2）进入对方领域。也就是行业内的现有企业进入潜在进入者领域的行为，主要为了抵消进入者首先采取行动可能带来的优势，从而降低风险。比如美团和滴滴就彼此进入对方领域，美团推出打车业务，而滴滴也开始布局外卖市场。

2. 替代品的替代威胁

替代品的替代威胁包括直接产品替代和间接产品替代，直接产品替代即某一种产品直接取代另一种产品，如苹果计算机取代王安计算机；间接产品替代即由能起到相同作用的产品非直接地取代另外一些产品，如人工合成纤维取代天然布料、手机替代照相机。替代品的价格越低、质量越好，对于客户来说就越容易被接受，那么其对行业内企业现有产品的价格和获利能力的提高的威胁也就越强。

3. 供应商的议价能力

影响供应商议价能力的因素主要有以下 3 点。

第一，市场是否被少数供应商主宰。如果少数供应商占据了大多数市场份额，且市场地位比较稳固，而其产品有大量和广泛的客户群，任何单一客户都不能成为其重要客户时，供应商的议价能力就比较强。比如在软饮料行业，可口可乐和百事可乐掌握着强大的议价能力。

第二，供应商产品的差异化程度。如果供应商提供的产品差异化程度比较大，市面上很少有替代品，那么对于购买方而言的转换成本就很高，供应商也就拥有了强大的议价能力。

第三，供应商是否能够进行前向一体化。如果供应商能够很轻易地实施前向一体化，也就是沿产业链向下游的用户方向扩展，而购买方难以实施后向一体化时，供应商的议价能力较强。比如，IBM 是计算机主机的供应商，同时也在经营着计算机租赁业务，那么它就会有比较强的议价能力。

4. 购买者的议价能力

购买者议价能力的影响因素主要有以下 4 点。

第一，行业内购买者的数量及采购量。如果行业内购买者的数量较少且采购量大，而供应商众多且规模较小，那么购买者对供应商的销售会产生重要影响，在讨价还价的过程中也更能够占据有利地位。比如，汽车整车生产企业面对零部件供应商就具有较强的议价能力。

第二，采购产品的标准化程度。如果购买者采购的产品是完全标准化的，那么对其而言，转换成本就会比较低，也就不局限于向某个或某些供应商购买，因此，在议价过程中可以处于强势地位。

第三，是否有能力进行后向一体化。当购买者有能力实施后向一体化、向后整合，而供应商进行前向一体化存在困难时，购买者就有更强的议价能力。

第四，掌握的信息情况。如果购买者掌握着充足的信息，能够对市场需求、产品价格甚至供应商的成本等方面有比较深入的了解，那么在议价的过程中就能够掌握主动权，能够得到更优惠的价格。

5. 行业内现有企业间的竞争

决定行业内竞争程度的因素有以下几点。

第一，行业内的生产能力。如果行业中供过于求，也就是存在着过剩的生产能力，那么竞争就会比较激烈。

第二，行业集中度。如果行业集中度低，存在着大量的同业竞争者，且各自都没有明显的优势，则说明行业内竞争激烈。

第三，行业所处的生命周期。一般而言，对于处于成熟期的行业来说，市场上的需求增长比较缓慢，也就导致竞争激烈。

第四，产品差异化程度。如果行业能够提供的都是标准化的产物，那么对于顾客而言转换成本就很低，势必会引起激烈的竞争。

第五，进入障碍和退出障碍的大小。如果一个行业很容易进入，但是不容易退出，也就是说进入障碍低但是退出障碍高，就会导致行业内竞争者众多。比如，有色金属冶炼、钢铁行业，其退出（停产）具有很高的成本。

（四）公司的竞争优势

我们在第七章公司可持续成长性的影响因素分析中从产业定位与运营模式、核心竞争力和创新能力、公司治理与管理团队、财务实力等 4 个方面进行了探讨。这里我们利用管理学家海因茨·韦里克提出的 SWOT（strength，weakness，opportunity，threat，即优势、劣势、机会、威胁）矩阵分析方法对公司的竞争优势进行具体的介绍。

SWOT 矩阵分析方法是对公司内外部条件进行综合和概括，进而分析出公司的优势和劣势、面临的机会和威胁的方法。机会和威胁往往与企业的外部环境相关，对此我们在前面介绍了企业外部环境的分析框架。

分析公司的优势与劣势时，一般需要结合五大管理要素。

（1）产品品质，主要分析产品质量的安全性、可靠性、稳定性、适用性、美观性、耐久性、经济性等。

（2）生产成本，需要分析同等产品的销售价格及生产成本，以及它们存在差异的原因。

（3）生产效率和技术，包括产品的总产量、生产能力、综合效率、人均附加值、交付能力、新产品研发创新能力、研发周期、专利和专有技术等。

（4）管理体系，包括是否拥有优秀的管理／技术人才及团队、先进的生产线、现代化生产和检测设备、供应商采购成本及供应链稳定性、先进的管理方法及体系、科学的测量仪器和方法，以及完整的品控体系等。

（5）营销能力，需要分析公司是否建立起优秀的品牌形象和强大的营销网络，对市场变化是否能够灵活应对，是否拥有完善的售后服务体系、是否能够与顾客保持良好的关系、客户满意度及复购率、转介绍率是否足够高等。

概言之，公司的优势具体可以表现为：产品质量好、具有规模经济、成本优势、技术创新能力强、管理效率高、良好的财务资源、营销能力强等。公司的劣势具体可以表现为：生产能力低、成本高、研发能力不足、管理不善、资金紧张、产品线范围过窄、设备老化、营销渠道不通畅等。

第二节　预测分析

一、预测的基本思路

财务预测是指基于各种合理的基本假设，根据预期条件和各种可能影响未来经营活动、投资活动和理财活动等重要事项，做出最恰当的预估结果，并将预期的财务状况、经营成果和现金流量变动等信息，编制成各项预计财务报表。财务预测并不是凭空臆断的"空中楼阁"，而是建立在之前的战略分析、会计分析和财务分析的坚实基础之上的。比如分析人员可以通过战略分析了解到公司未来的竞争战略和公司战略有何变化？是否会影响到公司的营运资本和资本支出的需求？通过会计分析可以了解到过去的利润或资产是否被高估？对未来的财务报表有何影响？通过财务分析则可以了解到公司毛利率变化的驱动因素是什么？未来的变化趋势如何？由于财务报表体系是一个相互关联的有机整体，因此恰当的财务预测应当是全面的预测，不仅需要进行利润预测，而且应当预测现金流量和资产负债表数据。这样能够防止在预测过程中出现不切实际的假设。例如，如果在预测公司未来几年的销售和利润增长时，没有意识到由此带来的营运资本和固定资产的增加及相应的融资可能性，那么，这种预测就是建立在对资产周转率、财务杠杆等因素进行不现实的假定基础上的，其可靠性将大打折扣。

虽然全面预测涉及大部分财务报表项目，但由于财务报表各项目之间存在着相互勾稽关系，同时外部分析师所能取得的资料或信息有限，因此，通常只需对一些关键因素进行预测，如收入、毛利、营业利润、净利润等，然后利用项目间的关联关系，预测出其他项目，对公司进行估值。

本书中所提到的预测的具体步骤，是从外部分析师角度来说的。而公司的内部管理者对本公司未来的预测，包含在中长期规划和预算管理流程之中。

二、预测的基本步骤

作为外部分析师，需要通过以下几个方面来对目标公司的前景进行预测，并编制出预测的财务报表。

第一，分析历史比率；第二，预测销售收入；第三，预测利润表和资产负债表的各项目；第四，进行分析和评估，确定最终的预测数据。具体步骤如下。

（一）分析报表各项目与销售收入的比率

长期来看，不管是利润表项目，还是资产负债表项目，都和销售收入有一定的相关关系。比如，随着销售收入的增长，公司的应收账款一般也会增多，同时会储备更多的存货，可能会购置新的生产设备，带来固定资产的增多，也有可能进行新的员工招聘，从而导致应付职工薪酬的增长。

但如果把时间限定在某一时段，那么有些项目的变动与销售收入可能并没有直接相关。比如，在利润表中列示的研发支出，长期一定是与销售收入相关的，但是短期看相关性并不大。因此，对于财务报表各项目与销售收入之间的关系，我们需要进行细致的分析之后才能确定。

（二）销售收入的预测

虽然不同行业、不同公司有着不尽相同的销售增长率，但从长远的角度而言，是会趋于一致的。根据美国公司的历史经验，那些销售收入增长率高于或低于平均水平的公司，一般会在 3 ~ 10 年的时间内回归到"正常水平"。其中的原因可能在于，行业和公司不断发展成熟，需求饱和及竞争趋于激烈，导致公司销售增长率减缓。因此，在预测时，我们不能仅仅因为公司目前的增长水平较高，就盲目判断这一高增长是可持续的，而应当结合一些定性因素，比如公司所处行业的发展阶段、行业特征，以及公司采取的竞争战略是否得当，来对销售增长率进行估计。

销售收入的预测是财务预测的起点，也是最为重要的部分。因此，我们需要对影响销售收入的因素进行详细的分析，尽量保证预测的准确性。直接影响销售收入的因素主要有以下几点。

1. 销售价格

产品的价格和销售数量决定了公司的销售收入。一般而言，随着新技术的发展完善及竞争格局的日益激烈，原有产品的销售价格是下降的。比如，对于财务管理软件的生产商和供应商而言，常常会出现一种"增产不增收"的现象，也就是销售数量与销售收入并不是同步增长的。

2. 营业范围

在预测公司的销售收入时，营业范围（包括主营业务和地域）是否变更也是一个需要考虑的因素。一般情况下，并购重组及公司对新领域的开发成熟，都会导致公司经营范围发生变化。比如，美的集团在2017年巨资收购德国工业机器人巨头库卡机器人有限公司（以下简称库卡公司），试图在工业机器人领域寻找新的增长点。

3. 其他重要因素

在确定销售收入增长率时，一般还需要考虑以下因素：企业发展阶段、顾客对公司产品的接受程度、公司的价格策略与市场计划、竞争者所采取的策略与行动、行业整体的趋势与变化及国民经济的发展状况等。我们在前景分析中分析了这些因素。

（三）对销售成本的预测

处于不同行业的公司，其产品成本结构及特征往往表现出巨大的差异。比如一些公司的直接材料成本会占到总成本的70%~80%，而有些公司的产品成本主要由加工成本构成。此外，原材料、半成品采购成本也会受到采购方式、采购数量的影响，从而导致产品成本的差异。比如，采用整体采购方式，虽然采购成本较高，但是能够在一定程度上降低生产成本；而通过采购零部件，再进行加工、组装的方式，虽然采购价格较低，但生产成本也相应更高。

因此，在对销售成本进行预测时，要充分考虑公司所处行业的情况、分析公司在产业链中的地位，面对供应商是否掌握着议价权、公司采购方式和采购数量的变化是否有利于公司等因素，综合起来确定销售成本的预测值。

（四）对期间费用的预测

公司的期间费用包括销售费用、管理费用与财务费用。

在对销售费用进行预测时，需要考虑的一个重要因素是公司的营销策略及其变化趋势。比如，以往公司采取薄利多销的策略，较少在广告和促销方面进行投入。但是，为了扩大品牌影响力，未来公司将要改变营销策略，增加对市场渠道开拓和广告宣传的投入。那么，公司的销售费用势必会随之增加。

对于管理费用而言，首先要注意资产减值问题。不少IT公司上市后不久即"变脸"，发生巨额亏损，大多都是因为大幅计提资产减值，特别是存货跌价准备和应收款坏账准备。因此我们在进行预测时，应该对公司的资产实不实，是否可能会进行巨额减值准备计提等问题给予充分的关注。

此外，还应注意公司的非生产性的固定资产是否有较大幅度的增加，如新建的办公用房是否由在建工程转为了固定资产，是否已经开始计提折旧等。

（五）确定资产负债表分项的预测驱动因素和预测比率

对资产负债表项目的预测，是采用存量预测法还是流量预测法，存在着一定的分歧。存量预测法是直接将报表项目作为销售收入的函数来进行预测，而流量预测法则认为应该将报表项目作为收入增长量的函数。

本书中将采用存量预测的方式，但是，将所有的资产负债表项目的驱动因素都设定为销售收入，也即将预测比率统一确认为"资产负债表项目／销售收入"，是非常简单粗暴又不准确的，我们不能采取这种一刀切的思路，而应该在需要时，根据每个资产负债表项目的不同，找到其驱动因素来确定预测比率。

（六）固定资产和无形资产的预测

对于固定资产和无形资产的预测，主要是要关注其增加项和减少项的预测，存量一般不予处理。

（1）对增加项进行预测，可以假定固定资产的增加是与营业收入有一定比例关系的，那么就可以通过以前年度财务报表披露的信息计算出这一比例，根据具体情况进行一定的调整，再结合预测的营业收入即可得出。

（2）对于减少项的预测，固定资产的减少项就是其折旧和减值，但是减值是很难估计的，所以在这里我们只考虑折旧，可以计算出以前年度折旧占固定资产期初值的比例，再根据具体情况进行一定的调整。

（3）根据期初值、增加项和减少项的信息，大致计算出期末值。

（七）经营营运资本和长期经营性负债的预测

经营营运资本是经营性流动资产与经营性流动负债的差额，其中，经营性流动资产是公司经营活动涉及的流动资产，包括货币资金、应收账款、应收票据、预付账款、其他应收款和存货等；经营性流动负债是指公司因经营活动而发生的一年以内到期的负债，如应付票据、应付账款、预收账款和应付职工薪酬等。在预测时，我们可以根据这些项目的驱动因素及其所占比率，进行简单的估计。而如果需要进行详细预测，还要继续拆分公司的收入和成本费用，找到这些科目的具体驱动因素所对应的细分收入和成本。

长期经营性负债是期限在一年以上的由公司经营活动引起的负债，主要有：长期应付款、预计负债、递延利润、长期应付职工薪酬、递延所得税负债、其他非流动负债。通常，在预测长期经营性负债时需要更细节的信息，来判断公司占用其他公司资金进行发展的情况，因此也更难进行预测。而作为外部人员，我们可能很难得到很多准确的信息，因此可以采用简化预测方法，根据以前年度的情况，分析长期经营性负债占营业成本的比例，在此基础上根据现实情况进行一定的调整，并以这一比例进行预测。

（八）其他资产的预测

其他的一些非核心资产，比如交易性金融资产、可供出售金融资产、投资性房地产、长期股权投资、交易性金融负债等与公司的核心业务并没有太大关系的资产和负债，本身就比较难预测，同时，预测的准确性又依赖于公司的信息披露程度。因此，如果信息披露不完善或者无法取得，在预测时就可以采取简化的措施，假设这部分资产的规模仍然保持以前的水平。

三、预测的敏感性分析

之前所介绍的财务预测过程是建立在一系列假设基础之上的"最佳预测"，或者称之为"点预测"。但是，我们并不能保证假设与现实是完全一致的，事实上，有很多不确定性因素会干扰假设的准确性，从而导致现实与预期存在一定的出入，进而会影响到财务报表预测结果。因此，我们需要进行敏感性分析，分析预测结果对各主要假设变动的敏感性。比如，如果我们并没有预测到公司的经营环境的变化，那么现实的销售收入就可能极大地偏离我们的估计值。因此，在预测时也应该充分考虑到行业环境的变化、公司经营模式和竞争战略的变化。

此外，财务预测的结果对于不同因素变动的敏感性并不相同，可能某些基本假设稍有变动就在很大程度上影响到了财务预测结果，而某些基本假设即使变化幅度很大，对于预测结果也不会产生太大的影响。

比如，假设某公司的预测利润表如表8-3中第二列所示。目前，行业环境发生变化，可能导致：（1）销售价格上升5%，（2）销售成本降低5%，（3）销售数量增加5%。那么这3项假设的变动对预测利润表的影响如表8-3所示。

表8-3　敏感性分析相关数据

项目	基本假设不变	基本假设改变		
		销售价格上涨5%	销售成本降低5%	销售数量增加5%
营业收入／元	8000.0	8400.0	8000.0	8400.0
营业成本／元	5000.0	5000.0	4750.0	5250.0

项目	基本假设不变	基本假设改变		
		销售价格上涨 5%	销售成本降低 5%	销售数量增加 5%
毛利润 / 元	3000.0	3400.0	3250.0	3150.0
销售和管理费用 / 元	2000.0	2000.0	2000.0	2000.0
财务费用 / 元	100.0	100.0	100.0	100.0
营业利润 / 元	900.0	1300.0	1150.0	1050.0
投资收益 / 元	40.0	40.0	40.0	40.0
利润总额 / 元	940.0	1340.0	1190.0	1090.0
所得税（25%）/ 元	235.0	335.0	297.5	272.5
净利润 / 元	705.0	1005.0	892.5	817.5
净利润变动率 /%	0	42.55	26.60	15.96

可以看出，净利润对销售价格最为敏感，销售成本次之，而对销售数量最不敏感。

四、对预测结果进行分析、评估和确认

在预测完毕之后，我们可以通过对以下几个方面的思考，来判断我们的预测过程和结果是否有疏漏或者错误。

（一）预测起点是否合理？

首先，需要明确我们在预测时所采用的数据基础是否合理？一般而言，会以上一年的收入或利润数作为起点，要充分考虑近期的收入和利润的变动情况，并结合公司战略和发展趋势等因素再进行调整。那么，在调整时就需要多加注意，比如一个公司第一年的收入增长率为 50%，第二年是 30%，第三年是 10%，而第四年就停止增长，即增长率为 0，但按照算术平均，这期间每年能实现 22.5% 的增长，继续按这一数值预测未来的收入情况就显然是不合理的了。

（二）是否考虑了经营范围、会计政策和会计估计的变更？

公司的经营范围是其经营的产业及地理范围，由于并购重组、新领域的开发与成熟等因素，公司的经营范围特别是主营业务就可能发生比较大的变化。

例如，美的集团提出"智慧家居 + 智能制造"的战略，表示公司未来愿景是转型为一家涵盖消费电器、暖通空调、机器人及自动化系统的科技集团。其具体举措包括收购全球领先的机器人供应商库卡公司和专注于运动控制和伺服电机的以色列高创公司等，不断完善机器人产业平台布局。作为结果，其主营业务构成中也新增了机器人及自动化系统产品。

另外，在预测时，我们还需要考虑会计政策和会计估计变更的影响。例如，要分析执

行新收入准则、新租赁准则对公司的影响，分析资产计量方法、固定资产折旧方法等变更的影响，以及固定资产折旧年限、残值率、应收账款坏账准备率的估计等变更的影响等。

（三）是否与宏观经济、行业分析相一致？是否考虑了预测期内可能发生的重大事件？

在预测时，对未来经济状况的分析和判断也是不可或缺的。如果未来经济趋于繁荣，那么公司的销售收入也会随之上升；反之，如果经济正逐渐衰退，那就不应该对公司的销售收入有太高的预期。

除经济周期外，产业周期、消费周期、利率周期也是需要考虑的重要因素。

（四）是否考虑了公司所处发展阶段的特点？

公司的发展会经过不同的生命周期阶段，在不同的阶段，会有不同的经营目标和资源需求。例如，初创阶段的高科技公司，其经营目标可能并不是收入或利润的增长，而更侧重于研发项目的进度达到预期、研发成果的顺利实现；而当公司处于快速成长期时，收入和利润的增长就会成为主要的经营目标。对外部分析师而言，我们也需要考虑公司不同业务在不同阶段的收入、利润和现金流特点。

（五）预测是否偏离常态？增长率是否合理？

经济学原理告诉我们，长期而言，公司的收入和净资产利润率的增长具有"回归中位数"的特征。这是说，一个公司不会一直保持高收入增长或一直具有很高的净资产利润率，在若干年后，其收入增长率和净资产利润率一定会下降，向中位数回归。那么，我们在预测时，也要充分考虑到这一点。

第三节　资本成本

一、资本成本概述

（一）资本成本的概念

资本成本是指资本的机会成本，并不是实际支付的成本，而是放弃将这部分资本投资于其他投资机会的利润。比如说，我们进行投资是为了取得一定数额的回报，那么我们是否会愿意投资某一公司就是要看其是否能够提供足够的报酬。为此，我们需要比较公司的期望报酬率和其他等风险投资的期望报酬率，如果这个公司的报酬率更高，那么就可以进行投资，此时，我们放弃的其他投资机会的利润就是投资于该公司的成本。因此，资本成本也被称为项目的取舍率或者最低可接受的报酬率。

资本成本的概念包括两个方面：一方面与公司的筹资活动相关，是公司募集和使用资金的成本；另一方面，它也和公司的投资活动有关，是投资的必要报酬率。

对于公司而言，其资本成本就是组成公司资本结构的各种资金来源的成本的组合。

（二）资本成本的影响因素

公司的资本成本是由多方面因素综合决定的，比较主要的因素有：利率、市场风险、税率、资本结构和投资政策。其中，利率、市场风险和税率属于外部因素，资本结构和投资政策属于内部因素。这些因素发生变化时，就需要调整公司的资本成本。

1. 利率

公司的债务成本会随着市场利率的上升而上升，这是因为投资人的机会成本增加，就会要求更多的报酬。同时，根据资本资产定价模型，普通股和优先股的资本成本也会随利率的上升而上升。

2. 市场风险溢价

市场风险溢价是由资本市场上的供求双方决定的，根据资本资产定价模型，市场风险溢价会影响股权资本成本。

3. 税率

税率的变化会对税后债务资本成本产生直接影响，从而影响公司的加权平均资本成本。此外，一些与资本性利润相关的税务政策发生变化，会影响到投资者在权益投资和债务投资之间的选择，公司的最佳资本结构也因此会受到间接影响。

4. 资本结构

在计算加权平均资本成本时，需要考虑资本结构的问题，一旦资本结构发生改变，资本成本也必定会随之变化。一般而言，增加负债可以降低加权平均资本成本，但也会导致公司的财务风险增加。而如果财务风险提高，债务和股权成本也会有一定程度的上升。因此，负债并不是越多越好，公司应该适度负债，以使得加权平均资本成本最小。

5. 投资政策

如果公司对于那些高于现有资产风险的项目进行了大规模的投资，那么就会使得其承担的平均风险提高，从而导致资本成本上升。因此，公司的资本成本也会随着投资政策的变化而变化。

二、债务资本成本

公司债务的资本成本的整体估算我们已经在第五章"流动性与偿债能力分析"中进

行了介绍，具体而言，我们以有息负债融资成本来反映公司的债务资本成本，公式如下

- 有息负债融资成本 $= \dfrac{利息支出}{（期初有息负债＋期末有息负债）/2}$

利息支出需要包括利息费用、资本化利息支出及其他多项隐含的利息支付。有息负债则包括短期借款、长期借款、应付债券、一年内到期的非流动负债等需要支付利息的债务。

如果公司没有有息债务，则其债务资本成本为零，因为其没有使用债务资本。如果公司的有息负债融资成本估计出来明显不符合实际情况（主要是由于数据披露的原因，我国上市公司的利息支出可以分类在多个项目，或者不披露），则我们需要进行调整，或者采用其他方式来衡量公司的债务资本成本，主要的方法有以下几种。

第一，典型债务利率法，即无法估算整体的债务融资成本，则可以选择某种具体的债务利率来反映公司的债务资本成本，比如其公开发行债券的到期收益率。**到期收益率**是指将债券持有至到期日所获得的收益率，是投资购买债券的内部收益率。

第二，可比公司法。如果公司没有公开发行债券，也可以通过可比公司计算债务资本成本。这里说的可比公司是指和目标公司在同一个行业且商业模式类似的公司，最好也拥有相似的规模、财务状况和资本结构。这样，我们就可以将可比公司的债务资本成本作为目标公司的债务资本成本的近似值。

第三，风险调整法。如果目标公司没有上市的债券，也没有恰当的可比公司，那么还可以使用风险调整法。根据风险调整法，债务资本成本可以通过基准贷款利率与公司的信用风险补偿相加得到，用公式表示为

- 税前债务资本成本＝基准贷款利率＋公司的风险溢价

公司的风险溢价通常与违约概率和违约损失率等因素有关。

由于债务所产生的利息可以税前扣除，因此，我们在计算加权平均资本成本时所用到的债务资本成本应该是税后的，低于税前成本。税后债务资本成本的计算公式为

- 税后债务资本成本＝税前债务资本成本 ×（1 —所得税税率）

三、股东权益资本成本

对股东权益资本成本的估计一般采用 4 种方法：资本资产定价模型、Fama-French 三因子模型、股利增长模型和债券利润率风险调整模型。这 4 种方法都有各自的优缺点，我们需要根据具体的数据情况选择最适合的方法。在实务中使用最广泛的是资本资产定价模型。

（一）资本资产定价模型

资本资产定价模型（capital asset pricing model，CAPM）研究的是证券市场中资产的

预期利润率与风险资产之间的关系，以及均衡价格是如何形成的，该模型认为股权资本成本就是无风险利率与公司股票的风险溢价之和，用公式表示为

$$rs=r_{RF}+\beta \times (rm-rRF) \tag{8-1}$$

其中，r_{RF} 是名义无风险利率；β 是公司股票的贝塔系数，代表着系统性风险；rm 是平均风险股票报酬率；$rm-r_{RF}$ 代表着市场风险溢价，反映市场整体对风险的偏好；$\beta \times (rm-r_{RF})$ 即为股票的风险溢价。

在使用模型之前，首先要通过分析确定无风险利率、贝塔系数及市场风险溢价的取值。

1. 无风险利率的估计

一般认为，政府债券基本上不存在违约风险，可以代表无风险利率。但是，在实务中，还需要从以下 3 个方面进行进一步的考虑。

首先，采用短期政府债券还是长期政府债券的利率？债券的期限不同，利率也不相同。一般而言，选择用长期政府债券的利率来计算股权资本成本是比较合适的，因为公司普通股的现金流是永续的，选择期限更长的政府债券更符合普通股的现金流。此外，长期政府债券的利率更为稳定，波动较小，更符合无风险利率的特征。在实务中普遍选取 10 年期的政府债券利率来估计无风险利率。

其次，是选择政府债券的票面利率还是到期收益率？票面利率是发行债券时规定应付的并直接印刷在债券票面上的利率，而到期收益率是可以使投资购买债券获得的未来现金流量的现值等于债券当前市价的贴现率。即便都是长期政府债券，发行时间不同，票面利率也不尽相同，有时还可能有很大的差异；同时，债券的付息期也不同，有等额还本付息也有到期一次还本付息的。然而，不同发行时间、票面利率和计息期的政府债券，通过计算得到的到期收益率却是差不多的。因此，在计算公司的股权资本成本时，一般会采用长期政府债券的到期收益率作为无风险利率。

再次，是选择名义无风险利率（r_{RF}）还是真实无风险利率（r^*）？事实上，两者之间存在着一定的数量关系

$$1+r_{RF}=（1+r^*）\times（1+通货膨胀率） \tag{8-2}$$

利率的选择需要与公司的现金流量相匹配，如果公司预测的未来现金流量是消除了通货膨胀影响的，那就需要用真实无风险利率；如果公司预测的现金流量是含有通货膨胀影响的，那么就使用含有通胀的名义无风险利率。

实务中，由于通货膨胀是现实存在的，而且公司通常是用包含通货膨胀的名义货币来进行财务报表的编制和现金流量的确定，因此，一般使用含通胀的无风险利率计算资本成本。

但是也有例外情况，首先是存在恶性通货膨胀，通货膨胀率已经达到两位数时，需要使用实际现金流量和真实无风险利率；其次就是当预测周期特别长时，比如投资核电站，通货膨胀累积起来的影响会非常大，所以也需要使用真实无风险利率。

2. 贝塔系数的估计

贝塔系数的计算公式为

$$\beta = \frac{cov\left(r_i, r_m\right)}{\sigma_m^2} \tag{8-3}$$

其中，$cov\left(r_i, r_m\right)$ 是公司股票 i 的报酬率与市场组合报酬率的协方差，σ_m^2 是市场组合报酬率的方差。在使用公式进行计算时，需要考虑以下两点。

首先，应该选取多长期间作为预测期？虽然期限越长，能够得到的数据越多，但是在一段相当长的时间里，公司所面临的风险特征也可能会有所改变。例如 3 年前公司为了收购另一家公司，进行了大量的举债，那么它的基本风险特征就发生了重大变化，显然，使用最近两年的数据计算出的贝塔系数值更能体现出公司未来面临的风险。因此，当一段时间内公司的风险特征没有发生重大变化时，预期周期可以是 5 年或更长的时间；但是如果风险特征已经出现了重大变化，则需要使用变化后的时段进行预测。

其次，应该选取多长的时间间隔来计量收益？我们对公司股票报酬率的计量可以以年、月、周，乃至天为单位。使用股票的日报酬率进行计量，可以得到更多的数据，但是如果某天公司股票停牌或者未成交，那么当天的报酬率就是 0，会引起一定的偏差，从而降低了股票报酬率与市场组合报酬率之间的相关性，与此同时也降低了公司股票的贝塔值。因此，在实务中，一般使用周或月报酬率，这样可以显著降低上述偏差。而不采用年度报酬率的原因在于，在计算分析时往往要用到很多年的数据，一方面公司可能并没有这么多年的数据，另一方面，在相当长的年份中，不管是资本市场还是公司本身都会发生很大变化。

此外，值得注意的一点是，我们计算得出的是历史贝塔值，而在进行估值的时候用到的现金流量却是面向未来的，二者的时间基础不一致。但由于我们无法得到未来的贝塔值，所以在公司的经营风险和财务风险没有发生重大变化的情况下，一般假设历史的贝塔值可以在未来延续。但是，如果有迹象表明公司未来的业务将发生重大改变，那么就不可以再使用历史的贝塔值。

3. 市场风险溢价的估计

市场风险溢价是在一段相当长的时间里，市场平均投资回报率与无风险资产平均利润率之间的差异。对市场利润率进行估计，一般采用历史数据分析的方法。在分析时也同样需要考虑以下两点。

第一，如何选择时间跨度？因为影响股票回报率的因素非常多，其本身也复杂多变，如果选取的期间较短，所得到的风险溢价也会相对极端，不能作为平均水平的反映，因此，应该选择较长的时间跨度。比如，用过去几十年的数据计算市场平均回报率，其中既经过了经济繁荣，也经过了经济衰退，要比只用最近几年的数据计算更具代表性。

第二，市场平均回报率是取算术平均数还是几何平均数？算术平均数是对这一期间的年回报率作简单平均，而几何平均数则是同一时期内年回报率的复合平均数。在实务中，几何平均法使用得比较多，原因在于它考虑到了复合平均，对于长期的风险溢价能够有更好的预测。通常，几何平均法计算出的结果要比算术平均法稍低。

布拉德福德·康奈尔于 2000 年在专著《股权风险溢价——股票市场的远期前景》中计算了美国市场 1926—1997 年的股权风险溢价，其中普通股的平均回报率比长期国债的平均回报率高 7.4 百分点。因此，我们大体可以采用 7%~8% 的风险溢价来进行估计。

（二）Fama-French 三因子模型

金融学教授尤金·法玛和肯尼斯·费伦齐在资本资产定价模型的基础上提出了三因子模型，即认为贝塔值并不能完全解释不同股票回报率的差别；如果加入公司规模和估值变量，则它们 3 个因素对股票回报率的解释能力将大为提升。三因子模型具体如下

$$R_{it}-R_{Ft}=a_{it}+\beta_i(R_{Mt}-R_{Ft})+s_iSMB_t+h_iHML_t+e_{it} \tag{8-4}$$

其中，R_{it} 是公司股票 i 在 t 时的回报率；R_{Ft} 是在时间 t 的无风险利率；R_{Mt} 是以市值为权重的市场组合的回报率，$R_{Mt}-R_{Ft}$ 则是市场组合回报率超出无风险利率的部分；SMB_t 是在 t 时期，由市值小的公司组成的投资组合回报减去市值大的公司组成的投资组合回报的差值（将市场上所有公司的股票以市值排序，市值在前 1/3 的定义为大市值公司，中间 1/3 的定义为中市值公司，而后 1/3 的定义为小市值公司），HML_t 是在 t 时期，由账面—市值比较高的公司组成的投资组合回报减去账面—市值比较低的公司投资组合回报的差值（账面—市值比等于所有者权益账面价值 / 市值，也是分为 3 组）；e_{it} 为残差。

将 3 个因子的实际值放入上述模型，对公司的实际回报率进行回归，然后得到各因子回归系数的估计值，并将估计出来的回归系数与各因子的实际值相乘，就可以计算出来公司的预期回报率，该预期回报率即为公司的股权资本成本。

在三因子模型的影响下，后续学者又加入了一些因素，比如动量因子（动量因子就是采取逢高买进、逢低卖出的策略所取得的回报）、盈利水平风险因子（由盈利能力强的公司组成的投资组合减去盈利能力弱的公司组成的投资组合的差值）和投资水平风险因子（投资水平低的公司组成的投资组合减去投资水平高的公司组成的投资组合的差值，投资水平用总资产年增长率来衡量）。

三因子模型对投资界有深远的影响，比如现在我们会将股票按照市值大小划分为大盘股、中盘股和小盘股，按账面市值比划分为价值型和成长型等，就是很好的例子。

（三）股利增长模型

股利增长模型假定利润以固定的年增长率递增，在这一模型下，股权资本成本的计算公式为

$$r_s = \frac{D_1}{P_0} + g \qquad (8-5)$$

其中，r_s 是普通股成本，D_1 是预期下一年度发放的现金股利，P_0 是当前公司股票价格，g 是股利增长率。如果公司发放股利，那么我们可以很轻易地得到 D_0，而由于 $D_1 = D_0 \times (1+g)$，只要再估计出 g 的值，就可以计算出股权资本成本。

对 g 的估计，通常有以下 3 种方法。

1. 根据历史增长率计算

我们可以根据公司以前年度的股利支付情况来对未来的股利增长率进行估计。可以对以前年度的股利增长率进行几何平均，也可以进行算术平均，但是结果会有比较大的区别。例如，2015—2019 年美的集团的每股股利如表 8-4 所示。

表 8-4　2015—2019 年美的集团的每股股利

年份	2015 年	2016 年	2017 年	2018 年	2019 年
每股股利 / 元	1.2	1.0	1.2	1.3	1.6

如果按照几何平均计算，美的集团的股利平均增长率 $g = \sqrt[4]{\frac{1.6}{1.2}} - 1 = 7.46\%$；而按照算术平均计算，美的股利的平均增长率 $g = \left(\frac{1-1.2}{1.2} + \frac{1-1.2}{1} + \frac{1.3-1.2}{1.2} + \frac{1.6-1.3}{1.3} \right) / 4 = 3.48\%$。

就适用性而言，采用几何平均增长率适合长期持有的情况，而算术平均则比较适合仅持有一段时间的情况。由于股利折现模型所需要的是长期平均增长率，所以更适合采用几何平均增长率。

此外，还需要谨慎选择计算以前年度平均增长率所选择的年份，这会直接影响到计算结果。在实务中，会用不同年份的历史增长率估计出一系列预计股价，再结合以前年度实际股价进行相关性分析，选择相关性最好的一组。

采用历史增长率的前提是公司拥有平稳的股利增长率，并且有把握认为这种平稳的趋势能够持续。但是，实际上，能够维持稳定的股利增长率的公司数量并不多，甚至有

很多公司很多年都不会支付股利。同时，是否支付股利也与公司所处的生命周期有关，处于初创期和成长期的公司通常会将利润留存下来，而步入成熟期的公司才会支付较多的股利。因此，在实务中很少单独采用历史增长率，而仅仅将其作为估计的参考，或者作为调整的基础。

2. 根据可持续增长率计算

假设公司未来不增发新股也不进行股份回购，并且能够维持目前的经营效率和财务政策，那么也可以用可持续增长率来确定股利的增长率。比如，假设某公司预计未来不增发新股或回购股票，保持经营效率、财务政策不变，预计的股利支付率为50%，期初权益预期回报率为15%，则股利的增长率为

$$g = 15\% \times (1 - 50\%)/[1 - 15\% \times (1 - 50\%)] \approx 8.11\%$$

但是我们在使用这一方法时要特别注意其中隐含的重要假设，也就是保持稳定不变的利润留存率，以及预期新投资的权益回报率与当前的期望报酬率是相等的。如果发现未来的状况已经不再符合这些假设，那么就不可以单独使用可持续增长率法进行估计，而需要结合其他方法。

3. 采用分析师的预测

我们在阅读证券服务机构发布的研究报告的时候，可以很容易地找到分析师对于上市公司增长率的预测，我们也可以使用这些信息进行估计，也就是汇总各个分析师的预测值，并按照分析师所在机构的权威性赋予权重，求加权平均值，或者简单平均值。

此外，需要注意的是分析师发布的增长率预测值一般按照年度或者季度的，并不是我们所需要的一个唯一的长期增长率。针对这个问题，有两个解决方案：第一种是把这些年度或季度增长率进行平均，通常需要汇总他们对于30年或50年的年度增长率的预测值；第二种是直接按照预测年度增长率计算权益资本成本。

比如，假设某公司当前的股利是2元/股，其股票的价格为23元，综合证券分析师的预测结果，预计其未来5年的股利增长率逐年递减，并在第五年及以后保持5%的水平。具体的未来30年股利增长率的预测数如表8-5所示。

表8-5 未来预测数据

年度	0	1	2	3	4	5	30
增长率/%		9	8	7	6	5	5
股利/元	2.0000	2.1800	2.3544	2.5192	2.6704	2.8039	9.4950

按照第一种方法，股利的平均增长率 $g = \sqrt[30]{\dfrac{9.4950}{2}} - 1 = 5.3293\%$，并以此计算出股权成本 $r_s = 2 \times \dfrac{(1+5.3293\%)}{23} + 5.3293\% = 14.49\%$。

而按照第二种方法，可以得到第四年末的股价 $P_4 = \dfrac{2.8039}{r_s - 5\%}$ 而 $P_0 = \sum_{t=1}^{4} \dfrac{D_t}{(1+r_s)} + \dfrac{D_4}{(1+r_s)^4}$，

也就得出 $23 = \dfrac{2.18}{(1+r_s)^1} + \dfrac{2.3544}{(1+r_s)^2} + \dfrac{2.5192}{(1+r_s)^3} + \dfrac{2.6704}{(1+r_s)^4} + \dfrac{2.8039/(r_s-5\%)}{(1+r_s)^4}$，解得 $r_s = 14.91\%$。

这两种方法之间的误差主要是由于舍去了 30 年以后的股利造成的，这种程度的误差还是可以接受的。

在上述 3 种估计增长率的方法中，最好的可能是采用分析师的预测。投资者在为股票进行估值的时候也会把它作为增长率，而多数投资人的预期对于实际股价有重要影响。

此外，我们在对增长率进行估计的时候需要结合经验和判断。例如，长期而言，一个公司增长率与 GDP 增长率的差距不会太大。同时，长期的市场竞争会削弱高增长公司的竞争优势，增长缓慢的公司会被淘汰。而能够一直维持高增长率的公司，一定具备着独特资源和垄断优势。因此，如果我们要给一个公司较高的增长率估值，必须要明确它是如果取得并且保持长期竞争优势的。

（四）债券利润率风险调整模型

对于公司股东而言，其投资风险要比债权人大一些，因此股东要求的利润率也要比债权人高，也可以理解为在债权人要求的利润率上再加上一定的风险溢价。因此，根据这一逻辑，我们也可以计算出权益资本成本，计算公式为

$$r_s = r_{dt} + RP_c \tag{8-6}$$

其中，r_{dt} 是税后的债务成本，RP_c 是股东所要求的风险溢价。RP_c 的取值可以根据经验估计，一般会在 4%~8% 之间。如果认为公司股票的风险较高，可以选取大一点的数值，比如 7%，如果认为风险较低，那可以采用 5%。

例如，对于债务资本成本为 6%、中等风险的公司来讲，其普通股成本 $r_s = 6\% + 6\% = 12\%$；而对于债务资本成本为 10% 的高风险公司，其普通股成本 $r_s = 10\% + 8\% = 18\%$。

我们还可以用对历史数据进行分析的方法来对 RP_c 进行估计，也就是对以前年度的权益报酬率和债券利润率进行比较。虽然二者在数值上都会有比较大的波动，但事实上，它们之间的差额，也就是我们要估计的 RP_c，是比较稳定的。

以上介绍了对于普通股资本成本进行估计的 3 种方法，而用不同方法计算出的结果常常是不一致的，究竟哪种方法计算出的结果更符合真实的普通股资本成本，我们也不得而知。事实上，也并没有一种公认的对真实的权益资本成本的计算方法，因此可以取这 3 种方法所得到的结果的平均数，当然，如果对某种方法所使用到的数据更有信心的话，也可以只用一种方法。

四、加权平均资本成本

加权平均资本成本是公司全部长期资本的平均成本，一般按各种长期资本的比例加权计算，故称加权平均资本成本。

计算公司的加权平均资本成本，在确定权重时，通常有 3 种方法，分别是：选择账面价值权重、实际市场价值权重和目标资本结构权重。

1. 账面价值权重

账面价值权重是指根据公司财务报表上披露的各类资本的会计价值来计算其所占比例的方法。其优点在于，可以直接从公司资产负债表上获取所有者权益和负债的金额，计算简单而便捷。但是，由于账面价值结构是历史的结构，未必与公司未来发展的状态相符；此外，由于很多资产的账面价值和市场价值之间存在较大的差异，采用账面价值权重可能会歪曲资本成本。

2. 实际市场价值权重

实际市场价值权重是按照公司所有者权益和负债的市场价值比例来计量每种资本所占比重。随着市场价值的不断变化，负债和所有者权益所占的比重也会发生变化，因此，用这一权重所计算出的加权平均资本成本也一直处于变化之中。

3. 目标资本结构权重

目标资本结构权重反映的是在公司目标资本结构状态下，按市场价值衡量的每种资本所占的比例，而目标资本结构是公司对于未来将如何筹集资金的最佳估计。如果判断公司未来将向着目标资本结构发展，那么选择这一种方法更为适合。在计算权重的时候可以依据平均市场价格，以减轻市场价格不断变动所造成的负面影响。

目标资本结构权重可以反映公司未来的资本结构，而账面价值权重和实际市场价值权重只能表现出公司现在和过去的资本结构。

确定好各部分资本权重，可以通过以下公式来计算公司的加权平均资本成本

$$\text{WACC} = r_s \times \frac{S}{S+P+D} + r_p \times \frac{P}{S+P+D} \quad r_d \times (1-t) \times \frac{D}{S+P+D} \tag{8-7}$$

其中，r_s 是普通股资本成本，$\frac{S}{S+P+D}$ 是普通股所占比重；r_p 是优先股资本成本，$\frac{P}{S+P+D}$ 是优先股所占比重；r_d 是税前债务资本成本，$\frac{D}{S+P+D}$ 是债务所占比重。

第四节　权益估值

一、财务报表在估值中的应用

首先，财务报表能够提供我们在估值预测中所需要的信息。它披露了公司的利润和现金流量，还报告了许多其他的项目，用来解释利润和现金流量的形成过程。比如，利润表上体现了销售收入、生产成本和其他为了促成销售而必须发生的费用；在现金流量表上，报告有公司现金流的来源；在资产负债表上，它披露出公司为了创造利润和现金流量而使用了哪些资产。实际上，财务报表也告诉了我们如何去搭建预测的框架，因为如果我们能够知道财务报表的各个项目，我们也就能理解公司的价值创造过程了。也就是说，如果我们能够预测出报表的全部细节，那么也就能够找到公司利润和现金流量的驱动因素，完成预测工作了。

而除了提供信息来源以外，财务报表本身也是我们需要预测的内容。因为未来利润的预测体现在未来的利润表之中，未来现金流量的预测体现在未来的现金流量表之中。作为外部分析师，我们需要预测出未来的财务报表，然后再将预测结果转化为对公司的估值。

二、短期价值与价格偏离，长期回归

价格有时候等于价值，但更多时候是偏离价值的。股票价格不是精心计算的结果，而是市场参与者反应的总体效应，因此股票价格经常是不合理的，甚至是被错误定价的。

证券分析之父本杰明·格雷厄姆曾经编著过一个名为"市场先生"的寓言故事："设想有一位市场先生与你交易，他每天来敲你的门，风雨无阻。这位先生会对你们双方手中的东西提出买卖价格，但是他的情绪不太稳定，有时欣喜若狂，只看到有利的因素，这时市场先生就会报出很高的价格；有时候又极度沮丧，只看到眼前的困难和麻烦，报出的价格就会很低。同时他还完全不介意被人冷落，如果你不理他，他也不生气，明天还会一如既往给你新的、同样情绪化的报价，只等你答复。"

这个故事对几代人的投资行为都产生了深远的影响。他的学生、世界著名投资大师沃伦·巴菲特就表示，"为了使自己的情绪与股票市场隔离开来，总是将'市场先生'这则寓言故事谨记在心"。他认为，投资者购买股票就像顾客在购买任何商品时都要检查一样，不能盲目跟从"市场先生"报出的价格。

股票价格是公司价值的外在反映，但是受到多种因素的影响，从短期来看在很多时候并不等于价值。然而，正如本杰明·格雷厄姆所言，"市场短期是一台投票机，但市场长期是一台称重机"，长期而言，股票价格还是会向公司价值回归。股票价格短期内可

以过分高或低，但是从长远来看，其价格并不会离价值太远。简而言之，随着时间的变化，价格会围绕公司的内在价值波动。

因此，为了使得估值更为合理，我们需要分析现实中已经发生的结果数据，也就是公司已有的各种统计数据和财务报表数据，并且结合对公司所处的行业性质及前景、公司在行业中的地位、地理位置、高管的经营风格等情况对未来发展做出预测。对历史数据的分析加上对未来发展情况的预测，就构成了估值分析的基础。

相较而言，对历史数据的分析要比对未来发展的预测简单很多，因为这些数据很方便得到，而且更易于得出明确和可靠的结论。同时，历史数据为我们提供了做出未来预测的基础，因为未来利润也受到以往经验、声誉、合同、资本等因素的影响。对历史数据的分析要建立在一个比较长的期限之上，一般而言不少于 5 年，最好达到 7~10 年，甚至可以更长。分析时最需要重视的是公司的内在稳定性，也就是公司业务性质的稳定，这不一定体现在统计数据上，但是稳定的统计数据可以体现出公司的业务稳定性。

对未来发展的预测是估值分析的关键点和难点，一般很难得出明确和可靠的结论，受主观因素影响较大。需要注意的是，虽然可以通过过去的发展轨迹去推算未来盈利的情况，但是这也有可能导致错误的判断，因为过去的是事实，而未来的只能是猜测，任何人都无法准确地判断出这种趋势可以持续。因此，不应给予趋势过分的重视，而更应该关注有事实支撑的价值。

三、相对估值法

从本质上而言，相对估值法就是通过一个适当的比率来评估公司的实际价值，这类方法被投资者广泛采用，因为它简单易懂、便于计算。这类估值方法比较注重对可比公司和估值比率的选择，如果选取了适当的可比公司和比率，那么采用相对估值法进行估值的结果将会非常理想。

目前，典型的相对估值法有市盈率估值法、市净率估值法、市销率估值法、市盈率相对盈利增长比率估值法、公司价值倍数估值法等。

（一）相对估值法的应用过程

使用相对估值法进行估值一般分为 4 步。

（1）第一步就是选取可比公司。我们称与目标公司所处的行业、主要经营业务、市场规模、资本结构、盈利能力等方面相同或相近的公司为可比公司。在实际选取可比公司时，需要先依据一定的条件挑选可比公司，我们可以选择出最可比公司（各方面与目标公司更为接近）和次可比公司，但在实际估值时，往往还是要先考虑最可比公司，尽管有时候数量可能不多，只有 2~3 家。

（2）第二步是计算可比公司的估值指标。我们可以根据不同指标的适用性和可比公司及目标公司的特点，选取合适的估值指标倍数，如市盈率、市净率、市销率、市盈率增长比率等。

（3）第三步是计算可比指标。一般情况下，我们会采用可比公司指标的平均值或者中位数（必要时剔除异常值）作为对目标公司指标的估计值。需要注意的是，目标公司与可比公司之间可能仍然存在着无法忽视的差异，比如，目标公司是行业龙头，相较于其他公司来说技术上更为先进，有更好的业绩表现，竞争优势非常明显等，那么此时我们就可以相应地对计算出的平均值或中位数进行调整，给予一定的溢价。同理，如果选取的可比公司在各方面表现更为优异，也可以相应地给予折价。

（4）第四步，也是最后一步，就是计算目标公司的价值。用选出的这个可比指标倍数乘以目标公司相应的财务指标，即可以计算出目标公司的价值。

（二）市盈率估值法

市盈率（price earning ratio，PE）是公司股票的市场价格与其每股净利润之比。其计算公式为

$$市盈率 = \frac{每股价格}{每股利润} = \frac{股票市值}{净利润}$$

市盈率估值法认为公司价值与净利润最为相关，而净利润反映了公司未来的持续性现金流入。市盈率是被广泛用来评估股价水平是否合理的指标之一，反映了在每股盈利不变的情况下，当派息率为100%，并且所得股息没有进行再投资的条件下，经过多少年投资可以通过股息全部收回。一般情况下，一只股票市盈率越低，表明投资回收期越短，投资风险就越小，股票的投资价值就越大；反之则结论相反。不过，市盈率估值法的使用具有一定的限制，即盈利比较稳定，或比较稳定增长的公司或行业才适用市盈率估值法。

使用市盈率法进行估值时，最关键的就是每股价格和每股利润的确定。每股价格比较简单，采用公司最新的股价即可，但在计算每股利润时，有两点值得注意：一是计算口径问题，二是需要对净利润进行调整。

1. 每股利润的计算口径

对于计算口径而言，基于不同的考虑可能会采取不同的口径。通常会有3种：最近一个完整会计年度的每股利润、最近12个月的每股利润和预测的年度每股利润。前面两种口径计算的市盈率是历史市盈率，第三种则是预期市盈率。使用前两种方法的好处是每股利润数据是已知的，不需要主观预测，但另一种观点认为，股票价格是公司未来价值的体现，因此使用预测的年度每股利润更为合理。不过，不管使用哪一种口径，我

们都要保证在计算时目标公司和可比公司使用的标准是相同的。也就是说，如果对可比公司每股利润的计算是基于最近一个完整的会计年度，那么对目标公司每股利润的计算也应当基于一个完整的会计年度；如果对可比公司每股利润的计算是基于最近 12 个月，那么对目标公司每股利润的计算也应当基于最近 12 个月。

2. 对利润的调整

在计算时要注意对净利润进行调整。不同公司的利润构成可能有所不同。在分析时，我们需要考虑利润的连续性和稳定性。因此，比较的对象最好是经营活动产生的可持续利润。而会计核算的净利润包括金融资产和长期股权投资收益及其他非经营活动收入，这些都是与公司的日常生产经营无关的，因此需要剔除这部分利润及相应的税收的影响。

3. 市盈率估值法的优缺点

（1）市盈率估值法的优点

在所有相对估值法中，市盈率估值法是使用频率最高的。主要原因如下。

①市盈率非常直观地将公司股票价格和当前的盈利状况联系在一起，容易理解，便于计算，同时也是非常容易得到的，这使得公司之间的比较变得十分简单。

②市盈率值包含了相当丰富的内容，包括公司的经营风险、当前盈利能力和未来的发展潜力等反映风险性与成长性的特征。

③实证研究显示，市盈率差异与长期平均股票回报差异具有显著关联关系。

但是，在使用市盈率进行估值的局限性也比较明显。

（2）市盈率估值法的缺点

①当每股利润为负值时，市盈率是没有什么意义的。

②计算净利润的每股利润是通过公司净利润计算的，而净利润非常容易受到会计政策的影响，且很容易被管理者操纵；此外，它还无法区分出经营性资产和非经营性资产创造出的利润，使得其在不同公司之间的可比性降低。

③净利润的波动常会引起市盈率在不同时期出现戏剧性的变动。尤其是对周期性公司而言，其盈利水平是随着整个宏观经济状况变动的，但价格反映的却是对未来的预期。因此，在经济不景气之时，一家周期性公司的市盈率可能达到了顶峰，而在繁荣时又跌至谷底。对此，彼得·林奇表示："当一家周期性公司的市盈率很低时，那常常是一个繁荣期到头的信号。迟钝的投资者仍然抱着他们的周期性股票，以为行业依然景气，公司仍然保持高利润，但这一切转瞬即变。精明的投资者已经抛售这些股票，以避免大祸。"

（三）市净率估值法

市净率（price-to-book ratio，PB）是反映股票市场价格与净资产账面价值之间关系的比率，其计算公式为

$$市净率 = \frac{每股价格}{每股净资产} = \frac{股票市值}{净资产}$$

运用市净率法进行估值的逻辑在于：如果一家公司的净资产越高，那么它创造价值的能力也就应该越强，股价也相应更高。通常而言，如果公司的市场价值高于账面价值，那么其资产质量较好，发展前景良好；反之则说明公司的资产质量不佳，发展潜力较差。一般来说优质公司的股票价格都要高出每股净资产许多。

相对于一般的工商业企业而言，市净率估值法在银行业有着更广泛的应用。因为银行的利润来源主要是贷款等生息资产，且往往面临着更为严格的监管，这使得银行资产规模的扩张严格受限于其资本的充足水平。此外，银行所拥有的绝大部分都是金融资产和金融负债，在计算时已经采用了市场价值。因此，对于银行来说，其价值和净资产的联系更为紧密，比较适合采用市净率进行估值。

使用市净率估值的步骤也与市盈率估值法类似，都是先选择出几家可比公司，取其市净率的平均值或者是中位数，必要时也可以对计算出的结果进行调整，使其更符合目标公司的实际情况，并以此作为目标公司的市净率倍数。

1. 市净率估值法的优缺点

（1）市净率估值法的优点

在实际中，市净率估值法的使用频率也较高，这主要是由于它具有以下优点。

①净利润很可能出现负数，但是公司的账面价值一般不会为负，因此市净率估值法有更为广阔的适用范围，尚未实现盈利的公司可以用市净率法进行估值。

②相比于净利润而言，公司净资产账面价值更为稳定，也更不容易被人为操纵；同时，当公司净利润过高、过低或变动性较大时，市净率指标往往更有用。

③就数据获取程度而言，公司净资产账面价值是非常简单就能得到的，也容易理解。

（2）市净率估值法的缺点

但市净率在使用中也存在一定的局限性，具体体现为如下。

①由于会计计量存在局限性，对某些公司而言，他们的那些非常重要的资产并没有被确认入账，如商誉、人力资源等；而对于服务性行业公司和高科技公司，他们的固定资产很少，净资产与企业价值的关系并不大。

②当公司规模存在显著的差异时，作为一个相对值，市净率可能会对信息使用者有误导作用。

③会计准则的选择会影响到账面价值的确定，如果公司之间采用的会计标准或者会计政策不同，那么市净率的可比性就很低了。

（四）市销率估值法

市销率（price-to-sales，PS）是反映股票市场价值与营业收入之间关系的比率，其计算公式为

$$● \quad 市销率 = \frac{每股价格}{每股营业收入} = \frac{股票市值}{营业收入}$$

这种估值法产生的背景：很多初创公司在急速扩张时，会在营销、渠道、物流系统等方面增加大量的资金投入，从而压缩了利润空间，造成销售额增长迅猛但盈利反而较少的局面。典型的代表当数互联网公司，他们大多采取牺牲盈利来换取市场份额的战略，先在市场发育期的恶劣竞争中存活下来再图盈利。

运用市销率进行估值的逻辑在于，公司需要通过营业收入来创造价值，营业收入越高，创造的价值也应该越高，那么公司的市场价值也会越高。如果一家公司能够创造出稳定的营业收入并且长期生存下去，那么长远而言，它也一定能够获得相应的利润率。因此，在一定程度上销售收入可以反映公司的长期竞争力。在这样的背景下，我们可以使用销售收入代替净利润进行估值。尤其是对于那些还没有实现盈利但是成长速度很快的公司而言，采用市销率估值法更为可靠。

使用市销率估值的方法是，选择出几家可比公司，取它们市销率的平均值或者是中位数，再根据目标公司的实际情况对计算出的结果进行调整，并以此作为目标公司的市销率倍数。

和其他估值比率一样，市销率在使用方面也存在一定的优点和局限性。

其优点在于：（1）它不会出现负值，对于亏损企业和资不抵债的企业，也可以计算出一个有意义的价值乘数。（2）不同于利润和账面价值，营业收入比较稳定，不会受到折旧和非经常性支出所采用的会计政策的影响，此外，就真实性而言，营业收入也要比净利润高。（3）对于处于相对较成熟的行业的公司，相比于市盈率，市销率更为稳定，波动性小；对于处于非周期性行业的公司而言，由于宏观周期波动对它们的影响较小，也比较适合采用市销率进行估值。

而运用市销率进行估值的局限性在于：（1）在市销率的计算公式中，分母是营业收入，而营业收入是处在利润表最顶端的位置的，它没有考虑到各个公司成本的变化，从而可能会导致错误的评价。如果公司不能很好地处理成本管控方面的问题，那么采用市销率法进行估值的准确性也就会大大降低。也就是说，如果目标公司的成本波动较大，相应地利润也波动较大，那么就不适合用市销率法进行估值。（2）只能用于同行业公司之间的对比，不同行业的市销率对比没有意义。

（五）市盈率相对盈利增长比率估值法

市盈率相对盈利增长比率（price/earnings to growth ratio，PEG）是由吉姆·斯莱特提出的，是在市盈率估值法的基础上发展起来的，这一指标能够反映公司成长性对价值的影响。

市盈率相对盈利增长比率的计算公式为

$$● \quad 市盈率相对盈利增长比率 = \frac{市盈率}{每股利润的年度增长率}$$

采用该比率的逻辑在于，公司的价值取决于公司的未来成长，与公司长期稳定的利润密切相关。而前述3个指标采用的一般都是历史数据，对于公司的成长性的估计不足，而PEG把公司的成长性纳入考虑，认为公司的市盈率其实反映的是市场对公司未来业绩增长的预期，量化来说，在数值上，公司的市盈率应该与长期增长率相一致。

其中，市盈率的计算方法在前文中已介绍，每股利润的年度增长率可以是历史增长率，也可以是未来预测值。采用历史增长率计算的好处是，获取比较方便且可以进行验证，但是缺陷在于很多公司的历史增长率并不一定等同于未来增长率，所以很容易造成高估或者低估。而采用未来预测值则主观性较强，获取比较困难并且无法在当前时点进行验证。因此，为了减少未来预测值的误差，一般会采用市场平均的预测值，即从多家跟踪目标公司业绩的机构收集多位分析师的预测所得到的预估平均值或中值。同时，预测时需要对未来至少3年的业绩增长情况做出判断，而不能只用未来12个月的盈利预测，这也大大提高了准确判断的难度。事实上，只有当投资者有把握对未来3年以上的业绩表现做出比较准确的预测时，市盈增长比率的使用效果才会体现出来，否则反而会起误导作用。

在具体操作中，一般是采用公司的市盈率除以未来3~5年的每股利润复合增长率来计算市盈增长比率指标。当结果等于1时，可以认为市场的定价可以充分反映公司未来的业绩增长；当结果大于1时，则说明公司股票的价值可能被高估，或者市场认为该公司会以高于预期的速度成长；当结果小于1时则相反，表明公司股票价值可能被低估，或者市场认为其成长性并不能达到预期。对于成长型的公司，其市盈增长比率都会大于1，也可能在2以上。对此，彼得·林奇在《彼得·林奇的成功投资》一书中明确提到："一般来说，如果一家公司的股票市盈率只有利润增长率的一半，那么这只股票赚钱的可能性就相当大；如果股票市盈率是利润增长率的两倍，那么这只股票亏钱的可能性就非常大。在为基金进行选股时我们一直使用这个指标来进行股票分析。"

不过在使用时还需要注意的一点是，我们不能仅看公司自身的市盈增长比率数值来确认它是高估还是低估，如果某公司股票的PEG为1.2，而与其成长性相似的其他公司股票的PEG都在2以上，则该公司的PEG虽然已经高于1，但价值仍可能被低估。

使用市盈增长比率进行估值时，首先要选择出几家可比公司，取其PEG的平均值或者是中位数，为了反映目标公司与可比公司在基本面之间的差异，必要时也可以对计算出的结果进行调整，并以此作为目标公司的市盈增长比率倍数。

PEG估值法相较于PE估值法而言，其优点在于：遇到一些极端情况，比如现在不少公司股票的市盈率高达百倍，遥遥领先于市场平均水平，我们就很难用市盈率对其进行价值评估。但如果将公司的市盈率和其在业绩上的成长性做一个对比，可能这些公司市盈率高的背后就有了一定的合理性，投资者就不会觉得风险太大。

相比之下，其缺陷在于确定每股利润的年度增长率较为困难，由于主观性强，很难得出一个准确而可靠的结果。同时市盈增长率估值法更适合对有良好增长前景的成长性公司进行价值评估，比较难以评估处于成熟期或衰退期的公司的价值。

（六）公司价值倍数估值法

公司价值倍数是公司的市场价值（enterprise value，EV）与公司税息折旧及摊销前利润（earnings before interest，taxes，depreciation and amortization，EBITDA）的比率，该比率可以表示投资资本的市场价值与公司利润之间的关系。

其中，EBITDA是税息折旧及摊销前利润，其计算公式为

- *EBITDA= 净利润 + 所得税费用 + 利息费用 + 折旧摊销*

公司价值是指业务价值，也就是权益与负债价值之和，简单来说就是要购买一家持续经营的公司需要支付多少价钱，其中不仅包含对公司盈利的估值，还需要考虑公司应该偿还的负债，其计算公式为

- *EV= 股票市值 + （总负债—总现金）= 市值 + 净负债*

这一方法最早被用来作为兼并收购的定价标准，现在已广泛用于对公司价值的评估和股票定价。企业价值倍数在负债很高、固定资产占比很大的公司具有很高的应用价值，因为折旧摊销费用并不耗费公司的现金流，负债很高则在降低负债融资成本后可以节约大量的现金流和释放利润。比如，水电站、铁路等行业具有使用寿命长、固定资产占比高等特点，对其评估最好采用企业价值倍数估值法。

公司价值倍数估值法的优点在于：第一，消除了公司之间采用不同的折旧摊销政策的影响，受到会计数据失真的干扰较小，也就更具有可比性。第二，指标计算中不包括投资收益、营业外收支等非经营损益项目，能够真正体现公司核心业务的经营状况及由此而该有的价值。第三，与资本结构无关，可以将财务杠杆差异较大的公司进行比较。

而其缺陷在于：指标计算较为复杂，且剔除了折旧、摊销及税收的影响，也不反映少数股东现金流，可能会导致估值失真，对于业务种类繁多、有较多子公司的公司并不适用。

（七）相对估值法的适用性总结

市盈率法能够直接反映出公司的盈利能力与股价的关系，同时计算也很简单。但实际上，很多公司的利润发展趋势并不是一马平川的，而是会受到宏观经济、国家政策、行业景气程度及自身的经营管理水平的影响，公司的利润水平可能会波动很大，甚至出现亏损。而盈利的大幅度起伏会严重影响市盈率法的准确性，因此处于周期性行业和仍未实现盈利的公司不适合使用市盈率法估值。其余情况下，市盈率法通常可以适用，也正因此，市盈率法是目前应用最广泛的估值方法。

市净率法借助公司的净资产进行评估，可用于因亏损而导致市盈率法不适用的公司。同时，暂时陷入经营困境，或者存在破产风险的公司也比较适合采取市净率估值法。总体而言，市净率法主要适用于对有大量资产同时净资产为正的公司进行价值评估，尤其是金融公司、房地产公司。而在对轻资产或者资产可能会发生重大贬值的公司而言，不适合采用市净率估值法。

市销率法主要考虑的是公司的营业收入，而不能反映成本的变化，因此比较适合对销售成本率较低的公司或者销售成本率趋同的传统行业的公司进行价值评估，但需要注意的是，高销售额与公司具有很高的内在价值并不是等价的，因此在使用这一方法对平台类公司、主要从事贸易的公司及频繁进行关联交易的公司进行估值时，要密切关注收入的质量。此外，这一方法并不适用于营业成本波动较大的公司。

市盈率相对盈利增长比率和公司价值倍数法都是在市盈率法的基础上进行了扩展和深入。其中，市盈率相对盈利增长比率比较适合成长期公司，而对于那些盈利比较稳定但是增长能力不佳的成熟期或衰退期的公司，这一方法的适用性较弱；公司价值倍数法适用于子公司数量少或者业务单一的公司，否则估值的准确性将大大降低。

综上所述，每种估值方法都各有特点，也各有利弊，分别适用于不同的行业、不同的公司。因此，估值方法的选择，对于能否得到一个合理且准确的估值结果而言至关重要。在实务中，要尽量选择符合目标公司特征的估值方法，并且最好选取多种估值方法，对结果进行比较，才能够对公司的内在价值有一个较为准确的了解。

🔍 研究分析：瑞银证券对百度的价值评估

四、绝对估值法

与相对估值法对应的就是绝对估值法。绝对估值法就是直接采用目标公司的相关数据来估算其内在价值的估值方法。绝对估值法是理论基础最为健全但也最复杂的一种方法，它起源于 1908 年欧文·费雪提出的折现理论，后来又经过了历代经济学家的修正，逐渐成为估值的主流方法。它的基础是现值原则，即基于对公司基本面的了解，对其历史财务状况进行分析，并且预测其未来的财务状况，以此来对公司的价值进行评估。

绝对估值法的优点是对于公司价值的评估更为精准，但是其难点也是非常突出的，因为在绝对估值法下，对参数估计的准确性决定着最终结果的准确性。因此这一方法比较适用于较为成熟的公司，对于正在快速扩张的公司而言，由于它们具有很大的不确定性，并不特别适用绝对估值法。

目前，绝对估值法中两个最为典型且重要的模型就是现金股利贴现模型与自由现金流贴现模型。

（一）绝对估值法的基本原理

绝对估值法认为，未来流入的现金流构成了公司价值，而如果将这些现金流一笔一笔地折回到现在的时点并进行加总，就得到了公司的价值。

其基本准则是，今天的现金可以投资并立刻带来利息收入，因此今天等数额的钱要比明天更值钱。未来某一时点上的一定量现金折合到现在的价值被称为现值（present value, PV），而现在一定量的资金在未来某一时点上的价值被称为终值。现值等于未来的现金数额乘以贴现因子，贴现因子是未来收到1元钱在今天的价值，其值一定是小于1的。

如果我们用 C_1 代表时点1的现金流入，r 表示资本成本，也即预期的利润率和贴现率，那么现值的计算公式如下

● 现值 = 贴现因子 $\times C_1$

注：贴现因子 $= \dfrac{1}{(1+r)}$

也即

$$PV = \frac{1}{(1+r)} \times C_1 \tag{8-8}$$

对于持续经营的公司而言，未来会有源源不断的现金流入和流出，它们之间的差额就是现金净流入，对于公司的股东而言，它们也会持续地享有净利润的份额。绝对估值法的原理就是，将估值时点之后的未来现金净流入以合适的贴现率进行贴现，再加总得到相应的价值。具体地，公司价值的计算公式为

$$V = \sum_{t=1}^{\infty} \frac{CF_t}{(1+r)^t} \tag{8-9}$$

其中 V 为公司总价值，t 为时期，CF_t 为第 t 期的现金净流入，r 为贴现率，即期望回报率。

（二）现金股利贴现模型

公司股东获得现金流量有两种形式：出售股票或者是现金分红。现金股利贴现模型

的理论基础是现值原理：任何资产的价值都等于其预期未来全部现金流的现值总和，他所用到的现金流就是预期的现金股利。模型的实质就是公司未来的现金股利决定当前股票的价值，模型假设在永久持有股票的前提下，现金股利是股东唯一能够获得的现金流，盈利等其他因素对公司价值的影响都可以通过现金股利间接体现。

假设公司未来一年的现金股利为 DIV_1，一年后出售股票的预期价格为 P_1，贴现率为 r，该公司股票现在的价值为 P_0，则

$$P_0 = \frac{DIV_1+P_1}{1+r} = \frac{1}{1+r}\left(DIV_1 + \frac{DIV_2+P_2}{1+r} + \cdots + \frac{DIV_n+P_n}{(1+r)^{n-1}}\right)$$

$$= \frac{DIV_1}{1+r} + \frac{DIV_2}{(1+r)^2} + \cdots + \frac{DIV_n+P_n}{(1+r)^n} = \sum_{t=1}^{\infty}\frac{DIV_t}{(1+r)^t} + \frac{P_n}{(1+r)^n} \qquad (8-10)$$

其中，n 表示股票的持有期限。

对于持续经营的公司来说，股票并没有一个明确的到期日，所以时间段 n 是无限的，那么当 N 趋向于无穷时，现金股利贴现模型可以表示为

$$P_0 = \sum_{t=1}^{\infty}\frac{DIV_t}{(1+r)^t} \qquad (8-11)$$

虽然是公认的最基本的股票定价理论模型，但现金股利贴现模型也面临着很多挑战和实际应用中的局限性。

（1）它最大的挑战来自 MM 理论，也即股利无关理论，这是由著名的经济学家弗兰科·莫迪利安尼和财务学家莫顿·米勒在 1961 年提出的。他们认为公司的市场价值与资本结构无关，在投资政策既定的情况下，股利政策不会对公司价值产生任何影响。简言之，就是公司是否发放股利都与公司的价值没有关系，甚至在考虑个人所得税的时候，发放股利反而会损害股权价值。

（2）很多公司并不会分配股利，那么现金股利贴现模型的应用就受到了限制。尤其是对于新兴的中国股票市场而言，目前还处于一个虽然发展迅速但还十分不成熟的阶段，给投资者现金分红回报的上市公司还比较少，如果纯粹按照现金股利折现模型，会得出许多不发放股利而盈利很高的公司内在价值等于零的结论。

（3）现金股利受公司管理者或董事会的人为影响比较严重，几乎无法准确预测未来几年的现金股利，不同公司的股利政策也存在相当大的差异。

（4）股利政策是人为制定的，并不代表公司价值。假如一家公司盈利能力很强，但管理者基于各种考虑决定不发放股利，如有好的项目，需要留存利润进行投资，那么是否能说这家公司股票的价值为零呢？众所周知，沃伦·巴菲特的公司自成立以来就从没有为股东们发放过股利，但能否根据现金股利贴现模型说该公司没有内在价值呢？有时

候股利发放越多，表示公司缺乏投资机会，反而会阻碍公司的成长，所以多发放股利并不一定代表公司价值的提升。

（5）现金股利相对于公司利润来说是明显滞后的，许多实证研究已经表明现金股利模型除了适用于少部分股利政策稳定、股利支付率高的公司外，并不能很好地应用于公司价值评估，甚至在采用这一模型评估盈利能力强但支付股利较低的公司时，会有低估的倾向。

（三）自由现金流贴现模型

1. 自由现金流的概念

弗兰科·莫迪利安尼和莫顿·米勒在 1961 年首次阐述了公司价值取决于其未来产生的现金流量的思想。在此基础上，詹森在 1986 年提出了自由现金流理论，将自由现金流定义为公司"满足所有以相关的资金成本折现的净现值为正的项目所需的资金后剩余的现金流量"。简单来讲，自由现金流量就是公司产生的在满足了再投资需要之后剩余的现金流量，这部分现金流量是在不影响公司持续发展的前提下，可以向公司所有权要求者，包括普通股股东、优先股股东和债权人提供的现金流总和。

目前，市场上运用比较普遍的是汤姆·科普兰教授在 1990 年提出的计算方法："自由现金流量等于公司的税后净营业利润，加上折旧、摊销等非现金支出，再减去营运资本的追加和物业厂房等固定资产设备和其他资产方面的投资。它是公司所产生的税后现金流量总额。"用公式可以表示为

- 自由现金流量 =（税后经营净利润 + 折旧摊销）—（资本支出 + 经营性营运资本增加）

其中，税后经营净利润，即 NOPAT 是公司经营业务所产生的净利润，其具体计算请参考本书第六章"盈利能力分析"部分。资本支出可以根据现金流量表中的长期资产和子公司的购置与处理计算得出；经营性营运资本增加是经营性流动资产减去经营性流动负债。上述公式在计算时比较复杂，也可以采用简单直观的方式直接计算得出

- 自由现金流量 = 经营活动产生的现金流量净额—资本支出—经营性营运资本增加

2. 自由现金流贴现模型

自由现金流贴现模型的理论基础仍然是现值原理：任何资产的价值都等于其预期未来全部现金流的现值总和，对于公司而言就是自由现金流。

自由现金流贴现模型的计算公式如下

$$V= \frac{\text{FCF}_1}{(1+\text{WACC})^1}+\frac{\text{FCF}_2}{(1+\text{WACC})^2}+\cdots+\frac{\text{FCF}_t}{(1+\text{WACC})^t}+\cdots=\sum_{t=1}^{\infty}\frac{\text{FCF}_t}{(1+\text{WACC})^t} \qquad (8-12)$$

其中，V 代表公司价值，t 代表第 t 年，FCF_t 代表第 t 年的自由现金流，WACC 为公司加权平均资本成本率。

但是上述公式在实际应用中存在一个困难，就是必须要预测未来所有时期的现金流，这显然是不可能准确的。因此，在实务中，我们会对模型进行一些假定而将其简化，其中最常用的有零增长模型、不变增长模型、两阶段模型和三阶段模型。

（1）零增长模型

对于一家已经处于成熟期，不太有增长的公司而言，每年的自由现金流也基本上会保持在同一水平上，类似于永续年金的概念。此时，自由现金流量贴现模型的计算公式为

$$V = \frac{FCF}{WACC} \tag{8-13}$$

其中，V代表公司价值，FCF代表每年的自由现金流，WACC为公司加权平均资本成本率。需要注意的是，如果公司将自由现金流全部用于发放现金股利，那么采用自由现金贴现模型和现金股利贴现模型所计算出的公司价值将会非常接近。

（2）不变增长模型

即假设公司持续按照一个速度增长，此时，自由现金流量贴现模型的计算公式为

$$V = \sum_{t=1}^{\infty} \frac{FCF_0(1+g)^t}{(1+WACC)^t} = FCF_0 \times \frac{1+g}{WACC-g} = \frac{FCF_1}{WACC-g} \tag{8-14}$$

其中，V代表公司价值，FCF_0代表第0年的自由现金流，也即估值日的起始自由现金流，FCF_1代表第1年的自由现金流，g为自由现金流每年的增长率，WACC为公司加权平均资本成本率。

（3）两阶段模型

即假设公司增长呈现两个阶段：第一阶段为快速增长阶段，又称为详细预测期，通常为5~7年，其增长率高于永续增长率，此期间需要对公司的收入、成本、资产等项目进行详细预测，得出每一年的自由现金流数值；第二阶段是永续增长阶段，又称永续期，增长率为正常稳定的增长率。

此时，公司价值模型的计算公式为

$$V = \sum_{t=1}^{n} \frac{FCF_0}{(1+WACC)^t} + \frac{1+g}{(1+WACC)_{n+1}} \tag{8-15}$$

其中，TV是永续增长阶段的价值总和。

对于成长型的公司而言，我们通常可以在第一阶段赋予它一个较高的增长率，但是这样较高速度的增长注定是不可能永远延续下去的，所以在第二阶段应当假定较低的增长率。假设公司的详细预测期为n期，最后一期的自由现金流为FCF_n，第二阶段以一个不变的较低增长率g永续增长，公司的加权平均资本成本为WACC，那么

$$V = \frac{FCF_n(1+g)}{(1+WACC)} + \frac{FCF_n(1+g)^2}{(1+WACC)^2} + \cdots + \frac{FCF_t(1+WACC)^t}{(1+WACC)^t} + \cdots = \frac{FCF_n(1+g)}{WACC-g} \tag{8-16}$$

此时

$$V = \sum_{t=1}^{n} \frac{FCF_t}{(1+WACC)^t} + \frac{FCF_n(1+g)}{(WACC-g)(1+WACC)^{n+1}} \qquad (8-17)$$

一般情况下，投资者要求的 WACC 至少要高于总体的经济增长率，因此第二阶段的不变增长率 g 通常小于 WACC。

该模型对公司股权价值计算的核心是正确区分观察期和永续期，并正确计算两个阶段的现金流量和折现系数。判断公司是否进入永续增长状态的标志有两个：第一，在永续增长状态下，公司具有稳定的销售增长率，其大约等于宏观经济的名义增长率；第二，公司具有稳定的投资资本回报率，并与资本成本接近。

而在实际应用中，有时会对详细预测期进行简化，直接对这一阶段采用一个统一的较高的增长率 g_1，而第二阶段用一个较低的增长率 g_2，此时两阶段模型的计算公式为

$$V = \sum_{t=1}^{n} \frac{FCF_0(1+g_1)^t}{(1+WACC)^t} + \frac{FCF_0(1+g_2)}{(WACC-g_2)(1+WACC)^n} \qquad (8-18)$$

（4）三阶段模型

即假设每个公司都会经历 3 个发展阶段：成长阶段、过渡阶段和稳定阶段。这 3 个阶段的增长率呈逐渐减少的态势，在成长阶段，由于生产新产品并扩大市场份额，公司取得快速的利润增长，此时的增长率是最高的；在过渡阶段，公司的盈利模式走向成熟，增长率开始下降；到了稳定阶段，增长率会保持在一个较低的水平不变。

三阶段模型的计算公式如下

$$V = \sum_{t=1}^{n} \frac{FCF_0(1+g_1)^t}{(1+WACC)^t} + \sum_{t=n+1}^{n} \frac{FCF_0(1+g_2)^t}{(1+WACC)^t} + \frac{FCF_{n+m}(1+g_3)}{(WACC-g_3)(1+WACC)^{n+m+1}} \qquad (8-19)$$

其中，V 代表公司价值，FCF_0 代表估值日的初始自由现金流，n 为成长阶段的期限，m 为过渡阶段的期限，g_1 为成长阶段的增长率，g_2 为过渡阶段的增长率，g_3 为稳定阶段的增长率，WACC 为公司加权平均资本成本率。

自由现金流贴现模型虽然被广泛应用，但仍然存在很多缺陷：首先，该方法不适用于处于投资期的公司。投资期公司的获利前景以及未来现金流情况并不稳定，人们较难确定现金流量的长期增长比率。其次，该方法不适用于随经济周期有较大变化的公司，公司的经营周期如果与经济周期有较大的相关性或不确定性，公司的销售额、利润、现金流量等很难预测，与该模型的假定——公司经营稳定相悖。再次，该方法不适用处于重组期间的公司。重组期间，公司的资产结构、产品结构、组织结构、人事结构及股利政策等都会发生很大的变化，公司不可能利用历史数据对未来做出令人信服的预测，况且重组期间的任何变革都会改变公司的风险状况，原模型的折现率也要随着重组的发生

而进行调整,所有的一切增加了公司价值的不确定性。

3. 格力电器与自由现金流贴现模型的应用

下面,我们采用自由现金流贴现法的两阶段模型来对格力电器进行估值。

(1)详细预测期和稳定增长期的划分

在实务中,对公司价值预测的详细预测期一般为5~7年,具体根据公司发展情况而定,对于处在成长期的公司,详细预测期可以适当延长。我们在第七章"成长性分析"中提出,格力电器如今步入了成熟期,增长速度也趋于稳定,因此,我们将详细预测期定为5年,在5年之后,格力电器将进入稳定增长期。

(2)自由现金流量估计

①对营业收入的预测

考虑到2020年疫情冲击的特殊情况,我们以格力电器在2015—2019年期间的复合收入增长率为基础[①],经计算,这一数值是7.54%。我们预测,在详细预测期,格力电器有能力保持这一增长水平(见表8-6)。但考虑到空调是可选耐用消费品,且增量需求与房地产新增投资紧密相关,但我国房地产新增投资在未来将大幅下降,使得格力电器的实际增长水平将下降。同时,行业在进入成熟期后,市场竞争的激烈程度将提升。当然,格力电器也在积极寻求其他领域的扩张,谋取新的增长点。因此,基于稳健的考虑,我们将格力电器在详细预测期内的潜在收入增长率下调至6.5%。具体而言,以2020年的营业收入为基础,预测2021年营业收入增长率为10.00%,2022年为6.00%,2023年为6.00%,2024年为5.50%,2025年为5.00%。

表8-6 格力电器详细预测期的收入增长率

年份	2015—2019	2020A	2021E	2022E	2023E	2024E	2025E
营业收入增长率 / %	7.54	−15.12	10.00	6.00	6.00	5.50	5.00

注:此表依据格力电器2015—2020年财务数据进行预测。

一般而言,在进入稳定增长期后公司的增长基本稳定,其永续增长率不会高于国民经济增长率。近年来,除去疫情影响的2020年,我国国民经济增长率保持在5%~6%(名义增长率将达到7%~8%),但考虑到空调行业已经比较成熟,市场饱和度比较高,房地产新增投资大幅减少,我们将格力电器的预期永续增长率保守地估计为4%。

②对营业成本的预测

近年来,格力电器对于营业成本进行了一定控制,建立起从设计、工艺到生产的全

[①] 格力电器的营业收入包括经营业务的收入,也包括财务子公司的金融业务收入(收入占比在2019年为1.2%)。我们这里以经营业务的收入为基础进行预测。

流程成本管控体系。设计成本方面，从设计理念和方向抓起，对设计结构和材料进行革新性成本研究；生产成本方面，不断研究新工艺，以淘汰高成本工艺，同时通过自动化等方式减少生产人员投入；采购成本方面，对原材料实行集中采购，充分发挥集团规模优势，提高采购议价能力，有效控制采购成本。在这样的管控下，其营业成本保持在一个比较稳定的状态（见表 8–7）。2015—2019 年期间，营业成本占比平均为 68.83%，但呈现出逐步提升的趋势，这主要是人工成本和原材料价格（比如铜）提升所致。在经济不断发展的过程中，人工成本和自然资源价格的提升是大势所趋，而且，行业在进入成熟期后，市场竞争的激烈程度将提升（空调相比其他家电行业的盈利能力更强，但新增需求和投资机会减少，存量竞争将更加激烈，还有可能吸引新的竞争者进入）。因此，我们取 2019 年的营业成本占营业收入的比重作为对未来营业成本占比的预测，即 73%。

表 8–7　格力电器的营业成本率

项目	2015 年	2016 年	2017 年	2018 年	2019 年
营业收入 / 亿元	977.45	1083.03	1482.86	1981.23	1981.53
营业成本 / 亿元	660.17	728.86	995.63	1382.34	1434.99
占比 / %	67.54	67.30	67.14	69.77	72.42
平均值 / %	68.83				

③对销售费用的预测

根据格力电器年报披露，其销售费用主要为安装维修费、运输及仓储装卸费、销售返利及宣传推广费。在安装维修成本方面，公司注重提高售后服务人员安装维修技能，推进售后服务标准化；在宣传推广成本方面，格力电器进一步创新营销体系，通过卓越的产品质量和高标准的售后服务让产品走进消费者的心里，降低宣传推广成本；仓储成本方面，强化仓库库存合理化分析，优化布局及使用效率，全面提升仓库物资周转率，进一步降低仓储成本。

而销售返利是指经销商在一定时期内累计购买货物达到一定数量，或者由于市场价格下降等原因，公司给予经销商相应的价格优惠或补偿。当前，格力电器在大力提升网络销售渠道，而这部分主要由格力电器自己掌控，从而减少了对经销商的依赖，使得销售返利费用会减少，从而推动销售费用占比的进一步降低。2015—2019 年期间，格力电器的销售费用占比逐年下降，这是格力市场竞争力的体现，龙头品牌树立以后，市场营销费用将减少。考虑到销售返利占销售费用的绝大部分，且销售返利会持续减少，结合近 5 年的变动趋势，我们预测格力未来的销售费用占比将进一步减少至 7.5% 左右。格力电器的销售费用率如表 8–8 所示。

表 8-8　格力电器的销售费用率

项目	2015 年	2016 年	2017 年	2018 年	2019 年
销售费用 / 亿元	155.06	164.77	166.60	189.00	183.10
营业收入 / 亿元	977.45	1083.03	1482.86	1981.23	1981.53
占比 /%	15.86	15.21	11.24	9.54	9.24

④对管理费用的预测

根据格力年报披露，其管理费用主要为职工薪酬、物耗、折旧及摊销。此外，这里我们也将研发费用和资产减值损失并入管理费用，因为研发费用和资产减值损失中的应收款坏账损失在之前也是合并在管理费用项目中披露的。近年来公司对管理费用有严格的审批和管控，不断优化工作流程和方法，提高费用的投入产出比；并且通过数字化转型提升运营效率，将产品、营销、客户、用户、物流、服务纳入数字化平台，不断提高管理水平，管理费用占营业收入的比重基本稳定。考虑到格力电器正在加大研发投入，以及会提升对高管的激励水平，我们选取近五年管理费用占营业收入比重的平均值5.64% 作为对未来管理费用占比的估计值。格力电器的管理费用率如表 8-9 所示。

表 8-9　格力电器的管理费用率

项目	2015 年	2016 年	2017 年	2018 年	2019 年
管理费用 / 亿元	50.49	54.89	60.71	43.66	37.96
资产减值损失 / 亿元	0.86	−0.01	2.64	2.62	8.43
研发费用 / 亿元	–	–	36.18	69.88	58.91
营业收入 / 亿元	977.45	1083.03	1482.86	1981.23	1981.53
占比 /%	5.25	5.07	6.71	5.86	5.31

⑤对税金及附加的预测

公司的税金及附加主要包括城市维护建设税、教育费附加、房产税和土地使用税等。格力电器的税金及附加占营业收入的比重在 2015—2019 年是保持在一个稳定的水平的，在 2016 年有一定的上升，2017 年开始又逐渐下降，到 2019 年已经接近 2015 年的占比。因此，我们选取这五年税金及附加及占营业收入比重的平均值 0.95% 作为对未来税金及附加占比的估计值。格力电器的税金及附加费用率如表 8-10 所示。

表 8-10　格力电器的税金及附加费用率

项目	2015 年	2016 年	2017 年	2018 年	2019 年
税金及附加 / 亿元	7.52	14.30	15.13	17.42	15.43
营业收入 / 亿元	977.45	1083.03	1482.86	1981.23	1981.53
占比 /%	0.77	1.32	1.02	0.88	0.78

⑥对所得税率的计算

我们根据公司的利润总额及所得税金额，对其实际税率进行测算，得到公司的实际税率在各年份都稳定在 15% 左右，有小幅度的变动，因此，选取近 5 年实际税率的平均值 15.61% 作为未来的所得税率。实际上，格力电器是高新技术企业，法定的所得税税率是 15%。格力电器的实际税率如表 8-11 所示。

表 8-11　格力电器的实际税率

项目	2015 年	2016 年	2017 年	2018 年	2019 年
所得税费用 / 亿元	22.86	30.07	41.09	48.94	45.25
利润总额 / 亿元	149.09	185.31	266.17	312.74	293.53
实际税率 /%	15.33	16.23	15.44	15.65	15.42

⑦对税后经营净利润的预测

根据上述分析，我们可以得到详细预测期的税后经营净利润（NOPAT），如表 8-12 所示。

表 8-12　格力电器详细预测期的税后经营净利润

项目	2021E	2022E	2023E	2024E	2025E
营业收入 / 亿元	1850.19	1961.20	2078.87	2193.21	2302.87
减：营业成本 / 亿元	1350.64	1431.68	1517.58	1601.04	1681.10
税金及附加 / 亿元	17.58	18.63	19.75	20.84	21.88
销售费用 / 亿元	138.76	147.09	155.92	164.49	172.72
管理费用 / 亿元	104.35	110.61	117.25	123.70	129.88
息税前利润 / 亿元	238.86	253.19	268.38	283.14	297.30
减：所得税费用 / 亿元	37.29	39.52	41.89	44.20	46.41
税后经营净利润 / 亿元	201.57	213.67	226.49	238.94	250.89

注：本表依据格力电器 2015—2020 年财务数据进行预测。

⑧对折旧与摊销的预测

由于建造或者购买资产的支出是在前期发生的，而在计提折旧和摊销并没有产生真正的现金流出，因此在计算自由现金流量时，要把折旧与摊销加回来。以下是 2015—2019 年格力电器的折旧与摊销情况，可以看出，格力的折旧与摊销总额占营业收入的比重在近 5 年都是比较稳定的，我们选取 2015—2019 年折旧与摊销总额占营业收入比重的平均值 1.52% 作为详细预测期的数据。格力电器的折旧与摊销如表 8-13 所示。

表 8-13　格力电器的折旧与摊销额

项目	2015 年	2016 年	2017 年	2018 年	2019 年
折旧 / 亿元	12.45	17.35	19.48	28.60	29.77
摊销 / 亿元	0.73	0.82	0.85	2.51	2.18
营业收入 / 亿元	977.45	1083.03	1482.86	1981.23	1981.53
占比 /%	1.35	1.68	1.37	1.57	1.61

⑨对营运资本增加的预测

根据第六章盈利能力分析部分对经营性流动资产、经营性流动负债的调整，我们计算了 2014—2019 年格力电器各年份的经营性营运资本金额，估算出其占营业收入的大概比例（见表 8-14）。由于格力电器拥有非常多的货币资金且拥有财务公司，我们区分了两种情况：一是将货币资金归类为经营性资产；二是不将货币资金归类为经营性资产。这两种情况均发现，格力电器的新增经营性营运资本的金额变动很大，与营业收入的比率也波动很大。格力电器的经营性营运资本变动较大的原因主要在于其应收款项和预收款项（合同负债）的变动，而这与格力电器的紧密型经销商制度相关，使得营运资本的变动不好预测。为此，我们采取第二种方法，以近 3 年金额的均值作为新增经营性营运资本的预测，即（29.48+28.58-61.80）/3=-1.25。也就是说，整体上，格力电器随收入增长的营运资本需求并不需要自己投入。

表 8-14　格力电器的新增经营性营运资本

项目	2015 年	2016 年	2017 年	2018 年	2019 年
（1）经营性资产考虑货币资金					
经营性流动资产 / 亿元	760.78	1053.02	1277.72	1377.67	1428.40
经营性流动负债 / 亿元	1021.34	1155.89	1277.66	1349.11	1501.97
经营性营运资本 / 亿元	−260.56	−102.87	0.06	28.56	−73.57
经营性营运资本均值 / 亿元	−184.14	−181.72	−51.40	14.31	−22.51
新增经营性营运资本 / 亿元	−106.67	2.42	130.31	65.71	−36.82
营业收入 / 亿元	977.45	1083.03	1482.86	1981.23	1981.53
占比 /%	−10.91	0.22	8.79	3.32	−1.86
（2）经营性资产不考虑货币资金					
经营性流动资产 / 亿元	284.40	447.02	599.67	697.41	700.38
经营性流动负债 / 亿元	1021.34	1155.89	1277.66	1349.11	1501.97
经营性营运资本 / 亿元	−736.94	−708.87	−677.99	−651.70	−801.59
经营性营运资本均值 / 亿元	−554.55	−722.91	−693.43	−664.85	−726.65
新增经营性营运资本 / 亿元	−228.76	−168.36	29.48	28.58	−61.80
营业收入 / 亿元	977.45	1083.03	1482.86	1981.23	1981.53
占比 /%	−23.40	−15.55	1.99	1.44	−3.12

⑩对资本支出的预测

资本支出是为取得长期资产而发生的支出。我们基于简便的考虑以现金流量表为基础估算格力的资本支出（见表 8-15）。2015—2019 年期间，格力电器的资本支出在增加，主要原因在于对外寻求新的业务。我们预计格力电器在未来还将继续维持这样的资本支出规模。因此，我们以 2015—2019 年的资本支出占营业收入的比重的均值 2.56% 作为未来资本支出预测的基础。

表 8-15　格力电器的资本支出

项目	2015 年	2016 年	2017 年	2018 年	2019 年
处置长期资产收回的现金净额 / 亿元	0.01	0.27	0.04	0.06	0.10
处置子公司等收到的现金净额 / 亿元	0	0	0	0	0
购建长期资产支付的现金 / 亿元	28.85	32.77	24.25	38.38	47.13
取得子公司等支付的现金净额 / 亿元	0	0	0	10.30	7.74
资本支出 / 亿元	28.84	32.50	24.21	48.62	54.77
占营业收入比例 /%	2.95	3.00	1.63	2.45	2.76

⑪对详细预测期自由现金流量预测

在进行上述分析与预测之后，我们就能够得到详细预测期格力的自由现金流量预测值，如表 8-16 所示。

表 8-16　格力电器的自由现金流量预测

项目	2021E	2022E	2023E	2024E	2025E
税后经营净利润 / 亿元	201.57	213.67	226.49	238.94	250.89
加：折旧摊销 / 亿元	28.12	29.81	31.60	33.34	35.00
减：资本支出 / 亿元	47.36	50.21	53.22	56.15	58.95
新增经营性营运资本 / 亿元	0	0	0	0	0
自由现金流量 / 亿元	182.33	193.27	204.87	216.14	226.94

（3）折现率

将格力电器的加权平均资本成本作为折现率，其计算公式为

$$\text{WACC}=r_s\times\frac{S}{S+D}+r_d\times(1-t)\times\frac{D}{S+D} \qquad (8-20)$$

其中，r_s 是普通股资本成本，$\dfrac{S}{S+D}$ 是普通股所占比重；r_d 是税前债务资本成本，$\dfrac{D}{S+D}$ 是债务所占比重，t 是企业所得税税率。

因此，我们需要首先确定格力电器的资本结构，并且求出其权益资本成本和债务资本成本。

①资本结构

对于格力电器而言，由于其总负债中包含着大量应付账款等无息负债，我们不能简单地以其资产负债率作为计算加权平均资本成本的权重，而是采用有息负债来计算资本结构。表8-17列示了对其有息负债率的计算结果。可以看出，近5年格力电器的有息负债占比在12%~22%之间变动，相比于其60%以上的资产负债率，低了很多。而因为近年来这一比率变化幅度比较大，同时考虑到格力电器可能会增加债务资金的使用，因为其需要对外扩张和占用经销商的资金会减少，故我们选择20%作为债务资本成本的权重，也能够得到权益资本成本的权重为80%。

表8-17　格力电器的资本结构

项目	2015年	2016年	2017年	2018年	2019年
有息负债/亿元	86.81	107.01	186.46	220.68	159.91
所有者权益/亿元	485.67	549.24	668.35	927.15	1120.48
合计/亿元	572.47	657.75	857.48	1150.99	1293.92
有息负债占比/%	15.16	16.31	21.81	19.23	12.49

注：有息负债＝短期借款＋长期借款＋一年内到期的非流动负债。

②债务资本成本

我们可以通过格力的利息支出和有息负债金额来确定其债务资本成本，如表8-18所示。可以看到，2015年和2019年的税前债务资本成本有大差异，可能是期末债务余额和中期债务资金的使用存在较大差异。因此我们选取2015—2019年的税前债务资本成本的平均值5.64%作为估计值。那么，税后债务资本成本为

$$rm - r_{RF}=12.23\%-3.7\%=8.73\%$$

表8-18　格力电器的税前债务资本成本

项目	2015年	2016	2017年	2018年	2019年
利息支出/亿元	4.77	3.11	8.18	10.68	15.98
有息负债/亿元	86.81	107.01	186.46	220.68	159.91
税前债务资本成本占比/%	5.75	3.21	5.57	5.25	8.40

③权益资本成本

运用资本资产定价模型来对格力的权益资本成本进行测算，其计算公式为

$$rs=r_{RF}+\beta\times(rm-r_{RF}) \tag{8-21}$$

a.对无风险利率 r_{RF} 的估计

一般情况下，我们认为政府债券有国家信誉的担保，不存在违约风险，其利率可以近似看作是无风险利率。经过查询，我们选用10年期国债的到期收益率3.5%作为无风

险利率，即 r_{RF}=3.5%。

b. 对市场风险溢价的估计

对于平均风险股票报酬率 rm，我们选用 2005—2020 年沪深 300 指数的复合收益率作为代表，计算得出 rm=12.23%，因此，可以进一步得到市场风险溢价为 8.73%，即

$$rm-r_{RF}=12.23\%-3.5\%=8.73\%$$

c. 对 β 的估计

我们可以通过一些数据机构提供的服务来得到公司股票的 β 值，比如可以通过 Wind 资讯查询，确定格力的 β 值为 0.92。

d. 计算权益资本成本

至此，我们可以计算出权益资本成本如下

$$r_s=3.5\%+0.92\times8.73\%=11.32\%$$

（4）加权平均资本成本

在确定了资本结构、债务资本成本和权益资本成本之后，我们就可以计算加权平均资本成本

$$\text{WACC}=80\%\times11.55\%+20\%\times5.64\%\times(1-15\%)=10.20\%$$

也就能够将折现率确定为 10.20%。

（5）企业价值评估

根据两阶段模型的公式，公司价值等于详细预测期现金流量现值与稳定增长期现金流量现值之和。我们把之前得到的自由现金流及折现率代入，得到格力电器在详细预测期现金流量的现值为 767.6 亿元，在稳定增长期现金流量的现值为 2434.8 亿元，因此，格力电器的总体企业价值为

$$767.6+2434.8=3202.4（亿元）$$

根据公式：企业价值 = 股权价值－净负债，我们得出公司的股权价值。截至 2020 年底，格力电器的净负债为 –678.3 亿元，故格力电器的股权价值为

$$3202.4-（-678.3）=3880.7（亿元）$$

不过，需要注意的是，市场交易价值与估算出来的股权价值可能存在较大的偏差，即使不考虑模型预测参数偏差的问题，其他很多因素也会影响股票的市场交易价格，比如市场偏好、公司治理与管理层的市场认可度等。格力电器的某些因素可能刚好并不受市场欢迎，比如空调与房地产周期相关性较强、格力管理层的频繁离职、公司治理结构的合理与稳定性高度依赖董明珠（比如员工持股计划董明珠一个人占比 27.68%）、多元化进程迟缓使得管理层的能力可能局限于空调行业（很难复制到其他行业），等等。

这些因素会大幅提升股东要求的回报率，或者可能会降低未来的自由现金流量（包

括增长的持续性）。假如我们将自由现金流量扣减 20%，或股东要求的回报率提升 20%，或永续增长率降低零，则企业价值将分别降低至 2562 亿元、2457.8 亿元或 2173.7 亿元。

五、实物期权估值法

实物期权的概念最早来自金融期权，并且在其理论基础上有所延伸，即将期权定价理论从金融领域逐渐拓展到了充满风险与不确定性的实物资产投资领域。实物期权法把公司未来拥有的投资机会当作一项期权或者选择权。与绝对估值法相比，实物期权法不再是对单一的传统现金流的预测，而逐渐开始关注可能影响公司未来现金流发生变动的事项，即公司未来投资机会中所隐藏的不确定性的价值。实物期权法认为公司价值应是其利用已有资产所能创造现金流的价值与未来投资机会中所隐藏的期权价值之和。因此，与传统估值法相比实物期权法可以更为合理地对公司的总体价值展开测算。

近年来，随着高新技术行业的兴起，出现了新的评估需求。高新技术公司所具有无形资产占比大，公司可能亏损等特点，导致传统的评估方法在此类公司中的适用性大打折扣，而实物期权估值法则比较适用于此类公司的价值评估。

其中最为常见的估值模型主要为离散模型下的二叉树模型及连续性时间模型下的 B-S 模型和蒙特卡洛模拟（见表 8-19）。

表 8-19　实物期权估值法的主要模型

主要模型	基本原理	优点	缺点
B-S 模型	公司未来价值预测只与当前股价相关，与过去的历史数据无关	使用方便，计算准确	形势复杂，数理知识深奥；假设条件较多
二叉树模型	在一定时间间隔内股票价格波动类似于树状结构只有上下两个方向，从树的末端节点可以倒算期权价值	更加直观，易于理解；模型推导简单	时间难以做到极致划分，计算复杂
蒙特卡洛模拟	通过计算机抽样法让决策者获取投资项目可能结果的完整分布情况	简单快速，省时省力	随机数选择不当将严重影响模拟结果的准确性

本书将主要介绍 B-S 模型。该模型由美国经济学家迈伦·舒尔斯与费雪·布莱克在 1973 年提出，并以两人名字命名。

此模型考虑了标的资产的现有价值和现有的资本成本，也考虑了该公司未来的利润和创造未来利润的成本。同时还把公司的股票波动率考虑进来，更符合风险型公司的价值评估。为了简化计算，B-S 实物期权定价模型规定了如下假设。

（1）欧式看涨期权，在期权到期日前不可实施。

（2）目标公司的价格是连续波动的。此特征目标公司的价格是指在一定的区间范围内，其利润率服从对数正态分布。并且对于每一个这样的区间来说，各利润率又相互独立。

（3）**标的物是不分红的股票**。此假设是避免公司未来因为利润分离导致的公司内在价值减少。

（4）**无风险利率是一个常数**。这个假设的意思是指目标公司的投资者或者说是目标公司，也可以按此无风险利率借入，或者是带出任意数量的资金；要求在期权的有效期内无风险利率是个常数，并且市场的交易者可以接受无风险利率借得任何数量的资金，这一假设符合资本的机会成本。

（5）**标的资产的价格波动性为已知常数**。标的资产的价格波动率对于上市公司来说，一般采用一年内的股票收盘价，经过计算以后得出标的资产的价格波动性。

（6）**市场无摩擦**。此假设指的是股票市场对于目标公司股票的买卖可以在瞬间完成，并且不存在税收等交易成本。也就是说，卖方可以在当天立即得到资金。

在此模型下，公司价值的计算公式如下

$$V=SN(d_1)-Ke^{-r\times T}N(d_2) \tag{8-22}$$

$$d_1=\frac{\ln\frac{S}{X}+(r+\frac{\sigma^2}{2})\times T}{\sigma\times\sigma^2} \tag{8-23}$$

$$d_2=d_1-\sigma\times\sqrt{T} \tag{8-24}$$

V 代表公司内在价值，S 代表标的资产价值，可以是公司当前股价；K 代表期权执行价格；T 是执行期间；r 为无风险利率；σ 是标的资产波动性。

实物期权法主要应用在高科技公司和初创公司估值，这类公司由于利润和现金流可能为负值，难以使用传统的贴现方法和市盈率法估值。而对处于成熟期的公司和经营多元化的公司，由于业务涉及众多子公司，并且可能存在大量关联交易，公司内涵的实物期权交叉重叠，不适用实物期权法估值。

六、针对互联网公司的估值方法

进入 21 世纪以来，互联网行业飞速发展，作为新兴行业，其与传统行业有较为明显的区别。具体从财务层面上而言，由于互联网公司正处在快速发展的阶段，成长性普遍比较强，但盈利水平一般，盈利能力也不稳定，收入和净利润的变化会比较大。因此，如果采用绝对值估值法对其估值，比如用现金流折现估值模型，最终的效果可能会大打折扣；而如果采用相对估值法，也会由于行业的变动比较快等原因，合适的可比公司可能很难找到，也并不是很适用。而随着互联网公司不断发展，业界对其运营模式的解读也逐渐成熟，大部分互联网公司都是走"免费＋付费"的发展模式，在市场上形成优势后再培育用户、转化用户。因此，我们在对互联网公司进行估值时也应该考虑它们的市场占有率、用户数量、用户黏性、用户付费能力和用户存留时间等因素，这样得到的估值结论才会更加精确且有现实意义。

接下来我们将介绍一些新的针对互联网公司估值方法，如入口价值法、用户价值法、梅特卡夫定律、奥德泽科定律等。

（一）入口价值法

入口价值法包括静态价值和动态价值两类，其中，静态价值是指入口流量和入口品质，动态价值是指黏性系数和集聚系数。而互联网公司的价值就是入口流量、入口品质与黏性系数和集聚系数之和的乘积，即

$$V=M \times N \times (X+Y) \tag{8-25}$$

其中，V是公司价值；M代表入口流量，这是一个非常明确的、可以量化的指标，主要包括用户规模、用户访问频率及停留时长等；N代表入口品质，这通常是一种定性的评价，比如用户访问的便利程度及这些用户可以给商家带来的利润等；X是黏性系数，也就是对用户的留存能力，可以用一段时间内的活跃用户留存比例来表示；Y是集聚系数，衡量的是对新用户的新引力，是表示新用户访问的系数。

（二）用户价值法

用户价值法是以用户为基础对互联网公司进行价值评估的方法，其原理类似于现金流折现法，认为公司价值应该是公司客户未来能给公司带来的所有现金流的总和。用公式表达为

$$V=\sum_{i=1}^{n} CLV_i \tag{8-26}$$

其中，n是公司的活跃用户数，也就是那些经常使用互联网公司提供的产品和服务的用户；CLV_i是指用户终生价值，它的定义是在互联网公司的整个生命周期中，用户所能贡献所有现金流之和的现值，用公式表达为

$$\sum_{t=0}^{T_i} \frac{k \times CF_{i,t}}{(1+d)^t} \tag{8-27}$$

其中，T_i指用户使用公司产品及服务的时长；k代表用户为公司贡献的现金流的影响因子，通常由用户数量所决定。在统计时，用户数量可以分为日活跃用户数（daily active users, DAU）和月活跃用户数（monthly active users, MAU），二者之比（DAU/MAU）可以表示用户黏性，比值越大，则说明用户的黏性越强；$CF_{i,t}$是指用户所能产生的现金流，可以通过每用户平均收入（average revenue per user, ARPU）体现，ARPU是指一个时期内（通常为一个月或一年）公司平均每个用户所贡献的业务收入，其计算公式为

● 每用户平均收入 $= \dfrac{月总收入}{月用户数}$

这里的用户数可以是用户总数，也可以是付费用户数或者活跃用户数，可以根据公司的具体情况来决定采用哪一数值。

d 是折现率，通常是公司的加权平均资本成本。

（三）梅特卡夫定律

对于互联网公司而言，用户是最为关键的价值驱动因素，因为其产品和服务都是面向用户的，因此对于互联网公司估值来说，用户数量和质量都起着非常重要的作用。而梅特卡夫定律就是最早体现出用户重要性的模型。

梅特卡夫定律是以以太网技术的发明者罗伯特·梅特卡夫命名的，他在 1973 年提出，网络中的每两个节点都可以联系在一起，因此如果一个网络拥有 N 个节点，那么可以互通信息的通路就会有 $N \times (N+1)$ 条，而当节点数趋于无穷，整个网络的价值就会与节点数的平方成正比。当然，这是一种理想状态，实际上价值还会受到相应提升的成本的影响，但这一定律开辟了对互联网估值的新思路。

将梅特卡夫定律应用于互联网公司估值，当公司用户数仅为一个的时候，这一个用户对公司的价值趋近于零，因为公司只能通过单一用户获得利润，而无法挖掘用户之间的互动所带来的潜在价值。但是，当公司的用户数成一定规模之后，用户之间的互动效应可以极大地带动公司的业务，同时形成良好的商誉，为公司带来价值的提升。因此，梅特卡夫定律将用户作为公司价值的组成部分，认为由于网络外部性和正反馈的存在，公司价值与活跃用户数存在着指数关系，即公司价值随用户数增加而呈指数上升。用公式可以表达为

$$V = K \times N^2 \tag{8-28}$$

其中 K 是用户单位成本，也可以认为是模型系数；N 是指用户数量，可以通过月活跃用户数来衡量。

但是在现实中，对互联网公司的估值除了要考虑用户数这一核心因素外，还需要做其他的考量，比如公司的营销能力、研发能力、商业模式等，因此后续的研究和实务中，有很多学者在梅特卡夫定律的基础上不断对模型进行优化和延伸。

其中比较主流的有国泰君安模型，它对价值系数 K 进行了更进一步的量化，将网络节点距离、单个节点价值等变量加入公式中，以公式表示为

$$V = K \times P \times \frac{N^2}{R^2} \tag{8-29}$$

其中，V 是公司价值；K 是价值系数，可以衡量公司的变现能力；P 是溢价率系数，其取值是由公司的行业地位决定的；N 代表用户数量，一般采用月活跃用户数；R 表示网络节点距离，即网络中信息的传播速度，速度越快代表公司的价值越大。

当然，国泰君安的模型也存在着一定的不足之处，比如网络节点距离应该如何量化，用户找到产品需要经过多少节点，目前尚不能做精确的统计。因此，也有学者在国泰君安的模型上进行了进一步的优化，计算公式不变，但 R 的含义变为单位用户获取成本，其计算公式为

● 单位用户获取成本 $= \dfrac{为获取用户付出的总成本}{期间新增用户数}$

（四）奥德泽科定律

奥德泽科定律是安德鲁·奥德泽科在梅特卡夫定律基础上提出的另一种对互联网公司估值的方法。梅特卡夫定律认为互联网公司价值与每月活跃用户数的平方成正比，这里隐含的意义是通过传播节点的所有路径都是等价的；而奥德泽科定律则认为每一条传播路径都有其各自的价值，因此互联网公司的价值，应该是基于线性增长和指数增长之间的一种比例关系，这类关系可以用另一函数进行说明，即公司价值应该与用户数 $N \times \log(N)$ 成正比。

这一定律的理论依据来自美国著名的语言学家乔治·齐普夫所提出的齐普夫定律，该定律是关于单词在文献中出现频率的经验定律。具体而言，他认为，如果把一篇较长文章中每个词出现的频次统计起来，按照高频词在前、低频词在后的递减顺字排列，并用自然数把这些词编上等级序号，即频次最高的词等级为 1，频次次之的等级为 2，依此类推。若用 F 表示频次，r 表示序号，则有 $F \times r = C$，其中 C 为常数。也就是说，如果我们按照大小或者流行程度给某个大集合中的各项进行排序，集合中第二项的比重大约是第一项的一半，而第三项的比重大约是第一项的 1/3，以此类推。一般来讲，排在第 k 位的项目其比重为第一项的 $1/k$。

研究分析：用梅特卡夫定律对小米进行估值

将这一定律应用到社交网络之中，以微信为例，假设某用户的微信好友数共 N 个，实际上他和朋友的聊天记录也是遵循齐普夫定律的，他与聊天频率第二多的好友的聊天记录，大概是第一多的好友的 1/2，第 k 多的好友是第一多的好友的 $1/k$。在基于微信的用户数量基础上，通过某一位用户的 N 个好友之间的互动，他们总共创造的价值应该与 $1+1/2+1/3+\cdots\cdots+1/(N-1)$ 的值成正比的关系，而这个数值，十分接近于 $\log(N)$，更准确地表述为，等于 $\log(N)$ 与恒定值相加之和。因此，奥德泽科定律提出了互联网公司价值与用户数 $N \times \log(N)$ 成正比的观点。

📝 课后习题

1. 在进行销售预测时，除了考虑目前趋势，还需要考虑哪些信息？

2. 在股东权益资本成本计算公式中，市场风险溢价是指什么？它会变化吗？

3. 分析农夫山泉（股票代码：09633）或海天味业（股票代码：603288）的前景，估算其资本成本，预测其未来现金流，并应用自由现金流模型估算其市场价值。

4. 在大型房地产开发公司中，万科的相对估值要高些，请结合成长性和风险性对其进行分析。

5. 当前越来越多的未盈利公司，甚至亏损公司走向上市，它们是如何估值的？请选择一家相应的公司尝试分析其是如何估值的？

6. 有些企业既有现金流比较稳定的业务，也有现金流一直在流出的新兴业务，请选择一家类似的公司，尝试分析其是如何估值的？

参考文献

第一章

George A. Akerlof. The Market for "Lemons" : Quality Uncertainty and the Market Mechanism[J]. *Quarterly Journal of Economics*, 1970, 84(3): 488–500.

Herbert Alexander Simon. *Essays on the Structure of Social Science Models*[M]. Cambridge, MA: MIT Press, 1963.

Kenneth J. Arrow. Uncertainty and the Welfare Economics of Medical Care[J]. *The American Economic Review*, 1963 , 53(5): 941–973.

Michael C. Jensen, William H. Meckling. Theory of the Firm: Managerial Behavior, Agency Costs and Ownership Structure[J]. *Journal of Financial Economics*, 1976, 3(4): 305–360.

Michael Spence. Job Market Signaling[J]. *The Quarterly Journal of Economics*, 1973, 87(3): 355–374.

M. Rothschild, J. Stiglitz. Equilibrium in Competitive Insurance Markets: An Essay on Economics of Imperfect Information[J]. *The Quarterly Journal of Economics*, 1976, 90(4): 629–649.

Rafeal La Port, Florencio Lopez–de–Silanes, Andrei Shleifer. Corporate Ownership Around the World[J]. *Journal of Finance*, 1999, 54: 471–517.

Sanford J. Grossman, Joseph E. Stiglitz. Information and Competitive Price Systems[J]. *The American Economic Review*, 1976, 66(2): 246–253.

Stijn Claessens, Simeon Djankov, Larry H. P. Lang. Separation of Ownership from Control of East Asian Firms[J]. *Journal of Financial Economics*, 2000, 58: 81–112.

K. R. 苏布拉马尼亚姆 . 财务报表分析 [M].11 版 . 宋小明，谢盛纹，译 . 北京：中国人民大学出版社，2015.

阿道夫·A. 伯利，加德纳·C. 米恩斯 . 现代公司与私有产权 [M]. 甘华鸣，罗锐韧，蔡如海，译 . 北京：商务印书馆，2005.

黄世忠 . 财务报表分析：理论、方法框架与案例 [M]. 北京：中国财政经济出版社，2020.

马克·格尔根 . 公司治理 [M]. 王世权，杨倩，侯君，译 . 北京：机械工业出版社，2014.

宁向东 . 公司治理理论 [M]. 北京：中国发展出版社，2005.

斯蒂芬·H. 佩因曼 . 财务报表分析与证券估值（原书第 5 版）[M]. 朱丹，屈腾龙，译 . 北京：机械工业出版社，2016.

托马斯·皮凯蒂.21世纪资本论[M].巴曙松，陈剑，余江，等译.北京：中信出版社，
2014.

威廉·尼克尔斯，吉姆·麦克修，苏珊·麦克修.认识商业[M].10版.陈智凯，黄启瑞，黄
延峰，译.成都：四川人民出版社，2018.

续芹.财务报表解读[M].北京：机械工业出版社，2017.

第二章

Patricia M. Dechow, Weili Ge, Catherine Schrand. Understanding Earnings Quality: A Review
of the Proxies, Their Determinants and Their Consequences[J]. *Journal of Accounting and
Economics*, 2010, 50: 344–401.

J. Francis, R. Lafond, PM Olsson, K. Schipper. Cost of Equity and Earnings Attributes[J]. *The
Accounting Review*, 2004, 79(4): 967–1010.

K. R. 苏布拉马尼亚姆.财务报表分析[M].11版.宋小明，谢盛纹，译.北京：中国人民
大学出版社，2015.

巴鲁克·列夫，谷丰.会计的没落与复兴[M].方军雄，译.北京：北京大学出版社，2018.

财政部会计准则委员会.企业会计准则——基本准则[EB/OL].（2018–08–15）[2021–12–
23]. http：//www.casc.org.cn/zzfb/.

霍华德·M.施利特，杰里米·皮特.财务诡计[M].赵银德，张华，沈维华，等译.北京：
机械工业出版社，2012.

黄世忠.会计数字游戏：美国十大财务舞弊案例剖析[M].北京：中国财政经济出版社，
2003.

斯蒂芬·H.佩因曼.财务报表分析与证券估值（原书第5版）[M].朱丹，屈腾龙，译.北
京：机械工业出版社，2016.

第三章

K. R.苏布拉马尼亚姆.财务报表分析[M].11版.宋小明，谢盛纹，译.北京：中国人民大
学出版社，2015.

黄世忠.财务报表分析：理论、框架、方法与案例[M].北京：中国财政经济出版社，
2020.

理查德·A.布雷利，斯图尔特·C.迈尔斯，弗兰克林·艾伦.公司财务原理（原书第10版）
[M].赵英军，译.北京：机械工业出版社，2013.

斯蒂芬·H.佩因曼.财务报表分析与证券估值（原书第5版）[M].朱丹，屈腾龙，译.北
京：机械工业出版社，2016.

肖星.肖星的财务思维课 [M].北京:机械工业出版社,2020.

续芹.财务报表解读 [M].北京:机械工业出版社,2017.

闫海洲,陈百助.产业上市公司的金融资产 [J].经济研究,2018(7):152-166.

张新民,钱爱民.财务报表分析 [M].4 版.北京:中国人民大学出版社,2017.

中国注册会计师协会.财务成本管理 [M].北京:中国财政经济出版社,2021.

中国注册会计师协会.会计 [M].北京:中国财政经济出版社,2021.

第四章

K. R. 苏布拉马尼亚姆.财务报表分析 [M].11 版.宋小明,谢盛纹,译.北京:中国人民大学出版社,2015.

黄世忠.财务报表分析:理论、框架、方法与案例 [M].北京:中国财政经济出版社,2020.

斯蒂芬·H. 佩因曼.财务报表分析与证券估值(原书第 5 版)[M].朱丹,屈腾龙,译.北京:机械工业出版社,2016.

张宏丽,贾宗武,张俊瑞.企业资产结构研究相关问题思考 [J].财会月刊,2008(11):54-57.

张俊瑞,薛旺辰,武立勇.企业资产结构的影响因素及模式研究 [J].西安财经学院学报,2007(2):49-55.

张新民,钱爱民.财务报表分析 [M].4 版.北京:中国人民大学出版社,2017.

第五章

Edward I. Altman. Financial Ratios, Discriminant Analysis and the Prediction of Corporate Bankruptcy[J]. *Journal of Finance*, 1968, 23(4): 589-609.

Michael J. Brennan, Eduardo S. Schwartz. Conditional Predictions of Bond Prices and Returns[J]. *Journal of Finance*, 1980, 35(2): 405-417.

K. R. 苏布拉马尼亚姆.财务报表分析 [M].11 版.宋小明,谢盛纹,译.北京:中国人民大学出版社,2015.

黄世忠.财务报表分析:理论、框架、方法与案例 [M].北京:中国财政经济出版社,2020.

李波,伍戈.影子银行的信用创造功能及其对货币政策的挑战 [J].金融研究,2011(12):77-84.

让·梯若尔.公司金融理论 [M].王永钦,译.北京:中国人民大学出版社,2007.

斯蒂芬 H. 佩因曼.财务报表分析与证券估值(原书第 5 版)[M].朱丹,屈腾龙,译.北京:机械工业出版社,2016.

中国银保监会统计信息与风险监测部课题组 . 中国影子银行报告 [J]. 金融监管研究，2020
（11）：1–23.

周夏飞 . 基于经济后果分析的资产证券化会计问题研究 [J]. 会计研究，2007（4）：41–46.

左涛 . 中美资产证券化对比研究 [J]. 财政研究，2014（1）：75–77.

第六章

J. Francis, R. Lafond, PM Olsson, K. Schipper. Cost of Equity and Earnings Attributes[J]. *The Accounting Review*, 2004, 79(4): 967–1010.

M. F. McNichols. Discussion of the Quality of Accruals and Earnings: The Role of Accrual Estimation Errors[J]. *The Accounting Review*, 2002, 77(S): 61–69.

Patricia M. Dechow, Weili Ge, Catherine Schrand. Understanding Earnings Quality: A Review of the Proxies, Their Determinants and Their Consequences[J]. *Journal of Accounting and Economics*, 2010, 50: 344–401.

Patricia M. Dechow, Ilia D. Dichev. The Quality of Accruals and Earnings: The Role of Accrual Estimation Errors[J]. *The Accounting Review*, 2002, 77(S): 35–59.

Patricia M. Dechow, Richard G. Sloan, Amy P. Hutton. Detecting Earnings Management[J]. *The Accounting Review*, 1995, 70(2): 193–225.

Robert Lipe. The Relation between Stock Returns and Accounting Earnings Given Alternative Information[J]. The Accounting Review, 1990, 65(1): 45–71.

Ray Ball, Lakshmanan Shivakumar. Earnings Quality in UK Private Firms: Comparative Loss Recognition Timeliness[J]. *Journal of Accounting and Economics*, 2005, 39(1): 83–128.

Ray Ball, Philip Brown. An Empirical Evaluation of Accounting Income Numbers[J]. *Journal of Accounting Research*, 1968, 60(2): 159–178.

S. P. Kothari, A. J. Leone and C. E. Wasley. Performance Matched Discretionary Accrual Measures[J]. *Journal of Accounting and Economics*, 2005, 39(1): 163–197.

K. R. 苏布拉马尼亚姆 . 财务报表分析 [M]. 11 版 . 宋小明，谢盛纹，译 . 北京：中国人民大学出版社，2015.

斯蒂芬·H. 佩因曼 . 财务报表分析与证券估值（原书第 5 版）[M]. 朱丹，屈腾龙，译 . 北京：机械工业出版社，2016.

中国注册会计师协会 . 财务成本管理 [M]. 北京：中国财政经济出版社，2021.

第七章

陈佳贵 . 关于企业生命周期与企业蜕变的探讨 [J]. 中国工业经济，1995（11）：5–13.

樊行健 . 财务报告分析 [M]. 北京：中国财政经济出版社，2008.

胡玉明．财务报表分析 [M]．大连：东北财经大学出版社，2008．

罗伯特·C. 希金斯．财务管理分析 [M].10 版．沈艺峰，等译．北京：北京大学出版社，2015．

徐光华，柳世平，刘义鹃．财务报表解读与分析 [M]．北京：清华大学出版社，2008．

姚文英．财务报表分析 [M]．大连：东北财经大学出版社，2013．

伊查克·爱迪思．企业生命周期 [M]．王玥，译．北京：中国人民大学出版社，2017．

岳虹．财务报表分析 [M]．北京：中国人民大学出版社，2009．

张先治，秦志敏．财务报告分析 [M]．上海：立信会计出版社，2014．

中国注册会计师协会．财务成本管理 [M]．北京：中国财政经济出版社，2021．

第八章

Eugene F. Fama, Kenneth R. French. Common Risk Factors in the Returns on Stocks and Bonds[J]. *Journal of Financial Economics*, 1993(33): 3–56.

Eugene F. Fama, Kenneth R. French. A Five–Factor Asset Pricing Model[J]. *Journal of Financial Economics*, 2015, 116(1): 1–22.

K. R. 苏布拉马尼亚姆．财务报表分析 [M].11 版．宋小明，谢盛纹，译．北京：中国人民大学出版社，2015．

布拉德福德·康奈尔．股权风险溢价：股票市场的远期前景 [M]．吴洪，译．北京：机械工业出版社，2000．

郭永清．财务报表分析与股票估值 [M]．北京：机械工业出版社，2020．

娄朝晖，江利君，俞春晓．互联网企业估值方法：一个综述 [J]．中共杭州市委党校学报，2020，2：88–96．

斯蒂芬·H. 佩因曼．财务报表分析与证券估值（原书第 5 版）[M]．朱丹，屈腾龙，译．北京：机械工业出版社，2016．

袁煜明，徐聪．从海外科技股梳理估值方法的变与不变 [EB/OL].（2017–09–26）[2021–11–18]. http://www.sohu.com/a/194677737_313170.

詹姆斯·瓦伦，斯蒂芬·巴金斯基，马克·布拉德肖．财务报表分析 [M]．胡玉明，译．北京：中国人民大学出版社，2020．

中国注册会计师协会．财务成本管理 [M]．北京：中国财政经济出版社，2021．